S. Fischer-Fabian Die deutschen Cäsaren

S. Fischer-Fabian

Die deutschen Cäsaren

Triumph und Tragödie
der Kaiser des Mittelalters

Mit 50 Abbildungen

Droemer Knaur

1. bis 50. Tausend

© Droemer Knaur Verlag
Schoeller & Co., Locarno, 1977
Umschlaggestaltung: Graupner + Partner, München
Bildmotiv: Die Reichskrone; Photo Meyer, Wien
Gesamtherstellung: Druck- und Buchbinderei-Werkstätten
May & Co Nachf., Darmstadt
Printed in Germany
ISBN 3-85886-059-X

Gerhard Fischer zum Gedenken
10. 9. 1920 – 22. 9. 1942

»Aus dem großen Kaisersaale [in Frankfurt] konnte man uns nur mit sehr vieler Mühe wieder herausbringen...; und wir hielten denjenigen für unseren wahrsten Freund, der uns bei den Bildern der sämtlichen Kaiser... etwas von ihren Taten erzählen mochte.«

*Goethe im ersten Band
seiner Lebenserinnerungen*

Inhalt

Ein Wort zuvor... 13

1. Buch DIE OTTONEN

1. Kapitel »Schwer ruht das Haupt, das eine Krone drückt...« 19

Der König als Analphabet 19 Brennende Grenzen 21 Der Prinz und die Sklavin 22 Ein Schiff aus England 24 Eine Stadt als Morgengabe 26 Der König ist tot – es lebe der König! 26 Aachen, herrliches Aachen 28 Der Streit der Erzbischöfe 31 Böhmen, Slawen und Magyaren... 37 Der Mord am Altar 39 Kain, wo ist dein Bruder Abel? 41 Die Frankfurter Weihnacht 44

2. Kapitel Der Krieg der Söhne gegen den Vater und die Ungarnschlacht 48

Die Prinzessin im Burgverlies 48 Die Märchenhochzeit zu Pavia 50 »Sehet, meiner Söhne beraubt, sitze ich hier...« 52 Die Ungarn kommen! 54 Die Geißel Gottes 56 Ein Bischof rettet Augsburg 57 Graf Bertholds großer Verrat 59 Das erste gesamtdeutsche Aufgebot 61 »Du trägst den Cäsar und sein Glück!« 63

3. Kapitel Krone und Tiara 65

Ein Papst ruft um Hilfe 65 Das Volk, das einen Kaiser wollte 69 »... deren Bauch ihr Gott und deren Rausch ihr Mut« 71 Die Reichskrone liegt heute in der Wiener Hofburg 73 »Römer«, ein Schimpfwort 75 Die Verliese des Lateran 78 Die Kaiserpolitik – eine Tragödie? 80 Das Volk aber sprach viel zu seinem Lobe 81

4. Kapitel Otto II. – Der Mann der Griechin 84

... durfte lesen und schreiben lernen 84 Von teutscher Art und teutscher Kunst 86 Wunderland Byzanz 88 Die Braut, die nicht von Purpur war 91 Die reichste Frau des Abendlandes 93 Sturm auf Norddeutschlands »Chinesische Mauer« 95 Der wandernde Hofstaat 97 »Laßt die Könige miteinander kämpfen« 99 Die lange Qual des Reisens 105 Das Jahrhundert der Frau 107 Die Sarazenen – stolz, grausam, todesmutig 109 Ein Jude rettet das Oberhaupt der abendländischen Welt 111 ... daß dieses Volk ausgerottet werde 113

5. Kapitel Otto III. – ein deutscher Jüngling 118

Mirabilia mundi – das Wunder der Welt 118   Ein Königskind als Geisel 120   Divina gratia Imperatrix Augusta 121   Die Prophezeiung der Adelheid 123   Märtyrer und Cäsaren 124   Mit dem »Baedeker« durch das mittelalterliche Rom 125   Il sacro egoismo 127   Der Todeshauch der Malaria 128   Ein Genie der Freundschaft 129   »Unser, unser ist das Reich!« 130   Der Tod des Märtyrers 132   Die Verstümmelung des Philagathos 135   Ein Schreckensmal für alle 141   Der Gewaltritt nach Gnesen 142   Der Gang zu den Ahnen 144   Götterdämmerung und Tod 146

6. Kapitel Heinrich II. – Der unheilige Heilige 149

Die wir zwei sind in einem Fleisch 149   Der Segen der Klöster 150   »Ach, ach!« seufzte das Mönchlein 152   Wie man ein Bistum gründet oder der Trick mit dem Kniefall 155   Der Stämme Zwietracht mitten ins Herz 157   Brennen, stechen, blenden und hängen 159   Ein Pakt mit dem Teufel 161   »Bî im stuont wol das rîche« 163

2. Buch DIE SALIER

7. Kapitel Konrad II. und Heinrich III. oder der Zeiten Wende 167

Ein großes Brudervolk, festlich hier vereint 167   »Diese Bestie wird von meinem Brot nicht mehr zehren!« 169   Feldherr und Diplomat 170   Kindischer als Caligula, lasterhafter als Heliogabal 172   Was kostet ein Bischofssitz? 177   Es ist besser freien, denn Brunst leiden 178   Unnahbar, düster, verschlossen – der Schwarze Heinrich 179   Papst, Gegenpapst und Gegen-Gegenpapst 181   Die größte Show des Mittelalters 182   Die Papstkrone und der Tod 183

8. Kapitel Heinrich und Gregor – Der Kampf der Titanen 186

Wehe dem Land, dessen König ein Kind! 186   Kidnapping in Kaiserswerth 189   Scheidung auf altdeutsch 191   Eine neue Macht: die Stadt und ihre Bürger 197   Silberstreifen am Horizont 198   Der unheimliche Mönch 199   Die Engelsburg als Schuldturm 201   Das »Lumpenpack« ergreift die Macht 202   Blonde Bestien vom Stamme der Normannen 205   Sanctus Satana, der heilige Satan 207   Meister der Politik 209   Die Kirche hat nie geirrt und wird nie irren 210   »Steige herab, auf ewig Verfluchter!« 211   Ein Gebet wird zum Fluch 213   Die Angst vor der Hölle 214   Deutschland zu teilen und zu beherrschen 216

9. Kapitel Der Gang nach Canossa 218

Der Schreckenswinter des Jahres 1076 218   Geniestreich oder Kapitulation 220   Das Gottesurteil 222   Ein Kampf um Rom 224   Gregors Ende 226   Die intimen Bekenntnisse der Praxedis 227   Die teuflischste Tat der deutschen Geschichte 228   Haß über das Grab hinaus 234   Das Konkordat von Worms 235   Die Grabschändung von Speyer 238

3. Buch DIE STAUFER

10. Kapitel Friedrich Barbarossa, des Reiches Herrlichkeit 241

Ein Hort des Rechtes und der Gerechtigkeit 241 Hie Welf – Hie Waiblinger! 244 Sie sagten Gott und meinten Geld 245 Die Lombardei, eine Goldgrube 247 Europas Schicksal hängt an einem Steigbügel 249 Die ergreifende Klage des Hadrian 251 5000 Ritter als Hochzeitsgeschenk 252 Reichstag in Roncaglia 254 Kinder als lebende Schutzschilde 255 Prügel um Purpur 256 Des Kaisers eiserner Kanzler 258 Mailand – Vision der Hölle 261 Der Übermut der Beamten 263 Der Tod in Rom 269 Von der Ordnung und von der Freiheit 270 Die Lombardische Liga, Todfeindin des Reiches 272 »Der erbarmungsloseste Mensch aller Zeiten...« 273 Auch Cäsaren können irren 275 Die Jagd auf den Löwen 277 Die Kröte im Wein 280 Dâ der keiser Frederîch gaf twein sînen sonen swert 282 Als Kaiser Rotbart lobesam... 287 Das unritterliche Ende eines ritterlichen Helden 289

11. Kapitel Heinrich VI. oder der Cäsarenwahn 291

»... bin ich gewillt, ein Bösewicht zu werden« 291 Eine Stadt wird geopfert 294 Lösegeld für einen König 295 Sizilien oder der Neid der Götter 299 Die Krone muß erblich werden 303 Der Wahn von der Weltherrschaft 304 Drei Pfund Gold für jeden Ritter 306 Ein Blutgericht in Palermo 306 Zertreten ist die böse Schlange 308

12. Kapitel Friedrich II. – Imperator, Gott und Antichrist 310

Ein Knabe namens Federico 310 Der König Habenichts 311 Abschied von Sizilien 313 Der Sieg des Märchenprinzen 314 Heimatlos im Land der Väter 316 Divide et impera 318 Sarazenische Leibwächter 319 Die astrologische Hochzeitsnacht 321 Kreuzfahrt eines Verdammten 324 Wo liegt die Hölle? 326 Das himmlische Jerusalem 328 Verging sich fleischlich mit 50 Sarazeninnen 330 Die Rache 332 Wir, Friedrich, der Glückliche, der Sieger, der die Gesetze gibt 334 Von Liebestränken und Heiratsgesuchen 338 Experimente mit Menschen 340 Das Falkenbuch 342 Strafexpedition nach Deutschland 343 Die Tränen des Tyrannen 345 Das Attentat 346 »... da das Ende Unseres Lebens gekommen« 348 Rottet aus Namen und Leib... 350

Zeittafel 353

Zitierte Literatur 357

Bildnachweis 361

Register 362

Ein Wort zuvor...

Als der vom Vatikan abgeordnete Pater uns durch die der Öffentlichkeit nicht zugänglichen Grotten unter der Peterskirche führte, wo Otto II. begraben liegt, sagte er nach einer Minute des Gedenkens am Sarkophag: »Otto secundus, ein großer Mann der Christenheit...« Und er fügte hinzu: »Bevor er starb, hat er dem Papst gebeichtet.« Die Souvenirverkäuferin am Castel del Monte in Apulien fragte: »Hat man Ihnen das Turmzimmer gezeigt, wo die schönen deutschen Königskinder angekettet waren?« Und der Wirt in Reggio Emilia, von wo aus wir Canossa besuchten, wußte über »Enrico«, den vierten Heinrich, detailliert Auskunft zu geben.
Das mögen zufällige Erlebnisse gewesen sein ohne den Anspruch allgemeiner Gültigkeit, und doch schien es auf der langen italienischen Reise zu den Stätten der Kaiser des Mittelalters, als sei die Erinnerung an sie dort nicht völlig erloschen. Was man von Deutschland, ihrer Heimat, nicht guten Gewissens behaupten kann. Unseren Offiziellen jedenfalls, die sonst so jubiläumsfreudig sind, war die tausendjährige Wiederkehr der Kaiserkrönung Ottos des Großen, eines die Geschichte der Deutschen prägenden Tages, nicht wichtig genug, um seiner zu gedenken.
Die Ottonen haben soviel Desinteresse nicht verdient, die Salier nicht und auch die Staufer nicht, deren Erdenleben für viele Historiker identisch ist mit der glanzvollsten Epoche der deutschen Geschichte überhaupt. Diesem »verlorenen Paradies deutscher Größe« nachzutrauern oder irgendwelche Träume von »alter Kaiser Herrlichkeit« zu träumen, wäre so müßig wie unzeitgemäß. Das aber heißt nicht, die zur Geschichte gewordene Vergangenheit zu verdrängen! Denn das Volk, das sie verleugnet – und das ist nun schon eine Binsenwahrheit –, hat auch keine Zukunft. »Wer nicht von dreitausend Jahren sich weiß Rechenschaft zu geben, bleib im Dunkeln unerfahren, mag von Tage zu Tage leben«, sagt Goethe.

Was diese Männer wollten – und nur nach ihrem Wollen darf man sie beurteilen, nicht nach ihrem Erfolg –, ist wahrhaft ungeheuerlich. Das Chaos, das die schwächlichen Nachfolger Karls des Großen hinterlassen hatten, zu ordnen, auf den Trümmern ein neues Reich zu errichten, ein Imperium unter dem Zeichen des Christentums, die Nachfolge der einst weltbeherrschenden Cäsaren Roms anzutreten – nichts Geringeres war ihr Ziel. Eine Ungeheuerlichkeit deshalb, weil sie einem Volk entstammten, dem alle Voraussetzungen dazu fehlten. Dieses Volk bestand aus bäuerlich-bäurischen Menschen, die nicht lesen noch schreiben konnten, keine Hauptstadt hatten, kein geschriebenes Gesetz kannten, keine Verwaltung besaßen, kein stehendes Heer, die in einzelne sich gegenseitig befehdende Stämme zersplittert waren.

Das Leben der deutschen Cäsaren glich einem großen Drama. Seine Handlung wurde bestimmt von den menschlichen Leidenschaften, von der Liebe und dem Haß, vom Todesmut und der Furcht, von der Großmut und der Erbärmlichkeit; seine Personen waren Heilige und Ketzer, Ritter und Bauern, Priester und Narren; es ist angesiedelt in einer Zeit, die das »finstere Mittelalter« genannt wird, ein (Vor-)Urteil, das der Wirklichkeit nicht standhält. Denn diese Menschheitsepoche verschmolz Antikes, Germanisches und Christliches zu einer neuen Einheit und besaß damit etwas, wonach wir Europäer in Ost und West uns nur sehnen können: einen gemeinsamen Glauben, eine gemeinsame (Bildungs-)Sprache, ein gemeinsames Weltbild.

Zwischen der Krönung des Sachsen Ottos 1. in Aachen und der Hinrichtung des letzten Staufers Konradin in Neapel liegen die Jahrhunderte, in denen sich der steile Aufstieg und der tiefe Fall des deutschen Kaisertums abspielte. Dreihundertundzweiunddreißig Jahre und ebenso viele Blätter im Buch der Geschichte, auf denen die Taten der Kaiser Otto, Heinrich, Konrad, Friedrich verzeichnet stehen, einer imponierenden Reihe tatkräftiger, bedeutender, ja großer Herrscher, wie sie in dieser Kontinuierlichkeit kaum sonst zu finden sind. Diese Blätter künden von ihren Schlachten mit Ungarn, Normannen und Sarazenen, von ihren Vernichtungsfeldzügen gegen die Slawen, von den Kriegen des Bruders gegen den Bruder im eigenen Land, von ihren Zügen nach Rom und Apulien, Kalabrien, Sizilien, von ihren Kreuzzügen in das Heilige Land und vor allem von ihrem titanischen Ringen mit dem Papsttum, bei dem das weltliche Schwert mit dem geistlichen Schwert um die Vorherrschaft stritt.

»Die Mystik des allumfassenden Herrschergedankens«, schreibt Franz Kampers, »gibt schon den im Frühlicht der Geschichte aus wallenden Nebeln auftauchenden Kolossen Babylon und Assur, die ihn zuerst verkörperten, jenen schimmernden, flimmernden Glanz, der noch nach Jahrtausenden die Kaiseridee der germanischen Cäsaren zu einem Idol des Mittelalters machte. Abertausende wurden im Heldenzeitalter der deutschen Augusti von dem großen Licht des... Einklangs zwischen Welt und Gottheit... angezogen und betört. Sie wagten den Ikarusflug aus den Niederungen der eigenen Schwachheit zu den Höhen dieses Traumreichs.«

1. Buch
DIE OTTONEN

1. Kapitel   »Schwer ruht das Haupt, das eine Krone drückt...«

Der König als Analphabet

Als er siebenunddreißig Jahre alt geworden war, versuchte er, lesen und schreiben zu lernen. Die langen Winternächte saß er beim flackernden Licht des im Öl schwimmenden Dochtes und grub Buchstaben für Buchstaben in die mit Wachs überzogene Holztafel, die Hand verkrampft, die Stirn in tiefen Falten. Das Feuer des Kamins kämpfte gegen den harschen Wind, der durch die mit Teppichen verhängten Rundbogenfenster zog. Vom Gang her klang der Schritt der Wachen. Ihre halblauten Kommandos bei der Ablösung raunten durch die Stille. Manchmal sank ihm der Kopf auf die Brust. Zwischen Tag und Traum verirrten sich die Gedanken...
Schreiben, die Sichtbarmachung des Gesprochenen, der geheimnisvolle Vorgang, der es ermöglichte, Gesagtes zu verewigen, er war ihm über lange Jahre als eine Kunst erschienen, die zu erlernen eines echten Mannes nicht würdig war. Schreiben, dafür hatte man den Kleriker, dem es auf der Klosterschule beigebracht worden war. Doch eines Tages hatte es ihn zu ärgern begonnen, daß er ihre Bücher nicht lesen konnte, die sie in ihren Bibliotheken verwahrten, daß er sich die Handschreiben vorlesen lassen mußte, die er von fremden Fürsten erhielt, Botschaften nicht entziffern konnte, kein Latein verstand, für alles und jedes einen Dolmetsch brauchte – er, Otto, König der Deutschen, Beherrscher eines Reiches, das Europas stärkste Macht repräsentierte! Das Bild des Souveräns, dem die Nachwelt das seltene Prädikat »der Große« zuerkannt hat, als verzweifelt sich mühender ABC-Schütze hat die Gemüter schon immer bewegt. Doch war der *idiota litterarum*, der Mann auf dem Thron, der weder lesen noch schreiben konnte, in jenen Jahrhunderten keine ungewöhnliche Erscheinung. Schon Kaiser

Karl hatte sich mit den vertrackten Buchstaben abgemüht, der Salier Konrad hatte es erst gar nicht versucht, andererseits war Heinrich IV. nicht nur wegen seines Gangs nach Canossa weitbekannt, sondern auch durch die Tatsache, daß er an ihn gerichtete Briefe mühelos entziffern konnte, und der dritte der Ottonen war so gelehrt, daß man ihn *mirabilia mundi* nannte, das Wunder der Welt.

Die Begegnung mit der Zivilisation Roms und die Bekehrung zum Christentum hatten bei den Deutschen nur eine Art Tünche hinterlassen, unter der altgermanisches Wesen noch deutlich hervorschimmerte. Eine Tünche, die in Ausnahmesituationen sofort abzublättern begann. Die alten Götter lebten. Auch wenn man ihnen christliche Gewänder übergeworfen hatte. Aus Dämonenglauben war Heiligenkult geworden. Die Reliquienverehrung und der Wunderglaube trugen heidnische Züge, so wie die Feuerprobe, das Gottesurteil und die Kreuzprobe. Die Leidenschaft der frühen Deutschen beim Spiel, die Maßlosigkeit beim Trinken, die berserkerhafte Wut beim Streit brachen als Atavismen immer wieder hervor. Ihre Triebe waren kaum gebändigt, Hemmungen noch nicht vorhanden. Wer sein Recht suchte und es nicht bekam, griff zur Selbsthilfe. Wer etwas begehrte, was ihm nicht zustand, versuchte, es sich mit Gewalt zu nehmen.

»Blut floß leicht. Der Totschlag war keineswegs unerhört. Ein Billigkeitsgefühl kannte man nicht. Der Mensch galt nichts, das Menschenleben, selbst das eigene, spielte keine Rolle. Wie zur Urzeit war man noch höchst grausam in der Rache, indem man einen persönlichen Feind raffiniert verstümmelte und Gefangene vor der Tötung folterte. ... noch waren Roheit und Barbarei, verknüpft mit Härte und Starrköpfigkeit, für die Deutschen charakteristisch.«

Nicht mehr Natur- und noch nicht Kulturmenschen, so standen sie an der Schwelle des zehnten Jahrhunderts: Zwitterwesen, die ihren Urgrund verloren hatten, ohne bereits neuen festen Boden gewonnen zu haben. Aus dieser Zwiespältigkeit heraus erwuchsen Charaktereigenschaften von grellem Gegensatz; Barmherzigkeit wohnte neben erschreckender Brutalität, Demut neben wahnwitzigem Hochmut, Mildtätigkeit neben mörderischer Habgier, Edelsinn neben abstoßender Gemeinheit, Wahrheitsliebe neben widerlicher Heuchelei. In vieler Beziehung glichen sie wilden, unerzogenen Kindern, bei denen der Schmerz dicht neben der Freude sitzt und die Gemütsbewegungen wechseln wie das Wetter im April.

Brennende Grenzen

In diese Zeit der Gärung und des Werdens wurde 912 Otto hineingeboren. Seine Kinderstube lag in den Pfalzen, burgähnlichen Wohnanlagen, in denen die Herrscher in bestimmten Zeitabständen residierten. Das Land ringsum bedeckten weite Flächen Heide und Moor und vor allem dichte Wälder, in die sich Feuer und Axt immer tiefer hineinfraßen. Die »große Rodung« zur Erlangung neuer Äcker und neuer Weiden war in vollem Gange, eine Art innerer Kolonisation, von der noch heute Ortsnamen künden mit »rode«, »roda«, »brand«, »loh«. Die Bauern wohnten wie in der Germanenzeit in Haufendörfern oder saßen auf Einzelhöfen. Die meisten von ihnen waren einem Grundherren verpflichtet, ihm *hörig*, was heißt, daß sie ihm von ihren Erträgen abgaben, ihm Dienste leisteten und dafür seinen Schutz genossen.
Die alten Städte der Römerzeit an Rhein, Main, Mosel und Donau waren zwar nur noch in ihrem Kern bewohnt, bildeten aber ihrer günstigen Lage wegen Mittelpunkte des Verkehrs und des Handels. Und überall ragten die Türme der Kirchen empor: wie die Wachttürme der Burgen bestanden sie vornehmlich aus Holz. Nur einige wenige Klöster hatte man in der raren Kunst des Steinbaus aufgeführt. In Zeiten des Krieges bildeten sie sichere Zufluchtsorte, in Friedenszeiten dienten sie als große Wirtschaftsbetriebe der Entwicklung des Landes.
Otto wuchs auf wie viele Söhne der Edlen seines Jahrhunderts: frei, wild, ungebunden, von keiner Schulbank bedrückt, von keinem Unterricht irritiert. Er wurde groß in einem Stamm, der in einem totalen Krieg dagegen gekämpft hatte, christlich zu werden, dessen Widerstand erst durch Deportation und Massenhinrichtungen gebrochen werden konnte. Es war der Stamm der Sachsen. Worunter wir nicht die Leute verstehen dürfen, die durch ihren Dialekt so bekannt geworden sind – das waren die erst viel später sich herausbildenden Obersachsen –, sondern die im Nordwesten Deutschlands siedelnden Niedersachsen. Von denen es im Lied heißt, daß sie »sturmfest und erdverwachsen« sind.
Sein Vater war Heinrich I., ein Mann, der, man weiß es aus dem Geschichtsunterricht, viele Burgen baute und den gefürchteten Ungarn, als sie nach Ablauf eines Waffenstillstands wieder ihren Tribut forderten, einen toten Hund vorwerfen ließ. Das ist zwar eine Anekdote,

doch wie alle guten Anekdoten spiegelt sie, wenn nicht die Wirklichkeit, so doch die Wahrheit.
Da ist dann noch das Lied vom Heinrich, der »am Vogelherd saß«, als ihm die Delegation der Stämme Zepter und Krone antrug. Ein Vogelherd ist eine Falle, in der man auf tückische Weise, mit Leim und Netzen, Vögel fing, wobei die größeren als Delikatesse in den Kochtopf wanderten, die kleineren als gefiederte Musikanten in den Käfig gesperrt oder, mit einem goldenen Kettchen am Bein, von den Damen zu Tode gespielt wurden. Die Stelle, an der Heinrich seinen Sport trieb, der längst kein königlicher mehr ist, wird den Touristen in Quedlinburg heute noch vom Fremdenführer gezeigt.

Der Prinz und die Sklavin

Heinrich hatte seinen Sohn Otto gelehrt, daß die höchste Tugend des Mannes die Einfalt ist. Und Einfalt heißt in diesem Fall »einig sein mit sich selbst«. Bildung dagegen verweichlichte, Gelehrsamkeit nährte den Zweifel des Einerseits und Andrerseits, Bücherwissen zerfaserte die Entschlußkraft. Um die Einfalt zu erreichen, galt es, den Körper zu stählen, ihn widerstandsfähig zu machen gegen Strapazen und auch unempfindlich gegen den Schmerz.
So hatten sie ihm beigebracht, Auerochse, Bär und Eber mit dem Spieß zu jagen, beim Bogenschießen nicht das Ziel zu verfehlen, beim Wettlauf nie der Zweite zu sein, den Gegner beim Ringkampf zu werfen, beim Fechten mit dem Schwert keinen Fußbreit zu weichen, beim Brettspiel zu gewinnen – und den Frauen zu gefallen.
Otto war fünfzehn, als er die erste Affäre hatte: er verliebte sich in eine Sklavin. Das klingt, als handele es sich bei ihm um den Sohn des Kalifen und nicht um den eines deutschen Königs. Sklaverei aber war noch gang und gäbe im Europa des 10. Jahrhunderts. Die Deutschen bezogen ihren Bedarf aus den weiten Gebieten des Ostens, dort, wo die Slawen wohnten, Völker, deren Name nicht von ungefähr den gleichen Klang aufweist: denn das Wort Sklave leitet sich von dem Volksnamen Sklaven her, wie die Slawen ursprünglich hießen.
Über Ottos Gespielin wissen wir sonst nichts. Die Chronisten betonen

lediglich, gleichsam als Entschuldigung, daß sie edelsten Geblütes gewesen sei, wohl »die Tochter eines heidnischen Häuptlings«. Fest steht nur, daß sie aus der Kriegsbeute eines der Feldzüge stammte, die Sommer für Sommer in das Gebiet zwischen Elbe und Oder führten, und an denen auch der Jüngling teilnahm, um sich in den Waffen zu üben. Die Verbindung zwischen dem Prinzen und der schönen Wilden wurde geduldet, Aussicht auf Legalisierung hatte sie nicht. Sie blieb eine Mesalliance, denn eine Slawin auf dem deutschen Thron war so undenkbar wie der Teufel als Beichtvater. Sie blieb es auch dann noch, als ein Sohn aus ihr hervorging. Wilhelm, wie man ihn taufte, kam als Erbe nicht in Betracht. Man gab ihm trotzdem eine sorgfältige Erziehung, denn in seinen Adern floß königliches Blut. Wenn wir dem unehelichen Sohn, einen »Bastard« also, später als Erzbischof von Mainz wiederbegegnen, so zeugt das für die Toleranz eines Zeitalters, das wir das »finstere Mittelalter« zu nennen uns angewöhnt haben.

König Heinrich schuf ein Reich so weit die deutsche Zunge reichte, ein Reich, dessen Grenzen bedroht blieben, das aber das Fundament bot, auf dem sich Zukunft gründen ließ. Um diese Zukunft zu sichern, tat er etwas, was bei den Großen nicht selbstverständlich ist, können sie sich doch ein Leben nach ihnen nicht vorstellen: er sorgte noch zu Lebzeiten für einen Nachfolger.

Aber war das nicht ohnehin Otto, der älteste Sohn? Nun, der Älteste war keineswegs immer der Thronfolger. Die Primogenitur, das Recht des Erstgeborenen, hatte sich noch nicht durchgesetzt. Von den Söhnen sollte derjenige das Zepter übernehmen, der am befähigtsten schien. Heinrich glaubte, und er bewies damit einen sicheren Blick, daß Otto es sei. Es gelang ihm, davon auch die führenden Familien zu überzeugen, die für die Wahl wichtig waren. Aber es war schwierig gewesen. Des Königs eigene Frau plädierte unverhohlen für den jüngsten Sohn, ihren Liebling, der nach seinem Vater Heinrich hieß.

»In meinen Adern fließt edleres Blut«, hat der Jüngere gemurrt, als er von der Designation des Älteren hörte. Das war keine bloße Bemerkung des Neides, es war eine Äußerung, von dessen Wahrheit er durchdrungen war. Denn: der Bruder war gezeugt worden, als der Vater noch Herzog war, er, Heinrich, dagegen, als er bereits die Königswürde trug. Er war damit der »Purpurgeborene«, zur Welt gekommen im Königsbett, königlichen Lenden entsprungen und nicht bloß denen eines Herzogs.

23

Das klingt grotesk, für das Mittelalter aber war der »Porphyrogennetos« eine Realität. Man glaubte an den Vorrang des im Purpur Geborenen: Die Kaiser und die Könige hatte Gott persönlich in ihr Amt eingesetzt, und so war es nur logisch, daß sie in dem Augenblick mit besserer Zeugungskraft ausgerüstet waren, da ihnen die Krone aufgesetzt worden war.

Heinrich I. jedoch, der bäuerische Herrscher, scherte sich nicht darum und setzte seinen purpurlosen Sohn Otto durch. Auf dem Hoftag von Quedlinburg ließ er den 17jährigen von den Fürsten feiern. Ein Thronfolger, auch wenn er noch im Jünglingsalter war, brauchte außerdem eine ihm ebenbürtige Frau. Sie war das beste Mittel, um alle Amouren ein für allemal zu beenden, die Geburt weiterer Bastarde auszuschließen.

Ein Schiff aus England

Er selbst hatte die Tochter eines westfälischen Grafen geheiratet, für seinen Sohn aber schien ihm eine Einheimische nicht gut genug: er wollte für den Königssohn die Königstochter. Aber möglichst eine vom gleichen Blut. Nur das Land der Angelsachsen kam dafür in Frage. Sie waren die Vettern der Sachsen, hatten den Kontinent während der Völkerwanderung verlassen, der Kontakt mit ihnen war jedoch nie ganz abgerissen. Engländerinnen waren seit jeher beliebt bei deutschen Edelmännern. Die Verbindung mit ihnen brachte einflußreiche Verschwägerungen in ganz Europa, nicht zu reden von der großzügigen Mitgift, die sie einzubringen pflegte.

Im Frühsommer des Jahres 929 überquerte ein Schiff den Ärmelkanal und nahm Kurs auf die deutsche Küste. Es war ein gutgebautes, seegängiges Fahrzeug, geschmückt mit bunten Wimpeln. Und es trug eine kostbare Last: Editha, die Schwester des Königs Aethelstan. Der König hatte die Bitte seines deutschen Verwandten, ihm eine Prinzessin von Geblüt für seinen Sohn zu schicken, mit Beifall aufgenommen. Editha zählte siebzehn Jahre, und das war ein Alter, in dem man als junges Mädchen längst unter der Haube hätte sein müssen. Zwischen zwölf und vierzehn lag das Heiratsalter.

Aethelstan hatte deshalb, begabt mit dem gesunden Menschenverstand, der seine Landsleute schon damals auszeichnete, eine zweite Kandidatin mit auf die Reise geschickt: Adiva, die jüngere Schwester. Brautführer war der Bischof Kynewald von Worcester, begleitet von einer Delegation der Edelsten des Landes. Im Laderaum stapelten sich die Geschenke und das Heiratsgut der beiden Mädchen. »Alles sollte sein, wie es einer Königin zukommt«, heißt es in der Schilderung einer anderen »englischen Hochzeit« aus späterer Zeit, »verarbeitetes Gold und Silber, Gefäße, leinene und seidene Gewänder. Eine Krone aus feinstem rotem Golde, mit kostbaren Edelsteinen kunstvoll gefertigt, auf welcher vier Könige von England, Märtyrer und Bekenner, eingegraben waren. Dazu kamen goldene Ringe und Münzen, mit Smaragden, Rubinen und Saphiren verziert, Brust- und Stirnschmuck, Gold und Silber in Barren, edle Pferde und die dazugehörigen Reitknechte, sonstiger glänzender Schmuck, leinene und seidene Oberkleider, mit Perlen bestickte Festgewänder, das Brautbett mit bunten seidenen Decken, Kissen und Laken von der feinsten Leinwand, Eß- und Trinkgeschirr aus getriebenem Golde, auch die Kochtöpfe aus Silber, und das Nachtgeschirr ausgelegt mit Silber ...«

Prestigebewußtsein und Geltungssucht waren die Triebfedern zu solch maßloser Verschwendung, und mancher Herrscher hätte mit der Tochter auch sein Vermögen verloren – wenn nicht die Untertanen zu »freiwilligen Spenden« aufgefordert worden wären. So füllte Heinrich III. von England die durch die oben angeführte Aussteuer für seine Töchter erschöpfte Staatskasse wieder auf, indem er für jede Hufe Ackerland nach heutigem Geld 2500 DM forderte und den 30. Teil der beweglichen Habe. Eine Maßnahme, die viele Bauern und Pächter ruinierte.

Es wird nicht überliefert, ob Otto erstaunt oder erschrocken war, als er sich statt einer Braut deren zwei gegenübersah. Entschieden hat er sich für die ältere, für Editha. Was, bei so kurzem Kennenlernen, nur den Schluß zuläßt, daß sie die Hübschere war. Adiva spielte deshalb nicht die beleidigte Unschuld, sondern nahm zum Troste die Hand eines burgundischen Herzogs.

Eine Stadt als Morgengabe

Die Morgengabe des Siebzehnjährigen an seine Siebzehnjährige bestand aus einer Stadt: Magdeburg. Wobei der Ausdruck »Stadt« übertrieben ist. Es war eher eine palisadenumwehrte Siedlung, noch halb zerstört vom letzten Einfall der Wenden. Wegen ihrer günstigen Lage bildete sie die wichtigste Handelsstation mit dem Osten. Gehandelt wurden hauptsächlich Sklaven. Morgengabe bedeutete gleichzeitig Witwenversorgung, denn man dachte wie stets praktisch. Solange die Witwe noch keine war, stand dem Mann die Nutznießung seines Hochzeitsgeschenkes zu.
Otto nützte die Chance, die ihm mit dieser etwas verwahrlosten Siedlung geboten wurde und machte im Laufe seines Lebens daraus eine gewaltige Anlage: umgeben mit Mauern, Wällen und Gräben, behütet von einem einflußreichen Kloster, gekrönt von einem viertürmigen, hundert Meter langen und dreißig Meter breiten Dom. Kein zweites Rom, wie Otto es gern gehabt hätte, doch Sitz eines Erzbischofs, der in der Hierarchie rechts des Rheins an der Spitze stand, Ausgangspunkt für die Eroberung und Bekehrung des slawischen Ostens, Verteidigungsbastion bei feindlichen Einfällen, alles in allem eine Metropole von großer Strahlkraft.
Diese Stadt wurde zu seinem Lieblingssitz. Hier gebar ihm Editha einen Sohn, Liudolf. Und eine Tochter, Liutgard. Hier jagte er in den umliegenden Wäldern mit dem zehn Jahre jüngeren Heinrich, hier traf er sich mit Thankmar, dem Stiefbruder. In Magdeburg fand Otto nach einem dramatisch bewegten Leben sein Grab, dessen Inschrift dem Besucher verkündet:
»König war er und Christ, des Vaterlands hohe Zier, den hier der Marmor umhüllt – dreifach beklagt ihn die Welt.«

Der König ist tot – es lebe der König!

Anfang des Jahres 936 war es, als Otto von einem reitenden Boten nach Memleben gerufen wurde. In dem durch eine Pfalz und ein Kloster

bedeutsamen Ort lag Heinrich, der Vater, an einem Schlaganfall darnieder und verlangte nach seinen Söhnen. Sie hatten noch die Kraft, die Menschen des Mittelalters, den Tod gelassen zu erwarten, Abschied zu nehmen und sich bereit zu machen für die Reise in jenes andere Land, aus dem es keine Wiederkehr gibt.
Erst im 19. Jahrhundert wurde eine zeitgenössische Biographie entdeckt, in der ein in Nordhausen heimischer sächsischer Geistlicher die dramatische Szene am Sterbebett wiedererstehen läßt:
»Nach Beendigung der Seelenmesse trat die Königinwitwe klagend in das Gemach, in dem der Leichnam ruhte, aus dem des Königs Geist entwichen, und sie fand ihre heftig weinenden Kinder... Wie die ehrenreiche Witwe dies erblickte, da benetzten ihre schönen Wangen bittere Tränen und zu den Füßen des entseelten Körpers hingestreckt, jammerte sie voller Schmerz, so wie der Verblichene es verdient hatte. ... Dann rief sie ihre Söhne und Töchter zu sich und ermahnte sie: ›Teuerste Kinder, prägt dies sorgsam eurem Gemüt ein: Fürchtet Gott und ehret in allen Dingen IHN, der solches geschehen lassen kann. Sich König und Herr zu nennen gebührt nur IHM, der solche Macht übt über arm und reich. Meidet den Zwist um vergängliche Hoheit, denn solches Ende wie hier nimmt jeglicher Ruhm dieser Welt, und glückselig ist nur, wer sich die unendliche Ewigkeit bereitet.«
»Möge euer Sinn sich nicht darüber verdüstern«, fuhr sie fort, »wer von euch dem anderen vorgezogen werden solle, und haltet im Gedächtnis, was der Mund der Wahrheit im Evangelium spricht: ›Wer sich erhöht, der wird erniedrigt, und wer sich erniedrigt, der wird erhöht werden.‹«
Worte, die nichts an Deutlichkeit verloren dadurch, daß sie durch die Blume gesprochen wurden. Mathilde, die Frau des verstorbenen Königs, war lebensklug genug, um zu wissen, daß die Gedanken ihrer »teuersten Kinder« nicht nur um den soeben Verstorbenen kreisten, sondern daß Ehrgeiz und Eifersucht sie bereits ihre Ränke schmieden ließen. Es ist ein Bild von shakespearescher Kraft und Düsternis, der Anblick der um das Sterbelager des toten Königs versammelten Söhne, von denen keiner keinem traute und jeder jedem alles neidete: Heinrich, der sich für edler hält, Thankmar, der sich betrogen glaubt, Otto, der sich bestätigt weiß, aber auch aufs höchste gefährdet.
Shakespeares Königsdramen sind es denn auch, die, wenn nicht die Zeit, so doch die Charaktere widerzuspiegeln vermögen und uns einen Eindruck vermitteln von »Naturen, die bereit waren, die Schranken in

jedem Augenblick zu durchbrechen, das Maß ihres Daseins anderen als Gesetz aufzuzwingen und mit jedwedem in den Kampf zu gehen. Es sind gewaltige und gewaltsame Menschen, von ungebrochener Frische, sinnlich erregt, leidenschaftlich, heißblütig im Wollen wie im Handeln ... stets bereit, alles auch an ein geringes Spiel zu setzen, wenn sie innerlich davon ergriffen, aber auch ebenso unbedenklich sich selbst dem höchsten Gedanken zu opfern ...«

Für Otto galt es, keine Zeit zu verlieren, er war zwar gekürt, aber noch nicht gekrönt, und ehe er die Krone nicht trug, eher konnte er nicht sicher sein. Der Sarg des Vaters war noch nicht in der Gruft, da waren die Königsboten bereits unterwegs zu den Stämmen der Schwaben, der Lothringer, der Franken, Bayern, in die Grenzmarken östlich der Elbe und luden die Fürsten zum Wahltag nach Aachen ein. Die Stadt gehörte zu Lothringen, und es schien für einen Edlen aus dem Hause der Sachsen logischer, sich auf sächsischem Boden krönen zu lassen. Otto aber bewies mit der Wahl dieses Ortes, daß er sich von höheren Zielen leiten ließ.

Aachen, herrliches Aachen

Er wählte Aachen, weil dort der Thron stand, von dem einst Karl das Abendland regiert hatte. In Aachen ragte das Münster in den Himmel, das er sich gebaut, hier stand die Pfalz, in der er gelebt, hier begegnete man auf Schritt und Tritt dem Geist eines Mannes, dessen Spuren nicht in Äonen untergehen würden. Über hundert Jahre waren damals vergangen seit seinem Tod, seine Gestalt aber war so lebendig, als habe er die Welt gerade erst verlassen. Aachen war ein Programm.
Otto hatte nicht nur den Mut, sich mit dem gewaltigen Schatten des Franken zu messen, er war so kühn, in seine Fußstapfen treten zu wollen. Aachen galt ihm als Symbol für seine ehrgeizigen Pläne, als Warnung an den in Frankreich regierenden Westfranken, seine Kreise nicht zu stören, als Demonstration, daß er, Otto, die Führung als König der Könige Europas beanspruche. Und tief in seinem Innern schlummerte der Gedanke, bald den nächsten Schritt zu tun, den zum *Imperator Augustus*, zum Kaiser eines erneuerten Römischen Reiches.

Pläne, die den Stempel des Größenwahns trugen, Unternehmungen, deren Früchte niemals reifen würden, so scheint es, denn welch eine ungeheuerliche Anmaßung: ein junger Mann, kaum vierundzwanzigjährig, aus bäuerlichem Adel, ohne Kenntnis des Lesens und Schreibens, des Lateinischen nicht mächtig, aus einem Land stammend, dem der Ruch des Barbarischen anhaftet, das keine Hauptstadt besitzt, keinen kulturellen Mittelpunkt, keine Beamtenschaft, dieser Mann setzt es sich zum Ziel, ein Reich zu errichten, in dem Christentum und Antike sich vereinigen.
Was auf den ersten Blick als maßlose Selbstüberschätzung erscheint, gewinnt Konturen des Machbaren, des Möglichen, wenn man sich näher mit der Gestalt dieses Mannes beschäftigt. Er ist, wie alle wirklich Großen, bis ins Innerste durchdrungen von einem starken Sendungsbewußtsein. Mit diesem Glauben, der die Kraft hat, Berge zu versetzen, geht er an seine Aufgabe...
Otto brach auf nach Aachen mit großem Gefolge. Die Familie bereitete ihm einen gebührenden Abschied, bei dem die Tränen nicht nur bei den Frauen flossen. Auch die Männer weinten, denn die Menschen dieses Zeitalters konnten genauso rührselig sein wie roh. Bei aller Rührung vergaß der König nicht, den Grafen Siegfried von Merseburg zur Seite zu nehmen und ihn zu bitten, ein wenig auf Heinrich zu achten. Zwar zählte der Bruder erst sechzehn Jahre, doch galt er damit als waffenfähig und war alt genug, um einer ehrgeizigen Partei als Gegenkandidat zu dienen. So war die Fürsorge Ottos gleichbedeutend mit einer Ehrenhaft für die Zeit seiner Abwesenheit. Auch Thankmar, der Halbbruder, war, aus ähnlich »gutem Grunde«, nicht mit von der Partie.

Der 7. August 936 war ein schöner Sommersonntag, und was in Deutschland Rang und Namen hatte, war gekommen, der Troß, das Gefolge, das Volk dazu. Die Vornehmen fanden Quartier in den Häusern der Bürger, die weniger Vornehmen schliefen unter den Bogengängen und steinernen Lauben, die einfachen Leute nächtigten in großen Zeltlagern vor den Toren oder einfach unter freiem Himmel. Wahrsager, Händler, Fahrende, Quacksalber, Possenreißer überall, Scharen von Mönchen, denen man seine seelische Not beichten konnte, das Heer der gelüstigen Fräulein, deren sich Reiche und Arme mit derselben Unbefangenheit bedienten.
Und über allem der Klang der Glocken, der über den Dächern schweb-

te, in die Gassen drang, durch die Fenster flutete, der die Menschen feierlich stimmte, ihre Blicke zum Himmel erhob, den Lärm des Alltags überdeckte. Sie waren allgegenwärtig, die Glocken des Mittelalters. Sie beklagten die Toten, feierten die Glücklichen, weckten den Schläfer, meldeten das Feuer und den Feind, geleiteten den Müden zur Ruhe. Für die Menschen waren sie keine bloßen Gebilde aus tönendem Erz. Sie glichen lebenden Wesen, die man taufte, denen man Namen gab wie »Die Große«, »Die dicke Susanne«, »Die Donnerstimmige«, »Die Herzliche«. In Aachen riefen sie vom Turm des Münsters, eines weithin gerühmten Gotteshauses, bei dessen Erbauung man Säulen aus Ravenna, Marmor und Mosaiken aus Rom verwendet hatte, ein Ziel aller Pilger, die hier das Kleid Mariens fanden, die Windeln Christi, das Enthauptungstuch des heiligen Johannes.

Die nach Zehntausenden zählende Menge geriet in eine ungeheure Erregung, als sich die Nachricht verbreitete, daß der zukünftige König sich den Mauern der Stadt nähere. Ihn sehen zu dürfen, in seinem Dunstkreis zu weilen, ja die Spuren zu berühren, die der Huftritt seines Pferdes hinterließ, entsprang keinem bloßen Sensationsbedürfnis, dahinter stand die felsenfeste Überzeugung, einem von Gott Erwählten zu begegnen.

Das ganze Mittelalter hindurch war man überzeugt, daß Könige und Kaiser durch bloßes Handauflegen Krankheiten heilen könnten. Wo der Souverän war, war das Heil, waren Milde, Gerechtigkeit und Weisheit. Darin lag auch ein Grund, warum die Herrscher gezwungen waren, ständig in ihrem Land umherzureisen, von Pfalz zu Pfalz: sie mußten die von Gott gegebene Macht *verkörpern*.

Was 936 in Aachen geschah, war ein Ereignis, das die Geschicke Europas für lange Zeit prägte. Mit einer Wirkung, die sonst nur große blutige Schlachten ausüben. Die Krönung eines Königs wurde zum Ereignis des Jahrhunderts, und wenn der Historiker Robert Holtzmann schreibt: »Wie die Deutschen ein Volk geworden sind, das ist der köstliche und unvergängliche Inhalt der Geschichte Ottos des Großen«, nahm diese Geschichte hier ihren Anfang.

Man hat das Krönungsfest später oft verglichen mit einer »perfekten Inszenierung«, einem »Theatercoup«, »einem rein auf das Schaubedürfnis der Menge abgestimmten Gepränge«, doch wer so urteilt, verkennt die wahre Bedeutung des Zeremoniells. Zeremonien sind nichts Äußerliches, sind nicht nur bloße Form, sie wirken, genauso wie die

Etikette, von außen nach innen, sie schaffen Traditionen, und Tradition wiederum ist die Klammer, die die auseinanderstrebenden Kräfte innerhalb eines Staatswesens zusammenhält.
»... im Mittelalter überhaupt sind Zeremonien unentbehrlich, weil sich alle Politik zwischen Menschen abspielt. Herrschaftszeichen, Staatssymbolik und zeremoniöse Verhaltensweisen können politische Zusammenhänge erst herstellen, auch darstellen...; in allen Fällen wirken sie auf die Wirklichkeit gestaltend ein, weil sie etwas sinnenfällig machen, was auf andere Weise nicht einmal benennbar wäre. Man kann im Mittelalter nicht ›Staat‹ im modernen Sinne sagen; aber man braucht Wort und Sache nicht, wenn man den Mann sieht, der inmitten seiner Getreuen auf dem Thron sitzt. Man kann nicht ›Souveränität‹ sagen, aber man kann den Mann über den Platz reiten sehen, der nur Gott und sich selbst verpflichtet ist und sich keiner Drohung beugt.«

Der Streit der Erzbischöfe

Es war kein strahlender Held, der dort auf seinem Schecken in die Stadt einritt. Er gewann die Menschen nicht im Sturm, sondern mußte sich um sie bemühen, wirkte eher verschlossen, neigte zu jähzornigen Ausbrüchen, die seine Umgebung zittern ließen. Sein Gesicht schimmerte rötlich, wurde eingerahmt von einem langwallenden Bart, der ihm etwas Löwenartiges gab. Bei diesem Bart soll er die schrecklichsten Eide geschworen haben.
»Schoene und lanc was im der bart«, schrieb später der mittelhochdeutsche Dichter Konrad von Würzburg, »wande er in zôch vil zarte; und swaz er bî dem barte geswuor, daz liez er allez wâr. – Schön und lang war ihm der Bart, denn er pflegte ihn mit großer Sorgfalt. Was auch immer er bei diesem Bart schwor, das ließ er alles wahr werden.«
Lesen und schreiben lernte er, wie erwähnt, erst in späteren Jahren, Latein aber nie, während er Romanisch und Slawisch sprach – wenn auch nicht sehr gern, denn am liebsten bediente er sich des Niederdeutschen, des Dialektes seines Stammes, dem die Schwaben und Bayern nur mit Mühe zu folgen vermochten. Woran sich bis heute wenig geändert hat. Von der Figur her untersetzt, breitschultrig, hatte sein Gang etwas

Stampfendes; in der Kleidung war er konservativ, ja altmodisch, mit Vorliebe trug er den langen sächsischen Rock. Ein schlichter Mann, der jeden Prunk haßte, seinen Tag zwischen Arbeit und Gebet verbrachte, und die halbe Nacht dazu, denn er hatte die beneidenswerte Gabe, mit wenigen Stunden Ruhe auszukommen. Da er im Schlaf leise sprach, glaubten viele, daß er auch dann noch wachsam sei.

Was ihm an einem gut aussehenden Mann fehlte, machte er durch sein Auftreten wett: hier war er von gebieterischem Wesen, das Gesicht beherrscht von großen leuchtenden Augen, »Sternenaugen«, wie wir sie von anderen großen Persönlichkeiten her kennen, Augen, deren Blick den Gesprächspartner sofort in ihren Bann zwingt. So war Otto eine imponierende Erscheinung, ein Mann, der mit seinem Amt wuchs und dem nichts von seiner Bedeutung genommen wird durch die Tatsache, daß er mehr gefürchtet als geliebt wurde.

Über das große Fest in Aachen haben wir den Bericht eines Mönches aus dem bei Höxter gelegenen Benediktinerkloster Corvey. Widukind, wie er hieß, trug nicht umsonst den Namen eines großen sächsischen Ahnen, der dem Kaiser Karl das Leben schwer gemacht hatte. Widukind von Corvey war leidenschaftlicher Patriot und glühender Verehrer der seinem eigenen Volk entstammenden Ottonen, naiv oft in seiner Parteilichkeit, die ihm alle Sachsen als gut und alle Nicht-Sachsen als böse erscheinen ließ, aber seine Sachsengeschichte ist als Quelle kostbar und darüber hinaus herrlich zu lesen. Seine Schilderungen haben etwas von biblischer Kraft und Einfalt, und wer auch könnte den Geist der Zeiten besser übermitteln als der Zeitgenosse selbst.

»... und als man dorthin gekommen war«, schreibt er über das Fest der Krönung, »da versammelten sich die Herzöge und die Ersten der Grafen mit der Schar der vornehmsten Vasallen in dem Säulengang, der mit dem Münster verbunden ist, und sie setzten den neuen Herrscher auf einen hier errichteten Thron. Hier legten sie ihre Hände in seine Hände [Sie gaben sich ihm in die Hand!] und gelobten, treu, hold und gewärtig zu sein, und machten ihn so nach ihrem Brauch zum König. Während dies geschah von den Herzögen und den anderen Weltlichen, wartete der höchste Geistliche mit der Priesterschaft und auch dem niederen Volk unten in der Kirche auf den Einzug des neuen Königs. Als er nun kam, da ging ihm der Erzbischof entgegen und führte ihn mit der linken Hand, denn in der rechten hielt er den Krummstab. Angetan mit dem weißen Meßgewand und geschmückt mit der Stola

2 Die Pfalzkapelle zu Aachen mit dem Thron Karls des Großen, Krönungsstätte der deutschen Könige *(oben)*.

◁ 1 Otto der Große und Gemahlin Adelheid, die »Gefangene im Burgverlies«, kniend zu Füßen Christi. Die Figuren sind in Elfenbein geschnitzt *(vorige Seite)*.

schritt er bis zur Mitte des Heiligtums, wo er verhielt, und sich zum Volk wendend, welches ringsumher stand..., sprach er so: ›Sehet, ich führe euch Otto zu, den der Herrgott zu eurem König erwählt... und die Fürsten alle dazu erhoben haben. Gefällt euch solche Wahl, so hebt eure rechte Hand zum Himmel auf.‹ Das taten alle, und sie brachen in den Ruf aus: ›König Otto, er lebe, er blühe in alle Ewigkeit.‹« Widukind verschweigt nicht die Kulissenkämpfe, die sich unter der hohen Geistlichkeit vor dem feierlichen Akt abgespielt hatten. Von den drei Erzbischöfen aus Köln, Trier und Mainz beanspruchte jeder das Vorrecht, den neuen Herrscher zu weihen und zu salben. Verständlich, denn eine solche Ehre förderte das Prestige.

Der Erzbischof von Trier begründete seinen Anspruch, indem er das bis auf die Apostel zurückgehende ehrwürdige Entstehungsdatum seiner Kirche anführte. Wigfrid von Köln wies darauf hin, daß der Krönungsort auf dem Gebiet seiner Diözese liege, und Hildibert von Mainz pochte einfach auf sein hohes Ansehen. Man einigte sich auf einen Kompromiß, der einer gewissen Komik nicht entbehrt: der Mainzer durfte salben und krönen, der Kölner die Krone halten, der Trierer mit zum Throne gehen.

Der neue Herrscher wurde zum Altar geführt, auf dem die Insignien des Reiches lagen: das Schwert mit dem Gürtel, Mantel und Armspangen, Zepter und Stab – und die Krone. Kleinodien alles, gefertigt von den ersten Künstlern des Landes, gewirkt aus Silber und Gold, besetzt mit edlen Steinen. Man schrieb ihnen übernatürliche Kräfte zu, die sie ihrem Träger verliehen.

Das *Te deum laudamus* erklang, »Dich, Gott, loben wir«, man kniete zum Gebet nieder und erflehte den Segen Gottes. Hildibert von Mainz nahm das Schwert, überreichte es Otto und sprach: »Nimm dieses Schwert, vernichte damit alle Feinde des Herrn, die Heiden wie die schlechten Christen, denn kraft der Gewalt Gottes ist Dir die Macht gegeben über das Reich, auf daß Frieden herrsche in der Christenheit.« Er nahm den Mantel, legte ihn dem König um, befestigte die Armspangen. »Wie diese Falten bis zum Boden reichen, so harre auch Du bis an das Ende im Eifer für den Glauben und in Sorge um den Glauben.« Und bei der Übergabe des Zepters mit dem Stab sagte er: »Bei diesem Zeichen sei eingedenk, daß Du jene, die Dir anvertraut sind, in väterlicher Strenge züchtigen sollst. Doch mehr noch sollst Du barmherzig sein und Deine Hand reichen den Dienern Gottes, den Witwen und den Waisen. Möge auf Deinem Haupt das Öl des Erbarmens nicht versiegen...«

Nun nahm der Erzbischof das Ölhorn, tauchte die Finger der rechten Hand in das heilige Öl (mit wohlriechenden Gewürzen veredeltes Olivenöl) und salbte damit die Stirn des Königs: ein uralter Akt der Magie, der dem Gesalbten Heil und Kraft versprach. Nach der Krönung stieg der König die Wendeltreppe empor zu dem Marmorthron, von dem aus er alles sah und von allen gesehen werden konnte. Die Zahl der Stufen, die zu ihm hinaufführten, entsprach der Zahl der Stockwerke des Turms zu Babylon. Der Thron war damit ein Symbol der Herrschaft über die Welt und das Sitzen auf dem Thron gleichbedeutend mit Besitzen.

Otto war nun von den Fürsten gewählt, von den Geistlichen geweiht, vom Volk bestätigt, und doch fehlte noch etwas: das gemeinsame Mahl. »Nachdem man Gott gepriesen, stieg der König in die Pfalz hinab«, schreibt Widukind, »trat sodann an einen marmornen, mit königlichem Geschirr gedeckten Tisch und setzte sich mit den Bischöfen und allem Volke. Die Herzöge aber warteten auf: der Lothringer Giselbert, in dessen Gebiet man sich befand, ordnete die ganze Feier, der Franke Eberhard sorgte für die Tafel, Hermann, der Schwabe, stand den Mundschenken vor und Arnulf von Bayern zeichnete für die Unterkunft verantwortlich.«

Ein solches Mahl war neu bei einer Krönung, die Tradition aber uralt: sie reichte zurück in altgermanische Zeit, da der älteste Sohn die Erbschaft des verstorbenen Vaters erst antreten durfte, nachdem er in feierlicher Weise das Totenmahl mit dem »Erbbier« begangen hatte. Otto hatte die Tradition noch aus einem anderen Grund wiederbelebt: er wollte den Herzögen demonstrieren, daß sie nicht nur die Ersten im Staat seien, sondern auch dessen erste Diener.

Eine vergebliche Demonstration, wie die Zukunft zeigen sollte: die Stammesführer, die ihrem Souverän das Brot reichten, das Fleisch vorschnitten, den Becher mit Wein füllten, sie werden ihn verraten haben, bevor der Hahn dreimal krähte. Dem »ersten glücklichen Tag in der deutschen Geschichte«, wie der Historiker Percy Ernst Schramm das Krönungsfest zu Aachen genannt hat, folgten viele unglückliche Tage...

Böhmen, Slawen und Magyaren...

Die bittere, schwere Not des Mannes, der das Reich begründete, begann. »Schwer ruht das Haupt, das eine Krone drückt«, heißt es bei Shakespeare, einem Dichter, der den Geschlechtern der Sachsen, Salier und Staufer nicht geboren wurde. Ihre Triumphe und ihre Tragödien hätten ihm gleichermaßen jene Fabeln geliefert, die er in seinem Land bei den Häusern York und Lancaster fand. »O Schlaf! O holder Schlaf!« spricht Heinrich IV. von England in dem berühmten Monolog. »Beglücker der Natur, was tat ich dir, daß du nicht mehr schließen willst meine Augen und meine Sinne tauchen in Vergessen? Warum liegst du lieber in rauch'gen Hütten, auf unbequemer Streu hingestreckt, von summenden Nachtfliegen eingewiegt, als in der Großen duftenden Palästen, unter den Baldachinen reicher Pracht und eingelullt von süßen Melodien? O blöder Gott, was weilst du bei den Niedern auf eklem Bett und läßt des Königs Lager Wachtposten und Sturmesglocke sein?«

Die Glocken begannen bald Sturm zu läuten über Deutschland. Da Herrschaft ausschließlich gegründet war auf die Persönlichkeit des Herrschenden, wurde jeder Thronwechsel zu einem Test. Getestet wurde, wie stark der »Neue« war und wie weit man bei ihm gehen konnte. Es hat zu allen Zeiten Parteien gegeben, deren Blütenträume unter dem alten Herrscher nicht gereift waren und die ihr Heil vom Nachfolger erhofften. So auch hier: es kam zu Intrigen, zu Verschwörungen, zu Landfriedensbruch und zu Aufständen jenseits der Grenze. Als erste erhoben sich die Böhmen, denen Ottos Vater das Joch hoher Tribute auferlegt hatte. Jetzt schien ihnen die Zeit gekommen, diese Last abzuschütteln, und sie fanden in Boleslav einen Anführer, der dieser Aufgabe gewachsen schien. Er wurde mit dem ersten Heer fertig, das man gegen ihn entsandte, und auch mit dem zweiten, weitaus gefährlicheren, den sogenannten Merseburgern. Das waren Diebe, Räuber, Wegelagerer, Totschläger und Mörder, für den Galgen bestimmt, doch vor dem Galgen gerettet um den Preis einer Frontbewährung: bewährten sie sich, winkte ihnen die Freiheit.
Gleichzeitig mit den Böhmen empörten sich die Elbslawen, der Dauerfeind im Osten. Hier griff Otto zum erstenmal selbst ein. Er setzte sich an die Spitze seiner Soldaten, war aber klug genug, sie nicht zu führen.

Das überließ er erfahrenen Berufssoldaten, die im jahrzehntelangen Grenzkrieg ergraut waren, den Gegner und sein Land kannten. Die schwere Kunst, sich selbst zu bescheiden und Aufgaben an den besseren Mann zu delegieren, eine Kunst, die nicht allen, die sich »groß« nannten, geläufig war, zeigte Otto in Vollendung. Für den fähigen Mann hatte er einen untrüglichen Instinkt, und wenn er sich für ihn entschieden hatte, setzte er ihn durch, auch wenn die Entscheidung unpopulär war.

So unpopulär wie die Ernennung des Sachsen Hermann Billung zum Markgrafen für das Gebiet der Niederelbe und zum Führer des Vergeltungszugs. Die sächsischen Großen, die der Meinung waren, daß es ältere, verdienstvollere Anwärter gegeben hätte, reagierten beleidigt. Einer von ihnen verließ während des Feldzugs das Heer, ein anderer versuchte durch eine spektakuläre Tat zu beweisen, daß er mutiger sei als der Heerführer: mit einer Handvoll Freiwilliger durchwatete er nachts ein Moor und griff im Morgengrauen mit seinen Leuten, siebzehn an der Zahl, die feindliche Festung an. Ein Unternehmen, von dem niemand zurückkehrte, das gleichzeitig jenen für die Menschen dieser Zeit typischen Zug offenbart: alles, selbst das eigene Leben, bedenkenlos aufs Spiel zu setzen, wenn es um die Ehre ging.

Hermann Billung strafte seine Neider Lügen, schlug die Wenden entscheidend und stellte den Status quo ante wieder her. Wenige Monate später drohte neue Gefahr: die Ungarn wollten »die Tapferkeit des neuen Königs erproben«. Dieses verwegene Reitervolk galt als der Schrecken des christlichen Abendlands. Und doch sollte es gerade dieses Volk sein, dem König Otto wenige Jahre später seine Rettung verdankte...

Die Wenden waren geschlagen, die Böhmen begnügten sich mit zähem Partisanenkrieg, die Magyaren kehrten nach erfolglosen Unternehmungen zurück in die Steppe, da brachen die Unruhen im Innern aus. Sächsische Grafen, die dem fränkischen Herzog Eberhard dienstpflichtig waren, verweigerten diesen Dienst. Als Angehörige eines Stammes, der den König stelle, so argumentierten sie, sähen sie sich dazu nicht mehr imstande. Eberhard berannte daraufhin die Burg eines der ihren, steckte sie in Brand und ließ die Besatzung töten.

Damit war der Tatbestand des Landfriedensbruchs gegeben. Zwar war Eberhard im Recht, doch hätte er, um es zu bekommen, vor Gericht gehen müssen, vor das Gericht des Königs. Otto entschloß sich, ein

Exempel zu statuieren, um das Feuer der Fehde nicht weiter um sich greifen zu lassen. Eberhard wurde zu einer Buße von 100 Pfund Silber verurteilt, zahlbar in bar oder in Pferden der besten Rasse. Seine Unterführer mußten von einem bestimmten Platz in Magdeburg aus Hunde zur königlichen Pfalz tragen, eine Tätigkeit, die nach altem Volksbrauch als eine Schande galt, denn man war damit buchstäblich »auf den Hund gekommen«.

Die Strafen verfehlten ihre Wirkung, ja, sie erzeugten das Gegenteil: neue Empörung, die zum Kleinkrieg zwischen den Franken und Sachsen ausuferte. Nach dem Motto »Brennst du meinen Bauern, würge ich deinen Bauern« verwüsteten sie gegenseitig ihre Dörfer. So waren es, wie so oft, die kleinen Leute, die mit ihrem Gut und Blut für etwas bezahlen mußten, was sie im Grunde wenig anging.

Bald griffen die Flammen des Aufruhrs auf das Herzogtum Bayern über. Die Bayern hatten schon in Aachen nur zähneknirschend der Krönung beigewohnt. Sie wollten keinen König, es sei denn einen eigenen, und kein Reich, außer ihrem eigenen, und begründeten so eine Tradition, die sie bis in die heutige Zeit hinüberretteten.

Und ein weiterer Gegner erschien auf dem Plan, einer, mit dem Otto nicht gerechnet hatte, und der doch der gefährlichste war: Thankmar, der Stiefbruder.

Der Mord am Altar

Thankmar fühlte sich um die Krone betrogen, denn er war der älteste der drei Brüder und doch nicht ebenbürtig, weil er nur Stiefbruder war, Sproß aus der ersten Ehe des Vaters, die für nichtig erklärt worden war. Thankmars erste Tat, mit der er sich das holen wollte, was er für sein Recht hielt, war eine Geiselnahme. In einer mondlosen Nacht überfiel er den befestigten Ort Belecke in Westfalen und nahm Heinrich, den jüngsten Bruder, als Geisel. Er ließ ihn auf ein Pferd binden und schickte ihn nach Franken, zu seinem Mitverschworenen, dem Herzog Eberhard. Sein Hauptquartier nahm er auf der Eresburg (die an der Stelle der heutigen Stadt Obermarsberg in Nordrhein-Westfalen lag) und verheerte von dort aus das Land.

39

Otto hat sich nur schwer entschließen können, energisch einzugreifen, denn seinem Stiefbruder gegenüber hatte er ein schlechtes Gewissen. Aber Milde wäre hier mit Schwäche verwechselt worden, und zu demonstrieren war, daß die eigene Verwandtschaft so wenig Gnade erwarten durfte wie jeder andere, der sich gegen den rechtmäßigen Herrscher erhob. Er zog mit einem Reiterheer gegen die Eresburg und nahm sie ohne Schwertstreich, denn die Besatzung öffnete ihm freiwillig die Tore. Thankmar, von allen verlassen, schlägt sich mit dem Schwert durch in die Kirche, wo er seine Waffen und seine goldene Halskette auf dem Altar ablegt, die Zeichen des Kriegers und des Thronfolgers. Eine symbolische Handlung, mit der er seine Kapitulation erklärt. Das Allerheiligste gilt von alters her als Freistatt, als Asyl, das dem bedrohten Menschen den Frieden Gottes gewährt. Die Verfolger brechen den Frieden, dringen auf den Wehrlosen ein, verwunden ihn, Thankmar reißt das Schwert vom Altar und tötet einen von ihnen, auf den Stufen kämpft er, aus vielen Wunden blutend, weiter, da trifft ihn eine durch ein Fenster geschleuderte Lanze in den Rücken, er sinkt zu Boden. Ein Krieger, der sich Maicia nennt, gibt ihm den Fangstoß und plündert den Toten aus.

Als man Otto das gewaltsame Ende Thankmars meldet, würgt es ihn vor Ekel und Scham: das, was da geschehen ist, hat er weder befohlen noch gewollt. Es ist das alte Lied vom Verrat, der gefällt, und vom Verräter, der mißfällt. Oder, wie in diesem Falle: die Ermordung des Mannes, der ihn vernichten wollte, ist letztlich willkommen, die Mörder aber erfüllen ihn mit Abscheu.

In der ersten Empörung über die ruchlose Tat will er sie bestrafen, aber er sieht ein, daß er es sich in seiner Situation nicht leisten kann: keine Hand darf er ausschlagen, auch wenn sie mit Blut befleckt ist. »Er beklagte aber seines Bruders Schicksal«, schreibt Widukind, »und zeigte seines Gemütes Größe, indem er Thankmars kriegerischer Tüchtigkeit und seiner Tugenden lobend gedachte.« Das war keineswegs Heuchelei, und es liegt auch kein Widerspruch darin, daß er noch an Ort und Stelle erbarmungslos Gericht hält: vier der vornehmsten Anhänger Thankmars übergibt er am selben Abend dem Henker, der sie, nachdem sie ihr letztes Gebet gesprochen, an den Galgen hängt.

Dasselbe Schicksal drohte jetzt Herzog Eberhard von Franken, der sich nach dem Tod des mächtigen Komplicen allein gelassen sah. Er wollte Frieden mit dem König, aber das »Pfand«, das ihm Thankmar als Beweis der Komplicenschaft geschickt hatte und das er noch in den Händen hielt, brannte jetzt wie Feuer: Heinrich, der Jüngste aus dem Hause der Ottonen, lag in Ketten im Turmverlies. Der Plan, den der Franke nun aussheckte, schien aberwitzig, aber er hatte Methode. Er warf sich dem Prinzen zu Füßen, erflehte seine Verzeihung und bat ihn, sich bei seinem »großen Bruder« Otto für ihn zu verwenden. Wenn er Vergebung erlangt habe, würde er später dafür sorgen, daß Heinrich auf den Thron käme. Denn er wußte sehr gut, daß der »Purpurgeborene« sich nach wie vor für den rechtmäßigen Thronfolger hielt.

Heinrich, damals 17 oder 18 Jahre alt, ein Jüngling noch, ging auf den Teufelspakt ein. Er kehrte nach Quedlinburg zurück, wo ihn Otto empfing wie einen verlorenen Sohn, »und ward von diesem mit mehr aufrichtiger Liebe und Treue aufgenommen, als er selbst mitbrachte«. Durch seine Fürsprache durfte Eberhard vor dem König erscheinen, wurde aus Gründen der Staatsraison für ein paar Monate ins Exil geschickt und anschließend wieder, nachdem er erneut Treue geschworen, in seinen alten Ämtern und Ehren bestätigt.

Ein Unruheherd war beseitigt, den zweiten, immer noch schwärenden in Bayern erstickte Otto durch einen kurzen Feldzug, und auch die wieder in Sachsen eingedrungenen Ungarn konnten mit blutigen Köpfen zurückgeschickt werden. Ruhe schien eingekehrt zu sein – es war die Ruhe vor dem Sturm...

Kain, wo ist dein Bruder Abel?

Heinrich war es, der ihn entfachte und damit den auf schwankendem Grund errichteten Bau des Reiches gefährlich bedrohte. Der junge Mann hatte nichts von der altfränkischen oder besser altsächsischen Biederkeit seines älteren Bruders: er war verschlagen, listig, heimtückisch, arbeitete mit Bestechungsgeldern, ließ dem König einmal durch einen Boten »eine lange und gesegnete Regierungszeit« wünschen, während dem Boten Truppen folgten, die diese Zeit beenden sollten; er bewog den Herzog von Lothringen zum Abfall, drängte den noch zö-

gernden Eberhard von Franken, endlich seinen Pakt zu erfüllen, scheute sich auch nicht, mit den bewährten Intimfeinden von der anderen Seite des Rheins, den Franzosen, gemeinsame Sache zu machen. Heinrich, so raunte man sich im Volke zu, sei in der Nacht zum Karfreitag wider das göttliche Gebot von seinem Vater gezeugt worden und deshalb vom Teufel verflucht, stets Zwietracht zu säen. Gehetzt von den eigenen Landsleuten, bedroht vom Landesfeind, verlassen von Männern, die er für seine Freunde gehalten hatte, sah sich König Otto bald in verzweifelter Lage. Seine Berater legten ihm nahe, abzudanken, das Feld zu räumen, denn was sollte ein König, der nur Unglück hatte. Und Unglück war dasselbe wie Schuld.
Von einem König verlangte man das Königsheil. Wenn er von Gott eingesetzt war, dann mußten seine Beziehungen zum Himmel gut genug sein, um für alle segensreich zu wirken. Taten sie es nicht, taugte der beste König nichts – der Adel konnte ihm das Vertrauen entziehen, ihn absetzen. Über Otto II. spottete man, daß er alle Herrschertugenden in Vollendung besaß bis auf die eine, gelegentlich auch mal siegen zu können.
Der Erfolg hat viele Väter, der Mißerfolg keinen einzigen, heißt es, und so gab es in diesen Jahren keinen einsameren Mann als Otto, und wenn er sie einigermaßen unversehrt überstand, so allein deshalb, weil er an seine Sendung glaubte. Er fühlte sich als Werkzeug Gottes, und Gott hatte ihn nicht auserwählt, um ihn scheitern zu lassen. Diese Überzeugung ließ ihn auch in der aussichtslosesten Situation seine Würde nicht verlieren. Wenn es von ihm heißt, daß er nie königlicher war als im Unglück, so liegt hier der Schlüssel.
Als ihm ein mächtiger Graf drohte, er werde ihn verlassen, wenn er nicht die Einkünfte eines reichen Klosters erhalte, da antwortete er: »Es steht geschrieben, man solle das Heiligste nicht den Hunden vorwerfen. Und du, der du so schamlos mich zu erpressen suchst in meiner Not, du wirst von mir nichts bekommen. Willst du mich deswegen im Stich lassen so wie die anderen – je eher, je besser!«
Die tiefe Religiosität dieses Königs hat etwas Kindliches und Erschütterndes zugleich. Die himmlischen Heerscharen, die schutzgewährenden Heiligen waren für ihn Mächte, die wirklich existierten, die geradezu verpflichtet waren, ihm zu helfen. In der Nähe von Xanten wurden seine Truppen während des Übergangs über den reißenden Strom von überlegenen feindlichen Kräften angegriffen. Der Brückenkopf

auf dem linken Ufer konnte mangels einer geeigneten Transportflotte nicht verstärkt werden. Eine Katastrophe schien unvermeidlich. Da stieg Otto vom Pferd und ließ sich die Heilige Lanze reichen. Diese Lanze war ein Zeichen der Herrschaft und gehörte wie Zepter und Krone zu den Reichskleinodien. Was ihr jedoch eine Ausnahmestellung sicherte, war ein goldverzierter Nagel, den sie in einer Aussparung in der Mitte des Lanzenblattes trug. Es war einer der Nägel, mit denen man in Jerusalem Christus ans Kreuz geschlagen hatte. Jedenfalls glaubte man das.

Gute Katholiken glauben es noch heute, wenn sie die Schatzkammer in der Wiener Hofburg besichtigen, wo die Lanze aufbewahrt wird. Sie ist eine Reliquie, und bedeutende Reliquien haben nichts von ihrer Anziehungskraft verloren. Der Heilige Rock in Trier, das Grabtuch Christi in Turin, das Kleid der Gottesmutter in Aachen ziehen nach wie vor Millionen von Pilgern in ihren magischen Bann.

König Otto stieß also die Heilige Lanze in die Erde, riß sich den Helm vom Kopf und reckte die Arme zum Himmel. Er betete. Er faltete dabei nicht seine Hände, denn er fühlte sich nicht als Gefesselter des Herrn (was die gefalteten Hände ursprünglich bedeuteten), er fiel auch nicht auf die Knie, sein Gebet war keine Bitte, sondern eine Forderung: er forderte seinen Gott in die Schranken. Die Worte, die uns überliefert sind, haben etwas vom heidnisch-germanischen Zorn auf die Überirdischen, die einen in eine solche Situation gebracht haben.

»Herr, der Du alles geschaffen hast und alles lenkst«, schrie er, »siehe herab auf dieses Volks, an dessen Spitze Dein Wille mich gestellt. Rette es jetzt vor seinen Feinden, damit alle Welt erfahre, daß es eitel ist, sich gegen das aufzulehnen, was Du gewollt!«

Und ihm wurde geholfen! Dem kleinen Haufen Gewappneter auf dem linken Ufer (man spricht von kaum hundert an der Zahl) gelang es durch Kriegslist, die Übermacht zu zersprengen, wobei Bruder Heinrich einen Hieb kassierte, an dessen Folgen er sein Leben lang zu leiden hatte.

Noch einmal ereignete sich am Rhein, diesmal gegenüber von Andernach, etwas, was das Volk als eine Fügung Gottes ansah, der wieder nicht dem stärkeren Bataillon half, sondern der gerechten Sache. Der Held dieses Treffens war ein Mann mit dem Namen Konrad Kurzbold, der noch Jahrhunderte später in der Sage weiterlebte. Von zwergenhaftem Wuchs, aber ungeheurer Kraft, fürchtete er niemanden – nur vor

Frauen ergriff er die Flucht – und ließ sich für seinen König zerreißen. Kurzbold erwischte die beiden feindlichen Herzöge beim Brettspiel am Rhein, während ihre Truppen dabei waren, soeben gemachte Beute über den Fluß zu schaffen. In dem erbitterten Handgemenge wurde Eberhard mit seinen Leuten niedergehauen. Giselbert sprang flüchtend mit seinem Pferd in den Strom, wurde abgetrieben und von seinem schweren Panzerhemd in die Tiefe gezogen.

Die Frankfurter Weihnacht

Heinrich streckte nun die Waffen, unterwarf sich dem Bruder und wurde nicht nur in Gnaden aufgenommen, sondern erhielt sogar das durch Giselberts Tod verwaiste Herzogtum Lothringen. Der »Dank« für die Gnade ließ nicht lange auf sich warten: er empörte sich aufs neue. Diesmal setzte er sich an die Spitze einer Gruppe sächsischer Stammesbrüder, die den bitterharten Dienst in den trostlosen Sumpfgebieten jenseits der Elbe versahen und den Lohn dafür vermißten. Otto war nie ein Verschwender gewesen, er teilte nicht mit vollen Händen aus, auch nicht an jene, deren Gunst er brauchte. Kleine Geschenke aber erhielten die Freundschaft der Großen untereinander und bestimmten weitgehend das Verhältnis der Vasallen zu ihrem Herrn. Der König war, so befremdlich es klingt, nicht bestechlich genug, und das sollte ihn beinah das Leben kosten. Heinrich, der ihn in offener Feldschlacht nicht hatte besiegen können, bereitete den perfekten Königsmord vor.

Der König pflegte die großen kirchlichen Feste in einer seiner Lieblingsresidenzen zu verbringen. Ostern 941 war Quedlinburg an der Reihe. Die Verschwörer durften damit rechnen, daß Otto in der Osterwoche die gewohnte Wachsamkeit außer acht lassen würde, und so verabredeten sie, daß einer von ihnen auf dem Weg zur Kirche mit einem Gruß auf ihn zutreten solle, um ihn dann mit dem Schwert zu durchbohren. Anschließend würden sie Heinrich unverzüglich auf den Thron erheben. Doch nichts ist so fein gesponnen..., jemand aus dem Kreis der Verschwörer fiel im letzten Moment um und verriet das Komplott.

Otto wurde jetzt gedrängt, die Feierlichkeiten abzusagen. Das aber hätte er als Kapitulation angesehen, als Eingeständnis der Furcht, und Feigheit schien ihm unvereinbar mit Würde. Er beharrte starr auf Einhaltung von Protokoll und Programm, ließ lediglich die Zahl seiner Leibwächter verdoppeln. Es genügte, um die Täter zu warnen: der Mord fand nicht statt, dafür ein blutiges Strafgericht, das in Magdeburg zum öffentlichen Schauspiel wurde.
Auch hier verfuhr Otto nach dem Grundsatz, die Kleineren zu hängen und die Großen laufen zu lassen. Die wirklich Schuldigen wurden nur mit Verbannung und Einziehung ihrer Besitztümer auf Zeit bestraft. Der Bruder, der den Bruder töten wollte, kam in Untersuchungshaft nach Ingelheim, bis ein Ehrengericht der Herzöge über ihn zu Gericht saß.
Bevor es dazu kam, gelang Heinrich mit Hilfe eines bestechlichen Priesters die Flucht. Sie endete mit jener Szene, die die Herzen der Zeitgenossen rührte und noch nach einem Jahrtausend als »Frankfurter Weihnacht« ihren Widerhall fand in den Werken der Maler und Dichter. Heinrich flüchtete nicht, um sich dem Gericht zu entziehen, sondern um Gnade zu erlangen. Ganz im Stil der Zeit, die den »Bösen« genauso bewunderte wie den »Guten«, wenn er nur das nötige Format besaß und sich dramatisch zu präsentieren wußte, ritt er Weihnachten 941 nach Frankfurt, wo er vor der Bartholomäuskirche auf den königlichen Bruder wartete.
Von dieser Begegnung existiert der Bericht einer Zeitgenossin, der Nonne Roswitha, genannt »die helltönende Stimme von Gandersheim«. Sie lebte in dem im niedersächsischen Bergland zwischen Harz und Leine gelegenen Reichsstift, dessen Äbtissin eine Nichte Ottos war. Roswitha von Gandersheim war dadurch stets gut informiert über alle Affären der Ottonen. Ihre *Gesta Oddonis Caesaris Augusti*, in denen sie die Taten Ottos, des neuen *Caesar Augustus,* besang und die sie ihm eigenhändig überreichen durfte, haben jedoch lediglich den Charakter einer jubelpreisenden Hofdichtung.
Bevor Roswitha sich dem Leben Ottos zuwandte, schrieb sie ein halbes Dutzend Komödien, für die der römische Lustspieldichter Publius Terentius (um 195–159 v. Chr.) das Vorbild abgab. Vorbild jedoch nur in formaler Hinsicht, nicht in sittlicher! Denn Terenz war so tolldreist und deftig-zotig, daß selbst die abgebrühten Theaterbesucher von heute sich wundern würden. Die Helltönende aber schreckte – »trotz

ständigen Errötens ob des Wahnsinns unerlaubter Liebe« – vor keinem noch so sumpfigen Sittenpfuhl zurück. Schließlich hatte sie ein Anliegen. Nämlich: »In derselben Dichtungsart, in der man bisher von schändlicher Unzucht geiler Weiber gelesen hat, soll jetzt die löbliche Keuschheit heiliger Jungfrauen gefeiert werden.«
Um aber den nötigen Kontrast herzustellen zwischen Tugend und Verderbtheit und die Standhaftigkeit christlicher Frauen und Männer recht zu demonstrieren, bevölkerte sie die Szene mit Huren, Kupplerinnen, Sadisten und Masochisten, daß es eine (Un)Art hatte. In ihrem Drama *Sapientia* werden die Heldinnen entjungfert, ausgepeitscht, auf glühenden Rosten gegrillt, schließlich schneidet man ihnen die Brüste ab, und aus den Wunden fließt, o Wunder, kein Blut, sondern reine Milch. So war es logisch, daß ihre Dramen viel gelesen wurden, denn Moral verkauft sich nun mal besser in unmoralischer Verpackung.

Zurück zur Frankfurter Weihnacht, einem Ereignis, das von Roswitha in Hexametern herzbewegend geschildert wurde. In der Übersetzung lautet die Passage (denn sie schrieb ihre Werke nicht in deutscher, sondern in lateinischer Sprache):

Unter den hehren Gesängen der hochehrwürdigen Weihnacht,
Nackten Fußes betretend die heilige Schwelle des Domes,
Scheut' er [Heinrich] sich nicht vor grimmigem Frost beim Toben des Winters,
Sondern er warf sich nieder am heil'gen Altar mit dem Antlitz,
Fest anschmiegend den adligen Leib der gefrorenen Erde.
So mit der ganzen Gewalt des schmerzlich bewegten Gemütes
Flehte der Herzog darum, der Verzeihung Geschenk zu gewinnen.
Als es der König vernommen, besiegte die Liebe die Strenge,
Und des nahenden Festes, das alle verehren, gedenkend...
Fühlt' er Erbarmen, berührt vom Schuldbekenntnis des Bruders.
Und gönnt' liebend ihm wieder Besitz von seiner Geneigtheit,
Nebst dem ersehnten Geschenk von seiner vollen Vergebung.«

Von tiefer Zerknirschung und ehrlicher Reue des Geschlagenen konnte in Wahrheit aber keine Rede sein. Heinrich hatte lediglich erkannt, daß er seinen Ehrgeiz nur *mit* seinem Bruder befriedigen konnte und nicht *gegen* ihn. Seine Demütigung war ein politischer Schachzug. Und doch wäre eine solche Feststellung nur die halbe Wahrheit. Bei beiden Männern war ohne Zweifel neben dem Kalkül auch ein starkes Gefühl mitbestimmend. Ein klassisches Beispiel für jene aus Sentimentalität und Berechnung gemischte Haltung, der wir noch oft begegnen werden. Ottos Rechnung ging scheinbar auf. »Nicht wie ein Bruder trat er auf von nun an«, schreibt Roswitha über Heinrich, »sondern wie ein Sklave suchte er Ottos Befehle zu erfüllen.« Aus Trotz wurde Beflissenheit, aus Empörung bedingungslose Unterwerfung, und als es galt, die freigewordene Stelle des Herzogs von Bayern neu zu besetzen, bot sich kein geeigneterer als er. Gewiß, gegen seinen König hat er nicht mehr intrigiert, dafür aber gegen des Königs Sohn Liudolf, den Liebling des Vaters. Eine Intrige, die mit daran schuld war, daß das Land wieder in einen Krieg gestürzt wurde: in den Krieg der Söhne gegen den Vater. So enthielt Ottos Rechnung doch einen Fehler, wie überhaupt seine ganze Familienpolitik, die jede führende Position mit einem Verwandten besetzen ließ, sich als ein bitterer Irrtum erweisen sollte.

2. Kapitel   Der Krieg der Söhne gegen den Vater und die Ungarnschlacht

Die Prinzessin im Burgverlies

Im Jahre 951 kam es in Como am Comer See zu einem politischen Zwischenfall, der so skandalträchtig war, daß er im Nu in aller Munde war. Rompilger brachten die Neuigkeit auf ihrem Heimweg über die Alpen nach Deutschland, wo sie sich wie ein Lauffeuer verbreitete. Denn alle Details waren dazu angetan, die Gemüter zu erregen, Zorn und Mitleid gleichermaßen zu entfachen. Noch dazu, da die Heldin eine Frau war. Eine Frau von Jugend und Schönheit, von hohem Adel und zum Überfluß auch noch mit dem in Deutschland regierenden Geschlecht verwandt. Ihr, Adelheid, so hieß sie, galt das Mitleid. Der Zorn wandte sich gegen ein »welsches Pärchen« namens Berengar und Willa, dessen bösartige Verschlagenheit sprichwörtlich war.
Aus den Gerüchten, die die Pilger kolportierten, wurden detaillierte Berichte, die von Freunden Adelheids stammten. Berichte, die in die Form dringender Gesuche um Hilfe gekleidet waren und von ihnen persönlich am deutschen Königshof überreicht wurden. Diese Affäre gab den Anstoß zu einer weltpolitischen Entscheidung, die besonders Deutschland betraf. Ein Fall, der zeigt, daß die Geschichte auch von Geschichten bestimmt wird.
In Italien herrschte seit fast einem Jahrhundert, genauer seit dem Erlöschen der karolingischen Linie, das Chaos eines Machtkampfes, in dem jeder Fürst von seinem Recht auf den Thron überzeugt war, alle Gott zum Zeugen anriefen, einer dem anderen den Tod wünschte und auf nachdrückliche Weise für die Erfüllung dieses Wunsches sorgte. Beteiligt waren fränkische, langobardische, italienische Geschlechter. Sie scheuten gelegentlich selbst ein Bündnis mit Sarazenen und Magyaren nicht, die immer wieder marodierend das Land heimsuchten.
Übriggeblieben war schließlich ein junger Mann namens Lothar, der

aufgrund seiner guten Beziehungen zu den Schlüsselmächten Byzanz, dem päpstlichen Rom, Burgund und Deutschland einige Gewähr für Dauer im Wechsel geboten hätte, wenn ihm nicht in dem Markgrafen Berengar ein skrupelloser Gegner erwachsen wäre, der vor nichts zurückschreckte. Auch nicht vor Mord: als Lothar nach nur zwei Regierungsjahren starb, waren die Umstände so zweifelhaft, daß über den Täter kein Zweifel herrschte. Berengar beeilte sich, die Nachfolge anzutreten, und ließ sich zum König Italiens krönen. In seinem vollkommenen Glück störte ihn nur die Tatsache, daß der so plötzlich Verblichene eine Witwe hinterlassen hatte, eben jene Adelheid, der von einem großen Anhang bescheinigt wurde, nur ein von ihr zu wählender neuer Gatte könne der wahre König sein.
Berengar entschloß sich zur Tat. Adelheid wurde ergriffen, ihrer persönlichen Habe und ihres Schmuckes beraubt und in den Kerker geworfen. Man riß ihr die Haare aus »und beschimpfte mit Schlägen und Fußtritten den königlichen Leib«. Was nun folgte, erinnert an die Lieder und Legenden der Fahrenden, aber diese Lieder hätten schwerlich so bunt sein können, wenn nicht das Leben ihnen die Farben geliefert.
Adelheid kam von Como auf das unzugängliche Bergschloß Garda, wo sie in das Turmverlies gesperrt wurde. Eine Flucht schien ausgeschlossen. Sie bewies bald, daß sie nicht nur schön war, sondern auch andere Tugenden besaß: weibliche List und Raffinesse. Die Stunden, die man ihr zum Atemschöpfen auf dem Söller gönnte, benutzte sie, jeden Winkel der Burganlage mit den Augen zu erforschen. Zusammen mit dem Pater und der Dienerin, die ihr in die Gefangenschaft gefolgt waren, schmiedete sie Fluchtpläne und wartete auf ein Zeichen von außen. Ihre Anhänger, davon schien sie überzeugt, würden sie nicht vergessen haben.
Und das Zeichen kommt! Im Burghof erscheint ein Knecht, der, höchst romantisch, mit den Scheiten des von ihm gehackten Holzes das Wort GRABET auslegt. Die Gefangenen verstehen es so, daß sie den hartgestampften Lehmboden ihres Kerkers aufgraben sollen. Sie gehen ans Werk und stoßen nach wochenlanger Arbeit, von der scheinbaren Sinnlosigkeit ihrer Tätigkeit immer wieder entmutigt, auf eine grottenähnliche Vertiefung, die in einen Gang mündet. Am Ende des einst als Notausstieg benutzten, jetzt aber längst vergessenen Geheimgangs schimmert Licht . . .

In einer mondlosen, gewittrigen Augustnacht wagen sie den Ausbruch. Am Tage verbergen sie sich im Wald und in den Kornfeldern, nachts marschieren sie. Der Pater eilt voraus, um den Helfern die geglückte Flucht zu melden. Die beiden Frauen sehen sich plötzlich von den Häschern verfolgt: überall tönt der Hufschlag der berittenen Streifen. Sie entkommen und verstecken sich in den Sümpfen des Mincio, die von dem Summen der malariabringenden Mücken erfüllt sind. Adelheid versinkt in dumpfen Gebeten. Nichts erinnert mehr an die Frau, die die Krone Italiens trug und in den Marmorpalästen Pavias einem glanzvollen Hof vorstand. Ihre Kleidung ist zerfetzt, der Körper eine einzige Wunde. Als endlich Rettung naht, da erkennen die Retter sie nicht wieder...

Dem Abt Odilo aus dem berühmten Kloster Cluny hat sie später von ihrer Flucht erzählt, und Odilo bemerkt dazu mit dem Pathos des moralisierenden Geistlichen: »Gott wollte sie durch so viele Schläge züchtigen, auf daß nicht strafbare Fleischeslust das noch jugendliche Weib durchglühe und sie als Witwe lebendig in Lüsten erstürbe.«

Die Märchenhochzeit zu Pavia

Anfang September ging Otto mit einem starken Heer über den Brenner nach Italien. Um, wie es in der offiziellen Sprachregelung hieß, »einer unserem Hause nahestehenden edlen Frau in ihrer Not beizustehen«. Gewiß war dieses Gefühl ritterlicher Noblesse auch ein Moment, doch keineswegs der Hauptgrund seines Alpenübergangs. Entscheidend waren handfeste politische Gründe, die sich naturgemäß wesentlich schlechter »verkaufen« ließen als die Mär vom edlen Ritter – hier gleichen sich die Zeiten.

Wer Kaiser werden wollte, und das war nach wie vor Ottos Ziel, mußte, nach dem Vorbild Karls des Großen, erst König von Italien sein. Diese Krone war im Augenblick leicht zu erringen: durch Heirat. Gemäß dem Dichterwort: »Mars mehre anderen das Reich, dir aber vergrößere es Venus.«

Der König war seit fünf Jahren Witwer. Mit Editha, der Engländerin, hatte er über siebzehn Jahre eine gute Ehe geführt. Als er – es war auf der Jagd – die Nachricht von ihrem plötzlichen Tod erhielt, war er vom Pferd gestiegen und hatte geweint wie ein Kind. Im Dom zu Magdeburg ließ er sie beisetzen, und wer heute die Stadt an der Elbe besucht, findet ihr Grab noch an derselben Stelle: im nördlichen Betraum der Krypta.

Der Witwer und die Witwe trafen sich zum erstenmal in Pavia, der Hauptstadt des italienischen Königreiches. Wenn die Chronisten berichten, daß sein Herz bei ihrem Anblick in Liebe entbrannt sei, so mag das stimmen. Adelheid hatte auf der ihr zugewiesenen Burg Canossa (vor deren Toren später ein deutscher Kaiser um Lösung vom Bann flehen sollte) ihre Gesundheit wiedererlangt. Und mit der Gesundheit ihre Schönheit. Der untersetzte Deutsche mit dem altväterlichen Vollbart und dem langen sächsischen Rock, der nicht mehr Mode war, schien ihr gewiß todfremd, auch war er fast doppelt so alt wie sie, aber er war die Rettung!

Aus der geschundenen Gefangenen wurde die Frau des mächtigsten Mannes Europas. Der ans märchenhafte grenzende Wiederaufstieg dieser Frau hat seinen Niederschlag in Liedern und Sagen gefunden. Adelheid wurde gleichsam die Helena der italienischen Volkssage. In Magdeburg prägte man eigens eine Otto-Adelheid-Münze, heute für Münzsammler eine gesuchte Rarität.

»Herrschaftspolitik war für Otto identisch mit Familienpolitik«, schreibt Ernst von Salomon. »So konnten es oft Frauen sein, welche den Schlüssel zu den Hintertüren der Weltgeschichte besaßen... Die Geschichtsforschung hat mangels jeglicher Dokumente die Etappen innerer Entscheidung bei Otto I. nicht zu seinem Tun in Beziehung zu setzen vermocht. Aber der Zusammenhang der Fakten und Daten, selbst wenn die Forschung nichts als deren Unzuverlässigkeit feststellen konnte, führt zwingend zu dem Schluß, daß es Adelheid war, die Otto in die italienischen Wirren hineinführte.«

Und damit war sie Anlaß, wenn auch nicht Ursache, zu einem Wendepunkt in der deutschen Politik, die das ganze Mittelalter bestimmte. Aus dem *rex Francorum*, dem König der Franken, war der König der Franken *und* Langobarden geworden. Jedenfalls signierte Otto die zu Pavia gegebenen Erlasse mit diesem Titel. Was etwas außerhalb der Legalität war: denn noch war er nicht Herrscher über das ganze Land. Vor allem lebte Berengar noch, der dem überlegenen Heer der Deutschen ausgewichen war und sich auf die uneinnehmbare Apenninenburg San Marino, jedem Italientouristen wohlbekannt, zurückgezogen hatte, wo er auf seine Stunde wartete.

Was die Hochzeitsfreuden Ottos jedoch stärker trübte, war die kühle Absage, die er sich aus Rom holte. Der Papst war eine Marionette in den Händen eines mächtigen Senators, der sich alles andere wünschte als ausgerechnet einen Deutschen zum Kaiser. Otto war über die gescheiterten Verhandlungen so verärgert, daß er den Leiter der Mission, den Erzbischof Friedrich von Mainz, in Ungnade fallen ließ. Womit er sich einen neuen Feind verschaffte.

»Sehet, meiner Söhne beraubt, sitze ich hier...«

Friedrich, nie ein besonderer Freund der Krone, nahm grußlos seinen Abschied und zog nach Deutschland, ins thüringische Saalfeld, wo er andere Unzufriedene und Zukurzgekommene um sich versammelte. Darunter einen höchst Prominenten: Liudolf, des Königs geliebten Sohn, der sich aber nicht mehr geliebt glaubte, seitdem sein Vater wieder geheiratet hatte. Zwar war er offiziell zum Thronfolger auserkoren, was aber, so fragte er sich, würde geschehen, wenn Stiefmutter Adelheid einen Sohn zur Welt brächte? »Onkel Heinrich«, des Königs Bruder, den er haßte wie die schwarze Pest, hatte in Pavia diesbezüglich immer wieder gestichelt, gehetzt, intrigiert. Auch bei seinem Vater besaß der Kronprinz keinen Kredit mehr, weil er ohne Befehl nach Italien vorausgeeilt war, was zu einem Fiasko geführt hatte.

Liudolf gehört, ähnlich wie Thankmar und später der Herzog Ernst, zu jenen tragischen Figuren der Geschichte, die jedes Volk aufzuweisen hat. Es sind Männer, die von der Natur mit allem versehen worden sind, was sie zur Größe berufen macht – Adel, Reichtum, Intelligenz –, und die dennoch scheitern. Zu Liudolf stieß ein anderer Enttäuschter, Schwager Konrad, der Herzog von Lothringen, wegen seiner roten Haare »der Rote« genannt. Konrad war der Mann von Liudolfs Schwester Liutgard und damit des Königs Schwiegersohn. Den Aufstand, den die beiden Männern entfesselten, »war schlimmer als die Geißel des Bürgerkriegs und bitterer als jegliches Unglück«. Er verwüstete das Land und verschlang Zehntausende von Menschen. Sein Ziel war es,

Liudolf als Mitregenten durchzusetzen, den Einfluß seiner Stiefmutter zu beseitigen, den bösen Heinrich aus der Umgebung des Monarchen zu verbannen. So wichtig solche Kriegsgründe für die beiden Rebellen gewesen sein mögen, im Licht der Historie erscheinen sie nichtig. Konnte man noch Verständnis haben für Stammesherzöge, die gegen die Errichtung einer übermächtigen Zentralgewalt rebellierten, wie bei den früheren Aufständen, diesmal waren es lediglich Familienquerelen.

Am Ende setzte sich Otto durch, obwohl er einmal so gut wie abgesetzt gewesen war und das Heer hatte entlassen müssen, aber seine Unbeugsamkeit hatte wieder den Ausschlag gegeben. Und sein Glück, sein sprichwörtliches Glück im Unglück! Waren bei Heinrichs Rebellion die beiden Hauptgegner rechtzeitig umgekommen, so wurde ihm diesmal, wenn auch unfreiwillig, von einer Seite geholfen, von der er Hilfe nicht vermuten konnte: vom Todfeind des Reiches, den Ungarn. Die Chance, die ihnen der Krieg der Deutschen gegen die Deutschen bot, ließen die Magyaren nicht ungenutzt. Unter der Führung des gefürchteten Horka Bulcsu überschritten sie 955 die Grenzen nach Bayern, Schwaben, Franken und Lothringen und machten sich ans Plündern. Diesmal waren sie im Gegensatz zu früher nicht *allen* unwillkommen. So gab ihnen Liudolf ortskundige Führer und Konrad schloß mit ihnen sogar einen Bündnisvertrag. Beide Maßnahmen, aus Haß geboren, tilgten den Kredit, den beide Edle beim Volk genossen.

Bei einem der Sühnetermine, zu dem die gegnerischen Parteien erschienen, hielt der König eine erschütternde Rede, die uns von Widukind in seiner Sachsengeschichte überliefert wurde: »Sehet, meiner Söhne beraubt, sitze ich hier, kinderlos: habe ich doch den Sohn aus meinem Blut zum schlimmsten Feind und den anderen auch, den Tochtermann, den ich so geliebt und aus niederer Stellung zu hoher Macht emporgehoben. Das alles würde ich tragen, wenn nicht die Feinde Gottes und der Christenmenschen in diese Händel hineingezogen würden. Sie [die Ungarn] haben mein Reich verödet, mein Volk gefangen oder getötet, die Städte zerstört, die Kirchen verbrannt, die Priester gewürgt. Noch triefen vom Blut die Gassen, und die Feinde Christi kehren zurück in ihr Land mit dem Gold, das ich meinen Söhnen geschenkt. Welche Frevel, welche Treulosigkeit man mir noch antun kann, vermag ich nicht auszudenken.«

Das Paktieren mit den Magyaren bedeutete für die Aufrührer den Anfang vom Ende. Konrad und Liudolf verloren ihre Herzogtümer. Die letzten Flammen des Widerstands erloschen jedoch erst, nachdem der König einen Sieg errungen, der ihm den Beinamen »der Große« eintrug und ihm den Weg zum Kaisertum ebnete...

Die Ungarn kommen!

Im Herbst 1937 stießen Ziegeleiarbeiter westlich des Lechs bei Inningen auf eine Grube, in der in wirrem Durcheinander menschliche Skelette lagen. Von Grabbeigaben, die auf eine ordentliche Bestattung hätten schließen lassen, war in dem etwa 1,40 Meter tiefen Schacht nichts zu entdecken. Der herbeigerufene Anthropologe der Universität München machte eine überraschende Feststellung: die Schädel, insgesamt waren es sieben, wiesen ausnahmslos schwere Hiebverletzungen auf, hervorgerufen durch keulenartige Schlaginstrumente.
Weitere Untersuchungen führten zu dem Schluß, daß es sich bei den Skeletten nur um die irdischen Reste ungarischer Krieger handeln könne, die vor fast tausend Jahren hier von den ansässigen Bauern, vermutlich mit Dreschflegeln, erschlagen worden waren – als Versprengte einer mörderischen Auseinandersetzung, die unter dem Namen »Schlacht auf dem Lechfeld« in unsere Schulbücher eingegangen ist. Versehen mit dem markigen Zusatz »Otto der Große schlägt die Ungarn vernichtend und rettet das Abendland«.
Die Wehrpflichtigen, die 1941 zur Vereidigung auf dem als Truppenübungsplatz dienenden Lechfeld angetreten waren, hörten aus riesigen Lautsprechern die Worte: »Männer, die ihr berufen, / die Freiheit der Heimat zu schützen, / wisset, der Boden verpflichtet, / auf dem ihr steht! / Immer seid eingedenk jener Zeit, / da vor tausend Jahren / hier einst wie heute / der Osten die Freiheit bedrohte.«
Was war das für ein Volk, das die Freiheit der Deutschen bedrohte? So daß die bloße Erwähnung seines Namens die Menschen ein Kreuz schlagen und an das Vaterunser den Satz anfügen ließ: »... auch befreie uns von den Pfeilen der Ungarn, o Herr! – *de sagittis Hungarorum libera nos, domine!*«
Wenn der brandrote Himmel im Osten das Nahen der apokalyptischen

Steppenreiter ankündigte, verbreitete sich Weltuntergangsstimmung. Alles verließ in panischer Angst Haus und Hof, hastete in die aus Erdwällen angelegten, nur notdürftigen Schutz gewährenden Fluchtburgen oder einfach in die Kirchen. Menschenblut, so raunte man sich zu, sei ihr tägliches Getränk und ihre Nahrung die aus den Körpern der Gemeuchelten gerissenen Herzen. An Mordlust, so der Chronist Regino von Prüm, überträfen sie alle Raubtiere und lebten überhaupt nicht nach Art der Menschen.

Die fromme Roswitha nannte sie schlicht »dies Ungeziefer der Menschheit« und bedauerte, daß es kein Mittel gäbe, es auszurotten. Gegen die Ungarn half nichts, es sei denn, ein Wunder. Da ist der Magyar, der den Altar berauben will und dessen Hand plötzlich mit dem Marmor verschmilzt, und ein anderer, der von der Glocke zerschmettert wird, und der Mönch, von dessen Körper alle Pfeile abprallen, als sei seine Haut diamanten. Aber Wunder finden nur selten statt. Reiternomaden waren die Ungarn. Ursprünglich am Ural beheimatet, zogen sie in das Gebiet der unteren Donau, aus dem sie die Slawen vertrieben, weil sie hier für ihre Herden ideale Bedingungen fanden. Als Bewohner der Steppe waren sie an einen Lebenskampf gewöhnt, der sie täglich aufs äußerste forderte. Es galt, die riesigen Herden über Hunderte von Kilometern zu treiben, sie zusammenzuhalten, sie vor wilden Tieren zu schützen und vor dem Menschen. So befanden sie sich in einem permanenten Kriegszustand, der ihre besten Tugenden – Kampflust, Vitalität und Todesmut – nicht verkümmern ließ. Zentaurengleich schienen sie mit dem Pferd verwachsen, und dem Pferd verdankten sie ihre militärische Stärke. Nichts konnte sie aufhalten, die Alpen nicht, kein breiter Strom, keine Wälder, und da sie nicht auf die Ernte des zu erobernden Landes als Verpflegungsreserve angewiesen waren wie die Heere des Westens mit ihrem riesigen Troß – führten sie doch alles in ihren Satteltaschen mit oder auf wenigen Begleitpferden –, konnten sie auch im Winter zu ihren Eroberungszügen aufbrechen.

Die Geißel Gottes

»Wir sind die Rache des großen Gottes«, sagte einer ihrer Führer, der in Gefangenschaft geraten war, in einem Verhör, »von ihm über euch zur Geißel erkoren. Und alle, die wir von den eurigen töten, werden uns im Jenseits dienen«. Die Christen bestätigten sie ungewollt hierin, wenn sie in flehendem Gebet bekannten, daß die wilden Scharen »die Strafe seien für unsere Sünden – *peccatis nostris exigentibus*«.
Ihre kriegerische Überlegenheit haben die Magyaren, ähnlich wie die Wikinger und Sarazenen, materiell zu nutzen gewußt. Was der Bauer sich mit Schweiß erwarb, der Händler mit Raffinesse, errangen sie sich durch Blut. Beutezüge bekamen den Charakter wirtschaftlicher Unternehmungen, die Beute selbst entsprach der Ernte oder der Verdienstspanne, und nur durch ständiges Beutemachen war der Lebensstandard zu halten.
»Raub, Mord, Verwüstung, das rücksichtslose Brechen jeden Widerstandes waren kein Selbstzweck, kein zügelloses Abreagieren wilder Instinkte«, schreibt Thomas von Bogyay, ein Ungar von heute, »sondern ein Mittel des Vermögenserwerbs.
... Für Gold und Silber waren die ungarischen Heerführer jederzeit bereit, Frieden zu schließen und weite Gebiete zu schonen... Wertvoller aber war als Beute der Mensch selbst. Hier wurde der Raub zum Mittel der Warenanschaffung, denn die begehrteste Ware, die sie auf die Märkte des Byzantinischen Reichs und des Vorderen Orients bringen konnten, war eben der Sklave.«
Nun werden Raub, Plünderung, Brandschatzung, Menschenhandel und Mord nicht weniger entsetzlich, wenn man ihre Ursachen zu erklären vermag, trotzdem verdienen die Ungarn den schlechten Ruf nicht, den sie jahrhundertelang hatten. Sie verdanken ihn in erster Linie den der Geistlichkeit entstammenden Chronisten, die allen Grund zu negativer Berichterstattung hatten, waren doch Kirchen und Klöster ihrer Schätze wegen die begehrtesten Plünderungsobjekte. Doch selbst unter ihnen findet sich gelegentlich eine Stimme, die weniger von Haß und Abscheu verzerrt ist. Ekkehard IV. von St. Gallen, dessen Klostergeschichte hohen kulturgeschichtlichen Wert hat, schildert sie als Menschen, die mit Entsetzen Scherz trieben wie Kinder bei bösen Streichen.

»Den steinernen Altar des heiligen Gallus hüteten sie sich zu zerstören, weil sie sich früher durch ähnliche Versuche abgeschunden hatten, um dann doch nichts anderes zu finden als Knochen und Asche... Zwei von ihnen bestiegen den Glockenturm, denn sie hielten den Hahn auf der Spitze für golden, weil der Gott eines Hauses, das nach ihm genannt war [Sankt Gallen], nur aus edelstem Metall gegossen sein könnte. Und als sich einer vorbeugte, um den Hahn mit der Lanze abzustoßen, fiel er von der Höhe hinab auf den Vorhof und ward zerschmettert. Der andere stieg indes aus Rache auf den Gipfel der östlichen Zinne und schickte sich an, seinen Leib zu entleeren...«
Die Nonnen von Remiremont, die ihnen in die Hände fielen, wurden nicht, wie sonst üblich, geschändet, sondern unter ungeheurem Jubel in die Mosel geworfen (woraus sich die meisten retten konnten). Den Mönchen von Athos krümmten sie kein Haar, machten sich aber den Spaß, sie nackend auf freiem Feld auszusetzen. Wer sich wehrte, wurde umgebracht, aber es ist kein Fall bekannt, daß jemand seines Glaubens wegen daran glauben mußte.
Die Ungarn waren trotz aller (kirchen-)amtlicher Greuelpropaganda keine Untermenschen, sondern nur andere Menschen, von einer anderen Rasse. Sie waren grausam, doch nicht grausamer als die Deutschen, die bei ihren Strafexpeditionen gegen die Slawen regelmäßig Tausende von Menschen hinmetzelten. Sie waren erbarmungslos, doch nie so blutdürstig wie die Wikinger, die oft um des Mordens willen mordeten. Sie fühlten sich als Boten ihrer Götter, aber ihnen fehlte der religiöse Fanatismus, der den Sarazenen eigen war.
Und was die Kirchen betraf, die sie plünderten, die Klöster, die sie anzündeten, so waren sie hier in bester Gesellschaft: in dem gerade zu Ende gegangenen Krieg des Vaters gegen die Söhne blieben die christlichen Kirchen vor der Brandschatzung durch Christen nicht verschont.

Ein Bischof rettet Augsburg

Dieser Krieg war es, wie erwähnt, der die Ungarn auf den Plan gerufen hatte. Sie überfluteten die Grenzen in nie dagewesener Zahl. Über einhunderttausend wilde Reiter, so wird überliefert, habe man gezählt, nach der sagenhaften Kaiserchronik sogar 128 000, die Magyaren selbst prahlten, daß ihre Scharen niemand besiegen könne, es sei denn die Erde verschlinge oder der Himmel verschütte sie. Phantastische Übertreibungen, die wir aus den Schlachtenberichten aller Zeiten zur Genüge kennen, dazu bestimmt, das Entsetzen entsetzlicher oder den Sieg rühmenswerter zu machen. Statt der einhunderttausend werden es vielleicht zwölf- bis fünfzehntausend Krieger gewesen sein, denen auf deutscher Seite acht- bis zehntausend gegenüberstanden. Da es sich fast ausschließlich um Berittene handelte, vermag selbst bei derart reduzierten Zahlen die Phantasie sich kaum auszumalen, welch Inferno ein solcher Zusammenprall von Mann und Roß und Rüstung bedeutete. Eine Schlacht zu schlagen, hieß erst einmal die dafür notwendigen Truppen zu mobilisieren und an den Ort der Tat zu bringen, was oft schwieriger war als das eigentliche Treffen. Es hätte noch mehr blutige Auseinandersetzungen gegeben in der Geschichte, wenn das immer gelungen wäre.

Otto gelang es in etwa vier Wochen, was als außerordentliche organisatorische Leistung galt. Wohl mit Recht, bedenkt man, welche Strecken allein die reitenden Boten vom Königshof in Magdeburg zu den Gebieten der Franken, Schwaben, Bayern und Böhmen zurücklegen mußten, um die Stammesaufgebote zu alarmieren. Auch die Hiobsbotschaft vom Einfall des Feindes war über eine Entfernung von vierhundert Kilometer transportiert worden (Regensburg–Magdeburg), wofür selbst die für solche Parforcetouren ausgebildeten Meldereiter sieben bis acht Tage brauchten.

Während dieser Vorbereitungen standen die Ungarn bereits vor Augsburg, einer reichen Stadt, doch schlecht befestigt, mit niedrigen, türmelosen Mauern, schwer gezeichnet noch von der letzten großen Fehde. Sie würden einem Sturm nicht lange standhalten, und die Bürger, die von den Zinnen den Aufmarsch des Feindes beobachteten, ahnten, daß ihnen die Stunde geschlagen hatte. Hoffnungslosigkeit griff um sich, Kleinmut, nackte Verzweiflung. Nur ein Mann war dagegen gefeit: Bischof Ulrich.

Sein Grab in Augsburg ist noch heute Wallfahrtsort und das Kreuz, das er beim Kampf mit sich führte, eine Reliquie. Ulrich gehört zu jenen wehrhaften Gottesmännern, die eine Zeit gebar, in der die Bischöfe »Hirten« waren, die ihre »Herde« auch mit der Waffe verteidigen mußten. In ihm verbindet sich, genauso wie bei Otto, mit dem er befreundet war, Christliches und Heidnisches zu einer außerordentlichen Persönlichkeit. Ein Mann der Tat, durchdrungen von seinem Glauben, aber auch dem Weltlichen nicht abhold, Priester und Genußmensch, Heiliger und Held, einer, der die himmlischen Freuden predigte, ohne denen auf der Erde abgeneigt zu sein.

Die Kirche hat ihn 1955, tausend Jahre nach der Lechfeldschlacht, bei der Jubiläumsfeier in Augsburg derart in den Mittelpunkt der Laudatio gestellt, daß von Otto dem Großen kaum mehr die Rede war, und doch scheint es fraglich, ob man einen solchen Mann Gottes heute noch heiligsprechen würde.

Ulrich war der einzige, der an dem Tag, als die Ungarn kamen, nicht die Nerven verlor. Er ließ Tag und Nacht schanzen, die Bollwerke ausbauen, die Tore verrammeln, Behelfswaffen fertigen. Er sorgte auch für die psychologische Aufrüstung: jede Stunde zogen Nonnen in langen Bittprozessionen durch die Stadt, flehten, wie die in den Straßen knienden Gläubigen, um göttliche Waffenhilfe; Kinder gingen von Tür zu Tür, damit ihr herzzerreißendes Weinen alle an ihre Pflicht mahne. Bei den Gefechten vor den Toren sah man ihn hoch zu Roß mitten unter den Kämpfenden, gekleidet in seinem bischöflichen Ornat, Helm und Brünne hatte er zurückgewiesen: das war keine Kraft- und Mutprotzerei, sondern eine bewußte Herausforderung des Schicksals. Überlebte er, so wäre das für alle ein sichtbares Zeichen, daß die gerechte Sache siegen würde.

Ulrich blieb unverletzt, und als die Ungarn im Morgengrauen zum Sturm auf die Mauern antraten, ausgerüstet mit Rammböcken und Leitern, war die Moral der Belagerten gefestigt, die der Belagerer aber gesunken, denn ihre Anführer mußten die vorderen Reihen mit der Peitsche antreiben. Mitten in den Angriff hinein ertönten plötzlich Hornsignale, und wie ein Spuk lösten sich die Angriffsreihen auf...

Graf Bertholds großer Verrat

Was von den wackeren Augsburgern als ein Wunder gefeiert wurde, war keines. Es war ein planmäßiger Rückzug, ausgelöst durch die Nachricht eines Landesverräters. Dieser, ein Graf Berthold, benutzte die Gelegenheit, es Otto 1. heimzuzahlen, der ihn als politischen Gegner enteignet und verbannt hatte. Der Verräter und die Schlacht, ein Thema, das durch die ganze Geschichte geht: es reicht von dem Unbekannten, der den Persern bei Marathon das entscheidende Signal gab, über Ephialtes, der Xerxes' Männer in den Rücken des Leonidas führte, bis zum Müller von Königgrätz, der die Flügel seiner Mühle drehte, um den Österreichern den Anmarsch der Preußen zu melden.

Berthold, ein Bayer, für den der Sachse Otto mit seiner etwas steifen Würde und dem sonderbaren Dialekt eine Art ›Saupreiß‹ war, verriet dem ungarischen Oberkommandierenden den Zeitpunkt des Aufbruchs und die Marschrichtung des deutschen Heeres. Eine Information, deren Wert Horka Bulcsu sofort erkannte. Der Magyare, Held und Haudegen, reagierte mit der Routine und dem strategischen Können, die die Angehörigen der altungarischen Kriegeraristokratie von jeher auszeichnete. Es war ein Schachzug, der das Heer der Deutschen an den Rand der Niederlage brachte...

Dieses Heer war gerade von seinem Sammelpunkt bei Ulm zum Marsch nach Osten, in Richtung Lechfeld, aufgebrochen, der zwischen den Flüssen Lech und Wertach gelegenen Schotterebene. Die fünf bis sechs Kilometer lange Kolonne bewegte sich vorsichtig, jede Deckung, die Wald und Buschwerk bot, sorgfältig nützend. Doch dann wurde man leichtsinnig auf die Nachricht hin, daß der Feind die Belagerung Augsburgs abgebrochen und sich wieder über den Lech zurückgezogen habe, ein sicheres Zeichen, so glaubte man, daß die Ungarn sich nicht stellen würden. Sie waren noch immer ausgewichen, wenn sie sich einem geschlossenen Heereskörper gegenübersahen.

Zu der euphorischen Stimmung hatte auch der morgendliche Feldgottesdienst beigetragen, eine Zeremonie, die Otto, in Erkenntnis der Tatsache, daß Soldaten nicht nur gute Waffen brauchten, sondern auch guten Mut, besonders eindrucksvoll gestaltete. Er hatte sie im Morgendämmern feierlich schwören lassen, daß einer für den anderen sein Leben einsetzte, war dann niedergekniet und hatte unter Tränen den Tagesheiligen, St. Laurentius, um Fürbitte bei Christus gebeten.

Sollte ihm der Sieg zufallen, so verspräche er ihm ein eigenes Bistum in der Stadt Merseburg. Doch Laurentius, ein Märtyrer, der sich sein Märtyrertum auf schauerliche Weise erworben hatte – man hatte ihn auf einem glühenden Rost zu Tode gefoltert –, mußte fast dreizehn Jahre auf die Einlösung des Versprechens warten...

Das erste gesamtdeutsche Aufgebot

So war das Heer formiert, das man als das erste gesamtdeutsche Aufgebot bezeichnet hat: an der Spitze die Bayern; dann die Franken; dann der König, für den es selbstverständliche Pflicht war, in vorderster Linie zu kämpfen, allerdings mit der Rückversicherung einer aus den besten Kriegern gebildeten Garde, die ihn mit ihren Leibern schützte und bereit war, für ihn zu sterben; schließlich die Schwaben. Der Schutz des Trosses oblag den verbündeten Böhmen. Die Sachsen hatten wegen eines drohenden Slawenaufstands zu Hause bleiben müssen.
Die Böhmen waren es, auf die urplötzlich ein Hagel gefiederter Pfeile niederging, abgeschossen von den Ungarn, die in einem gekonnten Manöver den Feind umgangen hatten und nun von der Flanke und vom Rücken her über ihn hereinbrachen. Mit ihren aus Horn und Holz kunstvoll gefertigten Bogen, die von einer Sehne aus Schafdarm gespannt wurden, trafen sie noch auf zweihundert Schritt. Meist aber benutzten sie ihre Pfeile, von denen jeder Krieger ein gutes Dutzend in seinem Köcher hatte, zum Streuschuß, als eine Art leichter Artillerie. Diese Fernwaffe, der der Westen nichts Gleichwertiges entgegenzusetzen hatte, bahnte häufig die Entscheidung an, und sie schien auch diesmal zu wirken, denn die Verwirrung im Heer war perfekt.
Stürzende Pferde, die ihre Reiter unter sich begraben, die gellenden Schlachtrufe der Magyaren, die auf ihren schnellen kleinen Tieren blitzschnell vorstoßen, wieder zurückweichen, ihre Pfeile abschießen, erneut angreifen, lassen bald die ersten Reihen wanken, ein Rennen, Retten, Flüchten setzt ein, schließlich eine Panik, die von den Böhmen auf die Schwaben überspringt, der Troß geht verloren und bald auch die ganze Schlacht, wenn nicht der Rote Konrad erschienen wäre, im selbstmörderischen Einsatz die Ungarn wirft und die Lage wiederherstellt.
Die Voraussetzung zum geschlossenen Gegenangriff war gegeben.
Wie er sich entfaltete, läßt an alte Schlachtengemälde denken: König Otto hoch zu Roß, die Heilige Lanze in der Rechten, neben ihm der Bannerträger mit der Reichsfahne, die das Bild des Schwertengels Michael zeigt, Schutzpatron der Deutschen, das Blitzen der Waffen und Rüstungen im glühenden Licht des Augusttages, der von den Hufen aufgewirbelte Staub – doch lassen wir uns nicht täuschen: dahinter

61

stand die »Blutarbeit«, der Kampf Mann gegen Mann, die fürchterlichen Wunden, geschlagen von rostigen Schwertern, schartigen Lanzen, von den Widerhaken der Pfeile und den Hufen der Pferde. Das Sanitätswesen war gering entwickelt, die Schwerverwundeten verbluteten, leichter Blessierte bezahlten ihre Verwundung mit lebenslangem Siechtum. Unsere einschlägigen Kriegsgeschichten berichten wenig, meist gar nichts, von der schmutzigen Kehrseite der Medaille.

Am Abend des ersten Tages waren die Ungarn zersprengt, aufgerieben, in den Lech getrieben, dessen Wasser sich rot gefärbt haben sollen. Wider ihre sonstige Gewohnheit hatten sie eine offene Feldschlacht angenommen und waren der in geschlossenen Formationen angreifenden deutschen Reiterei erlegen. Diese bestand aus sogenannten Panzerreitern; sie trugen über die Hüften reichende Lederhemden, auf denen Metallplättchen, Ketten oder Nagelköpfe befestigt waren (die Wohlhabenden konnten sich aus zahllosen kleinen Eisenringen gefertigte Kettenhemden leisten), während Kopf und Hals ein lederner, mit Metall verstärkter Helm bedeckte. Ihre Waffen waren Langschwert, Lanze, Schild und Dolch.

Auch wenn die Panzerreiter noch nicht gerüstet waren wie die Ritter des späten Mittelalters, waren sie doch so schwer, daß sie ein starkknochiges, großes Pferd brauchten. Roß und Reiter entwickelten in der Attacke eine Stoßkraft, die die leichte Reiterei der Magyaren förmlich hinwegfegte. Diese Angriffswucht wäre undenkbar gewesen ohne eine Erfindung, die man dem Nomadenvolk der Sarmaten verdankte: den Steigbügel. In den Bügeln stehend, hatte der Reiter einen festen Halt und war nicht mehr so leicht aus dem Sattel zu heben.

Ein großer Sieg zeichnete sich ab auf dem Lechfeld, und Otto machte ihn größer, als er etwas unternahm, was damals ungewöhnlich war: er ließ den fliehenden Feind verfolgen und in vielen Einzelgefechten endgültig vernichten. Gefangene wurden nicht gemacht, und wenn, dann nur, um sie wie gemeine Mörder an den Galgen zu hängen.

Auch der Horka Bulcsu wurde nach seiner Gefangennahme kurzerhand aufgeknüpft, eine ruchlose Tat, denn der Magyar war kein Kriegsverbrecher, sondern Fürst und Heerführer wie Otto auch, und doch hatte sie ihren Sinn: den Ungarn daheim sollte demonstriert werden, daß ihre Führer die Gunst der Götter verloren hatten.

Das Massengrab, in das man die Erdrosselten warf, diente jahrhundertelang als besondere Attraktion: man zeigte es den fremden Reisenden mit wohligem Schauder, wie auch die Altarkelche und Kreuze, die aus den silbernen Schellen gegossen waren, mit denen die Ungarn ihre Gewänder schmückten.

»Du trägst den Cäsar und sein Glück!«

Die Verluste auf deutscher Seite waren ebenfalls hoch. Ein großer Teil des Adels war gefallen, darunter Konrad der Rote, der tapfersten einer. Ein Pfeil traf ihn in die Kehle, als er die Bänder seines Helms zum Atemschöpfen gelockert hatte. Unter seiner Rüstung entdeckte man das Hemd des Büßers als ein Zeichen der Reue darüber, daß er gegen seinen König rebelliert hatte.
War Otto der geniale Feldherr, der den Ablauf der Schlacht bis ins einzelne geplant? Oder war er lediglich der »tapfere Beter«, dessen Glauben alle mitriß? Darüber hat man gestritten – und dabei vergessen, daß dem König der größte Sieg bereits vor der Schlacht gelungen war: der über die Zwietracht der deutschen Stämme. Denn die Wunden des Bürgerkriegs waren noch nicht verheilt, und er konnte nicht sicher sein, ob die, die sie empfangen und geschlagen hatten, zum Kampf gegen den Landesfeind überhaupt bereit waren.
Die Ungarn haben sich von der Katastrophe auf dem Lechfeld nicht wieder erholt. Sie, die über ein halbes Jahrhundert der Alptraum Europas gewesen waren, erschienen nie mehr. Aus einem Volk der Hirtenkrieger wurden seßhafte Bauern, wilde Heiden verwandelten sich bald zu braven Christen. Selten hat die Geschichte eine derartige Wirkung einer einzigen Schlacht gesehen.
Die Begeisterung der Deutschen über den Sieg kannte keine Grenzen. Noch auf dem Lechfeld riefen die Krieger ihren Feldherrn zum *Imperator*, zum Kaiser, aus. Eine aus dem Überschwang des Triumphes geborene Akklamation nach antikem Vorbild, aber ohne jede rechtliche Folge. Denn noch war es nicht soweit.
Otto blieb keine Zeit, sich auf den frisch errungenen Lorbeeren auszuruhen. Der drohende Slawenaufstand, dessentwegen die Sachsen daheim auf Wacht hatten bleiben müssen, war inzwischen ausgebrochen und verlangte sein Eingreifen. Wahrscheinlich wäre auch der Ost-

experte Gero mit den rebellischen Abodriten fertiggeworden, doch des Königs bloße Nähe war jetzt bereits erfolgverheißend, war wichtiger als Landeskenntnis und strategische Kunst. Tatsächlich gelang Otto auch im Nordosten im selben Jahr ein wichtiger Erfolg. An der Recknitz im östlichen Mecklenburg geriet er zwar anfangs in einen Hinterhalt, den ihm die Rebellen in unwegsamem Sumpfgelände gelegt hatten, doch konnte er sich durch einen kühnen Flußübergang in den Rücken des Feindes setzen und ihn vernichten.

Das Glück, auf das ein Gaius Julius Cäsar so blind vertraute, daß er den in stürmischer See verzweifelnden Bootsmann mit den Worten beruhigte: »Gemach, du trägst den Cäsar und sein Glück«, die Glücksgöttin schien auch dem deutschen Cäsar, Otto, immer günstig gesonnen. Mehrmals kamen im entscheidenden Moment die gefährlichsten Gegner um oder wurden wichtige Schlachten gewonnen. Trotzdem gilt auch für ihn das Wort Moltkes, wonach Glück auf die Dauer nur der Tüchtige hat.

Sechs Jahre später sollte es ihm wieder lächeln...

3. Kapitel   Krone und Tiara

Ein Papst ruft um Hilfe

1962 war ein jubiläumsfreudiges Jahr in Deutschland. Man feierte das aus dem 10. Jahrhundert stammende Trierer Marktkreuz mit einer Sonderbriefmarke, die x-te Wiederkehr des Kurfürsten Clemens August von Köln mit einer Ausstellung, gedachte Karls v. mit einem Symposion und war sich nicht zu schade, selbst die Gedenktage bedeutungsloser Verwester feierlich zu begehen. Bei soviel Jubelfreude muß es befremden, daß man den 2. Februar vergaß. An diesem Tag waren 1000 Jahre vergangen, da ein Deutscher zum Kaiser gekrönt wurde und damit die Geschichte seines Landes für Jahrhunderte prägte. Den Österreichern war dieses Datum ein prunkvoller Staatsakt wert. Die Italiener erinnerten sich mit einer festlichen Veranstaltung in Rom. Bei den Deutschen reichte es lediglich zu einigen Worten, die der Bundespräsident Heinrich Lübke in eine Rede einflechten ließ, mit der er die Landwirtschaftsausstellung »Grüne Woche« in Berlin eröffnete. »Offenbar sind sich andere Länder«, klagte der Göttinger Historiker Josef Fleckenstein, »stärker ihrer historischen Wurzeln bewußt. Hundert Jahre früher, im Jahre 1862, hat das gleiche Gedenkjahr auch in Deutschland noch weite Kreise gezogen und die Gemüter heftig bewegt... Inzwischen ist das Bild Ottos des Großen und seiner geschichtlichen Leistung stark verblaßt. Seit es nun auch in den Schulbüchern mehr und mehr verdrängt wird, scheint es vollends zum Verkümmern verurteilt zu sein...
Doch sollte Geschichtsbewußtsein ohnehin nicht nur in ihnen fortleben. Sein Nährboden ist unser Geschichts*raum*, der die Spuren seines Werdens unübersehbar trägt und in zahllosen Denkmälern die Erinnerung an die in ihm durchlebte und durchlittene Geschichte beschwört. So lebt nicht nur in Magdeburg, sondern auch in Aachen und in Rom

noch die Erinnerung an Kaiser Otto fort. Und die Reichskrone in der Schatzkammer der Wiener Hofburg verweist nicht nur auf die Person des ersten Kaisers, sondern auch auf seine Wirkung, die durch viele Jahrhunderte geht...«

Auch in Regensburg lebt Erinnerung. Die Pfalz der alten Donaustadt besuchte Otto häufig, verbrachte hier gern die christlichen Festtage, und so ergab es sich, daß er Weihnachten 960 in Regensburg weilte, als zwei mit hohen Vollmachten versehene Gesandte des Papstes bei ihm um eine Audienz einkamen. Sie hatten die im Winter besonders strapaziöse wochenlange Reise von Rom über den Brenner nicht gescheut, denn die Dokumente, die sie in ihrem Kuriergepäck trugen, waren wichtig, geheim und vor allem eilig.

Was die beiden Sonderbeauftragten, der Kardinaldiakon Johannes und sein Geheimsekretär Azo, zu überbringen hatten, war eine Offerte, die Offerte zu einem Geschäft auf Gegenseitigkeit. Seine Heiligkeit, der Papst Johannes XII., erlaube sich, den erhabenen König Otto, so führten sie aus, darauf hinzuweisen, daß ihm, dem Nachfolger der fränkischen Herrscher, ein erbliches Anrecht auf die Schutzherrschaft über Rom zustehe, ein Recht, das ihn gleichzeitig verpflichte, der Kirche Beistand gegen ihre Unterdrücker angedeihen zu lassen.

Schlichter ausgedrückt hieß das: hilfst du mir gegen Berengar, der mich vernichten will, so bekommst du dafür die Kaiserkrone.

Seit Karl der Große sich von einem Papst die Kaiserkrone hatte aufsetzen lassen, war aus einem Gewohnheitsrecht ein Vorrecht der Kirche geworden. Ein Vorrecht, von dem sie oft fahrlässigen Gebrauch gemacht hatte; in den letzten vier Jahrzehnten, in Ermangelung eines passenden Kopfes, überhaupt keinen mehr. Die Krone war frei, und wie ließe sie sich besser verkaufen, indem man sie jemand anbot, der dafür mit seiner ganzen (Schutz-)Macht zu zahlen bereit war?

Selbstverständlich wußte das Otto. Und er wußte noch mehr: daß es sich bei Papst Johannes XII. um einen dunklen Ehrenmann handelte, gebrandmarkt von dem Ruf, noch verderbter zu sein, als die gesamte italienische Geistlichkeit es ohnehin war. Johannes, ein gutaussehender, nicht untalentierter Mann, war korrupt und ohne jeden Skrupel. Er bediente sich aus der Kirchenkasse, ließ die Peterskirche verkommen, nahm Bestechungsgelder für Bischofsweihen, und den ehrwürdigen Lateran, die Residenz der Päpste, machte er zum Bordell, in das er neben einheimischen Schönen auch Rompilgerinnen verschleppte.

3 Krone, Reichsapfel und Zepter werden heute in der Schatzkammer der Wiener Hofburg aufbewahrt. Die Reichskleinodien besaßen magische Kraft und durften bei keiner Krönung fehlen.

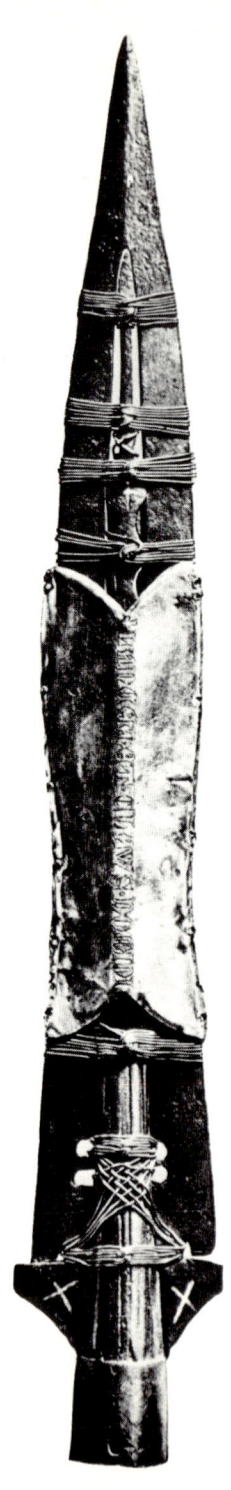

4, 5 Otto I. und seine erste Frau Editha aus dem englischen Königshaus. Er schenkte ihr Magdeburg zur Hochzeit, eine Siedlung, die er zur Metropole machte und deren Dom zum Grabmal wurde. »König war er und Christ, des Vaterlands Zier, den hier der Marmor umhüllt«, lautet die Inschrift am Sarg Ottos, »dreifach beklagt ihn die Welt« *(oben)*.

Die Heilige Lanze mit dem goldverzierten Nagel in der Mitte des Lanzenblatts. Es war einer der Nägel, so der Glaube, mit dem Christus in Jerusalem ans Kreuz geschlagen wurde. Mit ihr zogen Kaiser und Könige in die Schlacht *(rechts)*.

Das Volk, das einen Kaiser wollte

Den König durfte in diesem Moment nicht das Privatleben des Papstes interessieren, sondern lediglich dessen Amt. Er hatte 951 schon einmal versucht, Kaiser zu werden, war aber auf das achselzuckende Desinteresse der Römer gestoßen, hatte sogar das italienische Königreich als die Voraussetzung zum Kaisertum wieder verloren. Jetzt endlich hatte er die Möglichkeit, die Krone zu erwerben, noch dazu auf legalem Wege, so daß kein Vorwurf freventlicher Anmaßung an ihm haften bleiben konnte. Daß er sie unbedingt haben wollte, lag nicht in unersättlichem Machthunger begründet oder in eitlem Repräsentationsbedürfnis, sondern in der kühlen Erkenntnis, daß ohne sie auf die Dauer kein Staat zu machen war.

Otto, der einen hohen Preis hatte zahlen müssen für die Erfahrung, daß Verwandtschaft nicht vor Feindschaft schützte und Familienherzöge nicht zuverlässiger waren als fremde Herzöge, war mehr und mehr dazu übergegangen, sein Reich mit Hilfe der Bischöfe zu regieren. In der Kirche fand er ein Gegengewicht gegen die weltliche Macht, fand er gebildete, des Lesens und Schreibens kundige Verwaltungsbeamte, fand er, in den Klostergütern, die wirtschaftliche Grundlage zur Bestreitung des Staatshaushalts, fand er schließlich, indem er den Bischöfen immer mehr weltliche Rechte gewährte und die Immunität gegenüber den Herzögen, auch die Männer, mit deren Hilfe er seine Kriege führte.

Das alles war nicht umsonst, doch war das Land, das man dafür zu Lehen gab, noch in der ursprünglichen Wortbedeutung *verliehen*, es fiel nach dem Tod des Belehnten wieder an die Krone zurück. Zwecks Neuvergabe. Ihre Ländereien konnten nicht, wie bei den weltlichen Fürsten, auf die Erben übergehen. Denn die Diener der Kirche hatten wegen des Zölibats keine Erben.

Dieser Reichskirche, die Heerfahrts-, Herbergs- und Kanzleidienste leistete und damit das Reich am Leben erhielt, glaubte der König auf die Dauer nur sicher zu sein, wenn er sich des Papstes versicherte. Der Papst als Nachfolger des Apostels Petrus war den Bischöfen, bei aller Kritik, oberste Instanz geblieben.

Auch in wirtschaftlicher Hinsicht schien der Gang nach Rom von Nutzen. Die Deutschen waren Habenichtse. In dem Wirtschaftszweig, der das große Geld brachte, dem internationalen Handel, spielten sie keine Rolle. Trotz der zentralen Lage ihres Landes führten die Handelsstraßen an ihnen vorbei. Venedig und Byzanz waren die wirtschaftlichen Metropolen, Pisa und Genua bedeutende Seestädte. Wer an ihren Gütern, an ihren geistigen wie an ihren wirtschaftlichen, teilhaben wollte, durfte nicht an den Alpen verharren. Sein Ziel mußte der Süden sein, der trotz des Niedergangs des römischen Imperiums, trotz des herrschenden politischen Chaos nichts von seiner Attraktivität eingebüßt hatte. Noch immer war Italien, vom Klima verwöhnt, von der Natur beschenkt, vom Handel begünstigt, ein wohlhabendes Land, das zu erobern stärker verlockte als die östlich von Elbe und Oder gelegenen trostlosen Einöden.

Gewiß haben solche Gründe eine Rolle gespielt bei Ottos Entschluß, entscheidend aber waren weder politisches Kalkül noch wirtschaftliche Vernunft, die ihn zur Annahme der päpstlichen Offerte rieten, entscheidend war das ideelle Moment. Die Vorstellung, daß einem deutschen König die Kaiserwürde zustand als dem Führer der abendländischen Christenheit, hatte sich seit den Tagen Karls im Volk lebendig erhalten. Wie lebendig, das hatten die Krieger auf dem Lechfeld gezeigt, als sie Otto nach dem Sieg über die Ungarn spontan zum *Imperator* ausriefen.

Man lebte in der Idee des Kaisertums und betrauerte, daß die Länder, die *einen* Glauben hatten und *eine* Kirche, nicht auch *einem* Herrscher untertan waren. »... daher rühre, meinte man, der Zeiten Notstand, daher die Übertretung aller menschlichen und göttlichen Gesetze, daher die Heimsuchung der Christen durch die heidnischen Völker, die von allen Seiten über das Abendland einbrächen, die Welt sei aus den Fugen, und solange die starke Hand des von Gott gesetzten Kaisers fehle, werde sie die rechte Bahn nicht wiederfinden.«

Die Erringung des Kaisertums wurde deshalb nicht nur als ein Recht angesehen, sondern auch als eine Pflicht. Das Volk wollte es, und Gott gebot es: durch den Mund des Propheten Daniel hatte er verkündet, daß das Römische Reich, das durch Konstantin ein christliches Reich geworden war und durch Karl an die Franken gelangt, bis an das Ende der Zeiten dauern werde. So jedenfalls stand es im 7. Kapitel des Buches Daniel, so wurde es geglaubt, und der derzeitig mächtigste Mann war verpflichtet, dieses Reich zu erneuern und damit das Wort Gottes zu erfüllen.

Undenkbar, daß er sich einer solchen Berufung hätte entziehen können: in einem Zeitalter, in dem die Macht der Idee und der Tradition ungleich zwingender wirkte auf einen Politiker als heute. Otto tat, was ihm seine Zeit gebot und was er selbst glaubte, für sein persönliches Ansehen tun zu müssen. Auf seiner Autorität beruhte seine Macht über die Adelsfamilien der deutschen Stämme, und nur das Kaisertum war geeignet, diese Autorität zu stärken.
Die großen Familien spielten das Spiel sogar mit, das ja im Grunde gegen sie geführt wurde. Ihr Ehrgeiz, dabei zu sein, wenn es um Eroberungen ging, um Machtzuwachs und Beute, zwang sie dazu. Gegen die Kaiserpolitik haben sie, die sonst bei jeder Nichtigkeit gegen die Zentrale aufstanden, nie opponiert. Auch im Volk fand sich kein Widerspruch, sofern es Widerspruch überhaupt artikulieren konnte. Die Italienzüge wurden als eine nationale Aufgabe betrachtet, die den daran beteiligten Stämmen ein neues Bewußtsein vermittelte, das Bewußtsein, daß sie *einem* Volk angehörten, daß sie Deutsche waren. Wie anders hätten den Enkeln der Germanen neue Ziele gesetzt werden können? Wie sonst wären sie aus ihrer provinziellen Enge hinauszuführen gewesen?

»... deren Bauch ihr Gott und deren Rausch ihr Mut«

Im Herbst 961 überschritt Otto an der Spitze eines aus allen Stämmen bestehenden Heeres den Brenner, selbst eine Abteilung Wenden war dabei. Über Mangel an Zulauf hatte er sich nicht beklagen können. König Otto zu folgen war eine Ehrensache – auch eine Sache des Gewinns! –, und so traten sich Bischöfe, Herzöge und Grafen gegenseitig auf die Füße bei dem Versuch, im Dunstkreis des Souveräns zu weilen. »*Festina lente* – Eile mit Weile«, dem Wahlspruch des ersten römischen Kaisers Augustus, dessen Namen er bald tragen würde, war er bei seinen Vorbereitungen gefolgt. Denn alles, was gut gemacht, ist schnell gemacht, auch wenn es langsam scheint.
Der Tod Liudolfs hatte ihn der schweren Entscheidung enthoben, ob ein Rebell, auch wenn man ihm verziehen hatte, noch als Thronprätendent taugte. So war nur Otto in Frage gekommen, der Sohn der Adel-

heid, ein sechsjähriges Kind, doch der Vater hatte sich nicht damit begnügt, ihn zu designieren, er hatte ihn zur Sicherheit gleich zum (Mit-)König krönen lassen. Ein Schachzug, der Schule machen sollte.

Ottos Heer war so gewaltig, daß der Ruf seiner Stärke genügte, die Tore der italienischen Städte zu öffnen und Berengar auf seine Burgen im Apennin flüchten zu lassen. Otto zog in Pavia ein, wo er mit Adelheid vor der bis auf die Grundmauern zerstörten Pfalz stand, in der er vor zehn Jahren Hochzeit mit ihr gefeiert. Von Pavia aus betrieb er die Wiederherstellung des Königreichs Italien, bestrafte Schuldige, belohnte Treugebliebene, setzte Vertriebene wieder ein. Von hier führte er die Verhandlungen mit dem Papst. Im Januar stand er endlich vor den Mauern Roms...

Roma aeterna, die Stadt, die einst über ein Reich herrschte, das größer war als die Vereinigten Staaten von Nordamerika heute, zehrte noch vom Ruhm der Vergangenheit. Fast ein halbes Jahrtausend war vergangen, seit der letzte der Cäsaren schmählich zur Abdankung gezwungen worden war.

Die Zahl der Einwohner, von 1,3 Millionen unter Kaiser Augustus auf etwa 40 000 Ende des 6. Jahrhunderts gesunken, war nur langsam wieder gestiegen. Die Tempel waren verfallen oder in Kirchen verwandelt, Wasserleitungen und Kanalisation zum großen Teil unbenutzbar, manche Paläste dienten als Steinbrüche, andere waren vom neuen Stadtadel zu Burgen und Festungstürmen umgebaut.

Trotz allen Verfalls bot Rom einen imponierenden Anblick. Ein Anblick, der die Deutschen faszinierte, als sie sich der Stadt näherten und auf der neronischen Wiese ihr Lager aufschlugen. Die meterdicken Mauern, von 35 Toren durchbrochen, waren bestückt mit 372 Türmen und 6800 Brustwehren, 48 besonders befestigte Kastelle erhöhten den Verteidigungswert.

Von dieser Stadt aus wurde kein Imperium mehr beherrscht, sondern ein Kleinstaat: der sogenannte Kirchenstaat. Er bestand im wesentlichen aus der weiteren Umgebung Roms, aus dem Exarchat Ravenna, den fünf Städten Rimini, Pesaro, Fano, Senigallia, Ancona, einem Teil der Toskana, aus der Sabina und Emilia, den Herzogtümern Spoleto und Benevent. Ein Besitz allerdings, der oft nur aus dem Anspruch darauf bestand. Denn der Herrscher selbst, der Papst, geriet immer wieder in die Abhängigkeit der alten Adelsfamilien, wenn auch sein Rang als Oberhaupt der katholischen Christenheit unbestritten blieb.

Die Römer pilgerten vor die Tore und starrten die Krieger an, die da aus dem Norden zu ihnen gekommen waren. Ihr Eindruck unterschied sich wenig von dem, den ihre Vorfahren von den Germanen gewonnen hatten. Auch sie hielten alles, was nicht römisch war, für barbarisch: besonders diese rauhen, ungehobelten Männer mit ihren unförmigen Schilden, den langen Schwertern und schweren Panzern, Männer, »deren Bauch ihr Gott war, deren Rausch ihr Mut, deren blinde Wut ihre Tapferkeit.«
Doch die Liebe zueinander war auf beiden Seiten nicht groß. Der deutsche König ließ sich nicht dadurch täuschen, daß man ihn feierlich einholte auf der alten *via triumphalis*, daß seine Füße von den Vornehmsten geküßt wurden, daß das Volk von Rom in frenetischen Jubel ausbrach, daß die mit Marmor, Edelsteinen, Silber und Gold verzierten fünf Schiffe der Peterskirche im Licht Tausender von Kerzen erstrahlten. Seinem Schwertträger gebot er, beim Gebet nicht niederzuknien – beten könne er im Lager –, sondern aufrecht zu stehen und scharf aufzupassen. Denn: »... es ist mir wohlbekannt, daß die Treue der Römer sich oft als unzuverlässig erwiesen hat, und ein weiser Mann beugt dem Unheil beizeiten vor, auch wenn es noch fern scheint. Auf daß es ihn nicht unvorbereitet überwältige.«
Am 2. Februar 962, einem Sonntag, wurde Otto zum Kaiser gekrönt; Papst und Römer leisteten über dem Grab des Apostels Petrus ihren Treueeid. Anschließend wurden die bei Staatsbesuchen üblichen Geschenke ausgetauscht. Die Deutschen überreichten Schatullen mit kostbaren Steinen, Schmuck aus reinem Gold und Silberbarren. Die Italiener revanchierten sich mit den Gebeinen von Heiligen und der Asche von Märtyrern, begehrten Reliquien, denn die Gründung eines Klosters oder der Bau einer Kirche waren in Deutschland ohne die »heiligen Überbleibsel« nicht denkbar.

Die Reichskrone liegt heute in der Wiener Hofburg

Die vierzehn Pfund schwere Krone, die Otto auf das Haupt gesetzt wurde, war von ihm bereits nach dem Ungarnsieg (955) bei einem Goldschmied auf der Reichenau in Auftrag gegeben worden. Ein Zeichen von Selbstbewußtsein und langfristiger Planung. Sie liegt heute in der Schatzkammer der Wiener Hofburg, und die Touristen aus aller Herren Länder, die tagein, tagaus an ihr vorbeidefilieren, bewundern ihre erlesene Schönheit oder fragen sich zeitgemäß, wie viele Millionen sie wohl heute auf einer Auktion »bringen« würde. Als man sie 1962 anläßlich der Jahrtausendfeier von der Schatzkammer zur Universität brachte, um dem Festakt die letzte Weihe zu geben, wurde sie von einer eigens gebildeten Sonderabteilung bewacht, zu der sogar der Chef der Mordkommission gehörte.

Ihre acht Platten aus reinem Gold sind durch perlenbesetzte Scharniere verbunden und wirken wie Mauern, die ein Heiligtum umgeben. Acht Ecken hat die Pfalzkapelle Karls des Großen, acht Menschen überlebten die Sintflut, acht ist die Zahl der Vollkommenheit, des Unendlichen, ist die Kaiserzahl.

Vier der Platten sind mit Perlen und Edelsteinen »übersät«, wie es in manchen Beschreibungen heißt, dabei ist ihre Zahl einem genau durchdachten System unterworfen: 240 Perlen stehen 120 Steinen gegenüber, darunter sind 144 größere Perlen und 96 kleinere, 84 größere Steine und 36 kleinere. Alles Zahlen, die durch zwölf teilbar sind. Überall taucht diese zwölf auf: zwölf Steine zieren die Stirnplatte und symbolisieren die zwölf Apostel; die auf der Nackenplatte stehen für die zwölf Stämme Israels.

Selbst die Farben der Steine, bei denen das Blau der Saphire, das Violett der Amethyste und das Grün der Smaragde überwiegen, ergeben zusammen mit dem Weiß der Perlen eine Farbmelodie, die von dem Goldschmied ganz bewußt komponiert wurde: Blau-Grün-Weiß nämlich sind die Farben des von Johannes in der Offenbarung geschilderten »himmlischen Jerusalem«.

Die restlichen vier Platten tragen bildliche Darstellungen in Goldzellenemail. Rechts vom Kreuz (vom Betrachter her gesehen) erscheint König Salomon, der einen Spruch aus seinen Weisheiten präsentiert: TIME DOMINUM ET RECEDE A MALO – »Fürchte Gott und meide Unrecht«. Die Platte links vom Kreuz drückt aus, daß die Könige im Namen Christi regieren (PER ME REGES REGNANT – »Durch mich herrschen Herrscher«). Anschließend sehen wir Ezechias, den König von Juda, und den Propheten Jesaias, der ihm verkündet: ECCE ADICIAM SUPER DIES TUOS XV ANNOS – »Wohlan, ich will zu deinen Lebenstagen noch 15 Jahre hinzufügen«. Und auf der letzten trägt David ein Spruchband

mit dem Psalmvers: HONOR REGIS IUDICIUM DILIGIT – »Der ehrenhafte König liebt den Rechtsspruch«.
Dies sind vier Bibelstellen, die während der Krönung dem Herrscher zugerufen wurden. Zusammen mit dem Zahlensystem, das nichts gemein hat mit irgendwelchen Zahlenspielereien, sondern mit dem »Streben nach Zahlenharmonie, das ein Teil des Strebens nach Vollendung ist«, stellt die Reichskrone ein verschlüsseltes Programm dar, wie es für das in Symbole und Allegorien verliebte Mittelalter typisch ist. »Die Krone weist ... auf das himmlische Jerusalem hin, in das einstmals einzugehen alle Gerechten erhoffen dürfen, erinnert an die Geschichte der zu Gott gehörenden Menschheit, an die zwölf Stämme Israels und die zwölf Apostel, die den Siegeszug des Christentums über den Weltkreis einleiteten, deutet hin auf Jerusalem und Rom, auf das Alte und das Neue Testament, auf Königtum und Prophetentum, weltliche und geistliche Macht, irdische und himmlische Herrschaft. Sie ist – richtig entziffert – wirklich ein *signum sanctitatis*, ein Zeichen der Heiligkeit.«
Der neue Kaiser blieb knapp zwei Wochen in Rom. Lange genug, um den Staatsvertrag schriftlich zu fixieren, dessen Bedingungen vorher in zähem Feilschen von den Bevollmächtigten beider Seiten ausgehandelt worden waren. In dem Vertragswerk, Ottonianum genannt, werden dem Heiligen Stuhl die Gebiete bestätigt, die aus den Schenkungen der Frankenherrscher Pippin und Karl stammten (und den Kirchenstaat erst ermöglicht hatten), und ihm das Recht zugebilligt, aus Königen Kaiser zu machen – vorausgesetzt, es handele sich um deutsche Könige! Papst werden durfte nur der, der dem Kaiser vorher die Treue schwor und dessen Vorrechte im Kirchenstaat anerkannte.

»Römer«, ein Schimpfwort

Von diesem Vertrag wurde ein mit Purpurtinte geschriebenes Exemplar ausgefertigt, das heute zum Wertvollsten gehört, was die Vatikanischen Museen in Rom besitzen. Der Vertrag selbst erwies sich als weniger wertvoll. Schon bald kam es zu den ersten Verstößen gegen ihn. Doch nicht durch Otto. Der nämlich gedachte, seinen Teil mit deutscher Gründlichkeit zu erfüllen. Er machte sich daran, Berengars und seines ganzen Familienclans Schlupfwinkel auszuheben. Wie überhaupt alles darauf hindeutete, daß er nicht, wie erhofft, unter Hinterlassung eines Stellvertreters zurück in seine Heimat gehen würde, sondern in Italien und im Kirchenstaat die Dinge nach seinem Sinn ordnen wollte.

So aber hatte der Papst nicht gerechnet: den Beelzebub mit dem Teufel zu vertreiben, um dann den Teufel für immer im eigenen Haus zu haben. Was er im Hochmut des Epigonen dachte, hat später der Mönch Benedikt ausgedrückt, als er klagend rief: »Wehe Rom! Du hast einst über die Völker triumphiert, die Welt in den Staub geworfen, die Herrscher der Erde gewürgt, nun führt dein Zepter ein König aus Sachsen, und dein Volk ist mit dem Schwert gerichtet, deine Stärke zu nichts geworden...«

Otto, der von den Bürgerkriegen daheim nicht verwöhnt war, was Ritterlichkeit, Treuepflicht und Humanität betraf, der im Umgang mit der Macht selbst wenig Skrupel kannte, denn auch sein Zug nach Rom war letztlich Eroberungspolitik, er mußte feststellen, daß Italien alles übertraf, was er bisher erlebt. Er sah sich einem Abgrund menschlicher Verworfenheit gegenüber, der ihn bisweilen zu verschlingen drohte. Der Papst handelte nach dem Motto, daß es den Eid gar nicht gäbe, den er nicht zu brechen imstande wäre. Er intrigierte, log, trog, täuschte, säte Haß, zettelte Verschwörungen an. Den gerade erst geschlossenen Vertrag wischte er vom Tisch und setzte sich mit denen wieder in Verbindung, gegen die er Otto gerufen hatte – mit Berengar und seinem Anhang. Er versuchte, eine zweite Front in Deutschland zu errichten, indem er die Ungarn zu einem neuen Einfall ermunterte, wandte sich sogar an Byzanz um Hilfe gegen den »teutonischen Barbaren«.

Selbst die Gesandten des Gegners, deren Unverletzlichkeit auch in wüsten Zeiten respektiert wurde, galten ihm nichts. Den Kardinaldiakon Johann und den Geheimsekretär Azo, nun als Boten des Kaisers tätig, ließ er seine Wut auf ihren neuen Auftraggeber schauerlich entgelten: dem einen wurde die rechte Hand abgeschnitten, dem anderen zwei Finger, die Nase und die Zunge.

Otto sah sich bald gezwungen, nach Rom zurückzukehren, den Papst Johannes, der eilends das Weite gesucht hatte, abzusetzen und, in Ermangelung eines geeigneten Kandidaten, dessen Sekretär auf den Stuhl Petri zu erheben. Wobei er sich nicht scheute, ihm sämtliche notwendigen Weihen in einem Blitzverfahren innerhalb eines Tages zu verabfolgen. Denn Leo, wie der Neue hieß, war Laie und mußte erst zum Priester gemacht werden. Eine Handlungsweise, die erneut zeigt, daß der Sachse fromm war, aber nicht kirchengläubig.

Als er, noch in Rom weilend, erfuhr, daß Berengar nach langer Belagerung endlich gefangengesetzt war, entließ er auf Drängen seiner Truppenführer die meisten seiner kriegsmüden Soldaten in die Heimat. Zu früh, wie sich herausstellte. Der Aufstand, der daraufhin aufflammte und vom Expapst mit dem Gold des Kirchenschatzes geschürt wurde, kostete den Kaiser um ein Haar das Leben.

Die Kette von Eidbrüchen trug nicht dazu bei, die Römer beliebt zu machen bei den Deutschen. Was sie von ihnen hielten, hat der aus germanisch-langobardischem Geschlecht stammende Liudprand von Cremona, von dem wir eine »*Historia Ottonis*« besitzen, gesagt: »... wir aber, wir Langobarden, Sachsen, Franken, Lothringer, Bayern, Schwaben und Burgunder, verachten diese so sehr, daß wir, wenn wir recht zornig sind, kein anderes Schimpfwort haben als ›Römer!‹ Denn mit diesem einzigen Namen, dem der Römer, fassen wir alles zusammen, was es an Gemeinheit, Feigheit, Habgier, Protzentum, Verlogenheit, ja überhaupt an Lastern nur gibt.«

Und wieder drehte sich das schaurige Karussell: Niederschlagung des Aufstandes, erneutes Treuegelöbnis, Abzug aus der Stadt, erneuter Abfall und Vertreibung Leos, erneuter Einmarsch der Kaiserlichen nach einer Belagerung, die eine Hungersnot zur Folge hatte, erneuter Schwur der Römer, endlich Rückkehr nach Deutschland. Ottos zweite italienische Reise war damit beendet. Aus einer auf einige Monate berechneten Heerfahrt war ein vierjähriger Feldzug geworden. Sein Preis, die Kaiserkrone, hatte teuer bezahlt werden müssen: mit dem Blut der Krieger, den Tränen der Witwen, der Verlassenheit der Waisen daheim.

Daheim – wo sein Bruder Brun, der geniale Bischof, der so gelehrt war, daß man ernsthaft um sein Seelenheil fürchtete, die Stellung des Monarchen gehalten hatte, während Wilhelm von Mainz, der illegitime Sohn aus der Liaison mit der slawischen Kriegsgefangenen, für die Erziehung des Thronfolgers verantwortlich war. Er mußte ihre Dienste bald wieder in Anspruch nehmen. Nach kaum zwei Jahren drangen beunruhigende Nachrichten aus Italien. Es scheint fast überflüssig, zu erwähnen, wer sie ausgelöst hatte: die Römer. Sie hatten einmal mehr sich gegen einen Papst von Ottos Gnaden verschworen, ihn ergriffen, geprügelt und eingesperrt. Er hieß Johannes und trug die Zahl XIII. Der mit der Numer XII war, stilgemäß und irgendwie konsequent, vom Schlag getroffen worden, als er ein junges Mädchen verführen wollte.

Die Verliese des Lateran

Zum drittenmal zogen die Deutschen in Richtung Rom, und keiner der gepanzerten Reiter, die sich mit ihren schweren Pferden über die Bündner Pässe quälten, konnte ahnen, wie lange sie diesmal in der Fremde würden bleiben müssen. Der Klang der Hufe des sich nähernden Reiterheeres genügte, die Kerkertüren des Papstes zu sprengen und die Römer zu tiefem Kniefall vor dem Mann zu veranlassen, den sie gerade mißhandelt hatten. In der Hoffnung, damit auch den Deutschen milde zu stimmen, der mit solch sturer Beharrlichkeit seinen Willen stets aufs neue durchsetzen wollte.
Keine falsche Kalkulation, denn es hatte sich herumgesprochen, daß Otto ein reuiger Sünder mehr freute als zehn Gerechte. *Clementia* nannte man diese Charaktereigenschaft, die Gnade gegenüber dem, der gefehlt hatte. Eine Eigenschaft, die ihm bereits das kopfschüttelnde Befremden des in Spanien herrschenden Kalifen eingetragen hatte, eines Herrschers, der ihn sonst über die Maßen bewunderte.
»*Clementia* kann überhaupt...«, schreibt Georg Tellenbach, »als vielgerühmte Eigenschaft christlich-germanischer Herrscher gelten, der deutschen Könige des Mittelalters zumal, die weniger als etwa orientalische Fürsten durch Willkür, Terror und furchtbare Rache ihre Hoheit dartaten als vielmehr in der Bändigung der Macht durch das Recht, ja im Verzeihen oder der Milderung verdienter Strafe.«
So wurde Berengar nicht umgebracht, sondern nur außer Landes ins Exil verwiesen, die »Teufelin« Willa durfte in ein Kloster eintreten, ihre Töchter verfielen nicht der Sippenhaft wie sonst üblich, sie wurden in der Pfalz standesgemäß erzogen. Der schwäbische Graf, der bei beiden bis zum Schluß ausgeharrt und alle Angebote, überzulaufen, unter Hinweis auf seinen Lehnseid zurückgewiesen hatte, wurde wegen seiner Treue, auch wenn sie dem Feind gegolten, hoch geehrt.

Wie oft der Kaiser seinem rebellischen Bruder Heinrich verziehen hatte, wie gnädig er mit den Aufrührern Liudolf und Konrad verfahren war, ist bekannt. Vom Standpunkt des Politikers war das gewiß alles »unklug«, aber in ihm überwog nicht selten der Ritter, der von hohen Gefühlen gesteuerte Held, dem jedes Kalkül gleichgültig war. Typisch hierfür, daß er, der Kaiser, allen Ernstes dem Papst einmal den Zweikampf anbot, um sich von dem Vorwurf des Vertragsbruchs zu reinigen.
Diesmal jedoch appellierten die Römer vergeblich an die so oft bewiesene *clementia* des Deutschen. Er hielt das Maß für voll und wollte ein Exempel statuieren. Die Führer der römischen Militärregionen, zwölf an der Zahl, wurden öffentlich gehenkt. Die Chefs der einflußreichen Adelsfamilien wanderten über die Alpen »ins Elend«, wie das Exil hieß. Den Stadtpräfekten bat sich der wiedereingesetzte Papst aus, weil er der Meinung war, daß nur ein Römer die Römer abschrecken könne. Der Präfekt wurde mit den Haaren an der Reiterstatue des Mark Aurel aufgehängt, nach einigen Stunden abgenommen, mit dem Kopf nach hinten auf einen Esel gebunden, durch die Straßen geführt und dem Pöbel preisgegeben. Da er anschließend immer noch lebte, warf man ihn in die Verliese des Lateran. Selbst die Toten waren ihnen nicht heilig: die Gräber zweier bereits verstorbener Rädelsführer wurden aufgerissen und ihre Gebeine in alle Winde verstreut, damit ihre Seelen keine Ruhe fänden.
Die kaiserliche Autorität schien, zumindest für absehbare Zeit, wiederhergestellt, wenn auch durch blutige Strenge. Um der Autorität Dauer zu verleihen, setzte Otto sogenannte Königsboten ein, *missi*, die in seinem Namen Recht zu sprechen und seinem Willen Geltung zu verschaffen hatten. Das eigentliche Ziel dieses dritten Italienzugs wäre damit erreicht gewesen, und Otto hätte nach Regelung einiger anderer Fragen heimkehren können. Vielleicht nach einem Jahr, vielleicht nach anderthalb Jahren – aber er blieb volle sechs Jahre! Und das läßt sich nicht allein damit erklären, daß ihn neue Querelen banden oder er, wie alle Eroberer, in den Teufelskreis immer neuer Eroberungen gezwungen wurde.

79

Die Kaiserpolitik – eine Tragödie?

Vielmehr war er für Deutschland, ein Land tiefer Provinz, »verdorben«. Einmal mit den Mächten der Welt und der Welten Macht in Berührung gekommen, hatten sich ihm andere Maßstäbe eingeprägt. Seine Ziele waren höher gesteckt, sein Durst nach Ruhm größer, sein Streben nach Würde stärker. Zwar trug er die Krone eines Kaisers, aber er konnte sich nicht als *Imperator Augustus* fühlen, solange er nicht von einem Herrscher anerkannt worden war, der sich als der wahre Nachfolger der römischen Cäsaren betrachtete: vom Kaiser in Byzanz. Die Auseinandersetzung mit dem Byzantinischen Reich, dessen Hoheitsgebiet in Süditalien mit Ottos Einflußsphäre kollidierte, verwickelte ihn in endlose blutige Auseinandersetzungen, in denen er viele Schlachten gewann, aber nie den Krieg. Die ungeheuren Opfer, die sie forderten, waren es denn, die Otto des Großen Kaiserpolitik und die seiner Nachfolger ins Zwielicht brachten. Man hat mit Leidenschaft darüber gestritten – und streitet noch heute! –, ob der Ottone richtig gehandelt habe, als er sich zur Annahme der Kaiserkrone entschloß. »Richtig« und »falsch« sind zweifelhafte Begriffe, wenn sie die Nachwelt prägt, die bekanntlich alles soviel besser weiß. Soviel besser wie der Mann, der aus dem Rathaus kommt – im Gegensatz zu dem, der hineingeht. Es ist die alte Hätte-Wäre-Rechnung, die hier aufgemacht wird und die in diesem Fall lautet: Hätte Otto sich nicht auf das italienische Abenteuer eingelassen, wäre es in der Zukunft nicht zu einer derartigen Schwäche des deutschen Königtums gekommen; hätte er sich auf die Heimat beschränkt, wären nicht Ströme deutschen Blutes sinnlos auf den Italienfahrten vergossen worden; hätte Otto den Verlockungen, Kaiser zu werden, widerstanden, wären alle Kräfte frei gewesen für die viel wichtigere Ausdehnung des Reiches nach Osten. Es ist eine historische Tatsache, daß am Ende der deutschen Kaiserpolitik der Bankrott stand, die Auflösung des Heiligen Römischen Reiches Deutscher Nation. Der Tod des blutjungen Kaiserenkels Konradin, den man in Neapel zum Schafott führte wie einen Strauchdieb, war die zur Tragödie passende düstere Schlußszene. Insofern wäre Otto schuld gewesen. Doch kann man jemand schuldig sprechen, nur weil er nicht geahnt hat, was Jahrhunderte später aus dem werden würde, was er angebahnt?

Das Volk aber sprach viel zu seinem Lobe

Als Otto im Spätsommer 972 nach Deutschland zurückkehrte, traf er auf ein Land, das sich erstmals seit langer Zeit wieder eines tiefen Friedens hatte erfreuen dürfen. Die Bürgerkriege waren erloschen. An den Grenzen herrschte Ruhe. Städte wuchsen empor. Die Klöster waren zu Mittelpunkten der Kultur geworden. Ihre Schulen bildeten die kommende geistige Elite des Reiches aus, entwickelten neue Techniken des Kunsthandwerks, lehrten die Bauern, ihre Erträge zu erhöhen. Handel und Wirtschaft zeigten zaghafte, aber hoffnungsvolle Ansätze. Auf den Landstraßen herrschte Sicherheit, und wer auf sein Recht vertraute, war nicht mehr verraten und verkauft. Deutschland war zu einem Gemeinwesen geworden – wenn man das Wort »Staat« noch nicht gebrauchen will –, wie es im Abendland geordneter nicht seinesgleichen hatte. Und später würden die Menschen von jenen Jahrzehnten als von einem goldenen Zeitalter sprechen.

Dem Kaiser blieb nur noch wenig Zeit, sich seines Lebenswerkes zu erfreuen. Er war jetzt sechzig, ein Alter, in dem heutige Politiker oft erst in hohe Ämter gelangen, doch in einer Zeit mit einem Durchschnittsalter von höchstens vierzig Jahren galt er bereits als ehrwürdiger Greis. Auch hatten die Strapazen der ewigen Heerfahrten an seinen Kräften gezehrt. Er selbst spürte, daß die Schatten länger geworden waren, und so wandte sich sein Blick nach rückwärts.

Während er durch die Lande reiste, hier einem Kloster Zollfreiheit gewährte, einen Bischof wegen seiner Übergriffe maßregelte, auf einem Gerichtstag den Übermut der Ämter dämpfte, dort sich von einem Gelehrten Vorträge halten ließ, den Streit um den Zehnten schlichtete, einen Besitz beurkundete, zog es ihn immer wieder an die Stätten der Vergangenheit.

Die Chronisten schildern die Erschütterung, die ihn befiel, wenn er vor den Gräbern jener stand, die ihm im Leben nahegestanden hatten. In St. Alban bei Mainz besuchte er seine Tochter Liutgard (über deren Grab die silberne Spindel hing als sinnreiches Andenken an ihren Fleiß) und seinen unglückseligen Sohn Liudolf – Liebling des Volkes, Stiefkind des Schicksals – und Wilhelm, den Ältesten, behaftet mit dem Makel unehelicher Geburt und doch aufgestiegen zu den höchsten Würden.

In Köln gedachte er seines Bruders Brun, und in Magdeburg kniete er vor dem Sarkophag Edithas, der Engländerin, seiner ersten Frau. In jenem Dom, der seine ureigene Schöpfung war, zu dessen Bau er aus Ravenna Marmorsäulen geschickt hatte, Mosaiken, goldene Leuchter, edelsteinbesetzte Monstranzen und in jeden Säulenkopf die Gebeine von Heiligen hatte einmauern lassen. In der Krypta des Domes zu Quedlinburg schließlich lag seine Mutter Mathilde, mit der er lange Jahre in Unfrieden gelebt, da sie aus übersteigerter Frömmigkeit der Kirche mehr gab, als der Kirche zukam.
Das Leben dieses ersten Kaisers der Deutschen ging zu Ende wie eine Saga. Wir sehen ihn auf dem Hoftag in Quedlinburg inmitten einer illustren Gesellschaft, die nicht nur das eigene Reich repräsentierte, sondern das gesamte Abendland. Aus Böhmen war Boleslav II. gekommen; der Herzog Mieszko von Polen schickte seinen Sohn; Russen und Bulgaren entsandten ihre vornehmsten Leute und Ungarn, einst Todfeind des Reiches, zwölf hohe Adlige; Dänemarks König Harald war durch eine Delegation vertreten wie auch der neue Papst Benedikt VI. und der byzantinische Kaiser. Etwas später traf eine sarazenische Gesandtschaft der in Afrika und Sizilien herrschenden Fatimiden ein. Sie kamen, um Geschenke zu überbringen, um ihre Treue zu versichern, um die Grenzen der neuen Bistümer festzulegen, um einen Tribut zu entrichten, um ihre Ergebenheit zu bekunden, um den kaiserlichen Segen zu erbitten oder einfach nur, um in seiner Aura zu weilen. Ein phantastisch anmutender Eindruck, der sich in diesen Ostertagen in Quedlinburg bot: die bunten Trachten der fremden Völker, das vielstimmige Gewirr der Sprachen, die Reiter, Rosse, Wagen, die Priester, Pagen, Leibwächter, die edlen Frauen, das in den Straßen sich drängende Volk. Quedlinburg war für einige Tage zur Hauptstadt des Abendlandes geworden...
Anfang Mai zieht der Kaiser, der ewig Unbehauste, von Quedlinburg nach Merseburg, in die Stadt, die er Kraft eines Gelübdes vor der Schlacht auf dem Lechfeld zur Bischofsstadt gemacht hatte, geweiht dem heiligen Laurentius. Von Merseburg geht es nach Memleben, heute ein unbedeutender Ort an der Unstrut, damals Sitz einer Königspfalz, wo sein Vater, Heinrich I., starb, und es ist, als ziehe es ihn mit Gewalt dorthin.
In der Dämmerung des folgenden Morgens hört er nach seiner Gewohnheit die Frühmette und verteilt Almosen an die Armen. Als die

Vesperglocke läutet, ist er wieder in der Kapelle, er betet und sinkt während des Gebetes lautlos um. Der Arzt hält ihn für tot, da aber schlägt er die Augen auf und verlangt das Abendmahl, die heilige Wegzehrung.

»... er nahm es«, schreibt Widukind, »und übergab dann ohne Seufzer mit großer Ruhe den letzten Hauch dem barmherzigen Schöpfer aller Dinge... Das Volk aber sprach viel zu seinem Lobe und gedachte dankbar seiner Taten: wie er mit väterlicher Milde sein Volk regiert und es von den Feinden befreite, von den Magyaren, Sarazenen, Wikingern, Slawen; wie er Italien unterworfen, die Götzentempel der Heiden zerstört, Kirchen gebaut und Priester entsandt habe. Und noch manches brachten sie vor, als sie an der königlichen Leiche unter Tränen zum Gebet niederknieten.«

4. Kapitel Otto II. – Der Mann der Griechin

... durfte lesen und schreiben lernen

Als er sechs Jahre alt war, hüllten sie ihn eines Tages in festliche Kleider, reisten mit ihm nach Aachen, führten ihn vor den gewaltigen Dom und sagten ihm, daß er hier zum König gekrönt werden solle. Aber der Vater sei doch König, schien der Knabe zu fragen, und sie erzählten, daß der Vater nach Italien in den Krieg ziehe und nur Gott allein wisse, ob er gesund wieder heimkehre...
Der Sechsjährige nickte gläubig und schien alles für ein herrliches Spiel zu halten: wie ihm anderntags die drei Erzbischöfe Mantel, Zepter und Stab reichten, ihm die Stirn mit Öl einrieben; ihn zum Thron führten, wo man ihm eine Krone aufsetzte, die in jeder Beziehung zu groß für ihn war.
Als er zwölf geworden, machten sie ihn sogar zum Kaiser. Dafür mußte er eine noch längere Reise antreten, denn der Papst in Rom, von dem daheim immer soviel gesprochen wurde, sollte die Krönung vornehmen in der Kirche des heiligen Petrus, dem größten und reichsten Gotteshaus in der ganzen Welt. In derselben Kirche heiratete er fünf Jahre später Theophano, die Prinzessin aus dem Morgenland. Und er war gerade achtzehn, da durfte er den Kaiser nicht mehr spielen, sondern mußte der Kaiser *sein*.
Otto, wie er nach seinem Vater genannt worden war, erging es wie allen Söhnen großer Väter, die es leichter und schwerer haben zugleich. Leichter, weil man ihnen allein aufgrund ihres Herkommens alle Wege ebnet; schwerer, weil sie im Schatten des Giganten stehen und nach dessen Maß gemessen werden. Die Diskrepanz zwischen dem, was sie nicht sind, aber sein sollen, hat manche Tragödie heraufbeschworen, und auch bei Otto II. hat diese Gefahr bestanden.
Wenn er sich ständig gegen die Älteren auflehnte, ihre Ratschläge ver-

achtete, jedem grauen Bart mißtraute, nur mit jungen Menschen verkehrte, ist das nichts anderes als die Kompensation in der Jugend erlebter Minderwertigkeit. Der Vater, der noch zu seinen Lebzeiten zur Legende wurde, war schuld daran. Er hat ihn nicht mit seinen kommenden Aufgaben vertraut gemacht und nie, wie aus den Urkunden hervorgeht, selbständig entscheiden lassen.
Bezeichnend ist, was der Mönch Ekkehard aus St. Gallen von einem Besuch beider Majestäten im Kloster berichtet. Als Vater Otto lärmend seinen Stab fallen ließ, um die Andacht der im Gebet versunkenen Mönche zu prüfen, meinte Otto Sohn sarkastisch: »Daß ihm etwas aus den Händen gleitet, paßt nicht zu ihm. Hält er doch sonst alles, was er eroberte, mit der Pranke des Löwen zusammen und hat selbst mir nicht ein Teilchen davon gegönnt.«
In St. Gallen, dem berühmten Kulturzentrum seiner Zeit, war es auch, wo der Siebzehnjährige sich die Bibliothek aufschließen ließ, stundenlang in den ledergebundenen Pergamenthandschriften schmökerte und schließlich um die Erlaubnis bat, einige Bücher zu vorübergehendem häuslichem Studium mitnehmen zu dürfen.
Der Abt gab seufzend seine Einwilligung – was wäre ihm anderes übriggeblieben –, denn er wußte, was es hieß, wenn die Herren sich etwas ausliehen: sie vergaßen nicht nur die Leihgebühr, sondern auch die Rückgabe. Ein Grund, weshalb die Klöster so hohen Besuch fürchteten. Er bedeutete zwar eine Ehre, war aber auch eine Heimsuchung. Denn nicht nur die Bibliothek wies anschließend Lücken auf...
Noch etwas zeigt die kleine, übrigens wohlverbürgte Geschichte: den Wandel in der Erziehung der Prinzen. Während der erste Otto noch nicht einmal lesen und schreiben lernen durfte, denn solche Künste waren suspekt, wurde der zweite so erzogen, als solle er einmal kein Herrscher, sondern ein Wissenschaftler werden. Das, was man ihn lehrte – immer zusammen mit Schülern einfacher Herkunft, um keinen Hochmut bei ihm aufkommen zu lassen –, fiel auf fruchtbaren Boden. Er wurde später zum Mäzen, der sich mit Gelehrten und Künstlern umgab, und damit zum Förderer der sogenannten Ottonischen Renaissance. Wenn er, wie es so schön heißt, in die Geschichte einging, so war es weniger wegen seiner politisch-militärischen Taten als seiner kulturellen Verdienste.
Dazu gehört auch seine Rolle als Veranstalter eines Streitgesprächs zwischen den beiden berühmtesten Gelehrten seiner Zeit, zwischen

85

Gerbert von Aurillac und Ohtrich von Magdeburg, den man den sächsischen Cicero nannte. Schauplatz war die Stadt Ravenna, in der Europas Elite sich einfand, wissensdurstig und sensationslüstern. Es ging um die Einteilung der Philosophie, genauer darum, ob die Physik ein Teil der Mathematik sei oder beide Disziplinen gleichberechtigt der Philosophie untergeordnet seien.
Ein Streit um des Kaisers Bart, so scheint es uns, für die Gelehrten des 10. Jahrhunderts aber eine Frage von eminenter Wichtigkeit, denn das Chaos auf geistigem Gebiet war nur mit den Mitteln der Logik zu bezwingen. Oder, wie der Kaiser sich in seiner Eröffnungsrede ausdrückte: »... wenn das Wesen der Dinge in entsprechender Ordnung durch wohlerwogene Reden gelehrter Männer beleuchtet wird.«
Klarer Sieger dieses Duells zweier Geistesriesen, das sich vom frühen Morgen bis Sonnenuntergang hinzog, wurde Gerbert, der Franzose. Er verfügte nicht nur über die besseren Argumente als sein Gegner aus Deutschland, er wußte sie mit den Mitteln der Rhetorik auch überzeugender bei den Zuhörern anzubringen. Ein frühes Beispiel für die formale Begabung und den exakten, ganz auf die Sache gerichteten Intellekt der Romanen.

Von teutscher Art und teutscher Kunst

Was mit der Ottonischen Renaissance wiedergeboren, wiedererweckt wurde, war das klassische Altertum mit seiner Literatur, seiner Malerei und Plastik, seiner Baukunst. Eine Wiedererweckung, die sich nicht in Nachahmung erschöpfte, sondern den überkommenen Formen eine dem eigenen Wesen gemäße Prägung verlieh. Die Ottonische Kunst ist in erheblichem Maße etwas Originales, Eigenständiges und damit die erste überwiegend von heimischem Geist geprägte Epoche der deutschen Kunstgeschichte.
So hatte der Geschichtsschreiber Widukind seine antiken Vorbilder durchaus studiert, er kannte seinen Sallust und Vergil, doch seine Sachsengeschichte trägt den Stempel des Stammes, der noch am germanischsten geblieben war. Ähnliches gilt, wenn auch in eingeschränktem Maß, für die Nonne Roswitha mit ihren Gegenstücken zu den Komö-

dien des Terenz. Und ein gelehrter Mönch wie Notker, den seine Zeitgenossen *Labeo* nannten, den Großlippigen, liebte die Sprache seiner Heimat so sehr, daß er antike Autoren wie Vergil, Terenz, Aristoteles ins Deutsche, damals Althochdeutsche, übersetzte. Mit einer Kongenialität, die moderne Philologen und Linguisten an die sprachschöpferische Kraft eines Luther erinnerte.

Stärker noch zeigte sich »teutsche Art« in den bildenden Künsten, vor allem in der Baukunst. Während die literarischen Zeugnisse sich nur dem Fachgelehrten erschließen, wissen die Bauten auch dem Laien etwas zu sagen. Wer einmal in einer stillen Stunde in der berühmten Stiftskirche von Gernrode weilte, dem am besten erhaltenen ottonischen Baudenkmal, oder in St. Michael zu Hildesheim, wird einen Hauch von jenem Geist spüren, der die Zeit erfüllte. Gottesburgen sind es, in ihrer Monumentalität dazu bestimmt, dem Augenblick Ewigkeit zu verleihen; aus dem Boden gewachsen zum Trotz und zur Abwehr: gegen die das Christentum bedrohenden heidnischen Mächte, gegen den Feind in der eigenen Seele, den ewigen Versucher.

Nur wenige Dome der Ottonen stehen noch. Die, welche die Wut der Krieger nicht verschlang, wurden durch die Fahrlässigkeit der Gläubigen vernichtet. Immer wieder lesen wir in den Annalen von großen Feuern, verursacht durch die überall brennenden Kerzen, entfacht von der Zugluft der unverglasten Fenster, genährt von den Holzdecken, die das Mittelschiff deckten. So ging oft in wenigen Stunden ein Werk verloren, an dem Generationen gebaut, für das Tausende von Menschen ihre Opfer gebracht hatten.

Es mutet wie ein Wunder an, daß uns eine Kunstschöpfung erhalten geblieben ist, die zu den vergänglichsten überhaupt gehört: ein Wandgemälde. Von den Wänden eines Kirchleins auf der Insel Reichenau, St. Georg genannt, leuchtet es in phantastischen Farben, in weichem Blau und fahlem Grün, in blutigem Rot und in Purpur, in erdigem Okker und mattem Braun. Ein Meister hat es geschaffen, dessen Namen keiner mehr kennt. St. Georg ist nicht nur einen Umweg wert, es lohnt eine Reise.

Das Kloster auf der Reichenau besaß als Kunstakademie und Manufaktur einen Ruf, der bis an die Grenzen der damaligen Welt reichte. Hier wurde die Reichskrone gefertigt, hier entstanden in jahrelanger Arbeit jene Handschriften, vor deren illuminierten Buchstaben, meisterlichen Miniaturen und elfenbeinernen Einbänden wir in den Museen staunend stehen. Ihr Wert ist um so höher einzuschätzen, wenn man bedenkt, daß ihre Herstellung heute unmöglich wäre, fehlen uns dazu doch längst verloren gegangenes handwerkliches Können, die unendliche Muße der Klostereinsamkeit und – der Glaube.

War die Insel Reichenau Kunstakademie, so zeigte sich St. Gallen als ein Hort der Geisteswissenschaften, geleitet von Gelehrten von europäischem Rang, besucht von Schülern, deren Karriere allein dadurch gesichert war, daß sie sich einmal »St. Gallener« nennen durften – vergleichbar etwa mit den Engländern des ausgehenden 19. Jahrhunderts, die Oxford oder Cambridge absolviert hatten. Überall entstanden nach dem Muster der Reichenau und St. Gallens neue Kunstakademien und neue Schulen, auf denen jene Elite ausgebildet wurde, die das Reich so dringend benötigte.

Es hatte sich herumgesprochen, daß die Macht auf die Dauer ohne den Geist nicht auskam. Was Krieger erobert hatten, war nicht allein durch Krieger zu halten, sondern durch Männer, die die Glaubenslehre philosophisch und theologisch zu durchdringen verstanden, die den geistigen Überbau schufen. Die großen Fragen der Zeit waren im Mittelalter eben nicht nur, um ein geflügeltes Wort vorwegzunehmen, mit Eisen und Blut zu lösen, man brauchte auch bei geistigen Auseinandersetzungen die stärkeren Bataillone.

Überall daher das Streben nach Bildung, nach mehr Wissen, der Eifer, Latein zu lernen, um die antiken Autoren lesen zu können. Selbst Söhne des hohen Adels, sonst von traditioneller Bildungsfeindlichkeit, begannen, auf die Schulen zu drängen. Man versuchte, den Ruch des rauhen Krieger- und Bauernmilieus loszuwerden, und bat die Gelehrten in geradezu rührender Weise, »gegen die Roheit unserer sächsischen Natur schonungslos zu verfahren, in uns aber zu beleben und auszubilden, was uns von griechischer Anmut und Zierlichkeit beiwohnen möchte«.

Wunderland Byzanz

Griechische Anmut und Zierlichkeit, sprich eine klassische Bildung, im rauhen Deutschland ein wenig heimisch zu machen, darum hatte sich schon Otto I. bemüht, als er daranging, seinen Sohn standesgemäß zu verheiraten – wenn ihn dabei auch rein machtpolitische Ziele geleitet hatten. Standesgemäß hieß diesmal, für den Kaisersohn die Kaisertochter zu finden. Das hatte seine Schwierigkeiten, denn es gab außer dem *Imperator Augustus* nur noch einen Kaiser im Abendland: den in Konstantinopel, der Metropole des byzantinischen Reiches, residierenden *Basileus*.

Kaufleute und Diplomaten, die Konstantinopel besucht hatten, wußten in einer Mischung aus Staunen und Schauder Wundersames zu erzählen: eine Stadt von über 200 000 Einwohnern, und damit die größte in Orient und Okzident, schön wie das Paradies und reich wie die Hölle, bevölkert von Bischöfen und Bettlern, Millionären und Marodeuren, Priestern und Prostituierten, Generälen und Gangstern, Mätressen und Matronen. Die Reichen wohnten in Häusern, deren Fenster Scheiben aus Glas trugen – unerhörter Luxus –, deren Decken aus Zedernholz bestanden, deren Wände mit Seide bespannt und deren Fußböden mit Mosaiken verziert waren, während aus den Marmorbrunnen im Innenhof parfümiertes Wasser rann.

Doch ihre Häuser waren bescheiden, verglichen mit der Residenz des *Basileus*, einem riesigen, von vergoldeten Bronzetoren verschlossenen Areal, auf dem sich Gärten breiteten, Terrassen, Reitställe, Schwimmbäder, Pavillons, Paläste, Kirchen, Sporthallen, Poloplätze und Wachstuben, Speicher, Küchen, Kerker, Folterkammern.

Residenz und Handelsplatz war diese Stadt, Mittlerin zwischen Orient und Okzident, ein Weltjahrmarkt, der den Westen mit Luxusgütern versorgte: mit Parfums, Seide, Perlen, Edelsteinen, Emailarbeiten, mit Elfenbein, Gewürzen, Arzneien, mit exotischen Pflanzen, wilden Tieren, Sklavinnen; ein Paris des Mittelalters, tonangebend in der Mode, das niemand verließ, ohne sich eines der begehrten, mit Metallfäden durchwirkten Gewänder mitzunehmen oder einen juwelenbesetzten Brokatmantel, in dem sich das Licht verfing, oder einen Fächer aus Straußenfedern.

Kamen die Byzantiner mit einer Gesandtschaft zu den Franken, wie sie die Deutschen nannten, dann strömte das Volk zusammen und begaffte die fremden Männer, die Frauenkleider zu tragen schienen, Frauenhauben, Kopftücher, und als Geschenke Affen, Strauße, Löwen und Kamele mit sich führten.

Eine solche Gesandtschaft erschien 967, überbrachte aber diesmal außer Geschenken die deutliche Warnung, die Deutschen möchten um des lieben Friedens willen sich in Unteritalien zurückhalten, da bekanntlich nicht nur Absatz und Stiefelspitze Byzanz gehöre, sondern auch der größere Teil des Stiefelschaftes – so Capua, so Salerno, so Benevent – sein Interessengebiet sei. Für Otto Vater war das das Stichwort: er schlug vor, daß es besser sei zu heiraten, als sich zu bekriegen, wünsche er sich doch für seinen Sohn eine byzantinische Prinzessin, am liebsten wäre ihm Anna, die Purpurgeborene.

Mit diesem Wunsch stieß er auf wenig Gegenliebe. Für die Byzantiner war der aus den Sümpfen Germaniens stammende Sachse ein Parvenü, der sich den Kaisertitel frech angemaßt, wo doch jeder wußte, daß es nur einen legitimen Nachfolger der Cäsaren gab: den byzantinischen Kaiser. »Es wäre eine Schande«, so wurde ihm von Nikephoros II. Phokas, der gerade am Ruder war, Bescheid zuteil, »wenn eine in Purpur geborene Tochter eines purpurgeborenen Kaisers unter die fremden Völker gegeben würde...« So groß schien die Schande auch wieder nicht zu sein, war er doch bereit, sie auf sich zu nehmen, wenn »ihr uns dafür gebt, was sich ziemt, nämlich Ravenna und Rom mit allem Lande von dort an bis hierher«.

Das waren skandalöse Bedingungen, und sie wurden gebührend beantwortet: mit Krieg. Um Nikephoros verhandlungsreif zu machen, drangen die Deutschen in die byzantinischen Provinzen Apulien und Kalabrien ein, belagerten Bari, sengten, plünderten, mordeten. Gefangene wurden nicht gemacht, und wenn, dann schnitt man ihnen die Nase ab und ließ sie laufen. Ungeheuerlichkeiten das alles, besonders, wenn man bedenkt, daß es nur darum ging, einem Hochgeborenen die passende Partie zu verschaffen. Das mag sehr »unhistorisch« klingen, und es sind schon nichtigerer Anlässe wegen Kriege entbrannt, aber es muß erlaubt sein, die Dinge auch einmal so zu werten.

Otto kam erst zu seinem Ziel, nachdem Nikephoros standesgemäß verschieden war: durch Gewalt. Ein Schicksal, das neunundzwanzig von achtundachtzig byzantinischen Herrschern erlitten. Die Liste der Opfer offenbart ein Kaleidoskop menschlicher Leidenschaften und gräßlicher Tragödien. Die jeweiligen Todesarten reichen von »verhungert« über »geviertelt« bis zu »gepfählt« und »lebendig begraben«. Nikephoros wurde von den Mördern, die seine eigene Frau nachts in den Palast geschmuggelt hatte, zu Tode gefoltert, wobei er mit gräßlichem Stöhnen immer wieder die Mutter Gottes um Hilfe anflehte.

Die Braut, die nicht von Purpur war

Für Otto I. ein willkommener Tod, denn Johannes Tzimiskes, Haupt der Verschwörung und Nachfolger auf dem Thron, hatte sich so vieler innerer Feinde zu erwehren, daß er sich keine äußeren leisten konnte. Nachdem man sich gegenseitig die Einflußsphären in Unteritalien garantiert hatte, stand der Verbindung beider Häuser durch Heirat nichts mehr im Wege. Der Erzbischof Gero von Köln erschien mit glänzendem Gefolge in Konstantinopel, um die Braut feierlich nach Rom zu geleiten, wo die Hochzeit stattfinden sollte.
Man empfing sie jubelnd, denn sie war jung, schön, voller Liebreiz und brachte kostbare Gaben. Die kostbarste waren die Gebeine des Märtyrers St. Pantaleon, der später als einer der vierzehn Nothelfer zum Patron der Ärzte wurde. Der Jubel verebbte jedoch rasch und Ernüchterung machte sich derart breit, daß man drauf und dran war, die junge Braut wieder zurückzuschicken. Es war nämlich die falsche Braut, die Otto Sohn mit züchtigem Wangenkuß begrüßt hatte. Gewünscht hatte man sich Anna, die Tochter des verstorbenen Kaisers Romanos II., bekommen hatte man Theophano, die Nichte des Thronräubers Tzimiskes, und das war kein kleiner Unterschied, denn letztere war nicht von Purpur.
Tzimiskes, ein mit allen Wassern gewaschener Armenier, hatte die Nichte mit Bedacht gewählt, waren doch bei einer Nicht-Porphyrogenneta keine Rechts- oder Erbansprüche an die byzantinische Krone zu befürchten, und ihrer Lieferung kam zwar eine diplomatische Bedeutung zu, aber keine politische. Was hatte doch Liutprand von Cremona, Ottos erster Brautwerber am Hofe des *Basileus,* an die Wand seiner ihm zum Gefängnis gewordenen Herberge geschrieben? »Griechische Treue ist falsch, drum traue ihr nimmer, sei auf der Hut und leihe dein Ohr nicht trüglichen Worten! Führt es zum Ziel, falsch schwört bei allem, was heilig, der Grieche.«
Otto I. entschloß sich trotzdem, die *virgo non desiderata,* die nicht gewünschte Jungfrau, seinem Sohn anzutrauen. Er sagte sich, daß die Verbindung mit einer byzantinischen Prinzessin gleichbedeutend sei mit einer *de-facto-*Anerkennung seines Kaisertums und darüber hinaus eine unbezahlbare Propaganda für seine Dynastie.
Denn Byzanz war Ostrom, war die griechisch-orientalische Hälfte des

Imperium Romanum seit der Trennung im Jahre 395. Während das weströmische Reich aufgehört hatte zu bestehen, nachdem der germanische Heerkönig Odoaker die Macht übernommen, während die Stadt Rom, ein gefällter Riese, dahinsiechte, bewahrte Byzanz das Erbe der Antike über tausend Jahre hinweg.

Konstantinopel war Hauptstadt eines Reiches, zu dem das gesamte Abendland in widerwilliger Faszination aufschaute. Hier fand sich alles, was man selbst nicht besaß: eine bis ins kleinste organisierte Verwaltung, eine auf dem römischen Recht basierende Justiz, ein taktisch geschultes, kampferprobtes Heer, eine überlegene Kultur und eine Staatsverfassung, die den unglückseligen Dualismus weltlicher und geistlicher Gewalt nicht kannte, sondern auf dem Prinzip aufgebaut war: ein Staat – eine Kirche – ein Gesetz.

Theophano war also das, was man eine »gute Partie« nennt. Die Ehen der Großen waren reine Vernunftehen und wurden im politischen Himmel geschlossen. Sie unterschieden sich hierin in nichts von denen ihrer Untertanen. So wie die da unten peinlichst darauf sahen, was der andere hatte und ob er jemand war, so hielten es die da oben. Ausschlaggebend waren dynastische Gründe oder einfach finanzielle. Der Staufer Friedrich II. zum Beispiel verlangte von seinem englischen Schwiegervater 30 000 Pfund Silber – eine ungeheuerliche Summe – als »Zuwaage« zur Braut und erhielt sie (nach heutigem Geld über 80 Millionen DM). Dem jeweiligen Geschäftsabschluß gingen zähe Verhandlungen voraus, bei denen um jedes Stück Stoff, um jedes Armband ausdauernd gefeilscht wurde.

Von Liebe jedenfalls war keine Rede. Die Partner bekamen erst gar keine Gelegenheit, sich zu verlieben. Die meisten hatten sich vorher nicht einmal gesehen. Manchmal wurde dem Brautwerber ein Künstler mitgegeben, der das Porträt der Umworbenen in Farbe festhielt oder ihre Umrisse in Elfenbein grub, damit der zukünftige Bräutigam sich wenigstens ein *Bild* machen konnte, was ihm bevorstand beziehungsweise wer bald vor ihm stand. Meist mußte er sich mit einer wortreichen Schilderung der in Aussicht genommenen Schönen begnügen, wobei es dann von Klischees wie »tugendhaft«, »hochgemut«, »liebreizend« und »schamhaft« wimmelte.

Die Auserwählte hatte keine Wahl zwischen Ja und Nein. Manchmal spielte sie sogar noch mit ihren Puppen, wenn man sie verlobte. Der Freier selbst beugte sich ebenfalls der höheren Weisheit der Eltern. Die

Ehen, die auf diese Art zustande kamen, waren nicht schlechter als die sogenannten Liebesheiraten unserer Tage. Im schlimmsten Fall pflegte man sich aneinander zu gewöhnen, womit das tägliche Zusammensein zur Amme der Zuneigung wurde. Es gab natürlich auch Ausnahmen: Heinrich IV. hat die ihm aufgezwungene Partnerin geradezu gehaßt. Mehrmals hat er versucht, sich scheiden zu lassen, was aber die Kirche ablehnte, da Antipathie kein Scheidungsgrund war.

Die reichste Frau des Abendlandes

Am Sonntag nach Ostern wurde Theophano, die mit ihren vierzehn oder fünfzehn Jahren im richtigen Heiratsalter war, in der Peterskirche vom Papst gekrönt und getraut: vor einer Festgesellschaft, die den Strahlenglanz beider Kaiserreiche wie in einem Brennspiegel vereinte. Auf die Hochzeitsnacht mußten die Eheleute zweiundsiebzig Stunden warten, denn man hatte um des Segens für die Ehe willen beschlossen, die drei ersten Nächte enthaltsam zu verbringen. Ein Brauch, der sich nach dem Muster des frommen Tobias (Tobiasnächte) noch lange erhalten hat. Erst dann bestieg das jugendliche Paar unter den aufmerksamen Blicken offizieller Zeugen das festlich bereitete Ehebett, womit die Ehe vollzogen war. Symbolisch vollzogen: denn der beim Beilager übliche öffentliche Beischlaf war nicht mehr Voraussetzung für die Anerkennung der Verbindung.

Wieviel die Prinzessin den Ottonen wirklich wert war, zeigte sich in der Morgengabe, die die Byzantiner den Deutschen bei den mit der Werbung verbundenen Verhandlungen abgerungen hatten. Als der Bräutigam der Braut nach der Hochzeitsnacht eine mit Goldtinktur beschriebene rosenfarbene Pergamentrolle überreichte, war sie im selben Moment die reichste Frau des Abendlands: mit fünf deutschen Königshöfen, der 420 000 Morgen großen Abtei Nivelles, der Grafschaft Pescara, mit Provinzen an der Nordsee und am Rhein und der gesamten Halbinsel Istrien.

Nun war es nicht so, daß ihr diese Territorien mit Mann und Maus gehörten, aber sie besaß die Hoheitsrechte auf den Zoll, die Münze, die Jagd, den Markt, und die waren mit hohen Einnahmen verbunden.

Man hat sich die Mühe gemacht und nachgerechnet, wie hoch sie etwa gewesen sein können, und ist auf eine Summe von, nach heutigem Geld, etwa 20 Millionen DM pro Jahr gekommen. Eindringlicher ließe sich die Besitzverteilung des 10. Jahrhunderts nicht aufzeigen.

Kein Wunder, daß der jungen Griechin in deutschen Landen die Herzen nicht überall »froh und jauchzend entgegenschlugen«, wie die Hofchronisten es gern gehabt hätten. Man betrachtete sie mit Neid, fand sie ihrer kostbaren Kleidung wegen als eitel, ihrer fremden Sitten wegen als dünkelhaft, ihrer griechischen Sprache wegen, die sie dem Latein vorzog, als überheblich.

Es gab Geistliche, die sich ernste Sorgen machten, ob sie »die schlimmen Sitten des verderbten Hofes, an dem sie erwachsen«, ohne seelische Schäden überstanden habe, und einer von ihnen sah sie bereits in der Hölle, weil sie »viel eitlen Tand und schale Frauenzier, wie sie in Griechenland üblich, in Deutschland aber bisher unbekannt gewesen, hier eingeführt habe und dadurch brave Frauen zur Sünde verleitet, die nach Weiberart dasselbe besitzen wollten«.

Was sich hier abspielte, war die Begegnung einer verwöhnten Großstädterin mit wackeren Provinzlern, begleitet von den üblichen beiderseitigen Vorurteilen. Theophano fühlte sich zutiefst unglücklich in einem Land, dessen Klima sie bedrückend fand und dessen Sitten rauh, dessen Bewohner ein Idiom sprachen, das sie nicht verstand. Auch der ihr von Staats wegen verschriebene Ehemann mußte für sie ein Fremder sein. Ein fremder Mann, mit dem sie dennoch dasselbe Bett zu teilen hatte, des so dringend gewünschten blaublütigen Nachwuchses wegen. So erging es ihr wie all diesen an fremde Höfe verpflanzten armen reichen Königskindern, die an Heimweh litten und an dem Kummer um das verlorene Paradies ihrer Jugend.

Es spricht für das Format Theophanos, wie sie die ersten schweren Jahre überstand, ihrem Mann von Jahr zu Jahr mehr eine echte Gefährtin wurde, sich auch am Hof wenn nicht Zuneigung, so doch Respekt verschaffte. Niemand konnte ahnen, daß ihre eigentliche Stunde noch nicht geschlagen hatte: aus der jungen Griechin sollte eine Persönlichkeit werden, die die Kaiserkrone mit unbeugsamem Mut verteidigte und sich von Historikern das Prädikat verdiente, eine der großen weiblichen Herrschergestalten der deutschen Geschichte gewesen zu sein...

Sturm auf Norddeutschlands »Chinesische Mauer«

Otto II. blieb wenig Zeit, in seine neue Rolle als Kaiser und König hineinzuwachsen. Er wurde auf der Stelle gefordert und mußte beweisen, aus welchem Holz er geschnitzt war. Während an den Grenzen noch Ruhe herrschte, probten die Feinde im Innern den Aufstand. Sie wollten herausfinden, wie weit man bei einem Mann gehen könne, dessen einzige Berufung der Beruf des Sohnes zu sein schien.
Das Haupt der gegen ihn gerichteten Verschwörung war Herzog Heinrich von Bayern, sinnigerweise der Sohn jenes Mannes, der bereits Otto dem Großen das Leben schwer gemacht hatte und den wir als kniefälligen Büßer bei der Frankfurter Weihnacht kennengelernt haben. Er ging wieder mit dem noch immer zugkräftigen Slogan hausieren, daß ihm von Rechts wegen der Thron gebühre, da sein Vater von königlichen Lenden gezeugt worden sei.
Es erübrigt sich, den Verlauf der Rebellion im einzelnen zu schildern, mit ihren diversen Gefechten, Bataillen, Belagerungen, Verurteilungen und Begnadigungen, Eiden und Eidbrüchen. Sie gehört zu jenen von Neid und Egoismus genährten Adelskriegen, die sich wie eine ewige Krankheit durch die deutsche Geschichte forterbten. Am Ende stand die Unterwerfung Heinrichs und seine Absetzung als Herzog. Das Nibelungenlied hat ihm ein unrühmliches Denkmal gesetzt in der Person des Markgrafen Gelpfrat, der seinem Namen gemäß nichts weiter konnte als zu »gelpfen«, zu zanken.
Auch die Böhmen und die Polen, die mit dem »Zänker« gemeinsame Sache gemacht hatten, krochen nach kurzen Strafexpeditionen zu Kreuze. Gefährlicher war die Kampagne, die Otto im Norden zu bestehen hatte, traf er doch hier auf einen Gegner, dessen Namen allein genügte, um Katastrophenstimmung zu erzeugen: die Wikinger. Harald Blauzahn, der Führer der dänischen Stämme, hatte zwar das Christentum angenommen, war es jetzt aber überdrüssig, sich von den Deutschen in seine jütländischen Angelegenheiten hineinreden zu lassen.
Mit dem Norweger Jarl Hakon und seinen Meerrappen, deren Reiter ihre Odinflammen trefflich zu führen verstanden, brauste er heran und sättigte die Adler mit den Leichen der Sachsen und Franken. So poetisch jedenfalls besang ein zum Frontdienst abkommandierter Skalde

den Sieg, den die Wikinger errangen. Sie stützten sich dabei auf das Danewerk, ein Verteidigungssystem aus Wällen, Palisaden und Gräben, das sich in Schleswig zwischen der Schlei und der Treene erstreckte. 17 Kilometer lang, bis zu 13 Meter hoch, war diese Mauer ein schwer zu überwindendes Hindernis, was noch Preußens Feldmarschall Wrangel 1848/49 mit empfindlichen Verlusten bezahlen mußte. Die Reste des Danewerks stehen heute weit sichtbar in der Landschaft, ein Monument, das begeisterte Lokalpatrioten zu Norddeutschlands »Chinesischer Mauer« hochstilisierten.

Getreu seinem Gelöbnis, das Reich des alten Kaisers mit allen Mitteln zu halten, kehrte Otto zwei Monate später mit besser ausgerüsteten Truppen zurück. Bei Haithabu, der alten Wikingersiedlung an der Schlei, durchbrach er den zyklopischen Wall, und diesmal nützten den Dänen auch Odins Flammenschwerter nichts, sie wurden zu Paaren getrieben und wieder tributpflichtig gemacht. Eine Zwingburg in der Gegend von Schleswig blieb ihnen zu mahnendem Gedenken.

Otto mußte das Reich, das er vom Vater ererbt, tatsächlich erwerben, um es endlich zu besitzen. Thronfolge war nicht gleichbedeutend mit Thronbesitz, und jeder Nachfolger mußte die gleiche Härteprüfung durchstehen, auferlegt von jenen, die zu erreichen suchten, was ihnen vom Vorgänger versagt geblieben. Nach den Bayern, den Böhmen, den Polen, den Dänen meldeten die Franzosen ihre Ansprüche an. Lothar, einer der letzten des ruhmvollen Geschlechtes der Karolinger, war ein kleiner König, Herr nur über die karolingischen Restgebiete um Laon. Klein und unbedeutend, doch doppelt ehrgeizig, und so war es sein Traum, Lothringen wieder heimzuholen, das seit Heinrich I. zum Reich der Deutschen gehörte.

Der Gedanke an einen ausgewachsenen Krieg behagte ihm allerdings nicht, und so kam er auf eine Idee, die so kühn war wie ungewöhnlich: Otto II. sollte bei einem blitzartig durchzuführenden Kommandounternehmen entführt werden. Wollten die Deutschen ihren Kaiser wiederhaben, mußten sie Lösegeld zahlen, dessen Wert bereits feststand: das Herzogtum Lothringen! Als Lothar gemeldet wurde, daß Kaiser Otto in Aachen eingetroffen sei, war das Stichwort gefallen. Die Truppen wurden alarmiert und in Eilmärschen auf den Weg in Richtung Grenze gebracht. Ohne allerdings ihr Ziel zu kennen: nur wenige Vertraute aus der engsten Umgebung wußten aus Gründen der Geheimhaltung überhaupt von dem Plan.

Der wandernde Hofstaat

Otto hatte sich zusammen mit Theophano, die schwanger war, nach Aachen begeben, um dort den Johannistag zu begehen, ein Fest, an dem die Geburt des Täufers gefeiert wurde und die Sonnenwende, Christliches also sich mit Heidnischem wunderlich mischte, was für die Zeit bezeichnend war. Außerdem galt es, den Regierungsgeschäften in der alten Kaiserpfalz turnusgemäß nachzugehen. Das Reich hatte keine Hauptstadt, ja nicht einmal eine feste Residenz, es gab nur etliche über das ganze Land verteilte kleine Regierungssitze, in denen der Kaiser sich in gewissen Abständen für kurze Zeit aufhielt. Diese Pfalzen – vom lateinischen *palatium*, »Palast« – waren Residenz, Rittergut, Wohnstätte und Herberge in einem, geschützt von Gräben und Mauern, gekrönt von einer Kapelle und dem Palas, dem vornehmsten Bau der ganzen Anlage. Die umliegenden Güter sorgten mit ihren Kornspeichern, Ställen, Küchen und Kellern, ihren Äckern und Weiden dafür, daß es dem Hof an nichts mangelte. Verantwortlich dafür war der Pfalzgraf, der den dem Reich, sprich dem König gehörenden Besitz verwaltete und die Rechte des Souveräns während seiner Abwesenheit wahrte.

Der Kaiser hielt Gerichtstag auf seinen Pfalzen, schlichtete zwischen den Parteien – die sich meist um Grund und Boden und um Privilegien stritten –, bestätigte alte Gesetze, erließ neue, rief in schwierigen Fällen Gottes Urteil an, indem er die Prozeßgegner zu Zweikämpfen zwang. Vor allem aber repräsentierte er seine Macht durch seine körperliche Gegenwart. Er war der, wie es in einer Urkunde hieß, »... durch das Walten göttlicher Huld zum Kaiser und *Augustus* Erwählte, von dem feststeht, daß er durch das Geschenk der göttlichen Gnade die übrigen Sterblichen überragt«. Viele der Stätten, die der *Imperator* durch seine Gegenwart adelte, wurden später zu Städten: wie Worms, Frankfurt, Magdeburg, Goslar, Quedlinburg, Dortmund.

Das System der Pfalzen hat die Entstehung einer festen Residenz im Mittelalter verhindert, war aber segensreich durch die Vermittlung der Gewißheit, daß der Herrscher allgegenwärtig war, daß es ihn tatsächlich gab. »Rußland ist groß, und der Zar ist weit«, ein solches den Schlendrian und die Korruption förderndes Gefühl konnte im Reich der Deutschen kaum aufkommen. Auch die Finanzierung des Staatshaushalts wurde so auf elegante Art gelöst. Jedenfalls hören wir wenig von wirtschaftlichen Schwierigkeiten, die den Kaiser in seiner Regierungstätigkeit gehemmt hätten.

Allerdings waren die Pfalzen und das zu ihnen gehörende Land nach dem Abzug der nach Hunderten zählenden Hofbediensteten kahlgefressen wie nach einer Heuschreckenplage. Besonders dann, wenn eine Reichsversammlung stattgefunden hatte, zu der die Edlen des Landes aus allen Himmelsrichtungen geritten kamen. Die Edlen waren außer hochedel auch höchst anspruchsvoll, und so konnte es geschehen, daß der Pfalzgraf dem Herrgott nicht nur bei der Ankunft der Gäste dankte.

Bei einem solchen Reichstag mußte er einmal folgende Tagesration liefern: »1000 Schweine und Schafe, 10 Fässer Wein, 10 Fässer Bier, 350 000 Liter Getreide, 8 Ochsen, und überdies Hühner, Ferkel, Eier, Hülsenfrüchte.« Später wurde auch den Bischöfen die Ehre zuteil, Gastgeber zu sein, und wessen Sitz an einer vielbesuchten Route lag, sah sich bald mit Ehren überhäuft und dem Konkurs nahe. Wie Hildibald von Chur, den die Deutschen auf ihren Romzügen so häufig besuchten, daß Otto II. sich verpflichtet fühlte, ihm den Brückenzoll von Chiavenna mitsamt dem Brückenwärter Leo zu schenken.

In Aachen wurde gerade das Johannismahl vorbereitet, als zwei Reiter in jagender Hast die Tore passierten und die Meldung überbrachten, daß ein nach Tausenden zählendes französisches Heer über die Maas gesetzt sei und sich in Eilmärschen auf die Stadt zu bewege. Ihr Führer, soviel hätten die Kundschafter erfahren, sei König Lothar in eigener Person. Der Kaiser wollte nicht glauben, daß es sich wirklich um Lothar handelte: der Franzose war ein Blutsverwandter, Sohn der Schwester seines Vaters. Er ließ sein Pferd satteln, um sich auf einem Erkundungsritt persönlich zu überzeugen. Er kam nicht weit. Von einem Hügel aus sah er die Reiter der feindlichen Vorhut und konnte sich ausrechnen, wie wenig Zeit ihm noch zu Gegenmaßnahmen blieb. Doch da er völlig unvorbereitet war und nur über seine Leibgarde verfügte, gab es nur eines: sofortige Flucht. Mit Tränen in den Augen über die Perfidie des Vetters gab er den Befehl dazu.

Der Mönch Richer von Reims, dem sein Vaterland den ersten Versuch einer französischen Geschichte verdankt, hat uns vom letzten Akt dieses Coups einen Bericht gegeben. »Lothar langte nun mit seinem Heere an und hoffte, Kaiser Otto überraschen zu können. Und sicher wäre es ihm gelungen, wenn er sich nicht unterwegs durch das Gepäck hätte aufhalten lassen: wenige Stunden nur früher, und der Kaiser wäre gefangen oder tot. So konnte man bloß die königlichen Tische umwerfen oder die Troßknechte sich an den köstlich bereiteten Mahlzeiten gütlich tun lassen. Aus den innersten Gemächern der Pfalz wurden die Reichsinsignien geraubt und fortgeschleppt. Den ehernen Adler mit gebreiteten Schwingen, den Karl der Große auf den Giebel hatte setzen lassen, drehten sie nach Osten. Denn die Deutschen hatten ihn nach Westen gewandt, um auf eine feine Art anzudeuten, daß der Tag kommen werde, da er mit seinem Flug die Gallier besiegen würde.«

»Laßt die Könige miteinander kämpfen«

Aus dem eigenen Haus Hals über Kopf flüchten zu müssen, noch dazu unter Zurücklassung der königlichen Insignien, das blieb eine Schmach, schlimmer noch, eine Blamage, die nach dem Ehrenkodex des Standes nur mit Blut zu tilgen war. Auch wenn, wie in diesem Fall, der Feind keinen nennenswerten Erfolg erzielen konnte, sich auch längst wieder zurückgezogen hatte. Die Großen der Deutschen, sonst eher in Zwietracht zähneknirschend verbunden, demonstrierten diesmal lautere Eintracht. Von ihrem Versammlungsort aus, der Pfalz in Dortmund, erklärten sie dem Franzosen förmlich den Krieg, bestimmten sogar, da sie keine Hinterlist nötig hatten, das genaue Datum ihres Einmarsches: den 1. Oktober 978.

30 000 schwergepanzerte Reiter sollen es gewesen sein, die an diesem Tag nach Frankreich zogen und einen Feldzug begannen, wie er sinnloser nicht denkbar, für die Zeit aber charakteristisch war. Unfähig, die befestigten Städte zu nehmen, beschränkte man sich wie üblich darauf, die Dörfer anzuzünden, das Vieh auf den Weiden abzuschlachten, die Bauern zu quälen. Das Wort vom *furor Teutonicus* kam wieder auf, ein unzulänglicher Vergleich, denn die teutonische Wut reichte nicht einmal, die Mauern von Paris zu erstürmen. Die Belagerungstechnik, in der die Römer einst Meister gewesen, hatte man weitgehend verlernt. Es fehlte an den notwendigen Maschinen, an der Kunst, sie zu bauen, zu bedienen, zu transportieren. Wie überhaupt die Kriegskunst in Ver-

fall geraten war und Feldherren, die eine Schlacht nach taktischen und strategischen Gesichtspunkten zu führen vermochten, ausgestorben schienen. Der Schwächere war sofort der Stärkere, wenn es ihm gelang, sich hinter genügend dicken Mauern zu verbergen.

»Sein Sohn war bei ihm, seine Frau war da«, mußte sich Otto I. nach der vergeblichen Belagerung von Bari verspotten lassen, »die Sachsen, Schwaben, Bayern, Italiener, alle waren sie bei ihm und vermochten noch nicht einmal dieses eine Städtchen, das ihnen Widerstand leistete, einzunehmen...«

So lagen die Deutschen vor Paris, froren erbärmlich in den zugigen Quartieren, holten sich Rheuma, litten an Brechdurchfällen und mußten mitansehen, wie ihre Pferde immer klappriger wurden. Das Futter für die nach Zehntausenden zählende Herde reichte trotz rücksichtsloser Requirierung nicht. Otto gab deshalb den Befehl zum Rückzug. Er verabschiedete sich von der Seine mit einer Veranstaltung, über deren tieferen Sinn schon die Zeitgenossen gerätselt haben.

Auf dem Montmartre, damals noch vor den Toren gelegen, ließ er alle seine Geistlichen antreten und ein brausendes Halleluja anstimmen, dessen Klänge der Wind in die Gassen von Paris trug, wo die Einwohner in Andacht und Mißtrauen ihrer lauschten. Da er seine Macht nicht hatte zeigen können, der Kaiser, so dachten sie wohl, wollte er sie wenigstens hören lassen. Der Rückzug verlief so unselig wie die Belagerung: beim Übergang über die Aisne erbeuteten die nachrückenden Franzosen den gesamten Troß, während die Deutschen vom anderen Ufer in ohnmächtiger Wut zusehen mußten.

Otto bot daraufhin seinem Vetter Lothar eine offene Feldschlacht an zu bestimmter Zeit an einem bestimmten Ort, bekam aber von einem französischen Grafen die Antwort: »Warum sollen so viele von uns hier verbluten? Laßt die Könige miteinander kämpfen. Wir wollen zuschauen und uns dem Sieger unterwerfen.« Der deutsche Chronist bezeichnete diesen Vorschlag als »schmählich«, dabei klang er ganz vernünftig, beruhte überdies auf der altgermanischen Tradition des Zweikampfes zwischen den Heerkönigen: wer siegte, hatte »recht«, denn die Götter waren mit ihm.

Der Vorschlag aber wurde von den Deutschen mit der Begründung abgelehnt, daß es gegen ihre Ehre verstieße, ihren Kaiser kämpfen zu lassen, während sie selbst die Hände in den Schoß legten.

6, 7 »Sturm auf dem Meer« *(oben)* und »Die Kuhhaut« *(unten)* – zwei Bilder aus dem berühmten Wandgemälde in der St.-Georgs-Kirche, Insel Reichenau. Das Kloster auf der Reichenau besaß zur Zeit der Ottonen als Kunstakademie und Manufaktur Weltruf.

8 Die Ungarnschlacht auf dem Lechfeld. Der 9. August 955 entschied über das Schicksal Europas. Bayern, Franken, Schwaben und Böhmen vernichteten das Reiterheer der Magyaren, die zum Schrecken der christlichen Länder geworden waren *(oben)*.

9   Otto II. und Theophano. Die Prinzessin aus Byzanz verteidigte die Krone für ihren unmündigen Sohn und wurde zu einer der großen weiblichen Herrschergestalten unserer Geschichte *(folgende Seite)*. ▷

Die lange Qual des Reisens

Sieben Jahre hatte Otto gebraucht, um seinen Gegnern zu beweisen, daß es nicht gut sei, ihn zu unterschätzen. Der eher untersetzte, sogar etwas zur Fülle neigende Mann, den man *Sanguinarius* nannte, den Blutigen, nicht seiner Grausamkeit, sondern seiner rötlichen Gesichtsfarbe wegen, er hatte den Beweis geführt, daß das Amt den Mann mache und nicht der Mann das Amt. Das Fahrige, Hektische, hatte sich gelegt und einer Sicherheit des Urteils Platz gemacht, die ihn nicht mehr allen möglichen Einflüssen geneigt machte. Der junge Mann hatte sich Respekt verschafft, sowohl nach innen als auch nach außen, und damit das ererbte Imperium behauptet. Er konnte jetzt endlich darangehen, eigene Politik zu treiben. Ihre Ziele waren weitgesteckt, und das Land, in dem sie verwirklicht werden konnte, war das Land, das ihn in seiner Jugend geprägt hatte: Italien. Während der Vater immer der einfache sächsische Edelmann geblieben war, auch in der Politik lediglich das Machbare angestrebt hatte, griff der Sohn nach den Sternen: ganz Italien, bis zur Stiefelspitze, sollte unter dem Banner des Reiches vereint werden. Daß er seinem Titel *Imperator Augustus* bald den Zusatz *Romanorum* voranstellte, »Kaiser der Römer«, ist hierfür bezeichnend. Sein brennender Ehrgeiz ließ ihn die Schneeschmelze als die geeignete Reisezeit nicht abwarten, noch im November 980 brach er mit großem Gefolge, aber kleinem Heer auf. Er ging in das Land seiner Sehnsucht, und er ging in den Tod...
»...und sie zogen über die Alpen nach Italien« ist ein häufig gebrauchter Satz in den diese Zeit behandelnden Geschichtsbüchern. Das klingt, als handele es sich um Zugvögel, die schwerelos dahingleiten, und dennoch läßt sich nichts Erdenschwereres denken. Die Italienzüge bedeuteten für den Hof unendliche Mühsal, harte Plage, stete Gefahr für die Gesundheit, und so kann es kaum verwundern, daß alle Kaiser – selbst bei Berücksichtigung der allgemein geringeren Lebenserwartung – auffallend früh verstorben sind.
Die Züge führten, von den wenigen oft stark verfallenen Römerstraßen abgesehen, über grundlose Feldwege und immer wieder zuwachsende Waldpfade, über »Straßen«, für deren Erhaltung niemand etwas tat, die die Bauern bewußt verkommen ließen, zogen doch passierbare Wege nur den Feind an. Den Unbilden der Witterung ausgesetzt, Wolken-

brüchen, Stürmen, sengender Sonne, quälte man sich zu Pferd dahin, durchnäßt, kotbespritzt, staubbedeckt, die steilen Paßstraßen empor, vorbei an den wohlbestückten Galgen, die an allen Wegkreuzungen standen, vorüber an den Leichen ermordeter Pilger, meist nicht mehr als dreißig Kilometer bewältigend und am Tagesziel oft so erschöpft, daß baumstarke Männer vom Pferd gehoben werden mußten.

Auch die Frauen saßen zu Pferd und verschmähten den Wagen, denn das Fahren in den schweren, ungefederten, ständig von Rad- und Achsenbrüchen bedrohten Karren war die schlimmste Art der Fortbewegung überhaupt. Selbst Kranke oder Schwangere ließen sich lieber mit einer auf dem Pferderücken montierten Bahre befördern. Theophano führte ihren erst wenige Monate alten Sohn mit sich, eine Tortur für die Mutter und das Kind, doch anscheinend notwendig. Die Kaiser lebten ungern längere Zeit getrennt von ihren Frauen, was seinen Grund nicht in überschwenglicher Liebe hatte, sondern in der Tatsache, daß die Familie, allein gelassen, zu stark gefährdet war. Die innenpolitischen Gegner haben vor Geiselnahmen nie zurückgeschreckt.

Mußte die hohe Frau aus irgendwelchen Gründen dennoch zu Hause bleiben, wurde sie in einem der burgartigen Klöster oder in einem gut bewachten Bischofssitz einquartiert. Doch meist war sie wie alle anderen ständig im Sattel, der dadurch nicht bequemer wurde, daß es ein Damensattel war (auf dem man der Schicklichkeit halber nicht mit gespreizten Beinen saß). Aus den in den Urkunden enthaltenen Angaben über Stationen und Routen hat man errechnet, daß der Hof ein Viertel des Jahres rast- und ruhelos im Reich umherzog. Und das in einer Zeit, in der die meisten Menschen in ihrem ganzen Leben sich nie weiter von ihrem Wohnort entfernten als fünfundzwanzig bis dreißig Kilometer. Kaiserin sein hieß deshalb auch, eine eiserne Gesundheit haben. Es galt ja nicht nur, die Strapazen zu überstehen, sondern immer wieder einen neuen Haushalt auf Zeit zu organisieren. Die Mittel dazu waren nicht groß. Gefolge und Dienerschaft wurden der Zahl nach so klein wie möglich gehalten. Dasselbe galt für das auf den Sattelpferden mitgeführte Gepäck. Mit Teppichen vor den Fensteröffnungen, Decken an den Wänden, Federbetten auf den harten Bänken, mit durch den Raum gespannten Vorhängen und Strohmatten auf dem Boden versuchten die Frauen, Behaglichkeit zu erzeugen. Doch die Teppiche hielten die Zugluft nicht ab, die Kienspäne an den Wänden verbreiteten ein diffuses Licht, und das Kaminfeuer spendete mehr Rauch als Wärme.

Das Jahrhundert der Frau

Otto traf sein Reich südlich der Alpen, das *regnum Italiae*, trotz der langen Abwesenheit in Frieden und Wohlstand an. Ein Zeichen dafür, daß sich die vom Vater eingeführten Grundsätze der Verwaltung gut bewährt hatten. Größere Aufstände hatte es lange nicht gegeben, die Übergriffe des Adels hielten sich in Grenzen. Nur in Rom, dem ewigen Unruheherd, gärte es. Wieder einmal hatte eine stadtrömische Clique einen ihr nicht genehmen Papst vertrieben, und der Papst hatte sich mit dem schon traditionellen Hilferuf an den Kaiser gewandt, dem es diesmal wenig Mühe kostete, den Gegenpapst zu vertreiben und Benedikt VII. wieder einzusetzen. Seine erste Tat auf italienischem Boden allerdings war die Versöhnung mit seiner Mutter Adelheid.
In Adelheid treffen wir eine jener Persönlichkeiten, die der Zeit zwischen 900 und 1000 die Bezeichnung »Das Jahrhundert der Frau« eingetragen haben. Im Reich der Ottonen hatten die Frauen – allerdings nur die hochgestellten – die Chance, sich selbst zu verwirklichen. Und das war auffällig, denn hält man sich an das geschriebene und ungeschriebene Recht, so waren sie gegenüber dem Mann auf allen Gebieten des Lebens benachteiligt, hatten also keineswegs recht, waren dem Manne untertan und ihm völlig ausgeliefert. Die Strophe 894 des Nibelungenliedes kündet davon, wenn Kriemhild erzählt, wie der liebe Ehemann Siegfried sie wegen des Streites mit Brünhild nach Strich und Faden verprügelte: »...ouch hat er so zerblouwen [zerbleut] dar umbe mînen lîp [Leib].«
Doch die Frauen haben es schon immer verstanden, sich gegen Gesetze durchzusetzen, die ihnen zutiefst ungerecht erscheinen mußten – besonders im Zeitalter der Ottonen.
Sie begnügten sich nicht mit den typisch weiblichen Aufgaben der Krankenpflege, der Almosenverteilung, der Veranstaltung von Festen, ließen sich auch nicht als bloßer Dekor einer reinen Männerwelt benutzen. Ihr Ehrgeiz war größer: sie verschafften Künstlern die Möglichkeit, ohne materielle Sorgen zu arbeiten, beriefen berühmte Wissenschaftler, setzten Äbte ein und auch ab, diskutierten Fragen der Kirchenreform, beeinflußten die Rechtsprechung.
Frauen wie Adelheid sorgten dafür, daß der Kaiser das Gebet nicht

vergaß, das während seiner Krönung an Gott gerichtet wurde und dessen Worte lauteten: »... und gewähre ihr [der Kaiserin] gnädig, daß sie an der Herrschaft teilnehme.« Sie war *consors regni*, Teilhaberin des Reiches, und nahm diesen Titel wörtlich, indem sie sich ohne Scheu in die Politik einmischte. Wer in Ungnade gefallen war, konnte durch ihre Fürsprache wieder in Gnaden aufgenommen werden, und nicht wenige der Großen verdankten ihr, daß sie groß geworden. Wenn die Venezianer um ihre Vermittlung baten, wenn vom französischen Hof eine Hilfegesuch an sie gerichtet wurde, dann sprach das für ihre politische Bedeutung. Ungewöhnlich häufig, nämlich zweiundachtzigmal, hat sie in wichtigen Fragen interveniert, wie aus den mit *Imperatrix Augusta* signierten Urkunden hervorgeht. Intervention, das hieß nichts anderes als Einmischung und war das Recht, das den kaiserlich-königlichen Damen zustand und von dem sie, je nach ihrem Format, Gebrauch machten.

Adelheid hatte den Hof ihres Sohnes vor zwei Jahren verlassen und war zu ihrem Bruder nach Burgund gegangen. Einen der Gründe für die Entfremdung von Mutter und Sohn sah man darin, daß auch sie, die später heiliggesprochen wurde, die Kirche zu stark begünstigte. Der eigentliche Grund lag wohl mehr im Privaten: wie so viele Mütter hat sie es nicht ertragen können, daß der Lieblingssohn sich zu einer selbständigen Persönlichkeit entwickelte und sich ihr immer mehr entzog.

Die Versöhnung mit der Mutter war für den Kaiser weniger eine Frage der Pietät als eine der Klugheit. Adelheids Einfluß in Italien war groß und ihre Beziehungen zu den mächtigen Adelsfamilien vielfältig, denn in Pavia hatte sie einst neben ihrem ersten Mann, Lothar, als Königin residiert. Sie war ein wichtiger Faktor in Ottos Plänen, und dahinter hatten Ressentiments zurückzustehen.

»Auf den Rat gewichtiger Männer traf denn zu Pavia die Mutter mit dem Sohne zusammen«, schreibt Odilo, der Abt von Cluny, und seine Schilderung läßt ahnen, welcher Leidenschaften diese Menschen fähig waren. »Als sie nun gegenseitig sich erblickten, warfen sie seufzend und weinend sich mit dem ganzen Körper auf den Boden, begannen dann sich in Demut zu grüßen, der Sohn zerknirscht und reuevoll, die Mutter bereitwillig zu verzeihen. Und von Stund an blieb zwischen ihnen ein unauflösliches Band dauernden Friedens.«

Zeugin dieser Szene war Theophano. Die Macht der »schönen Griechin« war von Jahr zu Jahr gewachsen und der Tag nicht mehr fern, da die beiden Frauen sich als erbitterte Feindinnen gegenüberstehen würden...

Die Sarazenen – stolz, grausam, todesmutig

Als der Sarazenenfürst Abulkassim vom Kalifen zum Statthalter Siziliens ernannt wurde, da konnte er sich darüber nicht freuen, denn er hatte gerade seinen Bruder auf einem Feldzug verloren. Der Kalif schrieb ihm aus Kāhirah (Kairo): »Nur mit männlichen Taten wirst du einen solchen Bruder vergessen können. Sizilien aber bietet dir nicht genug Raum für große Abenteuer. Gehe hinüber nach Italien und unterwirf es mit den Waffen unseres Glaubens.«
Die Waffen ihres Glaubens waren das Feuer und das Schwert, und die Sarazenen, wie im Mittelalter die Araber nach einem ihrer alten Stämme genannt wurden, unterschieden sich hier nicht von den Christen. Auch sie sanktionierten Raub, Mord und Plünderung als für die Verbreitung des Glaubens notwendig und entlasteten angesichts der Zehntausende von Erschlagenen, Verschleppten, Versklavten damit ihr Gewissen. So, wie der große Otto sich vom Papst bestätigen ließ, daß die Slawenfeldzüge nichts anderes seien als Bekehrungsversuche und die physische Vernichtung ganzer Völkerschaften ein Gott wohlgefälliges Werk.
Stolz, grausam, todesmutig, unempfindlich gegen Strapazen, fanatisch in ihrer Überzeugung, daß Allah größer sei als alle anderen Götter, auf dem Rücken ihrer schnellen Pferde so zuhause wie auf den Planken ihrer wendigen Schiffe, als Reiter gefürchteter als die Magyaren und als Seeräuber schrecklicher als die Wikinger, waren die Sarazenen eine Großmacht, und sie lehrten die beiden anderen Großmächte, Byzanz und das ottonische Reich der Deutschen, das Gruseln.
Der Schrei »Die Sarazenen kommen!«, war ein Schrei des Entsetzens, der von den heute noch überall an den Mittelmeerküsten anzutreffenden verfallenen Türmen, den »Sarazenentürmen«, gellte.
Von einem Stützpunkt in der Provence drangen sie tief in das Land ein, besetzten eine Reihe von Alpenpässen (wie den St. Bernhard, ja sogar

den Septimer) und machten erbarmungslose Jagd auf die über diese uralten Transitwege nach Rom ziehenden Wallfahrer. »Wie vieler Christen Blut sie aber hier vergossen haben, das Blut braver frommer Pilger, die zu den Gräbern der heiligen Apostel Petrus und Paulus wallfahrteten, weiß nur der, der ihre Namen im Buche des Lebens aufbewahret.« (Luitprand)

Der Emir Abulkassim nahm den Rat des Kalifen begierig auf, den toten Bruder mit männlichen Taten zu ehren, und setzte von Sizilien aus Jahr für Jahr über die Meerenge auf das italienische Festland über, um jedesmal mit reicherer Beute zurückzukehren. Er schonte dabei weder die zu Byzanz gehörenden Länder noch die unter deutschem Einfluß stehenden Fürstentümer, ließ, bald kühner geworden, Besatzungstruppen zurück, vergrößerte seine Stützpunkte, verkündete allen, daß er bald ganz Italien zu erobern gedenke.

Wer konnte ihn daran hindern? Das machtvolle Byzanz war durch einen Bürgerkrieg machtlos geworden, Unteritalien selbst wehrlos durch Uneinigkeit und Zersplitterung. Blieb als einzig ernstzunehmende Gegenkraft nur die Franken, wie auch die Sarazenen die Deutschen nannten. Otto II. brauchte niemand zu überreden, diesen Gegner abzugeben. Die moralische Pflicht, die katholische Christenheit zu schützen, das Bestreben, durch die Vertreibung der Ungläubigen den eigenen Ruhm zu mehren, die Sehnsucht seiner Ritter nach dem Abenteuer waren Gründe genug. Einen weiteren lieferte ihm die eigene Frau: die neuen Machthaber in Byzanz hatten die Familie Theophanos aus Ämtern und Würden gejagt. Mit den Sarazenen abzurechnen, hieß deshalb gleichzeitig auch, den Namen Byzanz aus der Landkarte Unteritaliens auszulöschen. Eine Rache, die süß schmecken würde.

Im Sommer 982 standen die Deutschen vor Rossano, heute eine »malerisch auf einer Höhe gelegene, den Golf von Tarent überblickende Stadt«, damals ein befestigter Platz mit einer sarazenischen Besatzung, die vor der Übermacht rasch kapitulierte und damit ein willkommenes Quartier freimachte für die Kaiserin, den Thronfolger und den Troß. Wenige Tage später stieß Otto mit der Hauptmacht auf den Feind, der sich bei dem windumtosten Kap Colonne zwischen Küste und Vorgebirge zum Kampf stellte.

In beiden Lagern steigen die Gebete zum Himmel, hier zum Christengott, dort zu Allah. Die Sarazenen ersehnen den Tod in der Schlacht, der ihnen das Paradies mit allen irdischen Freuden garantiert, die deutschen Ritter treffen, praktischer gesonnen, letztwillige Verfügungen, die meist die Kirche begünstigen. »Konrad, der Sohn des Grafen Rudolph, hat uns an dem Tag der Schlacht unter unserm Banner sein gesamtes Gut, das er im Lothringischen sein eigen nennt, übergeben und unsere Herrlichkeit in Gegenwart des Heeres gebeten, es dem Kloster des heiligen Gorgonius in Gorze zu überantworten«, heißt es in einer kaiserlichen Urkunde.

Die Schlacht selbst scheint rasch entschieden. Die Kaiserlichen, verstärkt durch die 2100 schwer gerüsteten Reiter, die Otto zur Verstärkung über die Alpen hatte kommen lassen, zerschmettern mit Brachialgewalt das Zentrum der Sarazenen, die, leichter bewaffnet und gewappnet, auf kleineren, schmalgliedrigen Pferden sitzend, dieser Panzerwand nichts entgegenzusetzen haben. Abulkassim fällt. Sein Leichnam ist überwölbt von einem Leichenhügel, gebildet aus den Kriegern, die ihn mit ihren Leibern schützen wollten. Der Schlachtplan des Emirs aber geht trotz seines Todes mit der Präzision eines Uhrwerks auf.

Ein Jude rettet das Oberhaupt der abendländischen Welt

Damit rechnend, daß die Deutschen seine Linien durchstoßen, nach dem Durchbruch aber die zwischen Meer und Fels verlaufende Küstenstraße weitermarschieren würden, hat er eine starke Reserve in den Schluchten postiert, die urplötzlich über die durch ihren Triumph leichtsinnig gewordenen, ohne jede Sicherung dahinziehenden Ritter hereinbricht wie ein Sturzbach, in wenigen Stunden alles hinwegreißend, was sich in den Weg zu stellen sucht. Tausende gerieten in Gefangenschaft und wurden als Sklaven nach Ägypten verschleppt, Tausende fielen, wobei die Verluste unter dem Hochadel am größten waren. »Vom Schwerte getroffen, sank dahin die purpurne Blüte des Vaterlands, die Zier des blonden Germaniens, die dem Kaiser so teuer war«, klagte Brun von Querfurt. Es gab kaum ein Totenbuch in den heimatlichen Kirchen, das ohne Eintragung geblieben wäre.

Otto II., als Krieger von beispielloser Tapferkeit, als Truppenführer ein Versager und auch darin nicht gut beraten, daß er den Gegner als eine Art Räuberbande verachtete, sucht sein Heil in der Flucht. Zu Fuß irrt er über das Schlachtfeld – ein Chaos von aufgedunsenen Pferdeleibern, jammervoll schreienden Schwerverwundeten und, in der mörderischen Julihitze, rasch verwesenden Leichen –, erreicht den Strand, sieht einen Mann dort stehen, der ein Pferd am Halfter führt, es ist ein Jude namens Kalonymus ben Maschullam aus der Stadt Lucca, und alles, was jetzt geschieht, klingt so abenteuerlich, daß der große Ranke sich in seiner Weltgeschichte entschuldigen zu müssen glaubt: »Man halte mir zugute, daß ich bei dem kleinen Abenteuer länger verweile: es betrifft die fast zufällige Errettung des Oberhauptes der abendländischen Welt...«

Ob Kalonymus den Kaiser erkannt hat in dem Flüchtling, steht dahin, vielleicht hat er es geahnt, doch wird er sich gesagt haben, daß es ein Risiko wert sei, einem hohen Herren einen lebenswichtigen Dienst zu tun, und so tritt er auf ihn zu und ruft: »Nimm mein Pferd, Jüngling, und rette dich. Wenn ich den Tod finde, dann nähre meine Kinder.« So schlimm kam es nicht, denn wir finden den Juden später als wohlhabenden Gelehrten in Mainz: ein lebender Beweis des Dankes vom Hause der Ottonen.

Otto schwingt sich in den Sattel, der Landweg ist versperrt, er treibt das Pferd ins Meer, auf eine vor Anker liegende Galeere zu, eines jener griechischen Schiffe, das er für den Feldzug gechartert hatte, und wieder hat er Glück, zur Besatzung gehört ein in seinen Diensten stehender Slawe, Heinrich Zoluntas mit Namen, der ihn zum Kapitän führt, ihm erzählt, es handele sich bei dem Mann um des Kaisers Kämmerer, denn er weiß, daß den Griechen nicht mehr zu trauen ist nach der Niederlage der Kaiserlichen. Der Kapitän aber merkt bald den Unterschied zwischen Kämmerer und Kaiser, sagt sich, daß ihm nie wieder ein schönerer Vogel ins Netz gehen würde, und nimmt Kurs auf Byzanz, wo ihn eine fette Belohnung erwartet, Otto dagegen lebenslange Festungshaft, denn bei den Kämpfen gegen die Sarazenen hatten die Deutschen die zu Byzanz gehörenden Provinzen nicht geschont.

Es zeigt sich, daß der Kaiser noch etwas gerissener ist als der Grieche, er gibt vor, daß er gern mitgehe nach Byzanz, aber nicht als armer Mann, was sich für ihn nicht gezieme, deshalb schlage er einen Zwischenaufenthalt in Rossano vor, wo er seinen gesamten Staatsschatz an Bord nehmen wolle. Womit er genau den schwachen Punkt des Kapi-

täns getroffen hat: die maßlose Geldgier. In Rossano kommen des Kaisers Leute an Bord, um ihren Herrn zu befreien, der aber will seine Rettung sich selbst verdanken und wirft sich mit mächtigem Sprung ins Wasser, wobei ein Grieche, der ihn daran hindern will, von dem Ritter Liubo erstochen wird.
Wieder in Sicherheit, will er mit großzügiger Geste seine Retter belohnen, doch die Griechen haben, zutiefst verschreckt, längst das Weite gesucht. »Sie, die alle Völker immer durch List bezwangen, merkten da, daß sie selbst nun durch ähnliche Mittel betrogen.« (Thietmar von Merseburg)
Der Empfang, der Otto von der Gemahlin bereitet wird, fällt anders aus, als er es erwartet hat. Theophano begreift nicht, daß eine bereits gewonnene Schlacht wieder verlorengehen kann, daß so viele ihrer besten Freunde gefallen sind, und sie zerreißt in leidenschaftlicher Erregung ihre Kleider, schreit dem Gescheiterten ihren maßlosen Zorn ins Gesicht, verhöhnt ihn. Ein Jahr lang finden wir von jenem Tag an ihren Namen nicht mehr in den Urkunden, ein Zeichen, wie tief die Entzweiung gegangen ist.
Den Sarazenen brachte der Triumph keine Lorbeeren. Wie König Pyrrhos bei Ausculum hätten sie ausrufen können: »Noch ein solcher Sieg, und wir sind verloren.« Ihres Führers beraubt, zogen sie sich nach Sizilien zurück, und Unteritalien war für lange Zeit vor ihren Einfällen sicher. Für die Einwohner war Otto deshalb ein Held, dem man den Namen gab *pallida mors Saracenorum* – »Der bleiche Tod der Sarazenen«. Sage und Sang bemächtigten sich der Ereignisse, verbreiteten sie durch den Mund der fahrenden Sänger über ganz Europa, noch im 12. Jahrhundert war ein Spielmannslied, das den Ritter Liubo feierte, in aller Munde.

... daß dieses Volk ausgerottet werde

In der Gegenwart war kein Anlaß zu Heldenliedern. Die Kaiserlichen hatten keine bloße Schlacht verloren, ihrem Machtgelüst war ein Cannae bereitet worden. Und was noch schwerer wog: der Ruf, wonach die Deutschen unbesiegbar seien, hatte schwer gelitten. In den Grenzgebieten des Reiches, im Norden wie im Osten, begann es zu gären. Die Unzufriedenen trafen sich mit Gleichgesinnten, die Unterdrückten schmiedeten Pläne, die Todfeinde griffen zu den Waffen. In den Marken jenseits der Elbe loderten die Flammen des Aufruhrs. Eine Rebellion, die mit der Niederlage am Kap Colonne zweifellos im Zusammenhang stand, wenn auch die Ursache des großen Slawensturms tiefer lag.

Slawen waren für die Deutschen seit jeher keine Menschen, sondern wirtschaftlich zu nutzende Sachwerte, so wie man Schafe und Rinder nutzte. Man machte sie zinspflichtig, belegte sie mit hohen Tributzahlungen, eignete sich ihre Höfe an, ihre Äcker, ihre Weiden. Schickten sie Abordnungen mit der Bitte, die Fron zu mildern, brachte man die Abgeordneten um: mit Nicht-Menschen verhandelte ein Christenmensch nicht. Griffen sie in ihrer Not zu den Waffen, kam es zu Vergeltungsaktionen, bei denen ihre Dörfer verbrannt, die Männer gemordet, Frauen und Kinder verschleppt wurden. Öffentliche Hinrichtungen von zwei- bis dreihundert Gefangenen gehörten nach größeren Gefechten zu den Veranstaltungen, die der Abschreckung dienten und der Befriedigung sadistischer Rachegefühle.

Selbst ihren Fürsten gegenüber, mit denen nicht wenige Sachsen verwandt waren und verschwägert, fühlte man sich zu Treu und Glauben nicht verpflichtet. Markgraf Gero, einer von jenen hohen Adligen, die tiefe Frömmigkeit mit entsetzlicher Grausamkeit scheinbar mühelos in sich vereinten, einer, der nach blutiger »arebeit« im Slawenland nach Rom wallfahrtete, dort den Arm des heiligen Cyriacus erwarb und mit dieser Reliquie ein Kloster gründete, dieser Mann bat dreißig slawische Stammesfürsten zu einem Festgelage, machte sie betrunken, um sie dann einzeln abzuschlachten. Verhaßt waren auch Herzog Bernhard von Sachsen und Markgraf Thiedrich, denen sogar die eigenen Landsleute vorwarfen, sie seien keine Landpfleger, sondern Zwingvögte. Selbst aus einem Brief Ottos des Großen, der so barmherzig sein konnte, weht Erbarmungslosigkeit, wenn er aus Italien schreibt: »Es ist unser Wille, daß Ihr mit den Redariern [einem slawischen Stamm] ... *keinen* Frieden macht ... Gehet also zu Rate und traget Sorge, daß dieses Volk ausgerottet werde und damit den Unruhen ein Ziel gesetzt.«

So glich die vielzitierte, zum Teil auch vielgepriesene Ostpolitik der sächsischen Dynastie phasenweise mehr einer brutalen Unterdrückung als einer Segen bringenden Kolonisation. Auf ähnlichem Niveau stand die von der Kirche betriebene Mission. Die Bischöfe begnügten sich damit, die Heiden zu taufen, versäumten es aber, »sie in geduldiger, beharrlicher und geschickter Arbeit allmählich auch innerlich zu gewinnen und dem deutschen christlichen Geist aufzuschließen«. Die weltlichen Herren standen der Bekehrung ohnehin skeptisch gegenüber, denn zu Christen gewordene Slawen konnte man nicht mehr mit demselben guten Gewissen ausbeuten wie jene, die noch Heiden waren.

Der Aufstand des Jahres 983 bestätigte die Worte, die Widukind von Corvey den Slawen in widerwilliger Anerkennung gewidmet hatte: »Jene aber wählten dennoch lieber Krieg denn Frieden und schätzten alle Not gering gegenüber der Freiheit. Denn dieser Menschenschlag ist zäh und müheduldend, gewöhnt an einfache Kost, und was den unseren eine Last, ist den Slawen eine Lust.«

Die Ljutizen, Heveller, Redarier, die Abodriten jagten die Deutschen »wie Hirsche«, verbrannten Hamburg, überfielen Havelberg, nahmen Brandenburg, einige Stämme überschritten die Elbe und verheerten altsächsischen Boden, ein Nonnenkloster bei Calbe an der Milde wurde eingeäschert, bald war auch Magdeburg bedroht, die stolze Stadt, von Otto I. zum Sitz eines Erzbischofs gemacht und als »zweites Rom« geplant. Erst jetzt fanden sich die Angegriffenen, die bis dahin in panischer Flucht sich zu retten versucht hatten, die kleinen Geistlichen ihrem schrecklichen Schicksal überlassend, zu gemeinsamem Widerstand zusammen und gewannen an der Tanger eine Schlacht. Die Elbgrenze war damit wieder gesichert, doch was jenseits des Stromes lag, ging großenteils verloren.

Wie eh und je suchten auch hier die Unterlegenen nach einem Sündenbock, und sie fanden ihn in ihrem eigenen Kaiser. Da er das Bistum Merseburg aufgehoben und zerstückelt hatte, ein Bistum, das Sankt Laurentius einst für den Sieg über die Ungarn zugesprochen worden war, hatte er den Zorn des Heiligen heraufbeschworen, und ein Gerücht löste überall abergläubische Furcht aus, wonach Laurentius dem Kaiser im Traum erschienen sei und ihm die silberne Fußbank weggezogen habe. Ein schreckliches Omen, und die weitere Entwicklung bestätigte das Vorzeichen.

Otto II. befand sich zu diesem Zeitpunkt in Rom, wo es einen neuen Papst einzusetzen galt. Phantastische Pläne beschäftigten ihn. Um die

Schmach vom Kap Colonne zu tilgen, wollte er die Sarazenen von Sizilien vertreiben; auf einer Brücke aus Schiffen sollten seine Truppen dabei die Meerenge von Messina überschreiten, so wie Xerxes einst auf einer Schiffsbrücke über den Hellespont gegangen war. Doch plötzlich wurde er krank, scheinbar harmlos erst, eine Stuhlverstopfung, doch harmlos ist nichts für die Bewohner des Nordens in diesen Breiten, die durch Sumpffieber und Ruhr mehr Opfer gefordert haben als alle Schlachten zusammen.

Dem Patienten wurde Aloe verabreicht. Diese Pflanze lieferte eine Arznei, mit der man die Verdauung zu regulieren versuchte. Da das Mittel nicht gleich half, nahm der Kaiser immer größere Dosen. Die alte Unrast, die Ungeduld, brach wieder durch, mit Gewalt wollte er den Körper zur Gesundheit zwingen. Schließlich nahm er 4 Drachmen, etwa 15 Gramm, eine im wahren Sinn mörderische Menge. Bereits 1 Gramm wäre ein drastisches Abführmittel. Es kam zu unaufhörlichen Diarrhöen, schließlich zu starken Darmblutungen. Am 7. Dezember 983 starb er, 28 Jahre alt, nachdem er der Sitte der Zeit gemäß seine Barschaft verteilt hatte: Nutznießer waren seine Soldaten, die Armen, die Peterskirche und seine Mutter. Ein römischer Arzt, so hieß es später, habe ihn auf dem Gewissen, was denkbar, aber nicht zu beweisen ist.

In der Vorhalle dieser Kirche, dem sogenannten Paradies, wurde er in einen Sarkophag gelegt, der einem vornehmen Ehepaar aus dem alten Rom als letzte Ruhestätte gedient hatte. Auch die alten Römersärge wurden also weiter benutzt, ähnlich wie die Säulen der Tempel. Der fast 4 Meter lange und 60 Zentimeter dicke Sargdeckel aus reinem Porphyr stammte aus dem Mausoleum des Hadrian. Sechs Jahrhunderte später, beim Umbau der Kirche, störte man die Ruhe des Toten, bettete ihn um und verbannte ihn in die unterirdischen Grotten des Vatikans. Der antike Sarg diente von nun an den Köchen des Palazzo del Quirinale als Wasserbehälter. Der gewaltige Porphyrstein wurde zum Taufbecken der Peterskirche umgearbeitet, wo er heute noch zu besichtigen ist.

In den Grotten schläft der Kaiser »in der tragischen Versammlung von Päpsten, die dort als Mumien in ihren Särgen liegen, im geisterhaften Dunkel jener größten Katakombe der Welt, die der fühlende Mensch nicht durchwandert, ohne von dem Wehen der Geschichte berührt zu sein«. Mehrere Versuche, das Grabmal der Vergessenheit zu entreißen,

»einem großen nationalen Denkmal wieder die ihm gebührende Stätte zuzuweisen«, zum Beispiel im Atrium des Domes, sind immer wieder gescheitert.

Wer das Grab heute besuchen will, braucht eine Sondergenehmigung des Vatikans, die nur auf komplizierten Wegen zu beschaffen ist. Ein auf die Dauer unhaltbarer Zustand, denn trotz aller Geschichtsferne, die man den Deutschen immer wieder vorwirft, gäbe es nicht wenige unter ihnen, die sich hier zu einigen Minuten stillen Gedenkens einfinden würden.

Otto II. ist jung gestorben, und wie immer in solchen Fällen erhebt sich die Frage: Was wäre, wenn... Was wäre geschehen, wenn er seine großen Pläne hätte verwirklichen können, wenn er Sizilien erobert, das Reich damit zu einer das Mittelmeer beherrschenden Macht erhoben? Müßige Fragen, Spekulationen?

Nicht ganz. Scheint doch der Lauf der Geschichte nicht selten von Zufällen abhängig. Fest steht, daß der frühe Tod bedeutender Männer, ihr unvollendetes Lebenswerk, immer verhängnisvolle Folgen gehabt hat, besonders in der deutschen Geschichte. In der Kaiserzeit kam hinzu, daß der Herrscher das Reich war und das Reich der Herrscher, kontinuierliche Nachfolge demnach entscheidend für Gedeih und Verderb. Die kaiserlose Zeit galt im Volk nicht umsonst als schreckliche Zeit, und sie war auch kaiserlos, wenn ein unmündiges Kind den Thron bestieg. Drei Jahre alt war Otto III., als sie ihn am Weihnachtsabend des Jahres 983 in Aachen krönten, so wie es der Vater gewollt hatte. Der Vater, der in diesem Moment bereits nicht mehr am Leben war, was aber niemand wußte in der feierlichen Krönungsgesellschaft: zwischen Rom und Aachen lagen 1100 Kilometer, und die schaffte selbst ein Eilkurier nicht schneller als in drei Wochen...

5. Kapitel   Otto III. – ein deutscher Jüngling

Mirabilia mundi – das Wunder der Welt

»... jener sehnte sich danach, das Reich Karls des Großen, wenn nicht Trajans, zu erneuern, dieser wollte als ein neuer Gregor der Große das Papsttum reformieren und zu einer Weltmacht erheben... Beide im jugendlichen Alter, einander blutsverwandt, boten diese deutschen Jünglinge im alten Rom ein seltsames Schauspiel dar, sah man sie zusammen auf dem höchsten Gipfel der Macht stehen, welche irgend sterbliche Menschen einnehmen dürfen... Und wenn sie, der Kaiser und der Papst, sich in jenen glänzenden Tagen in den Gemächern des Lateran ohne Zeugen fanden, so mochten sie in jugendlicher Begeisterung einander in die Arme stürzen, sich ewige Freundschaft schwören und schwärmerische Pläne gemeinschaftlicher Weltherrschaft oder der Beglückung des Menschengeschlechts fassen.«
Die Worte stammen von Ferdinand Gregorovius, der die Geschichte Roms im Mittelalter schrieb und von dieser Stadt zum Ehrenbürger ernannt wurde, Worte, die einen Höhepunkt unserer Geschichte markieren, wie er in dieser Form nicht wiedergekehrt ist: ein deutscher Kaiser – Otto III. – und ein deutscher Papst – Gregor V. – an der Spitze des Abendlandes! Die rasche Tat des einen hob den Vetter auf den Stuhl Petri, sich über alle Tradition hinwegsetzend, die dort nur Römer duldete, und die erste feierliche Handlung des anderen war eine Kaiserkrönung.
Ein unerhörter Triumph, so schien es, und gleichzeitig eine Zukunftshoffnung, den unglückseligen Dualismus zwischen dem höchsten irdischen Herrscher und dem höchsten geistlichen zu beenden. Oder, wie es die deutschen Bischöfe in einem Brief an den neuen Papst ausdrückten: »Wir haben dem Herrn zu danken, daß das weltliche Regiment und die Kirche Gottes jetzt gegenseitig durch ihr glückliches Gedeihen

gekräftigt werden. Ihr seid mit des Kaisers Majestät durch unauflösliche Bande verknüpft, eure Absichten und eure Handlungen können nicht auseinandergehen; denn wie euch Verwandtschaft verbindet und treueste Anhänglichkeit dieses Band befestigt, so müßt ihr auch stets dasselbe wollen, dasselbe denken und beabsichtigen und könnt letztlich nie zu verschiedenen Zielen gelangen.«
Doch das alles waren Blütenträume, die nicht reifen sollten. Denn leicht beieinander wohnen die Gedanken, doch hart im Raume stoßen sich die Sachen, sagt Schiller, und dieser Dichter ist es, über den man sich der Gestalt am leichtesten nähert, die im besten Sinne des Wortes den »deutschen Jüngling« verkörperte.
Der dritte der Ottonen war schlank und hochgewachsen, nicht rotblond wie der Vater und der Großvater, sondern mit dunklen Haaren und dunklen Augen, ein Erbteil seiner byzantinischen Mutter; von gewinnendem Äußeren, ja schön, eine strahlende Erscheinung, einer, der es leicht hatte mit den Menschen, weil sich niemand dem Zauber seiner Persönlichkeit entziehen konnte; er beherrschte drei Sprachen, Deutsch, Griechisch und Latein, in der Philosophie war er so zu Hause wie in der Mathematik; er schrieb Gedichte, liebte die Musik, war den Gelehrten im Disput gewachsen und so umfassend gebildet, daß ihn noch seine Zeitgenossen als *mirabilia mundi* bezeichneten, als ein Weltwunder. Doch keineswegs nur ein Schöngeist, zeigte er sich – dafür sorgte eine erbarmungslose Erziehung – auch körperlichen Strapazen gewachsen. Als kleines Kind zwang man ihn in den Sattel zu den endlosen Ritten in die östlichen Weiten, durch Urwälder, Sümpfe, Sand und Steppe, wurde er vertraut mit dem Flammenschein brennender Dörfer, dem Geruch des Blutes und den rohen Sitten der Soldateska, die ihren König seines Heiles wegen brauchte, auch wenn er noch ein Kind war.
Er war fromm, doch nie frömmelnd, trotzig, eigensinnig, überschwenglich, exaltiert bisweilen, beseelt von dem Gedanken, sein Jahrhundert in die Schranken zu fordern, aber kein sonderbarer Schwärmer, kein wirrer Phantast, allenfalls ein realistischer Träumer, denn die wirklich großen Dinge müssen geträumt worden sein, ehe sie geschaffen werden. Er war das Beste, was wir sein können: ein Mann und ein Kind zugleich.

Ein Königskind als Geisel

Er war noch nicht vier Jahre alt, als er das Opfer einer Entführung wurde, ausgelöst durch den Streit um die Vormundschaft. Denn der Knabe war König, war bereits gekrönt, und wer ihn in seiner Gewalt hatte, durfte in seinem Namen regieren bis zur Volljährigkeit, die nach dem vollendeten fünfzehnten Lebensjahr eintrat. Er konnte aber auch hoffen, daß dem kleinen König bis dahin etwas zustieß oder daß man ihn »überzeugen« konnte, auf den Thron überhaupt zu verzichten und ihn dem weisen Vormund zu überlassen. Es war die Stunde Heinrichs von Bayern, den wir als den »Zänker« kennengelernt haben bei seinem vergeblichen Versuch, den zweiten Otto zu stürzen. Er büßte dafür mit Haft in Utrecht, aus der er nun entlassen wurde beziehungsweise sich selbst entließ.
Zusammen mit dem einäugigen Grafen Ekbert und einer Schar Gewappneter erschien er nachts vor den Toren Kölns und forderte vom Erzbischof die Herausgabe des königlichen Kindes: denn er sei, so sein Argument, der nächste Verwandte aus der väterlichen Linie und deshalb von Rechts wegen der Vormund.
Mit seinem Mündel zog er durch die Lande, stellte es zur Schau als ein lebendes Beweisstück, daß ihm, Heinrich, Vormundschaft und Herrschaft zukomme, womit er besonders bei der hohen Geistlichkeit Erfolg hatte und auch bei einigen weltlichen Großen, die insgeheim nichts mehr fürchteten als ein Weiberregiment in der Gestalt der Großmutter und der Mutter Ottos III. Auch sie, Adelheid und Theophano, kamen als Vormünder in Frage.
Diese beiden Frauen, beides Kaiserinnen, waren es, die entschlossen den Kampf gegen den Zänker aufnahmen, dabei über ihren eigenen Schatten springend, denn sie waren zu verschieden geartet, um sich sonderlich zu mögen: Adelheid, bereits über fünfzig, war fromm bis zum Fanatismus, gönnte sich selbst nichts, dafür den sie umgebenden Geistlichen alles; Theophano dagegen, aufwendig in ihrem Lebensstil, jung, schön, geistvoll, betrachtete die Kirche lediglich als Dienerin, war aufgrund ihrer überlegenen Bildung gewiß hier und da zu herrisch, verletzend, manchen sächsischen Biedermann sanft verachtend.
Adelheid und Theophano, die der Schmerz über den Tod des Sohnes und des Ehemannes zusammengebracht hatte und die Sorge um die

Bewahrung des Thrones zusammengeschmiedet, ihnen gelang das scheinbar Unmögliche: sie setzten sich durch gegen eine Welt von Feinden, tatkräftig unterstützt von bewährten Helfern wie dem Erzbischof Willigis von Mainz.
Der mächtige Bayernherzog, der sich bereits zum König hatte wählen und von Slawenfürsten huldigen lassen, merkte zu seiner maßlosen Bestürzung, wie wenig er den beiden Frauen gewachsen war: ihrer List, ihrer Diplomatie, ihren fein gesponnenen Intrigen und ihrer Courage. Auf einer großen Reichsversammlung unweit vom thüringischen Meiningen erschien er mit seiner kostbaren Geisel, dem Königskind, übergab es seiner Mutter und warf sich tränenüberströmt zu Boden. Eine in ihrer Dramatik bühnenreife Szene, und doch kein Schauspiel: die Reue war echt, und im Volk sang man später mehr schlecht als recht: »König sein wollt' Herzog Heinerich, doch Gott im Himmel wollt' es nich'.«
Auch soll an jenem Tag am hellen Sommerhimmel plötzlich ein weithin leuchtender Stern erschienen sein. Daß man ihn zu sehen glaubte, so wie man bei anderen außerordentlichen Ereignissen Kometen erblickte, einen brennenden Himmel oder die Muttergottes im Strahlenkranz der Sonne, ist typisch für ein Zeitalter, das noch an Wunder glaubte.

Divina gratia Imperatrix Augusta

Kurz nachdem Otto III. seinen elften Geburtstag gefeiert hatte, stand er in der Kirche des heiligen Pantaleon zu Köln am Sarg seiner Mutter. Theophano war, kaum 35 Jahre alt, einer Krankheit zum Opfer gefallen, über die die Medizin wenig weiß. In ihrem Falle nimmt man eine Art Schwindsucht an.
Sie hat in den sieben Jahren ihrer Regentschaft, die eine Herrschaft war, nur einem einzigen Gedanken gelebt: in diesem Dschungel innerer und äußerer Feinde, in dem nur das Gesetz vom Fressen und Gefressenwerden galt, ihrem Sohn die Nachfolge so lange zu erhalten, bis er mündig geworden war. Um dieses Ziel zu verwirklichen, war sie bereit, jeden auszuschalten, der sie daran hindern wollte.
Erstes Opfer wurde Adelheid, mit der eben erst das Zweckbündnis

gemeinsamer Vormundschaft geschlossen worden war, das aber in dem Augenblick gebrochen wurde, in dem es zu nichts mehr taugte. Scheint das vom Menschlichen her bedenklich, politisch war es klug und konsequent. Eine Partnerin, die das Reichsgut überwiegend der Kirche zuschanzte und dem Heil der eigenen Seele opferte, ohne an die Rechte des Thronfolgers zu denken, diente nicht mehr dem Reich und war eine schlechte Partnerin. »Das Reich der Frau Adelheid«, drohte die Griechin, »werdet ihr bald mit der Hand umspannen können.«

Die Witwe Ottos des Großen resignierte und zog sich in das heimische Pavia zurück, in dem sie den größten Anhang besaß. Ihr fehlten die Kraft und das Durchsetzungsvermögen, die Ellbogen ihrer Rivalin. Theophano, die eben nicht, wie die allem Griechischen gegenüber zutiefst mißtrauischen Deutschen anfangs glaubten, ein Sproß dekadenten Byzantinertums war. Ihre Familie kam aus den armenischen Bergländern, in denen ein Menschenschlag wohnte, der in seiner kriegerischen Tüchtigkeit dem Stamm der Sachsen nicht unähnlich war.

Sieben Jahre lang stand sie an der Spitze des mächtigsten Reiches des Abendlands, zügelte die Willkür der Herzöge, wies Frankreichs Einmischung ab, bekämpfte die Slawen und versuchte, die Gebiete wiederzugewinnen, die ihr Mann verloren hatte. In imponierender Würde zeichnete sie die Urkunden mit *Theophano divina gratia imperatrix augusta* – »Theophano, von Gottes Gnaden Kaiserin«, später sogar mit Theophanius gratia divina imperator augustus, als sei sie nicht *Kaiserin* sondern Kaiser.

Was seine innere Berechtigung hatte, denn wie ein Mann hielt sie Deutschland zusammen und sorgte dafür, daß das Bibelwort nicht wahr wurde, wonach das Land zu beklagen sei, dessen König ein Kind ist. Selbst jene, die ihr mit Reserve begegneten, wie Thietmar von Merseburg, sächsischer Aristokrat und Chronist der Dynastie, konstatierten: »... wenn sie gleich von der Schwäche ihres Geschlechts nicht frei blieb, so führte sie, was bei den Griechen selten, einen musterhaften Lebenswandel und bewahrte mit wahrhaft männlicher Kraft das Reich ihrem Sohn...«

Sie liegt in St. Pantaleon zu Köln begraben, einer Kirche, die mit ihrem hallenartigen Mittelschiff und dem mächtigen Westwerk eine Kostbarkeit ottonischer Baukunst ist. Die Gläubigen, die hier ihre Andacht verrichten, wissen nur noch wenig von ihr und die Touristen, die das

Gotteshaus besichtigen, gar nichts. Wie so viele Große unserer Vergangenheit ist über Theophano längst der Schleier der Vergessenheit gefallen...

Die Prophezeiung der Adelheid

Vier Jahre später wurde dem Kind, das am Sarg seiner Mutter gekniet hatte, die alleinige Regierungsgewalt übertragen. Endlich, so mag er gedacht haben, obwohl er erst im fünfzehnten Jahr war, aber die Menschen reiften schneller damals, so als ahnten sie, daß ihnen nur wenig Zeit blieb, und gerade Otto schien in vieler Beziehung über sein Alter hinausgewachsen. Das erste, was er tat, war, sich von denen zu lösen, die ihn von Amts wegen bevormundet hatten. Adelheid, die schon einmal hatte weichen müssen, nach dem Tod Theophanos aber an den Hof zurückgekehrt war, ihre Pflicht zu erfüllen, traf es erneut. Der junge Mann schickte sie in die Wüste.
Eine ungeheuerliche Pietätlosigkeit, ausgelöst durch Hoffahrt, Launenhaftigkeit und den schlechten Einfluß anmaßender Jünglinge, die ihn den weisen Rat der Alten verachten ließen. So klagte man bei Hofe. Uralte Klagen, doch hätte die Welt sich kaum weiterentwickelt, wären die Jungen immer nur am Rockzipfel der so viel erfahreneren Alten gehangen.
Otto hat wohl gespürt, daß das, was er für notwendig hielt, ihn im schlechten Licht erscheinen lassen mußte, und er hat später nach der Krönung in Rom seiner Großmutter einen Brief geschrieben, der Geschehenes vergessen machen sollte: »Daß uns nach Eurem Wunsch und Verlangen die Gottheit die Rechte des Kaisertums glücklich übertragen hat, darin verehren wir ebensosehr den göttlichen Willen, wie wir Euch dafür Dank wissen. Denn es sind uns Eure mütterliche Zärtlichkeit und Eure Liebeswerke wohlbekannt, für die wir ewig Euer Diener sein und bleiben müssen. Demnach, da unsere Erhebung Eure Ehre erhöht, wünschen und bitten wir dringend, daß das Reich auch ferner durch Euch befördert und glücklich geleitet werde.«
Adelheid zog sich in das von ihr gegründete Kloster Selz im Elsaß zurück, wo sie den Rest ihrer Tage damit verbrachte, sich auf das Jenseits

vorzubereiten. Man hat sie die »Mutter der Könige« genannt, denn ihre Söhne, Neffen, Enkel, Schwiegertöchter herrschten lange Jahre auf den Thronen Europas. In Deutschland diente sie drei Kaisern – Otto I., Otto II., Otto III. – und hat damit die Geschicke unseres Volkes in vieler Hinsicht beeinflußt. Kurz vor ihrem Tode hatte sie, der man die Gabe der Prophetie nachsagte, eine schreckliche Vision: mitten im Gebet stürzte sie plötzlich der Länge nach auf den Boden und stieß in tranceartigem Zustand die Worte aus: »Herr im Himmel, hilf, hilf – mein Enkel, der König, ich sehe ihn, viele werden mit ihm in Italien des Todes werden, dann wird auch er, Otto, kaiserlichen Geschlechts, dahinsiechen...«

Märtyrer und Cäsaren

Im Frühling des Jahres 996 ritt Otto III., von Ravenna kommend, auf die Stadt Rom zu, deren gigantische Mauern im Morgenlicht vor ihm auftauchten. Er verhielt das Pferd und verharrte mit seiner Begleitung eine Weile in tiefem Schweigen. Er war am Ziel seiner Sehnsucht, doch den Augenblick, dem er so lange entgegengefiebert hatte, fürchtete er jetzt. Würden sich die Träume erfüllen, die er tausendmal geträumt, würde das Wirklichkeit werden, was ihn seine Lehrer in tausend Stunden gelehrt? Es erging dem kaum Sechzehnjährigen wie allen Menschen seines Jahrhunderts: die dämonische Anziehungskraft dieser Stadt schlug ihn in seinen Bann, und als er später die Porta Flaminia passierte, war er ihr für immer verfallen.
Ein Phänomen das Ganze, denn was er sah, glich einer gigantischen Wüste, bedeckt mit Steinen, aus denen Steine ragten, bevölkert von den Elenden, die sich in den Trümmern eingenistet hatten wie Troglodyten; bewohnt von den Adligen, die ihre schwarzen Festungstürme in die Ruinen hineingebaut, ein »Rabengeschlecht von kriegerischen, verschlagenen und gerissenen Oligarchen«, eine wilde Brut, die ihre »ewigen, erbitterten Kämpfe gegeneinander innerhalb des alten Mauergürtels« führten. Dazu die Klöster und Kirchen, meist auf dem Schutt der alten Tempel errichtet, um die Dämonen zu bannen.
Und doch atmete diese gespenstische Ansammlung verfallener Paläste,

zerstörter Tempel, gestürzter Säulen, zerborstener Triumphbögen und zerbrochener Statuen etwas Geheimnisvolles, dem sich niemand auf die Dauer entziehen konnte. Erhabene Verlassenheit, düstere Größe, die Trauer um vergangene Herrlichkeit und Majestät, so kann man das Unnennbare zu nennen versuchen, oder, wie es in einem späteren Gedicht heißt: »Nichts ist, Rom, dir gleich, auch wenn in Trümmern du liegst. Deinen Stolz zerbrach die allmächtige Zeit, und der Cäsaren Burgen, der Himmlischen Tempel, sie liegen im Staub. Niemals aber haben Chronos, das fressende Feuer, das Schwert sie ihres Glanzes ganz zu berauben vermocht. Menschenhand konnte auftürmen so gewaltig die Stadt, daß sie der Götter Fluch nicht zu zerstören imstand.« Rom war nicht nur Antike, nicht nur einstiger Sitz der Cäsaren, es war die Metropole der abendländischen Christenheit, in deren Erde so viele Märtyrer bestattet waren wie sonst nirgendwo, deren Basiliken die kostbarsten aller Reliquien bargen, und das Grab des Petrus, des »Felsens«, auf dem die Kirche sich gründete. Rom zu sehen, in der Peterskirche zu beten, das bedeutete, des Paradieses gewiß zu sein, und um diese Gewißheit zu erreichen, haben Hunderttausende auf gefahrvollen Pilgerreisen ihre Gesundheit, ihr Leben eingesetzt.

Mit dem »Baedeker« durch das mittelalterliche Rom

Wer die Stadt am Tiber betrat, der war mit einem Schlag im Wirkungskreis der beiden Energien, der Antike und des Christentums, die die Welt bis in unsere Tage prägten.
Wie sie ausgesehen hat, im ausgehenden ersten Jahrtausend, wissen wir ziemlich genau, denn es gab schon damals Reiseführer, heute bibliophile Raritäten ersten Ranges. Es waren keine dickleibigen, sternchenübersäten Baedeker, sondern kleine Pergamentblätter, sogenannte Mirabilien – und *mirabilis* heißt »wunderbar« –, die den Rompilger zu den »Wundern« führten, den Sehenswürdigkeiten, wenn auch manche meinten, daß sie nur deshalb so hießen, weil es ein reines Wunder war, mit ihrer Hilfe die eigene Herberge wiederzufinden.
Es läßt sich leicht rekonstruieren, was der kaiserliche Jüngling auf seinen Ritten durch die Ewige Stadt, immer wieder vom Staunen überwäl-

tigt, erblickt hat. Er sah die Kaiserpaläste auf dem Palatin in kolossalen Ruinen, manche Gemächer noch mit Teilen der goldenen Tapete bedeckt, den Circus Maximus, das Kolosseum, Schauplatz grausiger Gladiatorenkämpfe, mit den erhaltenen Sitzreihen. Die riesigen Monolithsäulen aus blauem Granit vor dem Tempel der Venus und der Roma boten ihm einen bewegenden Anblick, wie auch der Tempel der Concordia, bei dem Cicero seine berühmten Reden hielt, dann das himmelstürmende Capitol. Vor der Gruppe des Laokoon in den Thermen des Titus und der Venus in der Halle der Octavia mag er mit ehrfürchtigem Schauder gestanden haben, auch vor den marmornen Statuen der Kaiser, die die Goten nach der Erstürmung Roms nicht anzurühren gewagt hatten, weil sie deren Rache fürchteten.
Aber er sah auch die Schafherden in den Thermen und Theatern, die Krautgärten auf Marsfeld und Forum, die Paläste, deren Marmor zu Kalk gebrannt wurde, die zu Schweinetrögen gewordenen Sarkophage, die in Ladentische verwandelten Grabsteine, und überall das Volk von Rom, das ameisengleich aus den Trümmern herbeischleppte, was brauchbar erschien als Baustoff, Fassadenschmuck, Dekoration, eine immerwährende Plünderung, »denn niemand mehr hatte Sinn noch Macht, das Werk der Ahnen zu schützen«.
So sehr den jungen Herrscher die Ewige Stadt auch in den Bann schlug, er kam nicht umhin, sich mit den unseligen Pflichten der Politik zu befassen. Nach der Krönung tat er das, was jeder deutsche Herrscher nach seinem Eintreffen in Rom zu tun pflegte: er hielt Gerichtstag über den unbotmäßigen Stadtadel und seinen Anführer, der diesmal Johannes Crescentius hieß. Der Römer, der mit seinem Familienclan stilgemäß in den Ruinen antiker Thermen residierte, war ein typischer Vertreter seines Stammes: ahnenstolz, von phantastischem Hochmut, gierig nach Macht und Besitz, dabei erfüllt von fanatischem Freiheitswillen, der es ihm zum Gebot machte, jeden bis aufs Messer zu bekämpfen, der die Stadt Rom, Stätte seiner ruhmreichen Ahnen, zu beherrschen sich anmaßte – ob es nun der Kaiser war oder der Papst.

Il sacro egoismo

Diese Männer mögen ein Geschlecht räuberischer Adliger oder adelsstolzer Räuber gewesen sein, aber sie waren auch Patrioten. Sie mußten die regelmäßig zur Zeit der Schneeschmelze über die Alpen flutenden Krieger für landfremde Eroberer halten, die nichts anderes im Sinn hatten, als zu plündern, Beute zu machen und die Römer zu unterjochen. Der Grundsatz, auch die andere Seite zu hören, ist wenig beachtet worden von der deutschen Geschichtsschreibung. Immer nur war die Rede von »welscher Tücke« und »römischer Perfidie«.
Gewiß, sie schworen jeden Eid, solange der Kaiser in der Nähe war, und brachen ihn umgehend, sobald er weit genug weg. Genauso behandelten sie die aus den eigenen Reihen kommenden Päpste: Treueid folgte Treubruch, sobald die Gefahr bestand, daß der Stellvertreter Gottes zu mächtig wurde. Sie scheuten auch nicht davor zurück, den Kaiser gegen den Papst zu unterstützen oder den Papst gegen den Kaiser, wenn nur sie selbst ihre Unabhängigkeit bewahren konnten.
Luigi Barzini, ein Römer von heute, sieht in dieser Handlungsweise einen typischen Zug des italienischen Volkscharakters: den sich über alles hinwegsetzenden schrankenlosen Individualismus, *il sacro egoismo*.
»Dieses Volk hat sich sogar zur Zeit des römischen Kaiserreiches der Gleichmacherei ... erfolgreich widersetzt. Als Gallien, Spanien, Deutschland und Britannien ... schon geordnete Provinzen waren, blieb Italien immer noch ein riesiges Mosaik von freien Städten, halbautonomen Regionen, wilden Bergstämmen, ein Gebiet fast unabhängiger Völker mit eigener Sprache, eigenen Göttern und Sitten ... Die Italiener ließen sich immer nur schwer unter eine Hand bringen. Sie fühlten sich viel zu alt und zu weise ... Sie klammerten sich an die verwitterten Relikte römischer Herkunft, die ihnen hinreichend Labung und Trost zu geben vermochten, berauschten sich an den Erinnerungen einstiger Größe, die selbst in schwärzesten Zeiten, da sie nicht mehr schienen als eine Legende, mit aller Kraft aufleuchteten und noch stark genug waren, den Sieg importierter Ideen und Mächte zu verhindern.«
Johannes Crescentius hatte das unbegreifliche Glück, in Rom wohnen bleiben zu dürfen. Als »Privatmann«. Ein unverzeihlicher Akt von Milde, wie sich später herausstellen sollte.

Der Todeshauch der Malaria

Otto verließ Rom bald wieder: rascher als ein Liebhaber je die gerade erst eroberte Geliebte. Der Grund lag nicht in Enttäuschung oder in politischen Geschäften jenseits der Alpen, er war einfacher und doch schwerwiegend. Der Kaiser ergriff die Flucht vor einem Feind, dem niemand gewachsen war, der schon Zehntausende von Opfer gefordert, ganze Landstriche entvölkert hatte und immer wieder Schlachten entschied: der Malaria.
Man glaubte, daß aus den Sümpfen aufsteigende Gase jene Krankheit verursachen, die das Blut verdünnen, die Milz anschwellen lassen, höllisches Fieber und eisigen Schüttelfrost erzeugen, um schließlich den Tod herbeizuführen oder ein langes Siechtum. Doch nicht irgendwelche Bodendünste waren schuld an der *pestilencia,* wie die Quellen die Krankheit nennen, sondern eine kleine unscheinbare Mücke, die Anopheles. Sie schwärmt in der Dämmerung aus und überträgt durch ihren Stich die todbringenden Parasiten.
Die Umgebung Roms zählte jahrhundertelang zu den klassischen Malariagebieten, weil überschwemmte Flußufer, Sümpfe, Teiche, Tümpel ideale Brutstätten boten. Mitte Juni bis Mitte September galt für die gefährlichste Zeit. Die alten Adelsfamilien verließen um diese Zeit ihre Stadt und begaben sich in die gesunde Luft der Albaner- und Sabinerberge. Es sei denn, sie waren gezwungen, eine Belagerung durch die Kaiserlichen abzuwehren. Was aber im Sommer immer seltener vorkam, denn es hatte sich herumgesprochen, daß die Pestilencia Rom besser schützte als die dicksten Mauern. Wer dieser Erkenntnis zuwider handelte, mußte es bitter büßen: wie Otto der Große, dessen Truppen im Juli 963 »durch Gottes fürchterliches Strafgericht«, sprich durch die Malaria, dezimiert wurden; oder wie Barbarossa, der sieben Jahre brauchte, um sein von der Seuche dezimiertes Heer neu zu rekrutieren.
Otto III. verließ das fieberverseuchte Gebiet rechtzeitig, zu Anfang des Juni, und reiste über Pavia und den Comer See nach Deutschland zurück, wo er sich im Glanz seiner neuen kaiserlichen Würde zeigte. Das Volk empfing ihn freudig, die Großen mit einer Hochachtung, in die sich Erstaunen mischte. Der junge Mann schien mit dem Königsheil gesegnet zu sein. Er hatte Rom ohne einen Schwertstreich genommen,

das Kaisertum glanzvoll wiederhergestellt und einen Mann zum Stellvertreter Christi gemacht, mit dem ihn Verwandtschaft verband, er hatte den Papst zum Vetter.

Ein Genie der Freundschaft

Der römische Frühling des dritten Otto zeitigte noch andere Ergebnisse. Sie schienen privater Natur, doch waren sie letztlich entscheidend für seine Persönlichkeitsentfaltung. Er lernte zwei Männer kennen, die seine Vorbilder wurden, seine Berater – und seine Freunde. Ohne Freundschaft war sein Leben nicht denkbar, aus ihr lebte er, von ihr zehrte er, auch hier wieder ganz »deutscher Jüngling«, dem es als »großer Wurf« galt, eines Freundes Freund zu sein. Man hat ihn nicht ohne Grund ein Genie der Freundschaft genannt. In beiden Fällen bewies Otto den schon seinem Großvater eigenen sicheren Instinkt für die große Persönlichkeit.

Gerbert von Aurillac, dem wir schon begegnet sind bei dem berühmten Streitgespräch in Ravenna, hieß der eine. Adalbert von Prag der andere. Beides Männer von unterschiedlichem Herkommen und Charakter, doch gerade deshalb geeignet, die beiden Seelen in des Ottonen Brust anzusprechen, das Himmelhochjauchzende des stolzen Herrschers, das Zutodebetrübtsein des der Welt entsagenden Büßers. Bischof Adalbert war ein Böhme aus dem vornehmen Geschlecht der Slavnikinger. Er hatte sich wegen seiner Sittenstrenge bei Adel und König seines Landes verhaßt gemacht, lebte seitdem in einem Kloster in Rom oder wanderte als Mönch durch Italien, die Verneinung der Welt predigend als einer der Vorkämpfer für eine neue Frömmigkeit, wie sie überall in Europa hervorbrach, in Frankreich mit den Mönchen von Cluny, in Italien mit den Eremiten Nilus und Romuald. Männer, die den rechten Weg zu Gott vorlebten, sich gegen die schamlose Verweltlichung der Kirche wandten, dagegen, daß Äbte im Konkubinat lebten, Bischöfe sich durch Korruption bereicherten, Päpste zum Krieg aufriefen, Mönche ihre Klöster als Versorgungsanstalt mißbrauchten.

Sie waren manchen ein Ärgernis, beim Volk dagegen hochgeachtet, da

sie unbestechlich waren und vor allem absolut frei. So frei, daß einer von ihnen dem *Imperator,* der ihm einen Wunsch freigestellt hatte, zur Antwort gab: »Dein Seelenheil wünsche ich mir.«
Adalbert begleitete den Kaiser auf seinen Reisen, um ihm bei seinem schweren Amt seelische Hilfestellung zu leisten, vor allem aber, ihn vor Selbstüberhebung zu bewahren. Wie der Sklave im alten Rom dem Triumphator sein »Bedenke, daß du sterblich bist!« zuzurufen hatte, so erinnerte er immer wieder an die Vergänglichkeit alles Irdischen. Kam der Kaiser ihm allzu kaiserlich, meinte er furchtlos: »Und doch wirst Du einst den Würmern zur Speise dienen...«
Ein unbequemer Mensch in der Tat, und es spricht für den Ottonen, daß er sich den Mahner gefallen ließ, wochenlang den Tisch, ja die Schlafstatt mit ihm teilte, ihm demütig aufwartete wie ein Kammerdiener. Und wenn Adalbert fürchtete, durch soviel Ehre ehrsüchtig zu werden, dann schlich er sich nachts hinaus und putzte die Schuhe des gesamten Hofgesindes.
Das alles geschah in heiligem Ernst, und als ihm in einer Vision eine »Königstochter« »himmlischen Lohn« versprach, da ließ er sich allzugern sagen, damit sei Mutter Maria gemeint, die ihn für den Märtyrertod ausersehen habe. Zwar hatte er Angst vor dem Sterben, sehnte sich aber gleichzeitig danach. Wie so viele Gläubige erwartete auch er, daß die Welt zur Jahrtausendwende untergehen werde.
Adalbert beschloß, als Missionar zu den Prußen zu gehen, einem noch halbwilden Volksstamm östlich der unteren Weichsel, der sich mit besonderer Erbitterung gegen jeden Versuch der Christianisierung wehrte und von dem die späteren Preußen ihren Namen haben. Auf einer versumpften Insel des Flusses setzte man ihn mit zwei Gefährten aus...

»Unser, unser ist das Reich!«

»... fachet also an mit der gewaltigen Flamme Eurer Weisheit die Glut wissenschaftlichen Strebens in mir«, schrieb Otto III. an Gerbert, einen Mann, der so gelehrt war, daß es mit dem Teufel zugehen mußte, jedenfalls bezichtigte man ihn allen Ernstes, er habe seine Seele für sein Wis-

sen verkauft. »Um es geradeheraus zu sagen, wir haben den Entschluß gefaßt, Ihr möchtet uns unterrichten ... und zugleich in den Staatsgeschäften mit treuem Rat unterstützen.«
Der Franzose, der sich in Reims als Erzbischof nicht hatte behaupten können, ergriff die Chance, die sich ihm hier bot, und antwortete in einer Mischung aus Devotion und Schmeichelei: »... wenn ein schwacher Funke der Wissenschaft in mir glüht, so hat ihn allein Euer Ruhm angefacht, Euer trefflicher Vater ihn genährt, Euer erhabener Großvater ihn entzündet. Wir können Euch daher nicht Schätze bringen, die unser Besitztum wären, sondern nur das uns anvertraute Gut zurückerstatten.«
Er eilte nach Magdeburg, wo er sofort Aufsehen erregte, als er ein von ihm konstruiertes Astrolabium einer Gruppe von Klerikern vorführte, die angesichts dieses Gerätes zur Beobachtung der Sterne sich vorsichtshalber bekreuzigten. Als sein neuer Herr aufbrach zu einem Feldzug gegen die Slawen, schloß er sich ihm an, dozierte auf den langen Ritten vom Sattel aus, las gemeinsam mit ihm beim Flackern des Kienspans den »Trost der Philosophie«, den der römische Staatsmann Boëthius vor seiner Hinrichtung im Kerker geschrieben hatte, woran sich nächtelange Diskussionen anschlossen über die wahre Glückseligkeit, den Sinn des Bösen, über Vorsehung, Schicksal, Tod.
Und immer wieder reizte er den Herrscherstolz Ottos, stachelte seinen Ehrgeiz an, indem er ihn als den legitimen Bewahrer aller Weisheiten der Antike bezeichnete. Hatte Adalbert W*eltverzicht* gepredigt, so redete er von W*eltherrschaft*. Er beschwor seinen Schüler, das römische Weltreich wiederherzustellen, sich selbst als neuen Cäsar an die Spitze zu setzen. So mag in den elenden Feldquartieren des Ostens der Plan herangereift sein zur *renovatio imperii Romanorum,* zur Erneuerung des Kaiserreichs der Römer.
»Die Kräfte liefert dir das fruchtbare Italien«, rief er, »das an Kriegern reiche Germanien und Gallien, und auch der Slawen weite Länder. Imperator und Augustus wirst du sein, o Cäsar, denn du bist edelstem griechischem Blut entsprossen, bist machtvoller als Byzanz, herrschst über Rom kraft deines Erbrechts. Mit deinem Geist, deiner Wortgewalt überragst du alle Griechen und Römer.«
Er fügte emphatisch hinzu: »Unser, unser ist das Römische Reich!« Große Worte, gewiß, aber sie wurden von einem großen Mann gesprochen, und der Siebzehnjährige lauschte hingebungsvoll ihrem verfüh-

rerischen Klang. Die alte morsche Welt aus den Angeln zu heben, eine neue zu schaffen, in der Antike und Christentum miteinander verschmelzen würden zu einem Gottesstaat auf Erden, dieses Ideal schwebte ihm vor, und er glaubte mit der ganzen Glut seiner Jugend an die Verwirklichung.

»Nun war ein Bund zwischen Kaiser und Philosoph geschaffen, der die im Mittelalter gern zitierte Forderung Platos zu verwirklichen schien, daß die Könige Philosophen und die Philosophen Könige werden müßten, um eine ideale Herrschaft herbeizuführen. Otto, jung, nach großen Gedanken begierig, nach Taten dürstend – ein neuer Alexander hatte seinen Aristoteles gefunden.«

Der Tod des Märtyrers

In Magdeburg war es, mitten in einer politischen Konferenz, die einmal mehr Rom zum Thema hatte, denn Gregor, der deutsche Papst, war von Crescentius vertrieben worden, als ein Bote am Hofe erschien und dem Kaiser meldete: »Unser Bruder Adalbert hat dieses zeitliche Leben durch den seligsten Tod beschlossen, den Tod als Märtyrer.«
Wir haben eine genaue Schilderung der letzten Stunden Adalberts. Otto nämlich hatte sofort nach Adalberts Tod eine Vita in Auftrag gegeben. Die beiden dem Überfall entkommenen Gefährten waren die Augenzeugen, ein Freund Adalberts aus dem Kloster auf dem Aventin schrieb sie nieder. Sie fand rasch große Verbreitung in ganz Europa und ergriff ihre Leser wie in einem späteren Jahrhundert Goethes Werther. Man versuchte, Adalbert nachzuleben, ihm nachzusterben, weihte ihm Kirchen und – stritt sich um seine Leiche!
Diese Geschichte vom Sterben eines Missionars vermittelt uns so viel vom Geist der Zeit, daß hier einige Passagen zitiert seien:
»Sie betreten, mit großer Zuversicht Christum predigend, eine kleine Insel, welche, vom Strome [der Weichsel] in einer Biegung umflossen, den Ankommenden kreisförmig sich darstellt. Aber die Besitzer jenes Ortes treiben sie mit Faustschlägen von dannen. Und einer nimmt aus dem Kahne ein Ruder, tritt näher an den Bischof heran und versetzt ihm, als er gerade mit kräftiger Stimme die Psalmen aus einem Buche

abgesungen hatte, einen mächtigen Schlag zwischen die Schultern. Das Buch fliegt, aus seinen Händen geschüttelt, ins Weite, er selbst liegt mit ausgestrecktem Kopfe und Leibe am Boden darnieder. Was aber im Innern des äußerlich so zerschlagenen Körpers, in der frommen Seele vorgeht, das läßt die Heiterkeit des Herzens alsbald in folgenden Worten offenbar werden: ›Ich danke dir, o Herr, daß ich wenigstens *einen* Schlag für meinen Gekreuzigten zu empfangen verdiente.‹
Er geht aber an das andere Ufer des Flusses hinüber und bleibt dort den Samstag. Von allen Seiten versammelt sich dort das rohe Volk und erwartet unter wütendem Geschrei und hündischem Zähnefletschen, was jener mit ihnen vornehmen würde. Da erwidert der heilige Adalbert auf die Frage, wer und woher er sei, und warum er käme, mit sanfter Stimme folgendermaßen: ›Ich bin der Geburt nach ein Slawe, dem Namen nach Adalbert, dem Stande nach ein Mönch, der Weihe nach ehemaliger Bischof, dem Amte nach jetzt euer Apostel. Euer Heil ist die Ursache meiner Reise, daß ihr die tauben und stummen Götzenbilder verlassen und euren Schöpfer erkennen möget, der allein und außer dem kein anderer Gott ist.‹
Jene aber, schon lange mit Entrüstung und mit gotteslästerlichem Geschrei gegen ihn schmähend, drohen ihm den Tod, schlagen mit Stäben auf die Erde, erheben Knittel gegen sein Haupt, fletschen wild gegen ihn mit den Zähnen und schreien: ›Für uns und dieses ganze Land an der Mündung des Flusses herrscht ein gemeinschaftliches Gesetz und eine Art zu leben; ihr aber, die ihr fremden und unbekannten Gesetzes seid, gehet ihr nicht in dieser Nacht von dannen, so sollt ihr morgen geköpft werden.‹«
Wenige Tage später erfüllt sich Adalberts Schicksal.
»Von allen Seiten rennen nun Barbaren mit Waffen herbei, trennen das edle Haupt vom Rumpf und zerreißen die blutlosen Glieder. Und mit fröhlichem Geschrei ihren Frevel preisend, kehrt jeder in seine Hütte zurück.«
Die Barbaren waren klug genug, den Körper nicht allzu sehr zu verunstalten. Sie wußten, wieviel den Christenmenschen eine heilige Leiche wert war, auch wenn der Vorwurf nicht stimmte, daß sie den Missionar nur des zu erwartenden Kaufpreises wegen umgebracht haben. Jedenfalls war der Polenherzog Boleslaw Chrobry – darauf bedacht, dem Kaiser zuvorzukommen – sofort zur Stelle, ließ den Leichnam mit Gold aufwiegen und bestattete ihn in der Marienkirche zu Gnesen.

Er wußte, daß er für sein Land mehr als Gold wert war, und er hat alle Bitten Ottos um Auslieferung des Leichnams abgelehnt. Erst nach langem Drängen bequemte er sich, wenigstens einen Arm herauszurücken. Otto teilte ihn in zwei Hälften und stiftete eine davon dem Aachener Marienmünster, die andere der Kirche San Bartolomèo auf der Tiberinsel in Rom.

Eine ungeheuerliche Handlung, ausgeführt von einem gebildeten, auf vielen Gebieten der Wissenschaft beschlagenen Mann, der dennoch tief verstrickt war in abstrusem Aberglauben und heidnischem Götzendienst, Angehöriger einer Epoche, die nicht von ungefähr den Namen »finsteres Mittelalter« trägt – so könnte man urteilen. Es wäre ein Fehlurteil, gefällt von einem modernen Menschen, der jede Beziehung zum Magischen, zum Übersinnlichen verloren hat.

Das Weltbild des Mittelalters war weitgehend magisch bestimmt. Seine Menschen glaubten an die Existenz des Übernatürlichen, daran, daß derjenige, der Reliquien berührt, ihrer Heilskraft teilhaftig wird. Und weil sie es glaubten, erfuhren sie unbewußt eine Steigerung ihrer physischen und psychischen Kräfte: es geschahen Wunder, die Wunder eben, die des Glaubens liebste Kinder sind. Sich der Überbleibsel eines Heiligen zu versichern, hieß einen Fürsprecher an höchster Stelle zu haben, einen Helfer in der Not und gleichzeitig das eigene Sündenkonto zu verringern. Deshalb waren Reliquien die Voraussetzung für die Gründung einer neuen Kirche, für das Gedeihen eines Klosters.

Die Sachsenkaiser haben ihre Züge nach Italien auch dazu benutzt, sich in den Besitz kostbarer Reliquien zu setzen, ja, bisweilen maß man den Erfolg eines Zuges nach der auf diesem Gebiet erzielten Ausbeute. Besonders Otto der Große war ein eifriger Sammler. Für sein geliebtes Magdeburg erwarb er gleich drei Heilige. Ferner bekam er vom Papst den Arm der Felicitas, die Reste der heiligen Frauen Digna und Emerentia und eine Sandale des heiligen Stephan. Mit dem Bischof von Cambrai feilschte er um die Leiber des Autbert und des Gangerich. Durch seinen Bruder Brun kam er zu Stab und Kette des Apostels Petrus. Auch einige Teile vom Rost, auf dem Laurentius lebendig gebraten worden war, kamen durch ihn nach Deutschland.

Jede Reliquie hatte, es sei denn, man bekam sie geschenkt, ihren Preis. Man bezahlte sie mit Gold, Nutzungsrechten, Pfründen, Titeln, Weinbergen, Äckern, politischen und wirtschaftlichen Zugeständnissen. Konnte man sie nicht bezahlen, weil sie wegen ihrer Kostbarkeit unbezahlbar war, versuchte man, sie zu rauben. Der Bischof von Hildesheim ließ 962 die Gebeine des Epiphanias aus Pavia stehlen, handelte sich dafür den Groll seines Kaisers ein und später dessen Lob. Zu den berüchtigsten Fällen gehört die Entführung der Gebeine des Apostels Markus aus Venedig zur Reichenau. Die Diebe hatten nicht viel zu fürchten, denn was sie getan, galt als fromm und wurde in der Regel von höchster Stelle gedeckt. Auch tat der Entführte den Entführern nicht selten den Gefallen, daß bereits auf dem Transport ein Wunder geschah. Was als Einverständnis zu seiner Zwangsübersiedlung ausgelegt wurde. Menschlich, allzu menschlich, daß der Heiligenkult gelegentlich ausartete, was sich besonders zeigte bei Reliquien wie der Vorhaut Christi, seinem Schweiß, seinem Blut und der Milch Mariens.

Die Römer, zu deren praktischer Vernunft seit je die Ausbeutung menschlicher Passionen gehörte, trieben einen schwungvollen Handel mit Leichen und Leichenteilen. Unerschöpfliches Reservoir dafür bildeten die Katakomben, die unterirdischen Begräbnisstätten der frühen Christen. Die Pilger kauften die als Reste berühmter Märtyrer angebotenen Knochen mit der gleichen andachtsvollen Gutgläubigkeit wie die Touristen heute die »echte Madonna« und den »alten Meister«. Ganze Leiber konnten sich nur sehr reiche Leute wie Fürsten und Bischöfe leisten. Aber auch sie waren nicht davor gefeit, hereingelegt zu werden. So bat Otto III. die Stadt Benevent um die Herausgabe des Apostels Bartholomäus. Die Beneventaner, wohl wissend, daß eine kaiserliche Bitte ein Befehl war, fügten sich zähneknirschend. Sie wußten aber auch, daß Gebeine schlecht von Gebeinen zu unterscheiden sind und kamen auf eine italienische Lösung des Problems: sie überreichten dem Deutschen statt des wertvollen Apostels einen weniger wertvollen Bischof. Seitdem wurde der Leib des heiligen Bartholomäus in zwei Städten verehrt. Aber solche Doppelexistenz war keine Seltenheit.

Die Verstümmelung des Philagathos

Im Februar 998 schloß ein Trupp deutscher Ritter unter Führung des Grafen Birthilo einen in der römischen Campagna gelegenen Festungs-

turm ein, besetzte ihn nach kurzer Belagerung und nahm einen Mann gefangen, der nach kurzem Verhör gestand, daß er Philagathos heiße. Daraufhin rief man den Henkersknecht herein, der ihm mit einem glühenden Eisen die Augäpfel ausbrannte, dann mit einem gebogenen Messer, wie es die Ärzte benutzten, Ohren und Nase abschnitt, um ihm schließlich mit einer Zange die Zunge herauszureißen.
Am Abend desselben Tages wurde der so grauenhaft Verstümmelte nach Rom geschafft und vor den Kaiser geführt, der ihn mit den Worten anredete: »Seh ich dich so wieder, Grieche.«
Vor ihm stand blutend, Unverständliches lallend, aus leeren Augenhöhlen starrend sein Taufpate, der zärtlich geliebte Lehrer seiner Kindheit, stand Philagathos, der jetzt Johannes XVI. hieß, weil er die Tiara trug.
Eine mehr traurige als tragische Gestalt, dieser Grieche, den Theophano einst in ihre Dienste genommen und zu einer raschen Karriere verholfen hatte. Der einstige Günstling der Kaiserin, ja, wie man damals munkelte, ihr Liebhaber, war auch der Vertraute des Sohnes geworden und mit dem heiklen Auftrag bedacht worden, in Konstantinopel für ihn als Brautwerber aufzutreten.
Ohne Erfolg zurückgekehrt, ließ er sich von Crescentius gegen eine horrende Summe und die Versicherung, Byzanz würde ihm im Notfall militärisch beistehen, verführen, den Gegenpapst zum Papst abzugeben. Oder, wie die Quedlinburger Jahrbücher im deftigen Stil der Zeit registrierten: »... vom Teufelsgift der Habsucht trunken, erhob er sich so über sich selbst, daß er, ein Geschöpf des Antichrist, den Thron des seligen Apostels zu Rom mehr bekackte als ihm Ehre machte.«
Philagathos war zum Verräter an seinem Herrn geworden und konnte nach mittelalterlichem Rechtsbrauch mit Blendung bestraft werden, trotzdem verstörte viele die gnadenlose Reaktion des Ottonen, die zu seinem Charakter nicht zu passen schien. Er hat sie wohl selbst bereut: als der von allen verehrte Eremit Nilus darum bat, den Verstümmelten in ein Kloster mitnehmen zu dürfen, gab er unter Tränen seine Einwilligung.
Daran aber hinderte ihn jemand, der seinen Feinden eigentlich als erster hätte vergeben müssen: Gregor V., der wiedereingesetzte rechtmäßige Papst. Mit unfaßbarer Roheit zerrte er den nicht mehr menschenähnlichen Menschen vor ein Tribunal, zerriß ihm die Papstgewänder, die er wieder hatte anlegen müssen, überließ ihn dann dem Pöbel, um

10, 11 St. Michael in Hildesheim, eine der Gottesburgen an der Ostgrenze des ottonischen Kaiserreichs, steingewordenes Symbol der Abwehr gegen die das Christentum bedrohenden heidnischen Mächte *(oben)*.

Einmalig in ihrer Art ist die kunstvoll bemalte Decke, auf deren Feldern die Heilsgeschichte geschildert wird *(unten)*.

12, 13   Die Engelsburg in Rom, als Mausoleum für den römischen Kaiser Hadrian erbaut, diente sie später mit ihren zyklopischen Mauern als Festung und als Zufluchtsstätte für Könige, Päpste und Rebellen *(oben)*.
Das Grab Ottos II. in den vatikanischen Grotten unter der Peterskirche, vergessene Gedenkstätte deutscher Geschichte *(unten)*.

14 Bischof Adalbert empfängt von Otto II. den Krummstab, ein Zeichen, das ihn zum Bischof macht und zu einem der höchsten Beamten des Reiches.

15 »Ich, Otto, von Gottes Gnaden Kaiser der Römer und Augustus«, beginnt eine der Reden Ottos III. Das Bamberger Evangeliar (998) zeigt ihn, wie er die Huldigung der Nationen entgegennimmt.

allen zu demonstrieren, daß diese Jammergestalt Stellvertreter Gottes auf Erden hatte werden wollen. Der heilige Nilus verfluchte daraufhin den wortbrüchigen Kaiser: »So, wie Ihr Euch jenes nicht erbarmt habt, den Gott in Eure Hände gab, so wird sich der himmlische Vater auch Eurer Sünden nicht erbarmen!!« Ein Bild von biblischer Kraft, der weißhaarige Greis in seinem Ziegenfell, verwahrlost, den Leib von Würmern zerfressen, die Hand zum Himmel reckend. Mit dem Fluch auf den Lippen verließ er Rom, und niemand, auch ein Kaiser nicht, hätte ihn daran hindern können. So groß war die Macht der heiligen Männer.

Ein Schreckensmal für alle

Noch ein zweites Schauspiel wurde den Römern geboten, denen es an Sensationen aller Art ohnehin nicht mangelte: die Erstürmung der Engelsburg.
Der riesige Steinkoloß auf dem rechten Tiberufer, im Jahre 136 dem Kaiser Hadrian zum Grabmal bestimmt, hatte im Laufe der Jahrhunderte immer wieder als Festung gedient, so beim Gotensturm, als die Verteidiger die überall auf den Simsen stehenden Marmorstatuen auf die Angreifer hinabstürzten. Das 31 Meter hohe, im Sockel 89 Meter im Geviert messende Mausoleum schien uneinnehmbar, und Crescentius, erst als Freiheitsheld von seinen Landsleuten gefeiert, nach dem Einmarsch des Kaisers aber von ihnen im Stich gelassen, hatte sich mit seinen Getreuen hinter die zyklopischen Mauern zurückgezogen.
Aber diese Mauern fielen. Die Deutschen hatten, beraten von dem Universalgenie Gerbert, ringsum hohe Belagerungstürme errichtet, von denen aus sie zum Sturmangriff ansetzten. In den blutigen Nahkämpfen, die tage- und nächtelang im Labyrinth der Gänge, Treppen und Verliese tobten, erlosch der letzte Widerstand mit der Überwältigung des aus zahlreichen Wunden blutenden Römers. Die Soldaten schleppten ihn auf die höchste Zinne, schlugen ihm den Kopf ab und stürzten ihn die Mauern hinab.
Die Pilger, die über den Monte Mario zogen, von wo aus sie Rom zum erstenmal erblickten, sahen ihn später dort an einem Galgen hängen,

aufgeknüpft an den Füßen zusammen mit zwölf seiner Anhänger. Ein Schreckensmal für alle Römer, die es in Zukunft wagen sollten, die Hand gegen den Kaiser zu erheben.

Zwei schwere blutige Taten innerhalb kurzer Zeit, die Otto III. beide zu verantworten hatte! Sie demonstrierten ihm auf erschütternde Weise, daß er nicht der *rex mitis*, der »milde Herrscher« hatte werden können, wie er es Adalbert mit Handschlag versprochen. Es war ihm nicht gelungen, sich selbst treu zu bleiben: seine Hände waren mit Blut befleckt. Er hatte, wie alle mit idealistischen Vorstellungen angetretenen Herrscher, erfahren müssen, daß die Macht mit dem Gewissen bezahlt werden muß, daß es nicht möglich ist, sie innezuhaben, ohne sie anzuwenden – schon gar nicht, wenn man den Plan verwirklichen wollte, das Kaiserreich der Römer zu erneuern.

Er hat unter dieser Erfahrung gelitten, hat versucht, sich durch strenge Bußübungen von der Schuld zu befreien, hat, als er keine Ruhe finden konnte, sich urplötzlich einer schönen Römerin zugewandt und bei ihr Vergessen gesucht. Daß es sich dabei um die Ehefrau des gerade hingerichteten Crescentius gehandelt habe, sei, so unsere Historiker, nicht recht denkbar, da die Dame gut zwanzig Jahre älter gewesen sein müsse.

Was nun gar nichts besagt. Wie überhaupt äußerstes Mißtrauen am Platz ist, wenn es um die Beurteilung von Problemen aus dem sexuellen Bereich geht. Denn »es ist bekannt, daß beinahe die gesamte moderne Historiographie bis heute das Weltbild der bürgerlichen Epoche des 19. Jahrhunderts und damit... auch die bürgerliche Moral des 19. Jahrhunderts widerspiegelt. In diesem Milieu grenzt es von vornherein an das Unmögliche, daß man auch nur annähernd Extreme und Tiefen äußerer wie innerer Erlebnisse auskosten könne, die außerhalb des bürgerlichen Bereichs... liegen...«

Der Gewaltritt nach Gnesen

Zwischen den beiden Polen hochfahrenden Machtstrebens und tiefer Zerknirschung verlief auch sein weiteres Leben: die Tragik eines Mannes, der Skrupel hat, der immer wieder erkennen muß, daß es zu hohen

Zielen auch niedriger Mittel braucht, und der unter dieser Erkenntnis leidet. Dieser Zwiespalt der Seele trieb die sonderbarsten Blüten. Auf dem Aventin, einem der sieben Hügel Roms, ließ er sich aus den Trümmern antiker Paläste eine Residenz errichten, um die *aurea Roma* wieder zur Hauptstadt der Welt zu machen. Ein phantastisch anmutendes Szenarium entsteht mit einem der Spätantike entlehnten Hofstaat und ihren Würdenträgern, dem *vestiarius* (Kämmerer), dem *praefectus navalis* (Flottenadmiral), dem *protospatharius* (Schwertträger), dem *logothetes* (obersten Ratgeber) und dem *magister militum* (Heermeister).

Angetan mit einem goldbrokatenen Purpurmantel, in den die Sternbilder eingestickt waren, begleitet von einer aus dem Adel rekrutierten Leibgarde, erschien er zu festlichem Anlaß, speiste abgesondert auf erhöhtem Podest wie ein gottähnliches Wesen, zeichnete Urkunden mit der Floskel *Ego Otto dei gratia Romanorum Imperator Augustus* – »Ich, Otto, von Gottes Gnaden Kaiser und Augustus der Römer«, begann seine Reden mit dem Satz »Konsul, Senat und Volk der Römer«. Das alles wies Züge eines beginnenden Cäsarenwahns auf, so scheint es, aber es war mehr die Lust am theatralischen Spiel, an der romantischen Verklärung, denn wenn es um Politik ging, verschwand der Spuk, und es zeigte sich Klarheit, Voraussicht und Mut. Otto schwebte nichts geringeres vor als ein vereinigtes Europa, dessen Hauptstädte Rom und Aachen sein sollten, dessen führende Macht das zu einem Staat zusammengeschlossene Deutschland und Italien, dessen »Freunde« Staaten wie England und Frankreich, dessen »Bundesgenossen« Länder wie Dänemark, Burgund, Polen. Um dieses Ziel zu erreichen, war ihm kein Einsatz zu hoch.

Mitten im Winter brach er auf zu seinem berühmten Zug nach Gnesen, durcheilte die 1400 Kilometer lange Strecke in einem Gewaltritt, um – wie immer Religiöses mit Politischem verbindend – am Grabe seines Freundes Adalbert zu beten und mit Boleslaw von Polen zu verhandeln. Am Ende standen der Verzicht auf Tributzahlungen, die Ernennung des Herzogs zum *frater et cooperator*, zum Bruder und Mitarbeiter, und die Lösung der polnischen Kirche aus der deutschen Kirche. Was ein entscheidender Schritt war zur Unabhängigkeit Polens. Maßnahmen, die allerorten im Reich auf tiefes Befremden, ja Empörung stießen und auch noch von neueren Historikern als schwere Schädigung deutscher Interessen abqualifiziert wurden. Doch inzwischen hat man erkannt, daß der angebliche Schwarmgeist ein Realpolitiker war. Als erster zeigte er den Ländern des Ostens, wie Polen und Ungarn, daß Christianisierung nicht Germanisierung bedeuten müsse, womit er sie mehr an Europa band als es die Politik à la Otto der Große je vermocht hätte.« 200 Jahre vor Franziskus und nahezu 800 Jahre vor der Französischen Revolution wird hier zum erstenmal gewagt, die Bruderidee, die Brüderlichkeit zu einer friedenstiftenden gesellschaftlichen und politischen Macht zu erheben.«

Als Papst Gregor v. plötzlich starb – wohl an Gift, als späte Rache der Creszentier –, da zögerte Otto nicht, den besten Mann zum Nachfolger zu bestimmen: Gerbert von Aurillac, der sich nun Silvester II. nannte. Mit beiden Päpsten war Otto befreundet und ist doch keinen Fußbreit gewichen von seinem Vorrecht gegenüber dem Stuhl Petri. Kühl bezeichnete er die »Konstantinische Schenkung«, eine Urkunde, die dem Papst die Herrschaft über die römischen Provinzen des Westens und den Vorrang vor allen Bischöfen zugestand, als das, was sie war: eine plumpe Fälschung. Es sollte achteinhalb Jahrhunderte dauern, bis auch die katholische Geschichtsschreibung das zugab.

Überall zeigte sich die Doppelnatur des Jünglings im Sternenmantel. Da pilgerte er, in ein härenes Gewand gehüllt, als reuiger Büßer durch den Süden Italiens, immer wieder ehrlichen Herzens erwägend, dem Thron zu entsagen und sich in ein Kloster zurückzuziehen, gleichzeitig benutzte er die Gelegenheit, im Schutz des Pilgergewands auf griechisches Gebiet hinüberzuwechseln, um dort die Möglichkeiten eines militärischen Eingreifens zu erkunden.

Der Gang zu den Ahnen

Im Jahre 1000 kam es in Aachen zu einer in größter Heimlichkeit betriebenen Unternehmung des Kaisers, die, nachdem sie bekannt geworden, ungeheures Aufsehen erregte und viele an seinem Verstand zweifeln ließen. In tiefer Nacht begab er sich mit einer Schar von Helfern in das Münster und ließ im Chor vor dem Marienaltar den Boden aufbrechen, bis er auf ein unterirdisches Gewölbe stieß: das in Vergessenheit geratene Grab Karls des Großen war gefunden!

Mit einer Fackel in der Hand stieg Otto hinab und ..., doch hören wir die Schilderung eines Augenzeugen, des Grafen von Lomello, die in die Chronik des Klosters Novalese aufgenommen wurde.

»Karl lag nicht im Grabe wie andere Verstorbene, sondern er saß aufrecht auf einem Thron, als lebe er. Auf dem Haupt trug er die goldene Krone und hielt das Zepter in den mit Handschuhen bedeckten Händen, durch die die Fingernägel hindurchgewachsen waren. Wir spürten den Hauch des Todes, einen starken Geruch, und warfen uns vor ihm nieder zum Gebet. Otto ließ ihn in weiße Gewänder hüllen, schnitt ihm die Nägel und erneuerte alles, was verfallen schien. Von den Gliedern war noch keines durch Verwesung zerstört mit Ausnahme der Nasenspitze, die der Kaiser mit Hilfe von Gold ergänzte. Aus dem Mund des Toten zog er einen Zahn [auch das goldene Halskreuz und einen Teil der Gewänder nahm er an sich], entfernte sich dann und ließ die Gruft wieder schließen.«

Ein gespenstischer Bericht, der an »Leichenschändung« denken läßt. Und selbstverständlich erschien in der Nacht darauf, so die Legende, der Geschändete dem Schänder im Traum, um ihm sein nahes Ende zu verkünden. Doch was wie Frevel klingt, enthüllt sich bei genauer Prüfung als etwas ganz anderes. Um zu erfahren als *was*, muß man sich in den Geist der Zeit hineinversetzen, muß »mittelalterlich« denken und nicht »modern«. Wer letzteres tut, wer die Vergangenheit nur von der Warte der Gegenwart aus beurteilt, muß zu falschen Schlußfolgerungen kommen. Das hieße in diesem Falle, vom Aberwitz eines überspannten Jünglings zu sprechen, vom makabren Spiel mit dem Tod oder einfach von Grabfrevel.

Hier aber ist ein Zwanzigjähriger, dem die Macht zur schweren Bürde geworden ist, der an der sich selbst gestellten Aufgabe zu zerbrechen droht und nun beschließt, den Gang zu den Ahnen anzutreten. Dort hofft er Beistand zu finden, dort will er Hilfe erflehen, und er nimmt den Zahn, das Halskreuz und die Gewänder des Toten, um die Kraft des großen Karl auf sich zu übertragen, um seinen Segen zu erlangen. Doch der Lauf des Schicksals war nicht mehr zu hemmen durch die Heilskraft von Reliquien ...

Götterdämmerung und Tod

Wie so oft stand die Banalität am Anfang der Katastrophe. Sie bahnte sich an, weil die Römer empört darüber waren, daß der Kaiser ihre eigenen Landsleute schonte. Er machte das aufrührerische Tivoli nicht dem Erdboden gleich, so wie sie aus ihrem traditionellen Haß auf die kleine Stadt am Rande der Campagna es wünschten, sondern ließ Gnade vor Recht ergehen. Roms Adel erhob sich darauf in einem gefährlichen Aufstand. Das Ungewöhnliche am Gewöhnlichen war, daß sie diesmal nicht abwarteten, bis der Kaiser die Stadt verlassen hatte. Sie belagerten ihn in seinem Palast auf dem Aventin, wollten ihn gefangennehmen und über ihn zu Gericht sitzen.

Otto gelang es, sich mit seiner Begleitmannschaft zur Engelsburg durchzuschlagen, wo er vorläufig sicher war. Von den Zinnen aus sah er die Römer sich zusammenrotten, aber er spürte keine Furcht, sondern nur Trauer. Er ließ die Tore öffnen, trat unter sie und versuchte, einem antiken Feldherrn gleich, sie durch die Macht des Wortes für sich zu gewinnen. Das Ergebnis ist jene berühmte Rede, die uns von einem Ohrenzeugen überliefert ist und als ein erschütterndes Dokument deutscher Geschichte die Tragik eines Mannes und seines Wollens lebendig macht.

Das Gesicht bleich, mit einer von Leidenschaft bebenden Stimme, sprach er, indem er sie alle mit einem Blick umfaßte: »Das also seid ihr, die ich *meine* Römer nannte. Euretwegen habe ich mein Vaterland und meine Nächsten verlassen, habe ich meine Sachsen, ja alle Deutschen – mein eigen Blut! – dahingegeben. Ich habe euch in die fernsten Regionen unseres Reiches geführt, wohin selbst eure Väter, als sie noch den Erdkreis beherrschten, niemals ihren Fuß gesetzt. Euch habe ich als meine Söhne betrachtet, als Kinder, die ich allen vorzog, um mir dadurch den Neid und den Haß der anderen zuzuziehen. Und nun zum Dank seid ihr mir, eurem Vater, in den Rücken gefallen, habt meine Freunde getötet, habt mich aus eurer Gemeinschaft ausgeschlossen.«

Die Römer, von der Gewalt seiner Worte ergriffen, jubelten ihm plötzlich wieder zu: zwei der berüchtigtsten Drahtzieher wurden gepackt und halbtot dem Kaiser zu Füßen geworfen. Ein Stimmungsumschwung, der sich rasch verflüchtigte, und bald wurde die Lage des Kaisers unhaltbar. Am 16. Februar 1001 verließ er Rom zusammen mit

Papst Silvester. Die Aufgabe der Stadt, die er zur Metropole der Welt hatte machen wollen, war mehr als eine Niederlage, sie bedeutete das Ende. Noch einmal bäumte er sich auf, versuchte er, von Ravenna aus ein Heer zu sammeln, um dafür Vergeltung zu üben, daß er sich vom Tiber hatte wegstehlen müssen wie ein Dieb. Doch jetzt ließ ihn auch das Reich im Stich. Herzöge, Grafen und Bischöfe weigerten sich, ihm Truppen zu schicken, und riefen zum Widerstand gegen einen Herrscher auf, dessen Plänen sie seit langem nicht mehr zu folgen vermochten. Erzbischof Brun von Querfurt drückte die allgemeine Stimmung aus, wenn er schrieb: »Das aber war die Sünde des Kaisers: das Land seiner Geburt, das liebe Deutschland, wollte er nicht einmal mehr sehen. Wie ein alter Heidenkönig mühte er sich zwecklos um das altersmorsche Rom.«

Otto III. zieht in die 40 Kilometer nördlich von Rom gelegene Burg Paterno bei Rieti. Krank an Leib und Seele, versinkt er in Melancholie. Er ist verbittert und von den Menschen enttäuscht, aber er sucht die Schuld nicht bei anderen. Er glaubt, daß sein Scheitern ein Urteil seines Gottes ist, der seinen Dienst nicht annehmen wollte. Der Gedanke daran stürzt ihn in schwärzeste Verzweiflung.

Er stirbt, wie man weiß, an der Malaria, gegen die sein durch härteste Kasteiungen geschwächter Körper nicht mehr aufkommt. Seine Freunde, die an seinem Sterbebett stehen, glauben, die Ursache seines Todes besser zu kennen – ein gebrochenes Herz. Sein letzter Wunsch war, in Aachen begraben zu werden. An der Seite Karls des Großen. Die Überführung des toten Herrschers nach Deutschland wirkt wie der düstere Schlußakt eines großen Trauerspiels: die Gefährten seiner Jugend, die den Leichenzug begleiten, müssen sich den Weg mit der Waffe freikämpfen, denn das Land ringsum steht in vollem Aufruhr. Auch die tragische Schlußpointe fehlt nicht: als der Kondukt schließlich den Brenner erreicht, landet in Bari ein Schiff aus Byzanz. An Bord ist Zoë, die purpurgeborene Prinzessin aus der Familie des byzantinischen Kaisers Basileios' II., dem deutschen Kaiser zur Braut bestimmt...

Man hat den Ottonen mit Ikarus verglichen, mit dem schönen Jüngling der griechischen Sage, der der Sonne zu nahe kam und mit versengten Flügeln ins Meer stürzte. Ein poetisches Bild, das seine Persönlichkeit treffend beschreibt.

Wer es weniger poetisch will, halte sich an den Historiker Percy E. Schramm, der nüchtern feststellt: »Nimmt man die Deutung, die Otto III. seinem Amt auf der Höhe seiner Macht gegeben hat, als geistige Leistung, so erweist sie sich als eine der gedankenreichsten und tiefsten Konzeptionen, zu denen das kaiserliche Lager im Mittelalter gelangt ist... Mag das Urteil über ihn als Staatsmann offenbleiben müssen, als Mensch hebt er sich trotz seiner Jugend aus der Reihe der Kaiser heraus, weil er... deutlicher als jene zum Ausdruck gebracht hat, was seine Zeit bewegte. Gerade durch seine unverwirklichten Pläne... wächst er über sich selbst hinaus, denn in seinem Leben deckte er Größe und Not seiner Epoche auf.«

6. Kapitel Heinrich II. – Der unheilige Heilige

Die wir zwei sind in einem Fleisch

Wer ihm begegnen will, der muß nach Bamberg gehen, in jene wundersame alte deutsche Stadt, die das Schicksal oder der Zufall vor dem Feuersturm des letzten Krieges gerettet hat, damit ein großartiges Monument städtebaulicher Kunst für die Menschheit bewahrend.
Das Jüngste Gericht am Fürstenportal des Doms zeigt ihn kniend zu Füßen Christi. Im Kreuzgang tritt er uns entgegen mit Krone und Reichsapfel, eine Statue, die wir dem Schöpfer des weltberühmten »Reiters« verdanken. Die Schatzkammer enthält seine Prunkgewänder, darunter den kostbaren Sternenmantel. An der Klosterkirche St. Michael hat ihn ein Meister des Barocks verewigt. Und im Kaiserdom, in der Mitte des Hauptschiffs, erhebt sich sein marmornes Grab, geschaffen von keinem Geringeren als Tilman Riemenschneider. Eine Straße trägt seinen Namen, das Priesterseminar heißt Henricianum, Heinrich allerorten...
Heinrich II., der letzte aus dem Kaiserhaus der Sachsen, beherrscht eine Stadt, die ohne ihn nicht denkbar wäre: sie ist seine ureigene Schöpfung, ein steingewordenes Dankgebet an seinen Gott und, nicht zuletzt, ein Denkmal für die eigene Unsterblichkeit.
Er ist allgegenwärtig hier in Bamberg, doch kaum jemals tritt er allein auf, immer ist er begleitet von Kunigunde, der, wie es in den Urkunden heißt, »vielgeliebten Gemahlin und Mitregentin«, der »verehrten Hausfrau und Kaiserin, die wir zwei sind in einem Fleisch«. Liebeserklärungen, wie sie sich nicht schöner denken lassen. Ihre Gebeine liegen in einem Sarg, und bei der alljährlichen St.-Heinrichs-Prozession im Juli werden ihrer beider Schädel, in Gold und Silber gefaßt, mitgeführt als die kostbarsten Reliquien des Bistums.
Reliquien deshalb, weil Heinrich und Kunigunde mehr sind als nur ein

Kaiser und eine Kaiserin: sie sind Sankt Heinrich und Sankt Kunigunde – heiliggesprochen von der Kirche in einem ordnungsgemäßen kanonischen Verfahren, eine Ehre, die keinem Kaiserpaar je zuteil wurde. Heiliggesprochen deshalb, weil sie zusammen eine Ehe führten, die durch keine sexuelle Begierde getrübt wurde, eine Gemeinschaft, wie sie Joseph mit Maria einging, und die man deshalb Josephsehe nennt; heiliggesprochen, weil Kunigunde, des Ehebruchs verdächtigt, Gottes Urteil anrief und zum Beweis ihrer Treue über zwölf rotglühende Pflugscharen schritt, ohne eine Brandwunde davonzutragen; heiliggesprochen, weil Benedictus persönlich vom Himmel herabstieg, um den Kaiser von einer Krankheit zu heilen; weil am Grabe beider viele Wunder geschahen; und, und, und...

Das alles sind Legenden, die nach ihrem Tode zu wuchern begannen. Riemenschneider verlieh ihnen Dauer, indem er sie zu Motiven seiner Reliefs machte, die das Kaisergrab schmücken. Die Legenden haben das Bild dieses letzten Herrschers der sächsischen Dynastie nicht verklärt, sondern entstellt: bis ins 19. Jahrhundert hinein hatte Heinrich II. schlechte Zensuren. Er galt als unmännlicher Büßer und unköniglicher Beter, alles in allem als eine traurige historische Figur. Erst als es der Forschung gelungen war, Dichtung und Wahrheit voneinander zu trennen und zum wahren Kern der Figur vorzustoßen, zeigte sich Überraschendes: er war ein merkwürdiger Heiliger. Denn jene Institution, die ihn kanonisierte, hat er meist heillos schlecht behandelt.

Der Segen der Klöster

Die Kirche war zur Zeit der Thronbesteigung des zweiten Heinrich unermeßlich reich. Ein Reichtum, der sozusagen notgedrungen war. Denn in der Not hatten die Kaiser die Geistlichen immer am dringendsten gebraucht, in der Not, das Reich zu verwalten, es zu bebauen, seine Bewohner zu erziehen, zu bilden, den Hochmut des Adels zu dämpfen, Außenpolitik zu treiben, und, vor allem, in der Not, Kriege zu führen.

Wer alles das leisten wollte, der brauchte Geld und Gut, und von Otto dem Großen an war immer Sorge getragen worden, daß es daran nicht mangelte. Die Mehrzahl der Einwohner war verpflichtet, der Kirche den zehnten Teil ihres Einkommens in natura oder in bar zu entrichten. Der Zehnte wurde zur Haupteinnahmequelle, weil er die täglichen Ausgaben deckte. Solider noch, weil unabhängig von den Zeitläufen, war Grund und Boden, in dessen Besitz man durch Schenkung von seiten der Krone kam, durch Erschließung von Ödland, oder einfach dadurch, daß Grundbesitzer bei ihrem Tod einen Teil ihrer Äcker testamentarisch der Kirche vermachten in der wohlgenährten Hoffnung, es in der Hölle leichter oder im Himmel schöner zu haben.
Um die Jahrtausendwende stieg die Zahl solcher Testamente rapide, glaubten doch viele, das Ende der Welt komme. *Adventante mundi vespero* – »da der Weltabend nahe ist«, lautete deshalb die Eingangsformel.
Von Steuern befreit, gesichert vor Weiterveräußerung und -vererbung ihres Besitzes, wurde die Kirche im Laufe der Zeit zur Großgrundbesitzerin, und das galt für alle Länder Europas: in England besaß sie ein Fünftel des gesamten Bodens, in Kastilien ein Viertel, in Deutschland ein Drittel. Allein der Abt von Lorsch am Rhein kassierte die Einnahmen von 2000 Gütern. Das Kloster St. Maximin bei Trier besaß einen Grundbesitz im Wert von, nach heutigem Geld, 500 Millionen Mark. St. Gallen verfügte über 20 000 Leibeigene, Fulda über 15 000 kleine Landsitze.
Was mit dem Kirchenvermögen für den Staat an Hof- und Kriegsdiensten geleistet werden mußte, wissen wir, und auch, welchen Fortschritt diese Kapitalkraft für den einzelnen Bürger erbrachte. Die Klöster waren ja zur Zeit der Ottonen keineswegs nur stille Refugien, bestimmt zum Aufenthalt für Reuige und der Welt Entsagende, sie waren Zentren der Kultur und Zivilisation. Hier wurden die ersten Ärzte ausgebildet, entwarfen die Baumeister ihre Pläne für die gewaltigen Dome, lernten die Bauern, wie man Käse herstellt und Weine veredelt, wurde das Wissen der Antike bewahrt und die Weisheit der Alten, fand der müde Reisende Nachtquartier und der Elende Hilfe, rettete man Dichtungen der alten Deutschen, indem man sie abschrieb, lehrte man die Kinder das ABC, hier fanden Verfolgte Schutz vor ihren Verfolgern, von hier aus kultivierte man Ödland, rodete man Wälder.

»Ach, ach!« seufzte das Mönchlein

Selten hat es in der Geschichte eine Institution gegeben, die wie das Kloster der ottonischen Zeit so vielen nützlichen Zwecken gedient und so vielen großen Ideen.
Doch die Verführungen des Reichtums machten vor den Gottesmännern nicht halt, denn sie waren Menschen und Menschlich-Allzumenschliches war die Folge: Maßlosigkeit, Verschwendung, Laster. Auswüchse, die Heinrich II. bedauerte, aber nicht verwünschte, boten sie ihm doch Gelegenheit, auf seine Art einzugreifen. Er »reformierte« die Klöster, und das hieß in der Praxis, er ging ihnen an den Geldbeutel. Besonders die großen Reichsabteien mußten daran glauben.
Aus dem ehrwürdigen Kloster Hersfeld hatten die Mönche eine Stätte der Lust, eine Art Vergnügungszentrum gemacht. Sie tranken ihre Weine allein, gingen auf die Jagd, fuhren vierspännig, kleideten sich bunt wie Paradiesvögel, trugen enge Röhrenhosen à la mode, stellten dem Wild nach und allem, was Röcke trug.
Heinrich ließ sich ein Güterverzeichnis aufstellen und strich kurzerhand alle Einkünfte, die über ihren Bedarf hinausgingen. Er erinnerte sie bei dieser Gelegenheit nachdrücklich an die Regel des heiligen Benedikt, wonach sie in Gehorsam, Keuschheit – und Armut zu leben hätten. Ein von ihm ernannter Abt sollte dafür sorgen, daß diese Regel in ihrem Gedächtnis blieb. Und so verfuhr er in Prüm, in Lorsch, in Fulda, auf der Reichenau, in Corvey, in Niederaltaich.
Das ging nie ohne heftigen Widerstand ab. Ist es doch schwer, ein bequemes Leben gegen die harte Fron der Entsagung einzutauschen, und so verließen die Mönche in Scharen die Klöster, oder sie wehrten sich gegen die neue Ordnung, indem sie intrigierten, den Gehorsam verweigerten, passiven Widerstand leisteten. Auch zu aktivem Widerstand kam es, wie in Corvey, wo ein Aufstand mit schweren Kerkerstrafen gebrochen werden mußte, oder in Stablo bei Malmedy, wo die frommen Brüder sehr unfromm zur Waffe griffen. Der Posten des Reformabts verlangte deshalb unerschütterlichen Mut, und gefährlich konnte es auch werden, denn es kam immer wieder vor, daß man die Reformer verjagte, verprügelte, ja verstümmelte.
Heinrichs harte Maßnahmen bewirkten, daß die Zeitgenossen die Klöster mit einer Brandstätte verglichen, so verödet lagen sie da. Doch die

Stammtafel der Ottonen und Salier
(Die Namen der Könige [Kaiser] sind halbfett gesetzt)

Liudolf † 866 ∞ Oda

- Brun † 880
- Otto † 912 ∞ Hadwig
- Liudgard † 885 ∞ **Kg. Ludwig d.J.**
- **Kg. Heinrich I.**, geb. 876, † 936
  ∞ 1. Hatheburg
  ∞ 2. Mathilde
- Oda ∞ **Kg. Zwentibold v. Lothringen**

Children of Heinrich I:

- Thankmar † vor 912
- **K. Otto I.**, geb. 912, † 973
  ∞ 1. Editha
  ∞ 2. Adelheid
- Gerberga
  ∞ 1. Giselbert v. Lothr. † 939
  ∞ 2. Ludwig IV. v. Frankr. † 954
- Heinrich † 955 ∞ Judith v. Bayern
- Brun † 965 Eb. v. Köln

From Otto I:
- ¹ Liutgard ∞ Konrad d. Rote Hg. v. Lothringen † 955
- ¹ Otto Hg. v. Kärnten † 1004
- ² **K. Otto II.** † 983 ∞ Theophano

From Gerberga:
- ² Lothar v. Frankreich † 986
- ² Ludwig V. v. Frankreich † 987
- ² Mathilde ∞ Konrad v. Burgund † 993
  - Rudolf III. v. Burgund † 1032
  - Karl v. Niederlothringen † 992
  - Otto † 1005

From Heinrich (Bayern):
- Heinrich d. Zänker Hg. v. Bayern † 995
  ∞ Gisela v. Burgund (Schwester Rudolfs III.)
  - **K. Heinrich II.** 973 † 1024 ∞ Kunigunde
  - Brun, B. v. Augsburg † 1029
  - Gisela ∞ **Kg. Stephan v. Ungarn**

From Liutgard:
- Thankmar † 938
- Liudolf † 957 ∞ Ida v. Schwaben
  - Otto Hg. v. Schwaben † 982
  - Wilhelm (Eb. v. Mainz) † 968

From Otto II:
- Adelheid
- Sophie
- Mathilde
- **K. Otto III.** † 1002
- Wilhelm B. v. Straßburg † 1046

From Otto Hg. v. Kärnten:
- Konrad Hg. v. Kärnten † 1011
- Brun (P. Gregor V.) † 999
- Heinrich
- Adelheid

Konrad Hg. v. Kärnten:
- **K. Konrad II.** *990? † 1039 ∞ Gisela
- Mathilde

K. Konrad II.:
- **K. Heinrich III.** *1017 † 1056
  ∞ 1. Gunhild v. Dänemark
  ∞ 2. Agnes v. Poitou
- Beatrix
- Konrad † 1055

K. Heinrich III.:
- 3 Töchter
- **K. Heinrich IV.** *1050 † 1106
  ∞ 1. Bertha v. Turin
  ∞ 2. Praxedis
- Agnes
  ∞ 1. Friedrich I. v. Staufen, Hg. v. Schwaben
  ∞ 2. Leopold III. v. Babenberg, Mgf. v. Österreich

K. Heinrich IV.:
- Konrad † 1101
- **K. Heinrich V.** *1081 † 1125 ∞ Mathilde v. England

meisten Mönche kehrten wieder zurück, nachdem sie hatten erfahren müssen, daß sie dem Leben in der Welt nicht mehr gewachsen waren. Sie hielten sich von nun an streng an die Regel, und ihre Klöster gewannen bald ihre alte Bedeutung als Zentren des Glaubens und des Geistes. Heinrich gelang mit seinen Reformen ein Streich, wie er geschickter nicht zu denken war. Er befreite die Mönche nicht nur von der »ungesunden Güterfülle«, er führte diese Güter einem »besseren Zweck« zu. Nie war die Finanzlage des Reiches gesünder als unter seiner Herrschaft. Der gut gepolsterte Etat ermöglichte es ihm, *seine* Politik zu treiben und jene zu belohnen, die ihm dabei halfen.

Die Abtei St. Maximin erleichterte er um nahezu 200 000 Morgen und konnte so einige wichtige weltliche Große, darunter den Herzog von Bayern, bei der Stange halten.

In Hersfeld fanden seine Sendboten 200 Prachtgewänder, deren Goldfäden er sofort einschmelzen ließ. Jenes Mönchlein ist nur zu gut zu verstehen, das seinen stillen Protest auf die Rückseite einer kaiserlichen Übereignungsurkunde anbrachte. »Ach! Ach!« steht dort, hingekritzelt in Hilflosigkeit und Zorn, und der Historiker liest es schmunzelnd.

Auch die hohe Geistlichkeit ging nicht leer aus, wenn sie sich verdient gemacht hatte. Er gab der Kirche häufig mit der Linken, was er ihr mit der Rechten genommen, und beschwerten sich die Weltlichen über allzu reiche Schenkungen an den Klerus, dann pflegte er zu antworten: »Es ist nötig, daß die Kirchen viele Güter besitzen, denn wem viel gegeben wird, dem kann auch viel genommen werden.« Aber wie es so geht, hat die Kirche das Nehmen mehr verübelt als des Gebens dankbar gedacht, so daß nach seinem Tode in den Klöstern gemunkelt wurde, diesen Kaiser habe der Teufel geholt.

Heinrich war vom Vater und von der Großmutter her ein Bayer, und diesem Volk muß schon damals eine gewisse Schlitzohrigkeit zueigen gewesen sein, jene einzigartige Charaktereigenschaft, bei der sich treuer Sinn und pfiffige Verschlagenheit glücklich vermählen, um von nun an scheinbar jenseits von Gut und Böse zu sein. Diese Anlage war es nicht zuletzt, der er seinen Heiligenschein verdankte. Wie feinsinnig er sie auszuspielen wußte in entscheidenden Stunden, zeigt die Gründung des Bistums Bamberg.

Wie man ein Bistum gründet oder der Trick mit dem Kniefall

Ein Bistum zu gründen konnte die verschiedensten Beweggründe haben. Sei es, daß man ein Bollwerk gegen die Heiden errichten – wie Otto I. es mit Magdeburg im Sinn gehabt – oder der Mission im heidnischen Land ein Kraftzentrum schaffen wollte, sei es, daß es einem Heiligen zu danken galt für einen Schlachtensieg: es war auf jeden Fall eine Tat, die Kredit im Himmel verschaffte und dem eigenen Namen die kleine Ewigkeit. Bei Heinrich überwog gewiß letzteres. Denn er hatte keine Kinder und somit niemanden, der für den Nachruhm hätte sorgen können.

Zum Sitz des geplanten Bistums hatte er Bamberg gewählt, eine von einer Burg geschützte Siedlung, die er vom Vater, dem oft genannten »Zänker«, geerbt, um sie seiner Frau Kunigunde zur Hochzeit zu schenken. Seinen Plan faßte er gleich nach der Krönung, hielt ihn aber geheim, wohl wissend, welch einen Berg von Schwierigkeiten es zu bezwingen galt, denn zu einer neuen Diözese gehörte eine genügend große Fläche Land.

Sicherheitshalber begann er erst einmal mit dem Bau eines großen doppelchörigen Doms und schaute sich um nach wichtigen Reliquien. Ein Nagel und ein Splitter vom Kreuz Christi, beides kostbare Überbleibsel, waren für die neue Metropole gerade recht. Nach der Weihung des einen Chores vermachte er der neuen Kirche die ihm im Volkfeld und im Rednitzgau gehörenden Güter und begann die Geheimverhandlungen mit dem Bischof von Würzburg, dem Mann, zu dessen Diözese das Land gehörte, das Heinrich dringend brauchte. Wenn der Würzburger bereit sei, es ihm abzutreten, wäre es nicht unmöglich, daß aus seinem Bistum ein Erzbistum werden würde und er selbst ein Erzbischof, ließ der König – denn Kaiser war er noch nicht – durchblicken, jedenfalls wolle er sich wärmstens dafür beim Papst einsetzen.

Das Geschäft kam zustande, und am 1. November 1007 versammelten sich in Frankfurt die Spitzen der Geistlichkeit, um das neue Bistum ins Leben zu rufen. Alle waren sie gekommen, selbst aus dem fernen Italien, aus Burgund und Ungarn, nur der Würzburger nicht, der zwar sein Land abgetreten hatte, aber immer noch Bischof war. An seiner Statt war ein gewiefter Advokat namens Berengar erschienen, mit dem Auftrag, jedweden Beschluß zu sabotieren.

Die Rede, die Heinrich nun hielt, ist uns vom zuverlässigen Thietmar von Merseburg, einem Zeitgenossen, überliefert und zeigt Herrn Heinrich als ebenso guten Rhetoriker wie Komödianten.
»Für künftigen Lohn habe ich Christus zu meinem Erben erkoren, seitdem ich keine Hoffnung mehr habe, Nachkommen zu erhalten«, begann er. »Darum opferte ich schon seit langem dem ewigen Vater alles, was ich habe: mich selbst, meine Güter und jene, die ich noch erwerben werde. Mit Erlaubnis meines Bischofs [des Würzburgers] wünschte ich, zu Bamberg ein Bistum zu errichten, und will diesen Wunsch nun Wirklichkeit werden lassen.«
Er fuhr mit Emphase fort: »Und deshalb, fromme Väter, bitte ich euch: laßt es nicht dazu kommen, daß der, der heute ferngeblieben ist, meinen innigsten Wunsch zunichte macht. Fehlt er doch nicht um Gottes Willen, sondern aus Zorn über die Verweigerung einer Würde, die zuzuerkennen nicht in meiner Macht liegt.«
Doch war der Bischof von Würzburg moralisch absolut im Recht. Er hatte den Versprechungen des Königs geglaubt und war erst von seinen eigenen Zusagen zurückgetreten, nachdem er die Falle gewittert, in die er geraten. Heinrich hätte nie in Aussicht stellen dürfen, sich für die Verleihung des Palliums einzusetzen, wäre er doch sofort mit dem Erzbischof von Mainz, dem Würzburg unterstand, aneinandergeraten. Genau da hakte Berengar ein, als er die Bischöfe beschwor, keinen Präzedenzfall zu schaffen, nicht den Strick flechten zu helfen, den man ihnen später um den eigenen Hals legen könne, und er verlas den Wortlaut der alten Privilegien des Bistums Würzburg, an die noch niemand je zu rühren gewagt hatte.
Die Herren des Episkopats begannen nachdenklich zu werden und das Für und Wider abzuwägen, doch immer wenn sie zu schwanken begannen in ihrer Meinung, griff Heinrich auf spektakuläre Weise ein: er warf sich wie ein armer Sünder demütig zu Boden und blieb dort so lange liegen, bis man ihn wieder aufhob.
Ein Souverän zu Füßen der Bischöfe, mit denen er sonst nach Belieben umsprang, die er sich heranzog, ernannte, bestrafte, belohnte, war ungewöhnlich, doch eindrucksvoll. Auf die Dauer war niemand von ihnen dem Anblick gewachsen, und sie gaben, so nach dem fünften oder sechsten Fußfall, ihre Einwilligung zum Projekt Bamberg.
Heinrichs verblüffende Kenntnis, wie man Kleriker zu behandeln habe, kam nicht von ungefähr: als sein Vater, der Bayernherzog, von

Otto II. in Acht und Bann getan wurde, brachte man Heinrich, den bislang einzigen Sohn, auf die Domschule nach Regensburg, um ihn zum Geistlichen zu erziehen, wohl mit der Absicht, ihn auf diese Weise nicht zum Rächer des Vaters werden zu lassen. Auch wenn aus der geistlichen Karriere nichts wurde, er hatte gelernt, wie man dem Klerus schmeichelt, ohne sich ihm auszuliefern. Eine Haltung, die er mit Perfektion auch gegenüber dem Papst einnahm.

Als er 1014 nach Rom zog, um Kaiser zu werden, überreichte ihm Benedikt VIII. auf den Stufen der Peterskirche eine aus reinem Gold getriebene, mit Diamanten verzierte Weltkugel, auf der ein Kreuz stand. Ein Geschenk, so kostbar wie sinnreich, und Heinrich verstand den Sinn sofort: das Kreuz bedeutete die Pflicht des Kaisers gegenüber Gott beziehungsweise dessen Stellvertreter auf Erden, dem Papst. Er nahm die goldene Kugel und sprach zum Papst: »Fürwahr, eine schöne Gabe, o heiliger Vater, und eine treffliche Lehre dazu.« Er wog sie nachdenklich in der Hand. »Doch lassen wir es jenen zukommen, die fern vom Treiben der Welt imstande sind, nur dem Kreuz zu folgen.« Und die Kostbarkeit wurde umgehend weitergereicht an den Abt Odilo von Cluny, einen wichtigen Mann, dem er ohnehin etwas hatte zueignen wollen.

Der Stämme Zwietracht mitten ins Herz

Ein in vieler Beziehung ungewöhnlicher Mann, dieser letzte Sachsenkaiser, kein Himmelstürmer wie sein Vorgänger, dessen er zwar stets mit Hochachtung gedachte, das Genialische in diesem Jüngling wohl erkennend, von dem ihn aber Welten trennten. Nüchtern, realistisch, ein harter, unermüdlicher Arbeiter, folgte er stets dem Grundsatz, daß man sich nach der Decke strecken müsse, nur das Erreichbare anvisieren dürfe, und das war für ihn nicht die *renovatio imperii Romanorum* sondern die *renovatio imperii Francorum*, die Erneuerung des Reiches der Franken. Das hieß, auf die »große« Politik zugunsten einer »kleinen« zu verzichten.

Der Flug des kühnen Gedankens, die schöpferische Phantasie war nicht Heinrichs Sache, und sein Wahlspruch klingt in der Tat sehr hausbacken: »Liebe nichts zu sehr, und du wirst über nichts zu sehr trauern.« Ein Mann ohne Charisma, kein Kriegsheld, kein glanzvoller Herrscher, noch nicht mal ein großer Verbrecher. Solche Männer werden von den Historikern gering geachtet, weil sie der Geschichtsschreibung keinen »Stoff« liefern. Dabei spielen sie für das Gedeihen eines Volkes oft eine bedeutendere Rolle als die sogenannten Großen: sind sie doch die Bewahrer, die klugen Verwalter, die die Saat für die Zukunft legen. Auf den leeren Seiten der Geschichte, hat Ranke einmal gesagt, sind die glücklichen Tage der Menschheit verzeichnet.

Auch seine Zeitgenossen haben diesen unauffälligen Mann lange Zeit unterschätzt, ihn nicht ernst genommen, als er nach dem Tode Ottos III. die Krone für sich beanspruchte, obwohl er vom Blut her dazu berechtigt war, denn sein Urgroßvater war Heinrich I., der die Dynastie der Sachsen begründete. Er, der Urenkel, hatte eine Frau gewählt, die nicht ebenbürtig war und noch dazu mittellos, die Tochter eines Grafen von Luxemburg. Außerdem kränkelte er, wurde immer wieder wochenlang aufs Krankenlager geworfen von schweren Gallenkoliken.

Wie sollte ein solcher Mann zum König taugen, fragten sich die Herzöge und Erzbischöfe, die darüber zu befinden hatten, mit einigem Recht, doch Heinrich verblüffte sie das erstemal, als er dem Trauerkondukt, der Otto III. über die Alpen geleitete, entgegenritt, sich mit Gewalt »der kaiserlichen Leiche« bemächtigte und der Insignien des Reiches – Krone, Reichsapfel, Zepter, Schwert –, deren Besitz den ersten Schritt auf dem Wege zum Thron bedeutete. Den Erzbischof von Köln, einen der Gewaltigen des Reiches, der die zu den Insignien gehörende Heilige Lanze heimlich vorausgeschickt hatte, ließ er auf der Stelle verhaften und erst wieder frei, nachdem ihm auch die Lanze übergeben worden war.

So vorbereitet, nahm er den Kampf mit seinen Nebenbuhlern auf, mit dem reichen Herzog Hermann von Schwaben, mit Ekkehard von Meißen, den man den Schrecken der Slawen nannte. Wenn Heinrich schließlich obsiegte, dann war es weniger seiner kriegerischen Tüchtigkeit zu verdanken als seinem diplomatischen Geschick. In zäher Kleinarbeit verhandelte er mit den wie eh und je aufeinander eifersüchtigen deutschen Stämmen.

Den Sachsen gelobte er die Wahrung ihrer Rechte und rief ihnen zu: »Auf eure Treue bauend, siegten unsere Vorfahren, wuchsen Könige heran, wurden aus Königen Kaiser zum Heile der Welt!« Den Thüringern erließ er den sie demütigenden Schweinezins, den sie seit den Tagen der Merowinger an die königliche Kammer abzuführen hatten. Er schmeichelte dem Stolz der Schwaben, besänftigte den Argwohn seiner Bayern, wirkte überall vermittelnd, ausgleichend – der erste unter den Königen, der sich wenig darum scherte, ob einer fränkisch geboren war, sächsisch, lothringisch, bayrisch oder friesisch. Auch auf seinen Reisen achtete er peinlich darauf, den Süden nicht vor dem Norden zu bevorzugen, keinen Stamm durch die Zahl und die Dauer seiner Aufenthalte zu begünstigen oder zu benachteiligen.

Brennen, stechen, blenden und hängen

Sein Hauptaugenmerk war auf die Innenpolitik gerichtet, ein Feld, das zu beackern die Politiker bis in unsere Tage scheuen, weil hier nur wenig Lorbeeren zu ernten sind. Heinrich war sich nicht zu schade für das mühselige Geschäft, im eigenen Haus die Ordnung herzustellen, und das, was rechtens war, durchzusetzen. Mit dem Recht aber war es schlecht bestellt in Deutschland. Schuld daran waren die Willkür des Adels, die Übergriffe kirchlicher Ämter, aber auch die Roheit der sogenannten kleinen Leute, die bei Meinungsverschiedenheiten allzu rasch zur Waffe griffen, wie überhaupt Faustrecht und Privatrache grassierten.
Hinzu kam, daß das Lehnswesen, auf dem der mittelalterliche Staat ruhte, sich zu einer Quelle ständigen Streites entwickelt hatte.
Das Lehnswesen war dem Bedürfnis nach Sicherheit entsprungen. In einer Zeit, in der der einzelne schutzlos ausgeliefert war den ewigen Fehden, feindlichen Einfällen, Plünderungen, Überfällen, Verwüstungen, Vertreibungen, war es nur logisch, daß man sich zu gegenseitiger Hilfeleistung verpflichtete. In der Praxis bedeutete das: der Reichere, also Stärkere, *lieh* dem Ärmeren, Schwächeren, ein Stück Land – er gab es ihm *zu Lehen* – und verpflichtete sich, den Belehnten mit Rat und Tat gegen jeden Übergriff zu schützen.
Der Lehnsherr erwartete dafür, denn nichts ist umsonst im Leben, Gegenleistungen in Form von Abgaben und Frondiensten, sofern der

Belehnte ein Bauer war, oder, falls es sich um einen Grundherrn handelte, in Form von Waffendiensten. Auf dieselbe Weise war der Stärkere einem noch Stärkeren verpflichtet (und dieser ihm!), der noch Stärkere dem Stärksten, der Stärkste dem Allerstärksten. Der Bauer also dem Burgherrn, der Burgherr dem Grafen oder Abt, Graf und Abt dem Markgrafen oder Bischof, Markgraf und Bischof dem Herzog oder Erzbischof, Herzog und Erzbischof dem König.

Das Ganze war ein Gewebe von Treue- und Schutzpflichten, das dem Reich Stabilität gab und dem König ein schlagkräftiges Heer. Ein in der Theorie perfektes System in einer Zeit weitgehender Rechtsunsicherheit, doch in der Praxis nicht ungefährlich. Es war der Freiheit abträglich, machte aus freien Bauern Leibeigene, aus unabhängigen Herren Vasallen, und da die Belehnten das ihnen überantwortete Land nicht mehr als Leihgabe betrachten wollten, sondern als Eigentum, das man den Kindern vererben konnte, zersplitterte das Reich in viele kleine Reiche, die sich für den Mittelpunkt der Welt hielten und ihrem Lehnsherrn so wenig treu waren, wie sie die von ihnen abhängigen Lehnsmänner schützten.

All das verstärkte die allgemeine Unsicherheit, und eine Fülle von Streitfällen war die Folge: einer neidete dem anderen den Besitz, einer war des anderen Feind, und bald gab es keinen Quadratmeter mehr in Deutschland, der nicht umstritten gewesen wäre. Der Landfrieden geriet immer wieder in Gefahr, das Fehdewesen nahm überhand. Hier griff Heinrich ein, indem er bemüht war, das, was recht und billig war, schwarz auf weiß niederzulegen, den Dschungel des Gewohnheitsrechts zu lichten, die Korruption der Richter zu bekämpfen und Strafen anzudrohen, deren barbarische Härte jeden abschrecken sollte, der vorhatte, das Gesetz zu brechen. Er drohte jedoch nicht nur, sondern war Manns genug, die Strafen vollstrecken zu lassen.

Verstümmelungen waren dabei üblich: das Ausstechen der Augen, Zerquetschen der Hoden, Abhacken von Händen und Füßen, das Ausbrennen der Zunge (bei Eidbruch und Gotteslästerung), die Brandmarkung durch glühende Eisen mit dem Anfangsbuchstaben der verübten Untat und so fort. Denn es sei besser, so hieß es, den Missetäter nicht zu töten, damit sein verstümmelter Körper für die begangenen Verbrechen zeugen könne.

Dem Land ein umfassendes Gesetzwerk zu geben, dazu hat es bei Heinrich nicht gereicht, er war nicht eigentlich schöpferisch, aber er

hat eine vorbildliche Rechtspflege getrieben, die sich bald auswirkte und dem Reich ein gewisses Maß an Ruhe und Sicherheit gab. Auch gegen die Großen scheute er sich nicht vorzugehen und zwang sie, die ewigen Fehden einzustellen und einander auf eine Reihe von Jahren eidlich Frieden zu geloben.
Den Mut, sich unpopulär zu machen, bewies Heinrich auch bei anderer Gelegenheit.

Ein Pakt mit dem Teufel

Den Osten und mit ihm die Mission bei den Heiden hatte er als Erbe übernommen. Kein christlicher König der Deutschen hätte sich dem entziehen können, auch wenn er erkannte, daß hier zwar Schlachten zu gewinnen waren, aber nie der Krieg. Den endgültigen Sieg verhinderte immer wieder die östliche Landschaft: mit ihren Wäldern und Sümpfen, mit ihren Flüssen, die schwer zu überschreiten waren und auch nicht in die »richtige Richtung« flossen, von West nach Ost, was für Truppentransport und Nachschub entscheidend gewesen wäre.
Diesmal ging es nicht um Glauben, sondern um Macht. Den Polen war in Boleslaw I. ein fähiger Führer erwachsen. Er trug den Beinamen »Chrobry – der Tapfere«, doch wenn er nur tapfer gewesen, die Deutschen wären mit ihm fertig geworden. Er war der erste polnische Herrscher, der sich den Kaisern gewachsen zeigte, als Politiker und als Soldat. Ottos III. Ritt nach Gnesen war ein Symbol dafür. Boleslaw legte das Fundament zur späteren Unabhängigkeit Polens, schuf vorübergehend ein großpolnisches Reich und erlangte ein Jahr vor seinem Tode 1025 sogar die Königswürde. Mit Recht ist er den Polen noch heute ein nationaler Held.
Sich diesen gefährlichen Feind vom Hals zu schaffen, schien Heinrich jedes Mittel recht: er schloß ein Bündnis mit den Ljutizen. Das war eine slawische Stammesgruppe, die im östlichen Mecklenburg, in Vorpommern und im Havelgebiet saß, mit Rethra als religiösem und politischem Mittelpunkt. In ihren mit Tierhörnern geschmückten Tempeln befragten sie das Losorakel, weihten sie die eroberten Feldzeichen ihren mit Harnisch und Helm gekleideten Götzen, opferten sie die auf

den Feldzügen gefangenen Christen dem »unsäglichen Durst« des obersten Gottes Zuarasici.

Ljutizen bedeutet »die Wilden, die Grimmigen«, und das waren sie immer gewesen, wenn es gegen die Sachsen gegangen war, ihren Erbfeind. Von allen slawischen Stämmen hatten sie sich am erbittertsten gegen jeden Versuch gewehrt, sie zu Christen zu machen. Ihre Tapferkeit und ihre Bereitschaft, für ihren Glauben zu sterben, hatten bei ihren Gegnern Erstaunen, hatten Respekt ausgelöst.

Sie haßten die Deutschen, doch wenn es jemanden gab, den sie noch mehr verabscheuten, dann waren es die bereits christlich gewordenen Polen. Allein das war ausschlaggebend für Heinrich bei seinem Pakt, von dem er wußte, daß die Christenheit ihn als einen Pakt mit dem Teufel ansehen würde.

Dieses Bündnis war in der Tat schockierend: ein heidnisches Volk, das man seit einem Jahrhundert unter Opferung der Edelsten bekämpfte, wird zum Partner, bleibt vor weiterer Christianisierung verschont. Ein Vorgehen, das in schreiendem Gegensatz zum Geist der Zeit stand und den Zeitgenossen ein Greuel war. Aus den Worten Thietmars wird es spürbar, wenn er aufstöhnt: »Diese Menschen also, welche vormals unsere Knechte, nun ob ihrer Gottlosigkeit frei, durften unserem König helfen. Fliehe, mein Leser, den Verkehr mit ihnen und ihrem Götzendienste...«

Der König bekam bald Ärger mit seinen wilden neuen Freunden, die auch dem Bundesgenossen ihren anderen Glauben drastisch demonstrierten. Als sie eine christliche Kirche plünderten, mußte er die Schandtat mit einer großen Summe Sühnegeld auslöschen. Er bestrafte aber auch Christen, die, wie einer der Mannen des Markgrafen Hermann, die Götzensymbole auf den heidnischen Fahnen mit Steinwürfen zerstören wollten.

Letztlich behielt er recht mit seiner Entscheidung, die der Mitwelt ein Greuel war, der Nachwelt aber ein kluger politischer Schachzug: die deutschen Grenzen blieben gesichert.

Ähnlich modern im heutigen Sinn, wobei der Zweck die Mittel zu heiligen pflegt, mutet ein anderes Bündnis an, das Heinrich schloß: mit dem russischen Großfürsten Jaroslaw von Kiew. In der Weltgeschichte die erste Waffenbrüderschaft zwischen Deutschen und Russen, war sie dazu bestimmt, die Polen in die Zange zu nehmen. Das klappte zwar nicht ganz, auf die Dauer aber war es der richtige Weg, die

Aggressionslust des gefährlichen Boleslaw zu bremsen, ihn durch ein neues Ziel von Deutschland abzulenken.

»Bî im stuont wol das rîche«

Erst zehn Jahre nach seiner Thronbesteigung unternahm Heinrich den für alle Könige vor und nach ihm obligatorischen Romzug. Er tat es mehr aus Pflicht, denn Italien lag ihm nicht und die Italiener, besonders die Römer, schon gar nicht. Er hatte sie kennengelernt in jenen Tagen, da er zur engsten Begleitung Ottos III. gehörte. Er war es gewesen, damals noch als Heinrich von Bayern, der den in die Engelsburg geflüchteten Vetter herausgehauen hatte. Deprimierende Erinnerungen an Lug, Trug und Verrat hatten sein Italienbild geprägt, und so hielt er sich in Rom so kurz wie möglich auf, nachdem er, wie der Quedlinburger Annalist nicht ohne unfreiwilligen Humor berichtet, »die Geschäfte geordnet und gewaltige Gelder tüchtig eingestrichen«.
Ganz heraushalten konnte auch er sich nicht aus den italienischen Wirren. Diesmal waren es die Byzantiner, die für Unruhe sorgten: sie hatten nichts weniger im Sinn, als von ihrem unteritalienischen Machtgebiet aus nach Rom vorzustoßen. Hier mußte ein deutscher Kaiser eingreifen, wollte er seinen Titel zu recht führen, denn mit der Bedrohung Roms war das Reich gefährdet. Doch auch der Papst war gefährdet, und Heinrich nützte die Gelegenheit, ihm zu zeigen, daß ohne kaiserliche Hilfe kein höchster Herrscher der Christenheit sicher sei. Er ließ ihn über die Alpen nach Bamberg kommen, wo das Ersuchen um Hilfe gnädigst entgegengenommen wurde.
Als er, Ende 1021, endlich eingriff, geschah es mit einem starken Heer und gründlicher taktischer und strategischer Vorbereitung. Innerhalb von neun Monaten drängte er die Griechen zurück, sicherte die langobardischen Fürstentümer Salerno, Benevent und Capua, die für die Sicherheit des Reiches so wichtigen Pufferstaaten. Vielleicht wäre es ihm gelungen, Byzanz endgültig aus Apulien zu vertreiben, wenn nicht wieder einmal die Malaria zum besten Verbündeten des Feindes geworden wäre und die Deutschen zum Abbruch des Feldzugs gezwungen hätte.

Betrachtet man das Leben dieses Kaisers wie das seiner Vorgänger und Nachfolger mit ihrer an Sisyphos erinnernden Aufgabe, ihr zähes Bemühen, Unmögliches möglich zu machen, was nach der Dichterin Ricarda Huch allen Kaisern des Mittelalters einen tieftragischen Zug verleiht, betrachtet man dies, so stellt sich am Beispiel Heinrichs die Frage: was hat einen schon dreißigjährigen, von Krankheit gezeichneten Mann dazu gebracht, um die Erringung eines solchen Amtes sich zu bemühen?

Ehrgeiz, Machthunger, Sucht nach Ruhm, könnte man antworten, aber eine solche Antwort wäre nur zum Teil richtig. Entscheidend waren wohl die magische Kraft der Berufung, die über jeden Zweifel erhabene Idee, die hinter dem Kaisertum stand, der tiefe Glaube, einen Auftrag Gottes auszuführen. Daß Heinrich die Aufgabe erfüllt hat, wie es in seinen eher bescheidenen Kräften stand, haben die Historiker, wie betont, erst spät erkannt.

»Ich muß gestehen«, schreibt Leopold von Ranke, zu dessen Grundsätzen es gehörte, daß die Geschichtsschreibung nicht richten noch lehren solle, sondern nur zeigen, wie es eigentlich gewesen ist, »ich muß gestehen, ich bewundere ein wenig die ausharrende Tatkraft dieses Mannes in bezug auf das Reich ... Daß er die germanischen Lande unter einem Zepter zusammenhielt, bildet sein größtes Verdienst. Unter ihm ist eigentlich nichts verlorengegangen ... Er kann als der Fürst betrachtet werden, welcher die spätere Weltstellung der Kaiser, wenn nicht begründet, doch neu befestigt hat.«

Oder wie das der mittelhochdeutsche Dichter Ebernand von Erfurt ausdrückte in seiner Legende von Heinrich und Kunigunde: »Swer sich nâch ime rihten will, der volge sînen bilden ... Bî im stuont wol das rîche.«

2. Buch
DIE SALIER

7. Kapitel Konrad II. und Heinrich III. oder der Zeiten Wende

Ein großes Brudervolk, festlich hier vereint

»Des sächsischen Geschlechtes letzter Zweig, das glorreich ein Jahrhundert lang geherrscht«, der Kaiser Heinrich war nicht mehr, und die Not schien groß, denn es war kein Sohn da, der die Krone hätte übernehmen können, kein Vetter oder Neffe. Wenn es dennoch nicht zu einem Machtkampf der Thronprätendenten kam, zum Aufruhr in den Herzogtümern, zu einer kaiserlosen, schrecklichen Zeit, dann war es eben jenem sächsischen Geschlechte zu verdanken, das gerade erloschen.
Die Sachsenkaiser hatten einst den Kampf aufgenommen gegen den Partikularismus der Stämme, hatten die berüchtigte deutsche Zwietracht im Zaum gehalten, indem sie einem jungen Volke neue Ziele gewiesen, die seiner urwüchsigen Kraft wert waren. Aus Stammesverbänden ein Reich geschmiedet zu haben, das Reich der Deutschen, das war ihre große Tat.
Wie stark das Gemeinschaftsgefühl innerhalb der einst hoffnungslos miteinander verfeindeten Stämme geworden, zeigte die Wahlversammlung bei Oppenheim am Rhein, auf der man den neuen König kürte. Wenn auch Ludwig Uhland, wie die meisten Romantiker der Faszination des Mittelalters verfallen, stark übertrieb, als er dichtete: »So war das Mark von Deutschland hier gedrängt ... Und jeder Stamm verschieden von Gesicht, an Wuchs und Haltung, Mundart, Sitte, Tracht, an Pferden, Rüstung, Waffenfertigkeit. Und alle doch *ein* großes Brudervolk, zu gleichem Zwecke festlich hier vereint.«
Zwei Konrade stellten sich zur Wahl, Freunde, Vettern, Urenkel jenes nun bereits legendären Herzogs Konrad des Roten, des Schwiegersohns Ottos I., den wir als Held und Opfer der Ungarnschlacht kennengelernt haben. Beiden gab ihre Abstammung gegenüber anderen

den Vorzug. Nachdem die Prätendenten sich untereinander abgesprochen hatten, einigten sich die Fürsten auf den älteren Konrad, worauf Exkaiserin Kunigunde ihm die Reichsinsignien, die sie solange in Verwahrung gehabt, feierlich überreichte. Ein rührender Zug am Rande, wie diese noch vor kurzem mächtige Frau sich bald darauf ins Kloster Kaufungen zurückzog, um die restlichen vierzehn Jahre ihres Lebens als einfache Pförtnerin ihren frommen Dienst zu tun.

Mit Konrad II. kamen für ein Jahrhundert die Salier auf den Thron, ein fränkisches Hochadelsgeschlecht, dessen Name vom althochdeutschen Wort *sal* – »Herrschaft« abgeleitet wird. Von den Franken war das Königtum einst ausgegangen und kehrte nun wieder zu ihnen zurück. Die Salier waren anders als die Sachsen, anders in ihrem Aussehen und in ihrem Charakter: hochgewachsen statt untersetzt, mit dunklen Haaren statt der mehr ins Rötliche gehenden ihrer Vorgänger; rücksichtslose Herrenmenschen sie alle, die, hätten sie nur gekonnt, zu Tyrannen geworden wären; nur auf die Macht bedacht, überließen sie die Förderung von Künsten und Wissenschaften anderen; »... die Mischung von Hoheit und Traulichkeit, der Humor, die herzliche Wärme, die den Ottonen eigen war«, sie fehlte ihnen gänzlich.

Bezeichnend hierfür, daß mit Konrad wieder ein *idiota litterarum* die Krone übernahm, einer, der nicht lesen noch schreiben konnte. Man hatte es in seiner Kindheit nicht für nötig erachtet, an einen Niemand irgendwelche Bildung zu verschwenden. Der Vater war tot, die Verwandten hatten ihn um sein Erbe betrogen, die Mutter ihn im Stich gelassen, und das edle Blut allein schien nicht zu genügen, ihn für höhere Aufgaben zu bestimmen.

Doch nach dem Gesetz, daß das, was einen Menschen nicht zerbricht, ihn um so stärker macht, ging auch Konrad gestählt hervor aus der Misere seiner Kindheit, erfüllt von einem starken Gerechtigkeitsgefühl und einer Sympathie für den niederen Adel, die Ritter, jene gesellschaftliche Schicht, die die Truppen des Reiches stellte.

Dem König Konrad verdankten es die Ritter, daß ihre Lehen erblich wurden, Geliehenes sich in Eigentum verwandelte. Es machte sie zum erstenmal frei, frei von der Willkür ihrer Lehnsherren, der Fürsten und der Bischöfe, die nun nicht mehr nach Belieben über die Güter der Ritter verfügen konnten. Kein Wunder, daß sie in unabdingbarer Treue zu ihrem König hielten, jederzeit bereit, ihm gegen die Territorialherren zu helfen. Jene Herren, für die es keinen Eid gab, den sie nicht brachen, wenn es um die Aushöhlung der königlichen Macht ging. Ein neuer Dienstadel entstand auf diese Weise, der dem Staat nicht wie bisher nur im Kriege diente, sondern auch im Frieden: er stellte die ersten weltlichen Beamten, die Ministerialen.

»Diese Bestie wird von meinem Brot nicht mehr zehren!«

Wie treu die Ritter von nun an zu Konrad standen, zeigte sich bei der Rebellion, die der Stiefsohn des Königs, Ernst von Schwaben, anzettelte. Obwohl ihr Lehnsherr, versagten sie ihm die schuldige Gefolgschaft, weil, so argumentierten sie, der König der Hort ihrer Freiheit sei und sein Recht eines Herzogs Recht breche.
Ihr Ungehorsam allerdings traf einen der Besten: Ernst, ein junger Edler, von seinem Recht auf das burgundische Erbe durchdrungen, unterliegt, soll wieder in Gnaden aufgenommen werden, weigert sich aber, den Preis dafür zu bezahlen – den Verrat an seinem besten Freund. Von der eigenen Mutter verleugnet, die »den weisen Gatten Konrad dem übel beratenen Sohn vorzieht«, als Hochverräter für vogelfrei erklärt, zieht er sich in den Schwarzwald zurück, wo er eine Zeitlang als Rächer und Räuber lebt, um schließlich, von einer Übermacht umstellt, den Tod in einem letzten verzweifelten Gefecht zu suchen. Eine von Tragik umdüsterte Gestalt, der Herzog Ernst, an den ein paar Worte zu verlieren dem Berichterstatter wohl ansteht.
Seine Sympathie für die Niedriggestellten zeigte Konrad bei jeder sich bietenden Gelegenheit. Einen in Rom gefallenen Ritter ließ er demonstrativ neben dem Grabe Kaiser Ottos II. beisetzen; einem anderen, dem ein Bein abgehauen, füllte er den zu diesem Bein gehörenden Reitstiefel mit goldenen Münzen und stellte ihn an sein Schmerzenslager. Als die Knechte des Bischofs von Werden bei Essen verkauft werden sollten, fragte er die Verantwortlichen voller Empörung: »Glaubt ihr etwa, daß sie vernunftlosem Vieh gleichen?!«
Nach der Wahl bei Oppenheim unterbrach er seinen Ritt zum Mainzer Dom, um einem Bauern, einem Waisenkind und einer Witwe, die sich ihm mit einer Bittschrift in den Weg stellten, zu ihrem Recht zu verhelfen. Das aber klingt zu schön, um echt zu sein.

Konrads ausgeprägtes Rechtsgefühl half ihm, komplizierte rechtliche Probleme zu lösen und auf ihren Grundgehalt zurückzuführen. Die Bewohner Pavias hatten nach dem Tod Heinrichs II. die Königspfalz zerstört, und sie entschuldigten sich für dieses Vergehen, indem sie spitzfindig vorbrachten: »Als wir dies taten, gab es noch keinen neuen König, also konnten wir auch uns nicht gegen Euch, o Herr, vergangen haben.«
Konrad gab ihnen die klassische Antwort, die in die Geschichte des Staatsrechts eingegangen ist: »Wenn der König stirbt, bleibt doch das Reich – so wie das Schiff bleibt, wenn der Steuermann gefallen ist.« Tag und Nacht im Sattel, durcheilte er sein riesiges Reich, die Schuldigen zu strafen, die Säumigen anzuspornen, die Gerechten zu belohnen. Das Recht zu schützen, gehörte zur vornehmsten Aufgabe der deutschen Kaiser des Mittelalters, und Konrad kam ihr mit unerbittlicher Strenge nach, dabei immer darauf bedacht, nicht nur die Kleinen zu hängen. In einem Gewaltritt legte er einmal in vierundzwanzig Stunden einhundertfünfzig Kilometer zurück, um den Grafen Thasselgard, der in Mittelitalien plünderte und mordete, dingfest zu machen. Als man den adligen Räuber zum Galgen führte, sagte der König: »Das also ist der Löwe, der meine Herde verschlingen wollte. Beim Himmel, diese Bestie wird von meinem Brot nicht mehr zehren.«

Feldherr und Diplomat

Konrad war ein Kerl, ein Haudegen, der von seinen Kriegern nicht mehr forderte als von sich selbst, eine Eigenschaft, die Heerführer seit je populär gemacht hat. Bei den Kämpfen gegen die Slawen an den versumpften Ufer der Elbe schlägt er sich, bis zu den Schenkeln im Morast stehend, in vorderster Linie. In Ravenna springt er vom Fenster seines Nachtquartiers auf sein Pferd, stürzt sich mitten unter die Rebellen und verhindert eine Panik unter seinen von allen Seiten umstellten Truppen. Bei einem nächtlichen Aufstand in Parma wirft er Brandfakkeln in die Häuser, gibt so seinen vor der Stadt lagernden Truppen das rettende Notsignal. Als die Wenden vor seinen Augen ein Kruzifix verschandeln, indem sie dem Gekreuzigten Arme und Beine ausreißen,

setzt er sich an die Spitze eines Kommandounternehmens, und die Gefangenen, die er macht, läßt er auf ähnliche Weise verstümmeln.
Wer ein Jahr aus Konrads Leben herausgreift, bekommt einen Begriff davon, was diese Herrscher rein physisch leisten mußten. 1033 unternimmt er von Straßburg aus einen Winterfeldzug nach Burgund, zieht anschließend über Basel und Solothurn an den Neuenburger See, von dort nach Schwaben und Lothringen und feiert das Osterfest im holländischen Nimwegen. Der Mai sieht ihn bei einer Konferenz mit dem französischen König in Deville an der Maas. Wenige Wochen später taucht er in Thüringen und Sachsen auf, hält an St. Peter und Paul Hof in Merseburg, geht Anfang August nach Limburg, führt von dort seinen zweiten Feldzug in die Champagne. Kaum wieder in der Heimat, ruft ihn eine Offensive der Slawen an die Ostgrenze, wo er persönlich in die Kämpfe eingreift und die Abwehr organisiert. Erst das Weihnachtsfest gönnt ihm eine kurze Pause im westfälischen Minden.
Konrad war ein Herrscher, dem, sieht man von wenigen mißglückten Feldzügen ab, das Königsheil in reichem Maße zuteil wurde. Ähnlich wie Otto der Große profitierte er vom Tod anderer. Da starb Boleslaw Chrobry, vielleicht die größte Persönlichkeit, die Polen im Laufe seiner Geschichte hervorgebracht hat, und hinterließ ein Reich, das schwächliche Nachfahren nicht zu halten vermochten: die Gefahr für die deutschen Ostgrenzen war gebannt. Und Burgunds König Rudolf starb, der sein Land per Erbschaftsvertrag an Deutschland abgetreten hatte, womit Konrad über die strategisch wichtigsten Alpenpässe nach Italien verfügte.
Dieser Kaiser ging im nüchternen politischen Kalkül noch weiter als sein Vorgänger. Hatte der zweite Heinrich sich nicht gescheut, mit den Heiden zu paktieren, so war Konrad sogar zu Gebietsabtretungen bereit. Knut von Dänemark, der über England, Schottland und Norwegen herrschte, gewann er durch den Verzicht auf die Mark Schleswig, ein Landbesitz, der ohnehin nicht mehr zu halten gewesen wäre. Um den gewalttätigen Dänen noch fester an sich zu binden, stiftete er eine Ehe zwischen seinem Sohn Heinrich und der Dänenprinzessin Gunhild. Nachdem es ihm nicht gelungen war, Ungarn mit Gewalt zu befrieden, erkaufte er sich den Frieden durch die Aufgabe eines Grenzstreifens beiderseits der Donau bei Preßburg und konnte nun, in der Flanke nicht mehr bedroht, mit geballter Macht gegen Polen ziehen.
Teile des Reichsgebiets abzutreten war ein unerhörtes Verfahren und

trug ihm von manchem den Ruf eines Verzichtpolitikers ein, das aber scherte ihn nicht, wenn nur die Bilanz stimmte, und sie stimmte immer dann, wenn er das Blut seiner Männer nicht hatte vergießen müssen. Bei seinen Feldzügen in Italien achtete er darauf, sie rechtzeitig vor Einbruch des malariagefährdeten Sommers in die Täler Südtirols zurückzuziehen. »Ich weiche niemandem«, hat er einmal gesagt, »außer Gott – und Italiens brennendem Himmel.«

Kindischer als Caligula, lasterhafter als Heliogabal

Daß er niemandem wich, zeigte er auch gegenüber den kirchlichen Gewalten. Heinrich war kein Heiliger gewesen, Konrad schien noch nicht einmal sonderlich fromm. Man hat ihn als den »ungeistlichsten«, den im Glauben am wenigsten festen Kaiser bezeichnet.
Auf die Päpste sah er mit Verachtung herab: was auch sollte er von Männern denken, die sich die Stellvertretung Gottes auf Erden anmaßten, mit ihrem Amt aber Schindluder trieben: wie Johannes XIX., der sich den Stuhl Petri von seiner hochadligen Familie kaufen ließ und später ernsthaft mit dem Gedanken spielte, ihn an den griechischen Patriarchen von Konstantinopel weiterzuverschachern; oder wie sein Nachfolger Benedikt IX., ein zwölfjähriger Knabe, »kindischer als Caligula, lasterhafter als Heliogabal« und so korrupt, daß er gegen eine Abfindung in Höhe von 2000 Pfund Gold sogar wieder zurücktrat.
Konrad war nicht berührt von dem, was man ihr »lasterhaftes Treiben« nannte, solange sie nicht seine Kreise störten und sich kommandieren ließen, wie es die Staatsraison befahl. Benedikt zum Beispiel war ihm gut genug, den Erzbischof von Mailand zu exkommunizieren, der sich den kaiserlichen Reformplänen zu widersetzen wagte. Mit den Bischöfen in Deutschland sprang er ähnlich rigoros um: er setzte sie ein, er setzte sie ab, er setzte sie gefangen – wenn sie nicht so wollten wie er.
Ihn interessierte es wenig, ob die Kirchenfürsten menschliches Format hatten, ob sie gebildet waren oder ungebildet, wichtig war nur, daß sie in sein politisches Konzept paßten und ihrer Pflicht als hohe Beamte nachkamen. Denn das waren sie für ihn in erster Linie: hohe Beamte, die nicht zween Herrn zu dienen hatten, sondern nur einem: *ihm*.

17 »... die wir zwei sind in einem Fleisch«. Heinrich II. und Kunigunde, Vorbilder einer christlichen Ehe, Stifter des Bamberger Doms. Ihre Statuen gehören zu den schönsten Menschenbildern der Gotik *(oben)*.

◁ 16 Papst Gregor der Große, inspiriert vom Heiligen Geist in Gestalt einer Taube, und drei schreibende Mönche. Das Elfenbeinrelief aus dem 10. Jahrhundert zeigt die Klöster als Pflanzstätten und Bewahrer der Kultur *(vorige Seite)*.

18 Darstellung der im Mittelalter üblichen Strafen: Verbrennen, Hängen, Augenausstechen, Aufschlitzen, Rädern, Auspeitschen, Handabhauen *(oben)*.

19 Wie eine Stadt erstürmt wurde *(folgende Seite)*.

Was kostet ein Bischofssitz?

Während Heinrich der Kirche genommen *und* gegeben hatte, nahm Konrad nur noch. Der warme Regen königlicher Stiftungen auf Kirchen und Klöster hörte auf, die Versuche, Geschenktes ungeschenkt zu machen, nahmen zu. Bistümer und Reichsabteien wurden regelrecht vermarktet: wer am meisten zahlte, bekam den Zuschlag. Bargeld gegen Bischofssitz, das war nicht eben neu, nur war Konrad noch nicht einmal bemüht, sein Tun zu bemänteln.
Auf den Vorwurf, daß er fortwährend sich der Simonie schuldig mache, gab er die entwaffnende Antwort: »Wie anders soll dieses Reich denn zu regieren sein?«
»Simonie« bedeutet den Handel mit Heilsgütern und kirchlichen Ämtern, eine Bezeichnung, die auf Simon den Magier zurückgeht, einen Wundertäter aus Samaria, der mit Petrus und Johannes einen ungewöhnlichen Handel abschließen wollte.
»Da aber Simon sah, daß der Heilige Geist gegeben ward, wenn die Apostel die Hände auflegten«, heißt es in der Apostelgeschichte, »bot er ihnen Geld an und sprach: ›Gebet mir auch die Macht, daß, so ich jemandem die Hände auflege, derselbe den Heiligen Geist empfange.‹ Petrus aber sprach zu ihm: ›Daß du verdammt werdest mit deinem Gelde, darum daß du meinst, Gottes Gabe werde durch Geld erlangt.‹«
Petrus hat es verdammt, Gottes Gaben durch schnöden Mammon zu erlangen, und die auf ihn gegründete Kirche tat es, zu ihrer Ehre sei es gesagt, auch immer wieder, genützt aber haben alle Verdammungsurteile nichts. Zwar mag der Geist der Betroffenen willig gewesen sein, ihr Fleisch war meist zu schwach.
Und so zahlten sie. Zum Teil hatten sich feste Sätze eingebürgert, zum Teil wurde gefeilscht. Wem die Kaufsumme zu hoch war, der konnte sich ruhig verschulden. Die Pfründe warf in der Regel so viel ab, daß er die Schulden bald tilgen konnte. Wenn nicht, ließ sich immer noch Kircheneigentum verkaufen. Marmorsäulen zum Beispiel, Bücher, Altarsilber oder die Ziegel vom Dach des Gotteshauses. Es wäre unsinnig, den Geistlichen hieraus einen Strick drehen zu wollen. Sie taten das, was alle taten, vom kleinen Landpfarrer bis zum großen Erzbischof, und unterschieden sich hierin wenig von den normalen Sterblichen.

Es ist besser freien, denn Brunst leiden

Es gab noch ein zweites Problem, das die Kirche seit Jahrhunderten zu lösen sich bemühte: das Zölibat. Der Gedanke, daß es besser sei, wenn Priester nicht heirateten, war ursprünglich weniger eine Sache der Moral gewesen als ein Erfordernis der Praxis: wer unabhängig war, frei von Familiensorgen und emotionell nicht engagiert, konnte sich seiner Aufgabe als Seelenhirt am besten widmen. Auch hatte er kein Interesse daran, Vermögen zu bilden, da es keine Erben gab. Ganz abgesehen davon, daß er durch die Bändigung seiner Triebe Gott näher stand und seinen Mitmenschen ein Vorbild war.

Doch mit den Trieben gab es Schwierigkeiten. Sie ließen sich auf die Dauer nur sehr schwer bändigen. Auf Konzilien wurde immer wieder das Zölibat gefordert, mit Exkommunikation gedroht, Höllenstrafen prophezeit und, wie 1018 in Pavia, dekretiert, daß alle Pfarrerkinder Bastarde seien und daher vom Erbrecht auszuschließen. Päpste von der Strenge eines Leos IX. bezeichneten die ständigen Begleiterinnen der Priester als Dirnen, die umgehend zu verstoßen seien, und wer mit ihnen nach Rom zu kommen wage, habe sie im Lateran abzuliefern, wo sie als einfache Mägde Dienst tun müßten.

Die meisten Geistlichen jedoch folgten den Forderungen der Natur lieber als denen ihrer Obrigkeit. Sie heirateten, zeugten Kinder oder lebten mit ihrer Wirtschafterin im Konkubinat. Ihre geringen Mittel, so rechtfertigten sich manche, zwängen sie aus Gründen des besseren Haushaltens, sich eine Frau zu nehmen. Andere wieder führten den Apostel an, der von den Priestern gesagt hatte: »So sie sich aber nicht mögen enthalten, lasset sie freien. Es ist besser freien, denn Brunst leiden.« Wieder andere fragten, ob es christlich sei, wenn sie ihre Familien, die mit ihnen Not und Sorge geteilt, im Stich ließen und sie dem Elend überantworteten – um eines Prinzips willen? Bischöfe, die solches von ihnen verlangten, sollte man von ihrem Stuhle herunterreißen und sie prügeln – was denn auch vorkam.

Da die Geistlichen widerspenstig blieben, wandte die Kirche sich schließlich an jene, die an allem schuld waren, an »die Klerikerhäschen, des Paradieses Auswurf, des Verstandes Gift und der Seele Dolch, an der Sünde Anreiz und des Verderbens Anlaß«. Oder, wie es weiter heißt in einer jener typischen Strafpredigten, an die

Frauen: »Also her und hört mich, ihr Wiedehopfe, Käuzinnen, Nachteulen, Wölfinnen, Blutegel, die ihr ohn' Unterlaß rufet: ›Geld her! Geld her!‹ Ihr Lasterweiber, Kußmäuler und Sausuhlen, ihr Pfühle unsauberer Geister, ihr Nymphen, Sirenen, Lamien, Damien und wie sonst die Unholde und Ungeheuer heißen mögen, deren Namen man euch mit Recht an den Kopf wirft. Opfer des Teufels seid ihr und zum ewigen Verderben und zur ewigen Vernichtung bestimmt, denn an euch mästet sich Satan wie an leckeren Bissen. Ihr greulichen Tigerinnen, eure triefenden Mäuler gieren einzig nach Männerblut. Harpyen seid ihr, die ihr grausam verschlinget die Geweihten des Herrn. Löwinnen seid ihr, die mit gesträubten Mähnen leichtsinnige Männer zu blutiger Umarmung an sich zerren, wütende Nattern, die in maßlosem Sinnenrausch Christus von seinen Priestern reißen wie das Haupt vom Leibe. Und so macht ihr durch die Reize raffinierten Putzes und geschminkter Larven die unglücklichen Männer abhold dem Dienst am hochheiligen Altar, um sie mit euren Liebesbanden zu erdrosseln.«

Unnahbar, düster, verschlossen – der Schwarze Heinrich

Heinrich III., Konrads Sohn, der 1039 zur Regierung kam, waren Simonie und Priesterehe ein Ärgernis. Er war, ganz im Gegensatz zu seinem der Welt zugewandten Vater, tiefreligiös und fromm bis zur Askese. Er machte sofort Anstalten, gegen die Sünden der Väter anzugehen und den Handel mit kirchlichen Ämtern zu stoppen. Er selbst gab das Beispiel und verzichtete auf die Schmiergelder, die bei der Investitur von Bischöfen und Äbten üblich waren. Eine selbstlose, lautere Tat, die den Beifall der Reformer fand – und das Stirnrunzeln der für den Staatshaushalt zuständigen Räte.
Die Finanzierungslücke nämlich, die durch den Verzicht entstand, klaffte weit, und Heinrich sah sich gezwungen, die Adligen stärker zur Ader zu lassen, indem er sich von ihnen jene Summen holte, die ihm jetzt fehlten. Er hätte keine wirksamere Methode finden können, sich neue Feinde zu schaffen, doch das war ihm gleichgültig: wenn man ihn nur fürchtete, zu lieben brauchte man ihn nicht.
Heinrich war ein Idealist reinsten Wassers, und von den Idealisten

heißt es, daß Gott uns vor ihnen beschützen möge, wenn sie in der Politik auftreten. Weil sie immer versuchen werden, die Welt nach ihrem – weltfernen – Bilde zu gestalten. Seine Zeitgenossen schildern ihn als düster, verschlossen, unnahbar, und kein Name paßte besser zu ihm als der des »Schwarzen Heinrich«, auch wenn er ihn vornehmlich seinem schwarzen Haar verdankte und dem dunklen Teint. Als die Spielleute zu seiner Hochzeit herbeiströmten, um ihn auf ihre Art zu feiern, ließ er sie fortjagen – »in tiefer Verachtung ihrer eitlen Künste«.
Das war nicht nur unklug – die Fahrenden waren die »Presse« und bestimmten weitgehend die öffentliche Meinung –, sondern auch der Sitte der Zeit zuwider, denn die Gaukler waren außerordentlich beliebt.
Ein freudloser Streber also, dieser dritte Heinrich? Vielleicht war er das, aber er war kein Heuchler, er hatte ein Ziel, das er mit aller Kraft zu verwirklichen suchte: die Reform der Kirche an Haupt und Gliedern. Nur auf eine Kirche, die frei war vom Laster der Simonie und der Priesterehe, glaubte er sich in Zukunft stützen zu dürfen.
Es empfahl sich, dabei eine Strecke Weges mit den düsteren Männern von Cluny zu gehen. Cluny war ein Fanal, das seit Jahrzehnten schon von Burgund her über die Grenzen nach Deutschland leuchtete, ein Zeichen zur Besinnung auf die wahren Aufgaben der Kirche, die nicht in der Welt des lauten Alltags liegen könnten. Verinnerlichung, Versenkung in das Gebet, würdige Ausgestaltung des Gottesdienstes lauteten die Forderungen der burgundischen Abtei. Die Mönche kamen in strenge Zucht, wurden zu Gehorsam verpflichtet, zum Stillschweigen, zur Askese.
Bestrebungen, die in deutschen Klöstern keinen rechten Widerhall gefunden hatten, denn hier glaubte man, den Segen des Himmels auch durch die Pflege der Wissenschaften und durch harte körperliche Arbeit erlangen zu können. »... Askese im Sinne verdrossenen oder gar finsteren Triumphierens über einen geschurigelten Körper« lehnte man ab. »Den kleinen Überschuß an Lebenswonne..., ein gewisses Maß an Ungebundenheit und Raum für den Flügelschlag der Seele wollten die Mönche in Deutschland nicht missen.«
Daß Cluny auch die absolute Unabhängigkeit der Kirche von jeder weltlichen Gewalt predigte, hätte Heinrich stutzig machen sollen, aber er sah darüber hinweg in dem Glauben, mit dieser Gefahr fertig zu werden. Wichtig war ihm, die eine Zeitströmung repräsentierenden Cluniazenser auf seiner Seite zu wissen.

Papst, Gegenpapst und Gegen-Gegenpapst

Heinrich III. setzte den Hebel seiner Reformen dort an, wo die größtmögliche Breitenwirkung zu erwarten war: in Rom, dem Sitz des Oberhauptes der katholischen Christenheit. Das heißt, zur Zeit war es der Sitz dreier Oberhäupter. Die an Abwechslung nicht arme Geschichte der römischen Kurie hatte zwar gelegentlich Papst und Gegenpapst verzeichnet, aber noch nie drei Päpste zugleich. Benedikt, von Aufständischen vertrieben und durch Silvester ersetzt, kehrte zurück, vertrieb Silvester, trat aber in der Erkenntnis, sich doch nicht halten zu können, sein Amt an Gregor VI. ab, der ihn dafür großzügig entschädigte. Für Heinrich ein willkommener Grund einzugreifen, das Schisma zu beenden und bei dieser Gelegenheit mit der Reform zu beginnen.

Er erschien mit einer Heeresmacht in Italien, zwang Silvester zum Verzicht, setzte Benedikt, der ja dem kanonischen Recht zuwider abgedankt hatte und deshalb noch als Papst gelten konnte, offiziell ab, schickte den der Simonie überführten Gregor in die Verbannung nach Köln und erhob einen Papst nach seiner eigenen Wahl: den Sachsen Suitger von Bamberg.

Suitger, nun Clemens II. genannt, setzte anderntags dem König Heinrich die Kaiserkrone auf. Ein deutscher Papst und ein deutscher Kaiser, beide verbunden zu gemeinsamem Werk, beide gewillt, die Kirche zu erneuern und der Welt Gottes Frieden zu geben, das war seit den Tagen Ottos III. nicht mehr dagewesen, ein großer historischer Moment, der seinen Ausdruck fand in einer Krönungsfeier von nie dagewesenem Glanz. Heinrich III. hatte den Gipfel seiner Macht erreicht und mit ihm das deutsche Kaisertum überhaupt. Sein Machtbereich erstreckte sich von der dänischen Grenze bis nach Unteritalien, von der Oder bis zur Rhône, von Prag bis nach Gent, drei Königreiche – Deutschland, Italien, Burgund – waren unter seiner Krone vereint, die Polen, Böhmen, Ungarn, die Westslawen erkannten seine Oberhoheit an, und die Römer hatten ihm die Würde eines Patricius verliehen (das Recht, jede Papstwahl zu entscheiden).

Die größte Show des Mittelalters

Wie die Krönung des Mannes verlief, dem das Abendland gehorchte, diese größte »Show« des Mittelalters, es ist an der Zeit, sie hier einmal zu schildern.

An jenem 25. Dezember 1046 wird Heinrich an der Kirche Santa Maria Traspontina vom Klerus und den Körperschaften der Stadt empfangen und zur Porta Castelli an der Engelsburg geleitet, wo er einen heiligen Eid leistet, die Gesetze der Stadt zu beachten und die Gewohnheiten ihrer Bewohner zu tolerieren. Von dort bewegt sich der Zug, begleitet von den Senatoren, dem das bloße Schwert tragenden Stadtpräfekten und den Kämmerern, die aus großen Körben Münzen unter das gaffende Volk werfen, zur Peterskirche. Er steigt die Treppe hinauf, begrüßt den dort seiner harrenden Papst, küßt ihm den rechten Fuß, schwört feierlich, die Kirche zu beschützen, und wird zum Sohn der Kirche adoptiert. Gemeinsam schreiten sie zur Silbernen Pforte der Basilika, knien nieder zum Gebet auf der Rota Porphyretica, einem kreisrunden, in den Boden eingelassenen Porphyrstein. Nach der Ablegung des Glaubensbekenntnisses wird der König in der Sakristei mit der Tunika, der Dalmatica und dem Pluviale, liturgischen Gewändern, bekleidet, sowie mit der Mitra, der Bischofsmütze, und den goldenen Sandalen, worauf ihn der Bischof von Ostia am Altar des Heiligen Mauritius den rechten Arm und den Nacken salbt.

Der Gipfel allen menschlichen Ehrgeizes, die Kaiserkrone, liegt funkelnd vor seinem sehnsüchtigen Blick auf dem Altar des Apostelfürsten. Aber der Papst steckt erst den goldenen Ring an den Finger des Gesalbten, das Symbol des Glaubens, der Beständigkeit und der Kraft seines katholischen Regiments. Er umgürtet ihn mit dem Schwert und setzt ihm endlich die Krone aufs Haupt.

»Nimm«, so spricht er, »das Zeichen des Ruhmes, das Diadem des Reiches, im Namen des Vaters, des Sohnes und des Heiligen Geistes. Sage dich los von dem Erzfeind und aller Sünde, sei gerecht und erbarmend, und lebe in so frommer Liebe, daß du einst von unserem Herrn Jesus Christus im Verein der Seligen die *ewige* Krone empfangen magst.«

Das gewaltige Schiff der Kirche erschallt vom *Gloria* und den *Laudes* und von den endlosen Jubelrufen der wilden Krieger, die ihren König als *Imperator Caesar Augustus* in deutschen, slawischen und romanischen Zungen begrüßen. Der Kaiser assistiert nun als Ministrant dem Papst bei der Messe, dann zieht ihm der Pfalzgraf die Sandalen aus und die roten Stiefel mit den Sporen des Mauritius an, worauf der ganze Zug mit dem Papst die Kirche verläßt und auf der alten Triumphstraße der Cäsaren unter dem Geläut aller Glocken durch das bekränzte Rom zum Lateran, der Papstresidenz, sich bewegt.

»Diese glänzenden und großartigen Schauspiele werden von keinem Gepränge unserer Zeit mehr erreicht. Die Menge von Herzögen und Grafen, von Bischöfen und Äbten, Rittern und Herren mit ihrem Gefolge, der Reichtum ihrer Gewandung, die Fremdartigkeit von Physiognomien und Sprachen, die martialischen Kriegerreihen, die mystische Pracht des römischen Papsttums... endlich als erhabenste Szene dieses Dramas das ernste, düstere, trümmervolle Rom, durch das sich der Krönungszug feierlich bewegte: das alles mußte ein so gewaltiges und hinreißendes Gemälde von welthistorischem Stil darstellen, daß selbst ein verwöhnter Römer aus den Zeiten des Trajan es mit Staunen würde betrachtet haben.«

Die Papstkrone und der Tod

Heinrich hatte den Bamberger zum Papst gemacht, weil er von ihm die Reformen erhoffte, die ihm am Herzen lagen. Doch das war nur die eine Seite der Medaille. Die andere war, den deutschen Einfluß zu stärken, Rom von Deutschland aus durch einen Statthalter zu beherrschen, so wie es die aus Deutschland stammenden Bischöfe in Italien seit jeher getan. Ein kluger Gedanke, der zeigt, daß der Kaiser bei aller Kirchentreue die Politik nicht vergaß.

Mit den von ihm ernannten Päpsten hatte er anfänglich wenig Glück. Clemens starb nach nur neun Monaten Pontifikat und wurde nach Bamberg überführt, der einzige Papst, der sein Grab in Deutschland fand. Sein Nachfolger Damasus aus dem Südtiroler Städtchen Brixen siechte bereits nach drei Wochen dahin. In beiden Fällen raunte man von Mord durch Gift, doch das Gift, das die Päpste gemordet hatte, war ein Fieber – die Malaria, die aus den Sümpfen der Campagna aufstieg und immer neue Opfer forderte.

Ob nun Gift oder Sumpffieber, niemand unter den deutschen Bischöfen wollte eine Tiara tragen, die den Tod zu bringen schien, und so war man lange Zeit um einen Nachfolger verlegen, bis sich der Bischof von Toul, gewissermaßen auf kaiserlichen Befehl, als Leo IX. zur Verfügung stellte. Ein Elsäßer aus bestem adligen Haus, noch dazu mit weißer Weste – hatte er doch als einer der ganz wenigen für seinen Bischofssitz keinen Pfennig gezahlt –, versehen mit dem Vorsatz, der Kirche wieder zu ihrer alten Autorität zu verhelfen, ohne dem Kaiser zu nehmen, was des Kaisers war. Er erfüllte die Erwartungen, reiste ununterbrochen in Italien, Frankreich und Deutschland umher und nahm den Kampf gegen die Hydra der Simonie und der Mißachtung des Zölibats auf, wobei er bald feststellen mußte, daß bei allzu strenger Handhabung der Verbote die Gotteshäuser verwaisen würden und die Klöster sich leeren.

Er mußte überall Kompromisse schließen, mit halsstarrigen Bischöfen, hochmütigen Grafen, widerspenstigen Äbten, mit allen jenen, die sich an Korruption und Schlendrian gewöhnt hatten, weil es so einträglich war und so bequem. Die einfachen Menschen aber jubelten dem »fahrenden Papst« zu. Wann hatten sie schon Gelegenheit, einen Mann leibhaftig zu erleben, von dem man zwar wußte, daß es ihn gab, den aber noch niemand, ähnlich wie den lieben Gott, gesehen hatte.

Leo waren knapp sechs Jahre beschieden auf der *cathedra Petri*, und daß es nicht mehr wurden, lag an seinem kriegerischen Ehrgeiz, der ihn zu Unternehmungen verführte, die nicht Sache eines Papstes sein durften und denen er auch nicht gewachsen war. Er legte sich mit einem Volksstamm an, dem Kaiser Heinrich nicht ohne Grund mit klug berechnender Zurückhaltung begegnet war: den Normannen.

Diese »letzten Germanen«, einst als Wikinger der Schrecken der Meere, seit über einem Jahrhundert in Nordfrankreich seßhaft geworden und längst romanisiert, sollten das Schicksal des europäischen Südens in Zukunft entscheidend mitbestimmen. Wegen ihrer militärischen Tüchtigkeit waren sie als Söldner überall hochbegehrt. Im Auftrag unteritalienischer Fürsten hatten sie Byzanz das Fürchten gelehrt und die Griechen zu Paaren getrieben, anschließend aber die Hand gebissen, die sie ernährte, und eroberte Gebiete kurzerhand als die ihrigen betrachtet. Als sie sich gegen den Einflußbereich des Kirchenstaats vergingen, beschloß Leo IX., das »treulose, von unersättlicher Habgier« getriebene Volk, diese wahre Landplage, zu vernichten.

Am Ende standen seine totale Niederlage, seine Gefangenschaft, seine Entlassung, seine Rückkehr nach Rom, das er, als gebrochener, todkranker Mann erreichte. Er ließ einen Sarg in die Peterskirche stellen und erwartete dort, in einem Lehnstuhl sitzend, den Tod, während der Pöbel bereits seine Gemächer im Lateran zu plündern begann. Das Ende Leos des Deutschen war wenig rühmlich, sein Reformversuch nicht allzu erfolgreich, eines doch war ihm durch seinen leidenschaftlichen persönlichen Einsatz gelungen: verlorengegangenes Vertrauen in den Stellvertreter Christi wiederzugewinnen, dem Papsttum neuen Glanz zu verleihen. Nicht umsonst verbindet sich sein Name mit einem Wandel in der Geschichte der Kurie. Daß der Kampf, den er geführt, im selben Geist weitergeführt wurde, dafür hatte er ebenfalls gesorgt. Das von ihm umgestaltete Kardinalskollegium vereinte die besten Köpfe Europas.

Und hierin liegt, wenn nicht die Tragik, so doch die Ironie der Geschichte: ein deutscher Kaiser ernannte einen deutschen Papst, dem es gelang, das Papsttum derart zu stärken, daß es einen Kampf auf Leben und Tod mit dem Kaisertum wagen konnte.

Der Zeiten Wende war gekommen...

8. Kapitel Heinrich und Gregor – Der Kampf der Titanen

Wehe dem Land, dessen König ein Kind!

Da sitzt das königliche Kind vor seiner Schüssel mit Brei, der Vater kommt herein und mit ihm ein Mönch, klein, häßlich, von fahlbrauner Gesichtsfarbe. Er ist aus Rom angereist als ein Gesandter des Papstes, den Prinzen im Namen seiner Apostolischen Majestät zu segnen, den Treueschwur zu leisten und zu versprechen, niemals gegen den Erben der deutschen Krone die Brandfackel zu schleudern oder das Schwert Petri zu erheben. Ein ungewöhnliches Verlangen, das bisher nicht üblich gewesen war, aber der häßliche Mönch schwört, und als er dem Knaben jetzt gegenübersteht, lächelt er und spricht nach Art der Erwachsenen ein paar gutmütig-herablassende Worte.
»Aber der Sohn des Kaisers«, so berichtet uns der Chronist, »schmähte ihn, weil er ihn so häßlich fand, und warf ihm Brei ins Gesicht, ihn dabei mit allen Schimpfwörtern bedenkend, die ein Kind nur kennen konnte. Als die Mutter hinzukam, verbot sie ihrem Sohn die Ungezogenheit und verbat sich die Scherze des Vaters darüber...«
Diese Szene spielte sich in der Kaiserpfalz zu Goslar ab. Der Vater war Heinrich III., der Sohn Heinrich IV., die Mutter Agnes von Poitou, der Mönch hieß Hildebrand, besser bekannt unter seinem späteren Namen Gregor VII. Gewiß ist sie nicht wahr im Sinne der strengen Historie und doch wahrer, weil sie wie alle guten Anekdoten imstande ist, Geschehnisse und Gestalten zu charakterisieren, blitzartig den Hintergrund zu erleuchten.
Das Fundament, auf dem der Bau des Reiches ruhte, war von Anfang an rissig – auch wenn die Risse nicht zu sehen waren, solange große Kaiser den Widerspruch verdeckten zwischen dem Wesen der Kirche und ihrer Verwendung zu Zwecken weltlicher Macht. Heinrich III. war es noch einmal gelungen. Nicht zuletzt deshalb, weil er sich die

Reformbestrebungen der Kirche zu eigen gemacht hatte. In dem unbewußten Gefühl, daß ein solcher Gegner mit seinen eigenen Waffen geschlagen werden müsse, Angriff also hier die beste Verteidigung war. An Zeichen der Besinnung der Kirche auf sich selbst hat es, wie wir gesehen haben, nicht gefehlt. Und sie wurden immer beunruhigender. Da gab es einen Erzbischof, der sich weigerte, dem dritten Heinrich den Treueid zu leisten, und einen anderen, der ihm das Recht bestritt, einen italienischen Glaubensbruder abzusetzen. Denn das dürfe nur der Papst. »Ihm sind wir Gehorsam schuldig, Euch, o Herr, nur Treue. Euch haben wir über das Weltliche Rechenschaft zu legen, ihm aber über das Geistliche.« Er fügte bei anderer Gelegenheit hinzu: »Es ist ein Unterschied zwischen der Weihe, die Ihr, o Herr, empfangen und der unsrigen. Die priesterliche Weihe ist lebenspendend, die kaiserliche lebenvernichtend, und je größer der Vorzug des Lebens vor dem Tod ist, um so höher sind wir erhaben über Euch.«
Das waren ungeheuerliche Worte, und die Ottonen hätten einen solchen Bischof für den Rest seines Lebens in ein Kloster verbannt. Heinrich unternahm nichts dergleichen. Nicht aus Schwäche, sondern in dem Gefühl, sich Opponenten leisten zu können, denn noch hielt er die Zügel fest in der Hand, waren die Päpste Päpste von seines Gnaden, schickte die Kurie nach dem Tod Leos IX. eine Gesandtschaft nach Deutschland, den Kaiser untertänigst um ein neues Oberhaupt zu bitten.
Wie lange dieses Noch gegolten hätte, weiß niemand. Der Drang nach Freiheit von jeglicher Bevormundung regte sich überall in der Kirche. Die Auseinandersetzung zwischen den beiden höchsten von Gott gesetzten Gewalten war nicht aufzuhalten. Um sie einigermaßen bestehen zu können und Schaden vom Reich abzuwenden, hätte es einer Persönlichkeit bedurft, eines Mannes, der die Stämme hinter sich wußte und alle Mittel der Macht anzuwenden verstand. Heinrich III. wäre dieser Mann gewesen. Er starb, kaum daß er das neununddreißigste Lebensjahr erreicht hatte, an einem Lungenleiden.
In einer Zeit, in der Männer die Geschichte machten, mußte sich ein Tod zur Unzeit verhängnisvoll auswirken. Noch dazu, wenn der Nachfolger ein sechsjähriger Knabe war. Auch beim Tode Ottos II. hatte man geklagt »Wehe dem Land, dessen König ein Kind ist«, doch damals hatte das Kind eine Mutter, Theophano, die ihm den Thron mit Tatkraft und Klugheit erhielt.

Agnes von Poitou, die Französin, die nun die Regentschaft übernahm, war weder tatkräftig noch klug. Von labilem Charakter, allen Einflüsterungen ausgeliefert, ängstlich, unsicher, machte sie eine denkbar schlechte Figur. Fromm bis zur Bigotterie, war sie jenen Päpstlichen hörig, die das in Frage stellten, was sie als Regentin zu vertreten hatte: das Kaisertum. Und nichts ist bezeichnender für sie als ihr sehnsüchtiger Wunsch, sich in ein Kloster zurückzuziehen.

Da sie keine Menschenkenntnis besaß, wurde ihre Personalpolitik zu einem Fiasko. Unfehlbar setzte sie den falschen Mann auf den falschen Platz. Der wichtigste Posten in der deutschen kirchlichen Hierarchie, der Stuhl des Erzbischofs von Mainz, kam an einen Schwächling, den Mönch Siegfried, der dann auch prompt versagte, als die Krone seine Hilfe brauchte. Bayern, für den Bestand des Reiches seit jeher von eminenter Bedeutung, wurde an Otto von Nordheim übergeben, später des jungen Königs schlimmster Feind. Das Herzogtum Schwaben bekam ein burgundischer Höfling namens Rudolf von Rheinfelden, als Gegenkönig Heinrichs IV. zu trauriger Berühmtheit gelangt.

Die alte Weisheit, wonach schwache Herrscher Böseres zeugen können als harte Tyrannen, zeigte sich am Hofe täglich. Und noch eines wurde offenbar: mit welcher Hemmungslosigkeit der Egoismus der Großen hervorbrach, wenn niemand da war, der ihn zu zügeln vermochte. »Der König war ein Knabe«, schreibt der Altaicher Annalist, »die Mutter gab bald diesem, bald jenem, der ihr Rat bot, willig nach, und die anderen, die am Hofe mächtig waren, trachteten nur nach dem Gelde. Ohne Geld konnte niemand dort seine Sache führen, zwischen Recht und Unrecht wußte man nicht mehr zu unterscheiden.«

Sie plünderten den kleinen König aus wie die Straßenräuber, die Herzöge und Bischöfe, die Fürsten und die Markgrafen, vergriffen sich an den Einkünften aus den Klöstern, übereigneten sich Landgüter, überschrieben sich Zoll-, Münz-, Marktrechte. In wenigen Jahren gingen dem Königsgut elf Abteien verloren, vier große Höfe, eine Stadt, Burgen, Dörfer, eine ganze Grafschaft, selbst die großen Reichsklöster, auf deren Einkünfte die Kaiser seit jeher angewiesen, waren nicht mehr sicher.

In dieser Atmosphäre von Raffsucht und Neid, Lug und Trug, List und Gewalt wuchs Heinrich auf, von der Mutter verwöhnt, doch nicht geliebt, von den Höflingen umschmeichelt, doch hintergangen. Das Produkt war ein frühreifer Knabe, mit wissenden Augen, ohne Gefühl für das Maß – die *mâze*, die höchste Tugend des Mittelalters –, haltlos schwankend zwischen den vielen Erwachsenen, die es scheinbar gut mit ihm meinten, verschlagen, zutiefst mißtrauisch gegen alles und jeden, unzuverlässig, intrigant und mit allen Wassern gewaschen. Wenn je ein Mensch in seiner Kindheit negativ geprägt wurde, so war es dieser Salier, und manches, was einem später bei ihm abstößt, erklärt sich aus dem Mangel an Nestwärme und an Leitbildern.

Was waren das auch für »Erwachsene«, die sich beim Pfingstfest im Dom zu Goslar die Köpfe blutig schlugen, weil sie sich in maßloser Eitelkeit nicht über die ranggemäße Sitzordnung einigen konnten, die auch dann nicht aufhörten mit dem Gemetzel an heiliger Stätte, als ihr König mit angstvoll schriller Stimme um Hilfe rief?!

Kidnapping in Kaiserswerth

Die Perfidie derer, die durch Heinrich das Kind das Geschäft ihres Lebens zu machen suchten, erreicht 1062 ihren Höhepunkt. Auf der Rheininsel Kaiserswerth, zwischen Duisburg und Düsseldorf gelegen, verlebt er die Ostertage mit seiner Mutter. Ein Schiff kommt den Strom herab und macht an der kleinen Pier fest. Sein Eigner, der Erzbischof Anno von Köln, geht an Land und lädt den jetzt zwölf Jahre alten König ein, sich doch einmal das prächtige Schiff anzuschauen. Kaum an Bord, wird Heinrich umringt, abgedrängt, er sieht, wie der Bug sich stromaufwärts wendet.

»Mord«, schreit er, »Mörder!«; denn nichts anderes vermag er, in der Schule des Mißtrauens erzogen, zu glauben, als daß man ihm ans Leben will. Er reißt sich los, springt mit einem Satz in das noch eisig kalte Wasser, die Strömung packt ihn, und er wäre ertrunken, wenn ihn nicht der Graf Eckbert von Braunschweig, einer der Verschwörer, aus dem Wasser gezogen hätte. Der junge König darf nicht umkommen. Man hat mit ihm große Pläne. Denn wer den Erben besitzt, besitzt die Herrschaft.

Die Reaktion der Mutter auf den Raub ihres Sohnes ist beschämend. Sie beschränkt sich darauf, am Ufer zu stehen und die Hände zu ringen. Später resigniert sie, wagt nicht einmal, die ihr nach uraltem germanischem Recht zustehende Sühne zu fordern. Sie gibt klein bei, im Grunde froh darüber, nicht mehr die Last der Regentschaft tragen zu müssen, und entschließt sich, wie der Chronist Lampert von Hersfeld im anschaulichen Stil seiner Zeit berichtet, »auf die Welt zu verzichten, da sie der Ekel über deren Mühsale und das Unglück in ihrer Familie belehrt hatten, wie schnell unter dem Hauch Gottes das Gras zeitlichen Ruhmes dahinwelkt«.

Annos Tat war selbst in einer Zeit, die wenig Skrupel kannte, ein Skandal, und da er das wußte, hat er sich zu rechtfertigen versucht. Er, dessen Motiv nackter Hunger nach Macht war, gab nun vor, mit der Logik des ertappten Diebes, daß seine Absichten lauter gewesen seien, er den jungen König nur vor einer »böse Gewohnheiten erzeugenden schlaffen Aufsicht« habe bewahren wollen, um damit einem »unwürdigen, Krone und Reich schädigenden Zustand ein Ende zu bereiten«. Die Kaiserin persönlich, so ließ er wider besseres Wissen verbreiten, habe ihn gebeten, sich des verwahrlosten Sohnes anzunehmen und ihn auf den rechten Weg zu führen.

Das Opfer selbst versuchte er mit dem Argument zu beruhigen, daß ein zukünftiger Kaiser kaiserlicher Erziehung bedürfe. Er verschwieg, daß er sich diesen Dienst mit einem Neuntel der Reichseinnahmen bezahlen ließ, seinen Bruder zum Erzbischof von Magdeburg machte, einem Neffen das Halberstädter Bistum zuschob, zwei guten Freunden Minden und Utrecht. Heinrich aber schien zu wissen, was er von seinem neuen Vormund zu halten hatte: er hat ihn so sehr gehaßt, daß er bei seiner Schwertleite, dem Akt des Mündigwerdens, dieses Schwert in jähem Zorn gegen ihn erhob. Kaiserswerth ist ein Leben lang ein Schock für ihn geblieben.

Bald bekam Heinrich noch einen zweiten Vormund, Adalbert von Bremen, eine der glanzvollsten Erscheinungen unter den Erzbischöfen, unumschränkter Beherrscher des Nordens bis in die fernen Gefilde Norwegens, Schwedens, Finnlands, und so stolz, daß er den Stuhl Petri in Rom ablehnte, weil er, was seine Macht betraf, sich päpstlicher als der Papst fühlte, ja mit dem Gedanken spielte, seine eigene Kirche zu gründen.

Adalbert war ein Grandseigneur, königlich in seinem Auftreten – und in seinen Ausgaben. Ein Verschwender, der trotz großer Einnahmen große Schulden hatte und nun die Gelegenheit wahrnahm, sie mit Hilfe Heinrichs ein wenig zu tilgen. Was er ihm aus der Tasche zog, verteilte er sofort unter, so der Chronist, »verrufenen Personen wie Ärzten, Schauspielern, Sängern«, und »seine Sitten verdarben immer mehr, da er vergab, was er hatte, und versprach, was er nicht hatte«. Behandelte Anno den König mit schulmeisterlicher Pedanterie, so erzog ihn Adalbert antiautoritär und betonte nachdrücklich, daß jeder junge Mensch töricht sei, der seinen Gelüsten nicht freien Lauf ließe. Heinrich hielt sich gern an diesen pädagogischen Grundsatz, ging mit einer Schar junger Leute, die man heute Playboys nennen würde, auf Schürzenjagd, trank Unmengen Wein, raufte, randalierte, hatte zwei, drei Konkubinen gleichzeitig und war, wie der Mönch Bruno berichtet, der als Sachse ihn allerdings nicht leiden konnte, derart »im Dornengestrüpp feiler Lust gefangen«, daß er »einem auf der abschüssigen Bahn des Frevels durchgehenden Gaul« glich und seine Dirnen mit den aus den Altarkreuzen gebrochenen Edelsteinen bezahlte.

Scheidung auf altdeutsch

Um ihn auf den Pfad der Tugend zu führen, beschloß man, den Fünfzehnjährigen unter die Haube zu bringen. Nach einer Braut zu suchen, erübrigte sich, die junge Dame lebte bereits seit Jahren am Hofe. Heinrich war im zarten Alter von fünf mit der noch jüngeren verlobt worden und zusammen mit ihr aufgewachsen. Bertha, wie sie hieß, war eine Tochter aus dem befreundeten Hause des Grafen von Savoyen und der Markgräfin Adelheid von Turin und damit Garantin des deutschen Einflusses in Oberitalien.
Heinrich und Bertha, das war die übliche Ehe aus Gründen des Staatsraison, bei der die gegenseitige Achtung die Liebe ersetzen mußte, was meist gut ging – diesmal allerdings nicht. Der junge Ehemann schokkierte jene, die ihn verkuppelt hatten, mit der abenteuerlichen Forderung, geschieden zu werden. Abenteuerlich deshalb, weil Scheidung so gut wie unmöglich war. Es sei denn, ein Mann konnte seiner Frau einen Seitensprung nachweisen. Das aber konnte der junge König nicht. Er versuchte nicht einmal, nach berüchtigten Vorbildern, einen Ehebruch zu *inszenieren*, sondern brachte, auf einer Tagung der Reichsfürsten zu Worms, ganz naiv vor, daß ihm die aufgezwungene Dame nicht gefalle.

Hier gehört ihm unsere ganze Sympathie, denn er sprach aus, was mancher Prinz und manche Prinzessin gesagt hätten, wenn sie den Mut dazu besessen.

»Lange genug habe ich ein falsches Spiel gespielt vor den Augen der Menschen«, sagte er, »doch jetzt und hier muß die Täuschung enden. Es ist mir, nur Gott weiß durch welches Verhängnis, unmöglich, mit der Königin ehelich zu verkehren. Und deshalb beschwöre ich euch, uns beide von der verwünschten Fessel zu befreien, auf daß mir und ihr der Weg in eine andere, eine glücklichere Ehe bleibe. Und damit niemand glaube, die Königin sei für eine zweite Ehe untauglich, so versichere ich unter Eid, daß ich sie all die Zeit als reine, unverletzte Jungfrau gehalten habe.«

Die meisten der hohen Herren fanden soviel Ehrlichkeit abscheulich und mit königlicher Würde unvereinbar, wagten aber angesichts eines mit solcher Festigkeit vorgetragenen Entschlusses auch nicht, das Scheidungsbegehren abzulehnen. Sie vertrösteten Herrn Heinrich auf eine einzuberufende Synode. Die »ungezogene Laune des jungen Menschen«, wie noch Altmeister Ranke stirnrunzelnd Heinrichs Aufbegehren abqualifizierte, wurde nun dem Heiligen Vater unterbreitet, womit man die Verantwortung erst einmal los war.

Der Papst entsandte Petrus Damiani nach Deutschland, der in seinem *Liber Gomorrhianus* die Laster des Klerus erbarmungslos angeprangert hatte und deshalb auch in Sachen weltlicher Moral unverdächtig war. Petrus appellierte an die Ehre des Königs, an seine Verpflichtung, Vorbild zu sein, und daran, daß schlechte Beispiele die guten Sitten des Volkes verdürben.

»Du, der berufene Rächer alles Unsittlichen, darfst dich nicht zum Bannerträger des Verbrechens machen«, mahnte er, »tust du es dennoch und stehst nicht ab von deinem Begehren, so werde ich als päpstlicher Legat dem Frevel durch das Gesetz der Kirche vorbeugen. Nimmer werden des Papstes Hände den zum Kaiser weihen, der durch solch pestilenzialisches Verhalten den Christenglauben verrät und die Majestät des Königsnamens mit dem Schmutz einer so schmählichen Handlung befleckt.«

Starke Worte, die ihre Macht auf die versammelten Bischöfe nicht verfehlten und die Zahl der mit dem König Sympathisierenden rasch dahinschmelzen ließ. So blieb ihm, mehr gebrochen als überzeugt, nur die Kapitulation.

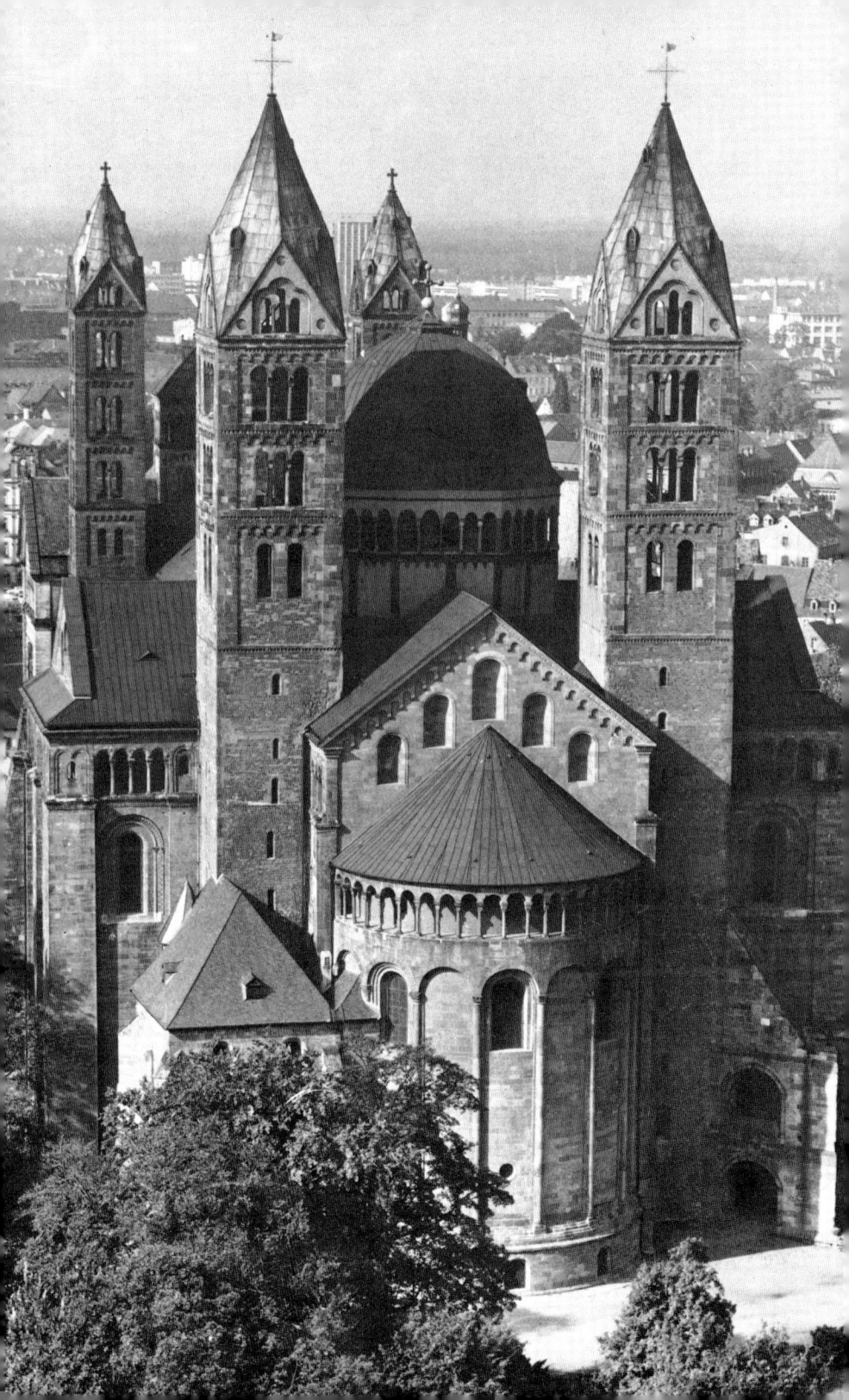

◁ 20   Speyers majestätischer Dom, ein Monument mittelalterlicher Kaiserherrlichkeit *(vorige Seite).*

21, 22   Christus übergibt dem Kaiser das weltliche Schwert und dem Papst das geistliche Schwert, Symbol der Teilung der Herrschaft auf Erden *(oben).*
Die Krypta des Speyrer Doms, gerühmt als die schönste Unterkirche der Welt *(unten).*

23 Canossa, eine Felsenburg, von der heute nur noch Reste stehen, bildete 1077 den Schauplatz der welthistorischen Begegnung zwischen Papst Gregor VII. und Kaiser Heinrich IV. War der Bußgang ein »Geniestreich« oder eine »Kapitulation« des Kaisers, »siegte« Gregor oder »gewann« Heinrich?

24 Heinrich bittet die Markgräfin Mathilde von Toskana und den Abt Hugo von Cluny, seinen Taufpaten, um Fürsprache bei Gregor.

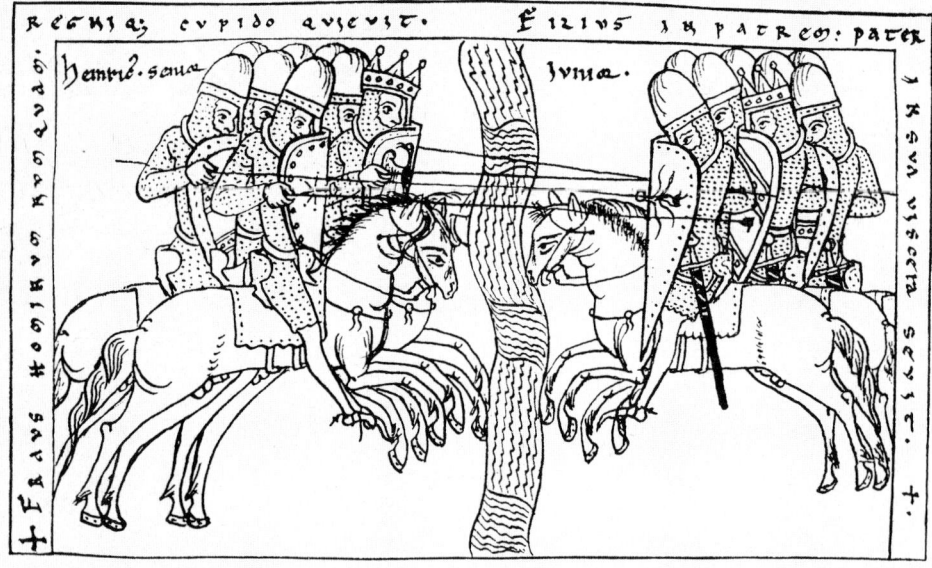

25 Kaiser Heinrich IV. mit seinen beiden Söhnen Heinrich und Konrad. Miniatur aus einem Regensburger Evangeliar um 1105 *(oben)*.

26 Der Krieg des Sohnes gegen den Vater. Bei Regensburg stießen die Truppen Heinrichs IV. und Heinrichs V. aufeinander. »Wehe, keiner wünsche sich einen Erben«, schrieb der Kaiser, »denn der wird sein Feind sein« *(unten)*.

»Ist es denn euer Wille, ihr Herren«, sagte er mit leiser Stimme, »so will ich mir selbst Gewalt antun und mich auch fernerhin dem Joch beugen, das ich nicht abwerfen kann. Gott möge mir dabei helfen.«

Eine neue Macht: die Stadt und ihre Bürger

Mit diesem Joch war nicht nur das Ehejoch gemeint, seine Worte waren ein Protest gegen den ewigen Zwang, unter dem er seit seiner Kindheit stand, gegen die ständige Reglementierung, gegen den Wust der über seinen Kopf hinweg ergehenden Befehle, gegen die ihn demütigende Abhängigkeit von anderer Leute Gnaden. Achtzehn Jahre war er alt, als er diese erneute Niederlage erlitt, seit drei Jahren mündig zwar und im Besitz der Macht, doch mit der Macht war es nicht weit her. Denn er war ein armer König.
Einen Teil des unter der Regentschaft der Vormünder verschleuderten Reichsvermögens zurückzuholen, schien das vordringliche Ziel, und das Land, in dem es zu holen war, hieß Sachsen, »an Frieden und Fruchtbarkeit einem Paradiese nicht unähnlich.« In Sachsen lagen die Silberbergwerke, befanden sich seit den Tagen der Ottonen die Güter der Krone, existierten gewinnbringende, dem König zustehende Regalien.
Die Sachsen, die als Angehörige eines noch bäurisch bestimmten Volkes Landbesitz über alles schätzten, überhaupt als ziemlich geldgierig galten, waren nicht bereit, auf etwas zu verzichten, was sie nach dem Gewohnheitsrecht längst als ihr Eigentum ansahen. Schon gar nicht, wenn einer daherkam, der das stolze Geschlecht der Sachsenherrscher abgelöst hatte, auch noch die Stirn besaß, mit einem Haufen Schwaben anzurücken. Die Gegnerschaft zwischen Nord und Süd, auch heute noch in Deutschland spürbar, hat uralte Tradition.
Heinrich stampfte überall Zwingburgen förmlich aus dem Boden, um seine Forderungen durchzusetzen. Hier war er von Adalbert schlecht beraten, denn es war bekannt, daß man die Sachsen zu nichts zwingen konnte. Sie erhoben sich, geführt von Otto von Nordheim, dessen Güter der König wegen angeblichen Hochverrats enteignet hatte, zündeten die Burgen an, räucherten die »Schwabenbrut« aus und zwangen

Heinrich zu schimpflicher Flucht aus der stark befestigten Harzburg. Erschöpft, demoralisiert, krank dazu, erreichte er nach langem Umherirren den Rhein und erfuhr dort, daß die Erzbischöfe von Mainz und Köln sich bereits über seinen Nachfolger unterhielten. Heinrich zeigte in diesem Moment die unheimliche Widerstandskraft, jene durch nichts zu erschütternde Moral, die ihn auch in Zukunft schlimmste Niederlagen überwinden ließ. Diesmal hatte er das Glück, die Bürger von Worms auf seiner Seite zu wissen, Männer, die durch Handel und Handwerk wohlhabend geworden waren.

Die Wormser hatten eine Tat von atemberaubender Kühnheit gewagt, die bald Schule machen sollte: sie jagten ihren dem König feindlich gesonnenen Bischof zum Teufel und holten Heinrich, alle bis an die Zähne bewaffnet, feierlich in ihre starken Mauern ein, ihm jeden Schutz und jede Hilfe bietend. Damit betrat eine neue Macht die Bretter des Welttheaters: die Stadt und ihre Bürger.

Die Vertreter der neuen Gesellschaftsschicht zeigten sogleich, warum sie so reich geworden. Der nicht ungefährliche Dienst, »in der größten Not des Reiches mit der größten, herrlichsten Treue« zur Krone gestanden zu haben, war keine Gratiszuwendung. Um das dem König klarzumachen, wiesen sie durch die Blume darauf hin, wieviel preiswerter doch alles sein könne, wenn nur der kaiserliche Zoll nicht wäre. Bis Majestät verstanden hatten und der Stadt Worms in einer Urkunde, die heute noch im Stadtarchiv zu besichtigen ist, feierlichst Freiheit von allen Abgaben zusicherte.

Silberstreifen am Horizont

Worms sah damit herrlichen Zeiten entgegen, und auch für den König Heinrich zeigten sich Silberstreifen am Horizont. Zwar hatte er den Rebellen seine Burgen zur Zerstörung ausliefern müssen, die damit beauftragten Bauern aber taten ihm einen schrecklichen Gefallen. Bei der Niederlegung der Harzburg begnügten sie sich nicht mit dem Schleifen der Mauern. In einem atavistischen Ausbruch, bei dem dumpf Heidnisches die dünne Kruste christlicher Gesinnung durchbrach, zündeten sie die Burgkapelle an, plünderten den Kirchenschatz, schändeten die

Reliquien, brachen die Gräber der königlichen Familie auf und zertraten mit ihren Stiefeln die Gebeine.
Es war ein Frevel nicht nur gegen den König, sondern gegen die Obrigkeit schlechthin, und die Fürsten begriffen, welche Saat hier gesät wurde. Nie waren sie sich schneller einig als in dem Augenblick, da das Volk aufbegehrte. Sie drängten dem König die bis dahin verweigerten Soldaten geradezu auf. Die Sachsen wurden in einer blutigen Schlacht an der Unstrut zur Kapitulation gezwungen, wobei man die einfachen Soldaten abschlachtete »wie gemeines Vieh«. Ihre Führer, darunter eine Anzahl von Bischöfen und der Herzog von Nordheim, kamen in Gefangenschaft.
Als Heinrich 1075 in Goslar das Weihnachtsfest beging, feierte er nach langen Jahren der Not den ersten Triumph. Seine Gegner lagen im Staub, ihre Güter waren beschlagnahmt, Sachsen gehorchte wieder der Krone, die Fürsten huldigten ihm, und, was für das salische Haus am wichtigsten war, sie waren bereit, Sohn Konrad, der noch in den Windeln lag, als Thronerben anzuerkennen.
»Ich sehe die Morgenröte«, sagte er damals. Wie konnte er ahnen, daß sie nicht den Morgen verkündete...

Der unheimliche Mönch

Hildebrand, der kleine häßliche Mönch, der dem königlichen Kind damals die Treue geschworen, hatte inzwischen eine atemberaubende Karriere durchlaufen und war dabei, die politische Landschaft des europäischen Kontinents umzugestalten.
Dem noch vom dritten Heinrich abgesetzten Papst Gregor VI. war er ins Exil nach Köln gefolgt, hatte hier Augen und Ohren offengehalten und die deutschen Verhältnisse so sorgfältig studiert, als wüßte er, wie sehr ihm diese Kenntnisse einstmals nützen würden. Mit dem sicheren Instinkt des Mannes, der zur rechten Zeit das Rechte tut, war er im Gefolge des neuen Papstes Leo IX. in Rom aufgetaucht und prompt zum Leiter der »Geldverhältnisse« des Apostolischen Stuhles ernannt worden.
Die Verwaltung des Geldes ist eine Schlüsselstellung, die von jeher aus

den Finanzministern besonders wichtige Minister gemacht hat. Nicht anders in Rom, einer Stadt, die nicht nur religiöse, sondern auch finanzielle Metropole des Abendlands war. Hierhin flossen die sich zu Riesensummen addierenden Peterspfennige aus den Ländern des Nordens und Ostens, häuften sich auf den Altären die Gaben der Pilger, kassierte die Kurie die Geschenke der Großen, nahm man Millionen durch den Reliquienhandel ein, wurden Grundstücke, Landgüter und ganze Provinzen gehandelt, Geld zum Wucherzins verliehen.

Wer dieser Weltbank vorstand, besaß einen ungeheuren Einfluß, und Hildebrand hat das erkannt und Gebrauch davon gemacht. Als die Tiara von Benedikt an Gregor verkauft wurde, war er als Vermittler der jüdischen Bankiersfamilie Pierleoni tätig gewesen. Kein schönes Geschäft, doch nicht so anrüchig, wie es den Anschein hat, denn die von idealen Zielen erfüllte Reformpartei wollte die Macht, um die korrupten Reformgegner zu entmachten.

Geld war in diesem Fall das – schlechte – Mittel zum – guten – Zweck, und so hat Hildebrand es auch später immer eingesetzt. Er selbst hat sich nicht bereichert, er lebte einfach, bescheiden, ohne den fürstlichen Aufwand seiner ihm im Rang gleichen Kollegen. Daß der Mann, der den Ämterkauf am schärfsten bekämpfte, mit einem besonders krassen Akt der Simonie seine Laufbahn begann, gehört allerdings zu den Treppenwitzen der (Kirchen-)Geschichte.

Der Mönch Hildebrand war in den Anfangsjahren niemandem ein Begriff, und wer ihn nur flüchtig kannte, wußte nicht einmal, was er eigentlich tat. Das jedoch war die Rolle, die der äußerlich so unscheinbare Mann am liebsten spielte, die der Grauen Eminenz, des Mannes, der aus den Kulissen heraus die Stichworte gab und es nicht zuließ, daß jemand ohne sein Einverständnis agierte. Bald zitierte man am Tiber, halb seufzend, halb respektvoll, den Zweizeiler, den der Bischof von Ostia in Umlauf gebracht hatte: »Willst du leben in Rom, so bekenne mit schallender Stimme: ›Mehr noch als den Herrn Papst, ehr' ich den Herrn überm Papst.‹« Und der war nicht der liebe Gott.

Mit welcher Konsequenz er sich seine Machtposition aufbaute, stets daran denkend, daß nur der Erfolg entscheidet, und keiner danach fragt, *wenn* er errungen, *wie* er errungen, das könnte aus den Büchern Machiavellis stammen.

Mit Victor II. hat sich Hildebrand noch einen Papst von kaiserlichen Gnaden gefallen lassen, wohl wissend, daß es noch zu früh sei, gegen die Macht am Rhein zu rebellieren. Er selbst hatte als Subdiakon die Delegation nach Deutschland geführt, um dort ein neues Oberhaupt zu erbitten. Bei der Erhebung des nächsten Papstes »vergaß« er, daß es ein Gesetz gab, wonach dem Kaiser das Wahlrecht zustand, und erklärte sich lediglich dazu bereit, die Regentin Agnes zu informieren. Bereits Nicolaus II. war so sehr sein Geschöpf, daß man ihn als einen Esel bezeichnete, der im Lateran von Hildebrand gefüttert werde wie in einem Stall.

Die Engelsburg als Schuldturm

Nicolaus wurde als erstem Papst eine Mitra aufgesetzt, die zwei Reifen hatte statt wie bisher nur einen, eine Doppelkrone, die die deutsche Kaiserkrone nicht nur vom Äußeren her in den Schatten stellen sollte; sie symbolisierte augenfällig, daß der Papst von nun an dem Kaiser übergeordnet war. Schauplatz war die Lateransynode des Jahres 1059, eine Kirchenversammlung, die sich nicht mit dieser Demonstration begnügte, sondern verkündete, daß das Recht, den Papst zu wählen, in Zukunft allein dem Kardinalskollegium zustehe.
Damit war die römische Adelsclique ausgeschaltet, die den Stuhl Petri in der Vergangenheit oft genug in bösen Verruf gebracht hatte. Aber auch der deutsche Kaiser! Zwar gedachte man seiner noch in einigen diffusen Worten und billigte ihm eine Art Ehrenrecht zu, was aber in der Praxis kaum von Bedeutung war. Man glaubte, sich diese Brüskierung leisten zu können, bestand doch kaum Gefahr, daß über die Alpen jenes Heer gezogen kam, dessen Argumente bisher noch jeden überzeugt hatten.
Deutschlands König war ein Kind und seine Mutter unfähig zur Regentschaft. Als Nicolaus starb, raffte sie sich, gedrängt von den traditionell reichstreuen Bischöfen Oberitaliens, zu Gegenmaßnahmen auf, indem sie ihre Zustimmung zur Erhebung eines »eigenen« Papstes gab, Honorius mit Namen. Hildebrand war ihr allerdings mit seinem Favoriten Alexander zuvorgekommen, was Honorius zum bloßen Gegenpapst degradierte.
Honorius nahm ein klägliches Ende. Ihm ging das Geld aus und damit

die Soldaten. Seine römischen Geldgeber vom Stadtadel wollten ihn in der Engelsburg so lange gefangenhalten, bis er seine Schulden bezahlt hatte – doch im letzten Moment gelang es ihm zu flüchten. Er wurde schmählich fallengelassen zugunsten seines Gegners Alexander, dem man in Mantua auf einer Synode Gelegenheit gab, jeden Eid zu leisten, daß bei seiner Erhebung alles Rechtens gewesen, er deshalb auch der rechtmäßige Papst sei. Ein Schauspiel das Ganze, zu dem einzigen Zweck inszeniert, den Deutschen Gelegenheit zu geben, ihr Gesicht zu wahren und mit Anstand aus der Affaire herauszukommen.
Es war eine Niederlage, die den Anfang des Endes bezeichnete: es gab kein Patriziat mehr, das dem Kaiser das Recht gab, die Papstwahl nach seinem Willen zu lenken. »Der Schlußstein im Gewölbe der deutschen Kaisermacht war zerstört und ist nie wieder hergestellt worden.«
Die Gegner waren nicht nur an dieser Stelle die Stärkeren gewesen, ihr Vormarsch hatte an allen Fronten begonnen – geführt von Hildebrands »Chefideologen«, dem Kardinal Humbert, der das Programm entwarf, ohne das keine revolutionäre Bewegung auskommt. »Wider die Simonisten« hieß seine Schrift, und seine Thesen glichen Hammerschlägen, dazu bestimmt, zu zerschlagen, was nach Meinung der Kirche seit langem brüchig schien.

Das »Lumpenpack« ergreift die Macht

Zur Hölle mit allen Laien – Königen, Fürsten, Grafen –, hieß es da, die sich anmaßten, Bischöfe und Äbte in Ämter einzusetzen, welche allein Gottes Eigentum seien. Was für ein Hohn, wenn ein Ritter mit seinen blutigen Händen »seine« Kirche einem Pfarrer übergebe, der den Leib des Herrn am Altar berührt habe. Wie habe es je geschehen können, die jungfräuliche Reinheit der Kirche auf solche Weise zu schänden?! Tempelräuber seien sie alle, aber ihr Gut, das sie Gott geraubt, werde ihnen zum Fluch gedeihen, und ihre Geschlechter würden verdorren. Wüßten sie denn nicht, daß über dem Königtum das Priestertum stehe, so wie der Körper von der Seele beherrscht werde? Ja, daß dieser König nichts Sakrales an sich habe, sondern ein Sterblicher sei, ein Laie wie alle anderen Laien?!

Das, was in dieser Kampfansage zum Ausdruck gebracht wurde, war so scharf noch nie gesagt worden. Hier wurde nicht mehr von der Reform der Kirche gesprochen, sondern von der Freiheit der Kirche, hier wurden nicht mehr berechtigte Forderungen angemeldet, sondern der Krieg erklärt gegen das, was bisher Recht war. Schuldig machte sich jetzt jeder Priester, der sich von einem Laien einsetzen ließ, ob er nun Geld *gab* oder nicht (». . . denn wer mit Räubern paktiert, ist selbst ein Räuber«). Und genauso schuldig war der Laie, der, ob er nun Geld *nahm* oder nicht, einen Priester in sein Amt einsetzte.

»Wenn das ausgeführt wurde«, schreibt Haller, »so bedeutete es eine ungeheure Revolution der bestehenden Verhältnisse. Am schwersten aber war dadurch der deutsche König betroffen. Hatte er keinen Anspruch mehr auf die Dienste der Bistümer und Abteien, keinen Einfluß mehr auf ihre Besetzung, so hörte seine Regierung auf. Das Reich verlor den größeren Teil seines Heeres und der König die Werkzeuge seines Herrscherwillens: König und Reich waren dann so gut wie ohnmächtig. Nichts anderes war das Investiturverbot als eine Kampfansage auf Leben und Tod.«

Die Geistlichen selbst waren am meisten erschrocken: wenn sie den Reformen folgten, bedeutete das für viele eine Vertreibung aus dem Paradies, den Verzicht auf die Macht, den Besitz, den Genuß, auf jene weltlichen Freuden, denen sich auch fromme Priester nicht versagt hatten, weil sie sie für legitim gehalten und mit ihrer seelsorgerischen Aufgabe vereinbar. Der Widerstand aus den Reihen der Geistlichen war groß, und sie dachten nicht daran, den Parolen aus Rom zu folgen. Nun aber erschienen überall in den großen Klöstern Agitatoren und wiegelten die Brüder auf gegen ihre Oberen: diesen simonistischen, das Zölibat verletzenden Sündern seien sie fürderhin keinen Gehorsam mehr schuldig. Zum erstenmal wandten sie sich auch an das Volk, gingen in die Werkstätten, in die Spinnstuben, predigten vor Tausenden von Menschen auf den Marktplätzen, hetzten gegen die Äbte, die Bischöfe, ja gegen den König, und wer nicht begreifen wollte, daß aus ihnen Gott sprach, den überzeugten sie durch ein Wunder.

Am Himmel erschien urplötzlich die Jungfrau Maria im Strahlenkranz der untergehenden Sonne, aus den Augen der Madonnen rannen Tränen, die Wundmale der Gekreuzigten begannen zu bluten, überall wurden Blinde sehend, konnten Lahme wieder laufen, verloren Aussätzige ihren Aussatz.

Mönche waren es meist, die Hildebrand zu seinen Sendboten bestimmte. In Deutschland kamen sie aus Hirsau und St. Blasien, zwei Klöstern, die im Sinne der Lehren Clunys reformiert worden waren und diese Lehren mit Feuereifer verbreiteten. Und mit Demagogie. An den Neid der Besitzlosen appellierend, schilderten sie in grellen Farben den Reichtum der Besitzenden, womit sie besonders in den Städten Erfolg hatten.

Im reichen Mailand zum Beispiel verbündeten sich die Reformer mit der *Pataria*, dem Lumpenpack, so genannt, weil sie aus jenem Viertel der Stadt kam, wo der Trödelmarkt lag. Ein Schimpfname, der bald zum Ehrennamen wurde. Den Reformern und ihren Agitatoren ging es um die Beseitigung jener unheilvollen Formel, wonach Klerus gleich Adel gleich Reichtum sein müsse. Die heilige Speise, die die unwürdigen Priester beim Abendmahl reichten, sei Hundemist, eiferten die Mönche, ihre Kirchen ähnelten Viehställen, ihre Paläste seien Bordelle, ihr Reichtum dem Volke abgepreßt. Und das Volk ließ es sich nicht zweimal sagen. Die Häuser der Geistlichen wurden geplündert, ihre Gottesdienste gestört, ihre Frauen verjagt, sie selbst mißhandelt.

So unter den Druck der Straße gesetzt, blieb dem mailändischen Klerus nur die Kapitulation. Die Geistlichen wurden erst wieder neu geweiht, nachdem sie Besserung gelobt und sich einer strengen Buße unterworfen hatten. Hildebrand hatte gesiegt, und zwar nicht nur auf kirchlichem Gebiet, sondern auch auf politischem. Mailand war die mächtigste Stadt der zu Deutschland gehörenden Lombardei, ihr Erzbischof seit alters her ein treuer Sachwalter deutscher Interessen. Damit war es nun aus. Eine Bastion des Reiches war gefallen.

Auch in Mittelitalien hatte die Kurie durch kluge Politik sich einen wichtigen Verbündeten verschafft. Herzog Gottfried von Lothringen, den man »den Gebarteten« nannte, war durch die Heirat mit Beatrix von Toskana zum absoluten Herrn dieses Landes geworden. Der Bärtige personifizierte den Typ des Landesfürsten in Reinkultur. Er war traditionell reichsfeindlich, die Nation galt ihm nichts, geübt in den Waffen, erschien ihm die blutigste Schlacht als ein Fest der Freude. Er war so ehrlich wie ein Dieb und so treu wie ein Politiker. Die Priester, die er ernannte, lebten mit Konkubinen und bezahlten für ihre Ämter. Seine Frau entstammte der eigenen Verwandtschaft, was nicht ganz kanonisch war, aber darüber sah er großzügig hinweg.

Seine Stieftochter Mathilde wurde später zur stärksten Stütze Gregors, den sie wie viele Frauen anbetete wie einen Gott und umschwärmte wie einen Liebhaber.

Blonde Bestien vom Stamme der Normannen

Die beiden anderen Bundesgenossen des Mönches Hildebrand waren, was ihre moralischen Qualitäten betraf, nicht viel besser, aber Moral war damals so wenig wie heute ein Maßstab der Politik. Die beiden hießen Richard von Aversa und Robert Guiscard, blonde Bestien vom Stamme der Normannen, die sich jedem verkauften, wenn er nur genug zu bieten hatte.
Hildebrand hatte...
Zwar war Richard noch im Kirchenbann, wegen einiger dreister Übergriffe auf päpstlichen Besitz, aber das kleine Malheur ließ sich beseitigen, indem man ihm das ließ, was er sich genommen, und ihm noch einiges dazu schenkte. Richard bekam Capua, Robert Apulien, Kalabrien und Sizilien. Es waren merkwürdige Geschenke: die zu Lehen gegebenen Länder mußten nämlich erst einmal erobert werden. Überall saßen Griechen, und Sizilien war sogar fest in der Hand der Araber. Die Normannen waren es trotzdem zufrieden und zu Gegenleistungen bereit, die unverhältnismäßig schienen.
Auf einer Synode in der apulischen Stadt Melfi gelobten sie mit der üblichen Feierlichkeit, die römische Kirche gegen jeglichen Feind und an jeglichem Ort zu schützen, Zins zu zahlen und dafür zu sorgen, daß jeder neue Papst ein Papst »im Sinne und zu Ehren des heiligen Petrus« sei. Das hieß: ein vom Kardinalskollegium bestimmter! Die Normannen übernahmen damit die Aufgabe, die die Kaiser bisher innegehabt – aber auch den Einfluß! Insofern war es kein zu hoher Preis. Außerdem handelten sie sich den Segen des Papstes ein, und der war viel wert, verlieh er doch auch der blutigsten Eroberung noch eine höhere Weihe.
Wenn nur Geschäfte gut sind, bei deren Abschluß jeder glaubt, den anderen übervorteilt zu haben, so war es hier der Fall. Die Kardinäle zogen beglückt nach Hause. Sie hatten etwas verschenkt, was sie nichts

kostete, weil es ihnen nicht gehörte, und sie hatten der Welt gezeigt, daß die Kirche die Macht hatte und sich das Recht nahm, Länder zu vergeben und Throne zu besetzen. Ein berauschender Gedanke, der hier zum erstenmal Gestalt gewann und später in dem Anspruch gipfelte, daß der Kirche die Herrschaft im Himmel *und* auf Erden zukomme. Mehr und mehr hatte man sich in Deutschland daran gewöhnt, daß die eigentlichen Entscheidungen von der Kurie getroffen wurden. Sie mischte sich in alles und jedes, entschied bei strittigen Fällen grundsätzlich für die unteren Chargen, um die oberen zu verunsichern, Mönche bekamen recht gegenüber ihren Äbten, kleine Geistliche gegenüber den Burgherren. Wer nicht gehorchen wollte, wurde nach Rom zitiert. Wer nicht kam, dem überbrachte der nächste Legat Absetzung und Bann.

Bischöfe wurden in Rom geschulmeistert, als seien sie Klosterschüler, mußten Abbitte tun, Buße leisten und den päpstlichen Richterspruch widerspruchslos entgegennehmen. Selbst Erzbischöfe vom Format eines Liemar von Bremen, eines Siegfried von Mainz, ja eines Anno von Köln machten sich auf den langen, beschwerlichen Weg über die Alpen, um sich strafen zu lassen.

Planmäßig wurde so die Autorität des Kaisers im Innern ausgehöhlt, und ebenso planmäßig versuchte man, das Reich auf außenpolitischem Gebiet zu schwächen. Als die französischen Normannen zum großen Sprung nach England ansetzten, erhielt ihr Führer, Wilhelm der Eroberer, vom Papst die Fahne des heiligen Petrus, unter deren Zeichen er kämpfte und siegte. Ähnliche Ehre widerfuhr den Spaniern, die im Zeichen des Kreuzes angetreten waren, die Mauren aus ihrem Land zu vertreiben. In Frankreich beutete die Kurie die traditionelle Feindschaft gegen die Leute östlich des Rheins aus. In Ungarn unterstützte sie eine reichsfeindliche Partei. Und überall beanspruchte sie die Lehnshoheit.

Die Lager waren abgesteckt, die Vorbereitungen perfekt, und doch zögerte die Kurie, den entscheidenden Schritt zu tun zu der unausweichlichen Auseinandersetzung. Der Respekt vor dem Kaisertum war groß: vor seiner Tradition, seiner Strahlkraft, seinem immer noch vorhandenen Prestige. Als Heinrich IV. den Domherrn Gottfried zum Erzbischof von Mailand erhob, eine Investitur, die nach den Gesetzen der Reform selbst einem König nicht mehr zukam, da hätte ihn der Bannstrahl treffen müssen. Das aber wagte Alexander II. nicht, er hielt sich an den Untergebenen schadlos und bannte die Räte des Königs. Der Tag nahte, an dem jener Mann die Macht ergriff, der sie schon lange besaß...

Sanctus Satana, der heilige Satan

Was am 22. April 1073 in Rom geschah, haben die Historiker »einen Akt von welthistorischer Bedeutung« genannt, eine etwas abgegriffene Formulierung, wimmelt es doch im Rückblick auf die Jahrtausende von solchen Akten. Auf jeden Fall war es eine sorgfältige Inszenierung, bei der der Regisseur gleichzeitig der Hauptdarsteller war.
Alexander hat das Zeitliche gesegnet. In der Laterankirche ist man damit beschäftigt, die Leiche des Papstes in die Gruft zu senken, die feierliche Stille wird jäh gestört durch vereinzelte Rufe, dann tönt es im Chor aus der Schar der Trauernden, unter ihnen überraschend viele Frauen: »*Gregorium papam sanctus Petrus elegit!* – Der heilige Petrus hat den Papst Gregor erwählt!« Sie umringen einen Mann, schleppen ihn, der sich heftig sträubt, zur bischöflichen Kathedra, schreien immer wieder, »wie vom Wahnsinn ergriffen«, »Gregor sei Papst! Gregor sei Papst!«
Es ist der Archidiakon Hildebrand, der hier zu seinem Glück gezwungen wird, und das »Volk« weiß wunderbarerweise, daß für ihn nur der Name Gregor in Frage kommt. Der Erwählte wehrt sich schließlich nicht mehr gegen seine Wahl, weil er zu spüren glaubt, daß aus dem Mund des Volkes die Stimme Gottes spricht. »Wehe, wehe, wenn Wir Uns dem hätten entziehen wollen«, schreibt er später.
Die Ereignisse hatten ihn so erschöpft, daß er sich mehrere Tage in sein Bett zurückzog und »mit erschütterten Eingeweiden« sich vorkam wie »ein auf hoher See in Nacht und Sturm verschlagener Schiffer«. Nicht daß er ein schlechtes Gewissen hatte, weil die Wahl ungesetzlich war, den von ihm selbst dekretierten Regeln nicht konform. Solche Regungen waren ihm fern, und mit überflüssigen Skrupeln hat er sich selten geplagt. Trotzdem heuchelte er in diesem Moment nicht. Er hatte tatsächlich Angst vor der ungeheuren Last, die sich da auf ihn senkte, denn es ist etwas anderes, die Graue Eminenz zu spielen, wie er es fast

ein Vierteljahrhundert für sechs Päpste getan hatte, denn selbst als Papst die Verantwortung zu tragen.

Dreiundfünfzig war er jetzt, doch von Gebrechlichkeit keine Spur, alles an ihm war Wille, Kraft, Leidenschaft, die brennenden Augen im bleichen Gesicht zeugten von Fanatismus, ein Mann von ungeheuren Gegensätzen: häßlich und charmant, warmherzig und eiskalt, so sentimental, daß er beim Meßopfer weinte, und so erbarmungslos, daß er vor Folterungen seiner Feinde nicht zurückschreckte.

Kindern war er unheimlich, die Frauen liebten ihn abgöttisch trotz seiner Häßlichkeit, er wollte den Frieden und verfluchte den, »der sich scheute, das Schwert in Blut zu tauchen«; erfüllt von dem Wort Gerechtigkeit, galt ihm das Recht wenig, er war von vielen Menschen umgeben und zutiefst einsam, er wurde viel geliebt und am besten gehaßt, er predigte die Liebe und verachtete die Menschen.

Doch was auch seine Gegner ihm vorwarfen, ihm, den sie den heiligen Satan nannten, in einem waren sie sich einig: daß er inbrünstig an das glaubte, wofür er stritt, und zutiefst davon durchdrungen war, Gott zu seinem Recht auf Erden zu verhelfen.

Wir wissen viel *von* ihm, seine Briefe haben sich erhalten, doch wenig *über* ihn. Sein Bild ist von einem Gespinst böser Lügen und frommer Legenden überwuchert: er war weder der Sohn eines elenden Hirten, noch entsproß er einem edlen Geschlecht. Fest steht, daß er aus einfachen Verhältnissen stammte, in dem toskanischen Landstädtchen Sovana geboren wurde und in Rom durch die Vermittlung reicher Verwandter in der Palastschule des Aventin erzogen wurde. Ob er, dessen Kennzeichen die Kutte war, je Mönch gewesen ist, bleibt strittig. Er selbst hat seine Vergangenheit im dunkeln gelassen, nur in verschwommenen Ausdrücken davon gesprochen, daß der heilige Petrus ihn immer auf das trefflichste geleitet. Der verständige junge Mann wird sich nicht allein darauf verlassen haben. Er kannte immer die richtigen Leute, war vielen zu Diensten, Gegendiensten nie abhold, und bald führte kein Weg mehr an ihm vorbei.

Meister der Politik

Dem jetzt 23jährigen deutschen König war Gregor anfangs durchaus zugetan. Er betrachtete ihn, dessen Vater er verehrt hatte, als einen Verführten, dem man nur die Augen öffnen mußte, damit er den Weg zu den väterlichen Tugenden zurückfinde. Er übersandte huldvolle Schreiben, schickte seine Legaten zu Freundschaftsbesuchen nach Deutschland, bat sogar um formelle Anerkennung seiner Erhebung zum *pontifex maximus* und fühlte sich in seinem Verhalten bestätigt, als sie, trotz des Widerstands der deutschen Bischöfe, prompt erfolgte, ja sogar ein Brief eintraf, in dem sich Heinrich zerknirscht gab. »Wir haben gesündigt wider den Himmel und wider Euch«, schrieb er, »nicht wert sind wir mehr Eurer Kindschaft. Nicht nur, daß wir der Kirche Gut angetastet, wir haben Unwürdigen, von der Galle der Simonie Vergifteten die heiligen Ämter verkauft, statt sie zu schützen, wie wir sollten.« Er bat um Ratschläge, wie er solches wiedergutmachen könne, und schwor auf die Reliquien, in Zukunft allen Befehlen Seiner Heiligkeit zu folgen.
Heinrich jedoch hatte nichts anderes im Sinn, als die Zeit zu gewinnen, die er brauchte, um mit den Sachsen fertig zu werden. Wenn er etwas mit Perfektion beherrschte, so war es die Kunst, sich zu verstellen, hinter scheinbarer Demut die wahre Absicht zu verbergen. Diese Lektion hatte er in seiner Jugend gründlich lernen müssen. Es gelang ihm, Gregor VII., den man den Meister der Politik nennt, auf seinem ureigenen Gebiet zu schlagen und ihn perfekt zu täuschen. Mit boshaftem Vergnügen las er, was ihm seine Geheimagenten berichteten: noch nie, so habe sich Gregor gebrüstet, sei ein solch untertäniger Brief – »voll Süßigkeit und Gehorsam« – von einem deutschen König an einen Papst geschrieben worden.
Kaum war der Sieg über die Sachsen errungen, begann Heinrich nach der bei Politikern so beliebten Maxime zu handeln, wonach man sich um das Geschwätz von gestern wenig zu kümmern brauche. Von Unterwerfung war jetzt nicht mehr die Rede. Er machte jede Anstrengung, um Gregors Bündnis aufzuspalten.
Auf den »gebarteten« war der »bucklige« Gottfried gefolgt, der aus der Toskana vor seiner bigotten Frau Mathilde hatte fliehen müssen. Ihn nahm Heinrich auf. Er schickte Unterhändler zu den Normannen, den

ewig ungebärdigen Kindern der Barbarei, die sich mit dem Papst überworfen, weil sie auf ihren Eroberungszügen wieder einmal mein und dein verwechselt hatten. In bewußter Provokation setzte er in ganz Italien reichstreue Bischöfe ein. Und er machte Anstrengungen, ein Heer auszurüsten für den längst fälligen Zug nach Italien, um den Papst Mores zu lehren und sich die Kaiserkrone zu holen. Populäre Maßnahmen, hinter denen, wenn nicht Deutschlands Fürsten, so doch Deutschlands Kirchenfürsten einmütig standen, die über Rom seit langem empört waren.

Heinrich hatte plötzlich, was niemand je vermutet, die Trümpfe in der Hand und war bereit, sie auszuspielen. Doch sosehr Gregor ihn anfangs unterschätzte, sosehr unterschätzte er jetzt Gregor. Er erkannte nicht, daß der Papst in der Frage der Laieninvestitur nicht nachgeben durfte, wollte er sein Ziel erreichen: die Herrschaft der von Gott gewollten Kirche über die Welt. Und er war nicht Menschenkenner genug, um zu sehen, daß bei diesem Papst der Fanatismus stärker war als das politische Kalkül.

Die Kirche hat nie geirrt und wird nie irren

Damals entstand jenes kirchenpolitische Glaubensbekenntnis, das wir unter dem Namen *Dictatus papae* kennen und das Gregors Handschrift trägt. Es handelt sich um siebenundzwanzig Lehrsätze, die jedes Maß überschreiten. Gregor-Hildebrand hat sie großenteils den Dekretalen des Pseudo-Isidor entnommen, einer kirchenrechtlichen Sammlung aus dem 9. Jahrhundert, hervorragend geeignet zur Untermauerung der These, wonach erst die Kirche kam und dann der Staat. Die Sammlung gehörte wieder zu jenen Fälschungen, die so meisterlich gemacht waren, daß es Jahrhunderte dauerte, bis sie als Fälschungen erkannt wurden. Dem »Diktat des Papstes« zufolge:

darf nur der Papst Bischöfe einsetzen und berufen;
ist es niemandem erlaubt, mit einem vom Papst Gebannten in einem Haus zu weilen;
darf nur der Papst neue Gesetze erlassen, neue Kirchen gründen, bestehende umwandeln, teilen und zusammenlegen;

kann des Papstes Spruch von niemandem aufgehoben werden, er dagegen darf die aller anderen umstoßen;
ist allein der Papst Erbe und Rechtsnachfolger der Apostel und deshalb Herr über alle Königreiche und Länder.
In nicht mehr zu überbietender Hybris heißt es weiter:
Der Papst allein darf die kaiserlichen Insignien führen und seine Füße haben alle Fürsten zu küssen. Der Papst darf die Kaiser absetzen.
Der Papst ist heilig, sobald er geweiht ist.
Die römische Kirche hat nie geirrt und wird in Ewigkeit nicht irren.

Die Antwort des Papstes auf den Brief des Kaisers war ganz im Geist des *Dictatus papae*: »Der Knecht der Knechte Gottes entbietet König Heinrich Gruß und apostolischen Segen. Bedenke, erlauchtester Sohn, wie gefährlich es ist, deine Herrschaft über die Herrschaft Christi zu stellen, und behindere nicht länger die Freiheit der Kirche. Und bedenke wohl, was Saul geschah, als er nach errungenem Siege, auf seinen Triumph pochend, den Mahnungen des Propheten nicht folgte und dafür von Gott verworfen wurde, und welche Gnade dagegen König David um seiner Demut willen zuteil wurde.«
Das war unverhüllte Drohung, und die Herren, die das Schreiben am Königshof zu Goslar überreichten, verschärften sie, indem sie hinzufügten, Seine Heiligkeit sei entsetzt über des Königs Laster und Verbrechen, die ihm hinterbracht worden seien und um derentwillen er exkommuniziert und des Thrones entsetzt werden müsse. Maßnahmen, die zu ergreifen der Heilige Vater sich nicht scheuen würde, es sei denn, aufrichtige Buße und tiefe Reue würden sie unnötig machen.

»Steige herab, auf ewig Verfluchter!«

Das nun wieder war ein Brief, den noch kein König von einem Papst empfangen hatte, und Heinrichs Reaktion fiel entsprechend aus. Er machte das Schreiben publik, und die Wirkung war genauso, wie er sie beabsichtigt hatte: der seit langem schwelende Groll gegen die Kirche flammte zu heller Empörung auf. Auf dem rasch einberufenen Nationalkonzil in Worms erschienen die Bischöfe und die Klostergeistlichen in großer Zahl und waren sich einig wie selten zuvor – wenn auch nur im Zorn.

Das Schreiben, das sie nach langer Beratung guthießen, trug die bezeichnende Anrede »Heinrich, nicht durch Gewalt, sondern durch Gottes weise Anordnung König – an Hildebrand, nicht mehr Papst, sondern falscher Mönch«.

Geschrieben darin stand: »Das ist der verdiente Gruß für dich, der du jeden Stand in der Kirche statt mit Ehre mit Schmach, statt mit Segen mit Fluch überhäuft hast... Wir ertrugen dies alles, weil wir des Apostolischen Stuhles Ehre zu wahren suchten. Du aber hieltest Unsere Ehrfurcht für Furcht, erhobst dich gegen die königliche Gewalt und wagtest zu drohen, du wolltest Uns ihrer berauben, als ob die Krone in deiner und nicht in Gottes Hand läge, in der Hand Jesu Christi, der Uns zur Herrschaft, dich aber nicht zum Priestertum berufen hat.

Die Stufen, auf denen du emporgestiegen bist, sind: die List, die dir das Geld verschafft hat, das Geld, mit dem du dir Gunst gekauft, die Gunst, mit der du die Gewalt des Schwertes gewonnen... Auch mich, der ich unter den Gesalbten zur Herrschaft geweiht worden, hast du anzutasten gewagt. Dabei lehrt die Überlieferung der heiligen Väter, daß der König allein dem Gericht Gottes unterworfen ist und keines Vergehens wegen abgesetzt werden kann...«

Es klingt wie ein alttestamentarischer Fluch, wenn Heinrich zum Schluß schreibt: »Du also, durch den Urteilsspruch aller Unserer Bischöfe und den Unsrigen gerichtet, verlasse den angemaßten Sitz des seligen Petrus. Denn ich, Heinrich, König von Gottes Gnaden, sage dir: ›Steige herab, steige herab, auf ewig Verfluchter!‹«

Eine Philippika, deren Sprachgewalt uns heute noch, fern jeder Parteinahme, anrührt, weil die Leidenschaft des Herzens die Feder geführt hatte. Das Herz aber ist ein schlechter Ratgeber, wenn es um die Politik geht, und die Vernunft hätte sagen müssen, daß hinter einer Machtdemonstration auch die Macht stehen muß.

Wo war das Heer, das Heinrichs Worten hätte Taten folgen lassen? Es existierte nicht. Das Reich war uneins, seine Fürsten nicht bereit, dem König Soldaten zu stellen. Auch unter den Bischöfen gab es Zauderer, von denen einer sich auf aparte Weise rückversicherte, indem er unter

seine Unterschrift nachträglich einen liegenden Spieß malte, womit sie nach dem Brauch der Zeit ungültig war.
Den Inhalt des Schreibens und eines weiteren Briefes, in dem Hildebrand unter anderen Schandtaten auch »Hurerei mit Mathilden von Toskana« vorgeworfen wurde, ließ Heinrich durch seine Agenten überall in Rom verbreiten, in der Hoffnung, damit einen Aufstand gegen den falschen Mönch hervorzurufen. Als diese Hoffnung trog, blieb nur der Weg der offiziellen Übergabe der Noten.

Ein Gebet wird zum Fluch

Ein solcher Auftrag war lebensgefährlich. So wie man Boten für schlechte Nachrichten bestrafte, so galt auch die Unverletzlichkeit von Gesandten wenig, wenn ihre Botschaften als beleidigend empfunden wurden. Als zum Beispiel Otto der Große dem Kalifen Abderrahman von Cordoba die Vorzüge der christlichen Religion gegenüber der islamischen in einem Brief darlegte, suchte er einen Boten, der bereit war, zum Märtyrer zu werden.
Heinrich fand schließlich zwei Freiwillige, aber erst nachdem er eine hohe Belohnung in Aussicht gestellt hatte. Ein Priester namens Roland und ein niederer Ritter waren daraufhin bereit, den schweren Gang zu wagen. Auf der Fastensynode des Februars 1076 wandte sich der todesmutige Roland an die römischen Kardinäle und forderte sie auf, Gesandte über die Alpen zu schicken, um aus der Hand des Königs einen anderen Papst zu empfangen.
»Denn dieser hier«, rief er und zeigte auf Gregor, »ist kein Papst, sondern ein reißender Wolf!«
Der Sturm der Entrüstung, der daraufhin losbrach, war selbst für die wegen ihres Temperaments berüchtigten Römer ungewöhnlich, und die beiden Gesandten wären Glied für Glied zerstückelt worden, wenn nicht Gregor sich in das Getümmel gestürzt und sie gerettet hätte. Das war beherzt und wohlberechnet: denn nichts hätte ihm weniger ins Konzept gepaßt, als durch den Mord an Gesandten seine Rolle als Rächer der Kirche zu verspielen. Außerdem sollte alle Welt erfahren, wie sehr er das Liebet-eure-Feinde auch gegenüber seinen bösesten Wider-

sachern beherzigte. Daß er die beiden Boten tags darauf in den Kerker werfen und foltern ließ, erfuhren nur wenige.

Im Grunde war Gregor froh über die Briefe, die er nun vor der Versammlung verlesen ließ: ihre Maßlosigkeit in Form und Inhalt machten ihn, der eigentlich der Täter war, vor aller Welt zum Opfer. Er konnte nun zu einem Gegenschlag ausholen, der in Europa wie eine Naturkatastrophe wirkte: er tat den König in den Bann! Sein Verdammnisurteil kleidete er in die Form eines Gebetes an Petrus:

»Heiliger Petrus, Du Fürst der Apostel, neige, ich flehe, Dich liebevoll zu uns herab und höre Deinen Knecht, den Du von Kindheit an beschirmt und bis zu diesem Tage vor der Gewalt des Bösen bewahrt hast. Sei Du mein Zeuge und mit Dir die Heilige Mutter Gottes und Sankt Paulus, Dein Bruder in Christo, daß Deine heilige Kirche mich gegen meinen Willen zu ihrer Lenkung erwählt hat, daß mich kein Raub zu Deinem Stuhl emporsteigen ließ. Weil Du es gewollt hast, ist mir Gottes Vollmacht gegeben, zu binden und zu lösen im Himmel und auf Erden. Darum untersage ich nun in solcher Zuversicht, zur Verteidigung Deiner Kirche, dem König Heinrich, das Reich der Deutschen und das Italiens zu regieren, und befreie alle Christen vom Eid, den sie ihm geleistet, und verbiete, daß ihm irgendeiner noch diene. Von Deiner Kirche hat er sich abgewandt und will sie zerspalten. Du bist Petrus, Du bist der Felsen, auf dem der Sohn des lebendigen Gottes seine Kirche gebaut hat. In Deinem Namen schlage ich ihn vor allen Völkern in die Fesseln des Bannes.«

Zu Füßen von Gregors Thron saß Agnes von Poitou, gekleidet im Gewand der Nonnen, und lauschte mit steinernem Gesicht, wie ihr Sohn verflucht wurde. Wer da meinte, daß »die Gefühle einer Mutter der Weihrauch nicht völlig abgestumpft haben konnte, den sie in Rom atmete«, wurde eines schlechteren belehrt, als sie sich dazu anstellen ließ, das Urteil des Papstes überall in Deutschland zu verbreiten.

Die Angst vor der Hölle

Die Kontrahenten hatten das Äußerste gewagt und dabei den Boden des Rechts verlassen: der König konnte schwerlich einen Papst abset-

zen, den er seit drei Jahren anerkannt; dem Papst war in dieser Form keine Gewalt über einen König gegeben. Da sich beide dessen bewußt waren, strebten sie danach, die öffentliche Meinung für sich zu gewinnen. Es kam jetzt darauf an, jenes »Volk« zu gewinnen, dessen Namen man so oft im Mund geführt, aber nie gefragt hatte. Ein Propagandafeldzug begann, der mit seiner Demagogie und seiner Verunglimpfung an die Methoden des modernen Wahlkampfs erinnert.
Von den Kanzeln der deutschen Kirchen wüteten die Priester gegen den meineidigen, ehebrecherischen, falschen, korrupten, verbrecherischen Papst, während Wanderprediger im Land umherzogen und Gregors Sendschreiben »An alle Getreue im deutschen Reich, die den Christenglauben verteidigen« verlasen. Das Ergebnis war eine allgemeine Verunsicherung: den einfachen Leuten schien die Welt aus den Fugen. Sie waren dazu erzogen worden, dem König zu geben, was des Königs ist, und Gott, was Gottes ist. In diesem Zwiespalt entschieden sich die meisten schließlich für den Papst. Er galt als der Stellvertreter Gottes auf Erden, während der Kaiser nur von Gott beauftragt war. Auch fürchteten sie Petrus, in dessen Namen der Fluch ausgesprochen war, den Heiligen, der einem die Pforten des Himmels öffnen oder den Weg zur Hölle weisen konnte.
»Wird ein späteres Zeitalter«, fragt Gregorovius deshalb, »noch begreifen, daß es Epochen gab, in denen der Papst seine gottähnliche Macht von einem friedlichen und armen Apostel herleitete? Unsere Zeit, dem Mittelalter noch einigermaßen nah, befremdet schon tief die Usurpation göttlicher Majestät in der Person eines elenden Sterblichen, des flüchtigen Sohnes der Minute, der über eine Ewigkeit voll Segen oder Verdammnis gebieten will, während ihn der Hauch eines unberechenbaren Augenblicks spurlos verlöschen kann. Eine schauerliche Größe liegt in jenem mittelalterlichen Priestertum, das sich so kühn über die Grenzen der Endlichkeit erhob.«
Die Waage neigte sich langsam, aber stetig zugunsten Roms, beschwert durch wundersame Ereignisse, die man als Zeichen des Himmels ansah: so den plötzlichen Tod des Bischofs Wilhelm von Utrecht, der den Papst öffentlich verflucht hatte, die Zerstörung seiner Kirche durch Blitzschlag, die Ermordung des Herzogs Gottfried, der als einziger Landesfürst noch königstreu war. Die anderen Fürsten waren über die Verdammung ihres Königs geradezu glücklich, bot sich doch hier die Gelegenheit, ihn einmal guten Gewissens zu verraten.

Deutschland zu teilen und zu beherrschen

In Tribur am Rhein kamen sie zusammen – süddeutsche und sächsische Fürsten, die sich gerade noch blutige Schlachten geliefert hatten, wieder in schöner Eintracht –, um über die Wahl eines neuen, »besseren« Königs zu beraten, eines Mannes also, der ihre Sonderinteressen zu berücksichtigen verstand. Heinrich schlug, um seinen Feinden möglichst nahe zu sein, auf der anderen Rheinseite, in der Pfalz von Oppenheim, sein Lager auf. Und zwischen beiden Ufern fuhren die päpstlichen Legaten auf ihren schnellen Schiffen hin und her: beratend, vermittelnd, konferierend, nie ihren Auftrag vergessend, die Front der noch zu Heinrich haltenden Bischöfe aufzubrechen, aber darauf bedacht, den Bogen nicht zu überspannen, um dem König die Rückkehr in den Schoß der Kirche offenzuhalten. Ein bußfertiger Heinrich schien Gregor für die Durchsetzung seiner Ziele immer noch geeigneter als ein von den Fürsten gewählter Gegenkönig, der nur wieder neue Probleme bringen würde.

Nach zehntägigem hartem Ringen einigte man sich auf einen Kompromiß. Heinrich blieb König, mußte sich aber verpflichten, die in Worms verfügte Absetzung des Papstes zurückzunehmen, ihm künftig zu gehorchen und Genugtuung zu leisten. Das waren lediglich Versprechungen, die man halten konnte oder auch nicht. Der Salier neigte eher zu letzterem.

Wer ihn deshalb »unaufrichtig«, »verschlagen«, »unmoralisch« nennt, wie so oft geschehen, sollte nicht vergessen, daß es hier um Politik ging. Hinzu kam, daß Heinrich nicht das Genie seines Vaters besaß und Format durch Schläue ersetzte, Strategie durch Taktik, ein Programm durch diplomatische Raffinesse. Aber es gibt auch nicht wenige, die ihn, von dem Staufer Friedrich II. einmal abgesehen, als den eigentlichen politischen Kopf unter den deutschen Cäsaren bezeichnen.

Wieder war es ihm gelungen, den so dringend benötigten Aufschub zu erreichen. Bereits vier Monate später sollte auf einem Reichstag in Augsburg erneut verhandelt werden. Und zwar unter Vorsitz des Heiligen Vaters, der dann als oberster Richter über das Verhältnis von Staat und Kirche in Deutschland befinden sollte. Habe er Heinrich bis dahin nicht vom Bann gelöst, so schworen sich die Fürsten, würde es einen anderen König geben.

Dieser Reichstag, soviel wußte Heinrich, durfte nicht stattfinden! Was erwartete ihn dort? Der Verzicht auf das Recht der Investitur oder die Absetzung. Beides war gleichbedeutend mit dem Ende seiner Herrschaft. Gelang es ihm aber, sich vorher vom Bann zu lösen, hätten auch die deutschen Fürsten keinen Grund mehr, ihn im Stich zu lassen, würde der Eid, den die Vasallen ihm geschworen, wieder Gültigkeit bekommen, wäre darüber hinaus das gegnerische Lager gespalten.
Eile war nötig, da seine Lage in Speyer, wohin er sich unter Verzicht auf die Ausübung seines Amtes hatte zurückziehen müssen, nicht besser wurde. Die zu ihm haltenden Bischöfe begannen zu wanken, verlockt durch des Papstes goldene Brücken, über die bereits Udo von Trier, Dietrich von Verdun, Hermann von Metz, Adalbero von Würzburg gegangen waren, von den gregorianisch gesinnten bayerischen Bischöfen zu schweigen.
Gregor VII. jedoch lehnte es ab, Heinrich in Rom zu empfangen und ihm die Absolution zu erteilen. Die ihm gebotene Chance, in Deutschland zu richten und zu herrschen, wollte er nützen.
Was nun folgte, bewies, daß der Salier aus härterem Holz geschnitzt war, als seine Feinde vermuteten, und daß er zum Löwen werden konnte, wenn es darum ging, die angestammten Rechte seines Hauses zu verteidigen. Auf die königlichen Insignien, so hatte er schon in Oppenheim verlauten lassen, werde er nie verzichten.
»Denn ich habe sie dem Recht gemäß empfangen, und sollte ich sie verlieren, so geschähe das zur Schande von uns allen. Wer möchte die Ehre des deutschen Reiches, welche über die Jahrhunderte sich fleckenlos erhalten, durch solche Schmach besudeln?!«

9. Kapitel   Der Gang nach Canossa

Der Schreckenswinter des Jahres 1076

Als ihm Mitte Dezember ein geheimer Bote berichtete, der Papst sei auf dem Wege nach Mantua, wo er die von den Fürsten zugesagte Begleitmannschaft erwarte, die ihn sicher nach Augsburg bringen sollte, war er bereit, alles auf eine Karte zu setzen. Es galt, Gregor noch in Italien zu stellen und ihn zur Lösung des Bannes zu zwingen: doch nicht durch die Macht des Kriegers sollte das geschehen, sondern durch die Demut des Büßers! Der höchste Priester der katholischen Christenheit würde einem reuigen Sünder, der sich ihm zu Füßen warf, die Absolution nicht verweigern dürfen, selbst wenn der Sünder sein Feind war und ein König. Ein Gedanke von unerhörter Kühnheit und verblüffender Logik zugleich.

Noch vor Weihnachten bricht er mit kleinem Gefolge auf. Er nimmt den zweijährigen Thronfolger mit auf die Reise, da er ihn vor einer Entführung nicht gut genug geschützt glaubt. Bertha, die Königin, die er einst verstoßen wollte, wird ihm jetzt zu einer Gefährtin, die alle Gefahren klaglos teilt. Bei Genf setzen sie über die Rhône und begeben sich nach Savoyen zur Markgräfin Adelheid, die über den Mont Cenis gebietet, einen Paß, der deshalb nicht von Heinrichs Feinden hatte gesperrt werden können und nun den einzigen Zugang nach Oberitalien bildet. Die Markgräfin ist seine Schwiegermutter, was sie nicht davon abhält, des königlichen Schwiegersohnes Notlage weidlich auszunützen und für die Paßüberquerung fünf an ihr Gebiet grenzende Bistümer zu verlangen. Ein horrender Preis, den Heinrich nach längerem Feilschen auf ein erträgliches Maß herabdrückt.

Der Winter von 1076 auf 1077 ist ungewöhnlich streng – die Wurzeln der Weinstöcke erfrieren im Boden, noch Anfang April kann man den Rhein mit dem Ochsenkarren überqueren –, und der Weg über die vereisten Pfade des Mont Cenis wird zum lebensbedrohenden Abenteuer. Der Bericht des Chronisten gibt uns einen Begriff, was es hieß, im Winter nach Italien zu fahren.

»Wie nun der König mit den bergkundigen Führern die Paßhöhe erreichte, erwies sich ein Weiterkommen als schier unmöglich, da die jenseitigen Hänge durch das Eis spiegelglatt waren. Mit allen Kräften suchten die Männer der Natur zu trotzen. Bald krochen sie auf Händen und Füßen, bald stützten sie sich gegenseitig, sie glitten aus, stürzten, rutschten ab. Die Königin und die Frauen ihres Gefolges betteten sie auf Ochsenhäute und zogen sie damit den Berg herab. Den Pferden banden sie die Beine zusammen und ließen sie mit Stricken die Steilwände hinab, wobei viele Tiere umkamen.«

Die Nachricht vom geglückten Übergang Heinrichs verbreitete sich in Oberitalien wie ein Lauffeuer. Die Lombarden jubelten, glaubten sie doch, die Absetzung Gregors, ihres Todfeindes, sei gekommen. Etwas anderes könne der Deutsche kaum im Sinne haben, wie das Beispiel seiner Väter und Vorväter bewies, die nur über die Alpen gekommen waren, Päpste ein- oder abzusetzen. Um ihm dabei zu helfen, strömten sie ihm in solchen Scharen zu, daß Heinrich plötzlich über ein ansehnliches Heer verfügte, und es kostete ihn Mühe, die zu allem entschlossenen Ritter davon zu überzeugen, daß er sich auf friedlichem Wege vom Bann lösen wolle.

Nicht nur die Staatsraison zwang ihn dazu, sondern auch – und das wird zu oft übersehen – die Qual des eigenen Gewissens. In einer Zeit, in der hochgebildete Männer davon überzeugt waren, daß es den Teufel gab, ja leibhaftige Begegnungen mit ihm in aller Ausführlichkeit schilderten, konnte auch ein König nicht unberührt davon bleiben, daß der Bann einer Verbannung in die Hölle gleichkam.

Gregor hatte sich inzwischen, von den romfeindlichen Lombarden verschreckt, in die für uneinnehmbar gehaltene Burg Canossa am Nordrand des Apennin zurückgezogen. Vor ihren Toren erschien am 25. Januar 1077 Heinrich IV. – »barfuß und im Büßerhemde, und die Nacht war kalt und regnicht«, wie Heinrich Heine dichtete.

Geniestreich oder Kapitulation

Wer heute von Reggio Emilia aus über grundlose Straßen Canossa erreicht hat und nach beschwerlichem Fußmarsch auf der felsigen Höhe steht, braucht viel Phantasie, um sich neunhundert Jahre zurückzuversetzen. Die Burg, mehrfach zerstört, dann von den Bauern als Steinbruch benutzt, ist stark verfallen und kaum in ihren Umrissen erkennbar. Nur von der Kapelle stehen noch Mauerreste. Ein Schuppen, der sich »Museum« nennt, dämmert verlassen vor sich hin, und so bleibt den wenigen Touristen, die sich hierher verirren, nur die vom Baedeker mit einem Stern belohnte Aussicht auf die Poebene.

»Canossa«, das war in Deutschland seit jeher mehr als der Name einer Burg, es ist ein Wort, das Flügel bekommen hat, das, je nach der politischen Richtung, für etwas steht: für die Anmaßung der Kirche, wenn man an die Anti-Klerikalen denkt, für nationale Schande und Demütigung deutschen Wesens, wenn man die Deutsch-Nationalen hört, für den Triumph des Glaubens, wenn man die Ultramontanen nimmt. Bismarck brachte Canossa vollends in aller Munde, als er während des Kulturkampfes zwischen dem preußischen Staat und der katholischen Kirche den Reichstagsabgeordneten zurief: »Seien Sie ruhig, meine Herren! Wir gehen nicht nach Canossa!«

Auch die Dichter hat der Stoff immer wieder gereizt. Eine ganze Reihe von Ritterdramen Götzscher Art und Freiheitsdramen à la Wilhelm Tell entstanden. Unter den Autoren finden sich so bekannte Namen wie Johann Jakob Bodmer, Friedrich Rückert, Ernst von Wildenbruch, Paul Ernst, Erich Ebermayer, E. G. Kolbenheyer. Das Thema Heinrich IV. in der deutschen Literatur ist so umfangreich, daß es Material für mehrere Doktorarbeiten bot.

Was nun geschah in Canossa an jenem bitterkalten Januartag? Wir werden darüber durch die Quellen unzulänglich unterrichtet. Unzulänglich, weil die Chronisten Partei waren und deshalb parteiisch berichteten, meist zuungunsten des Königs. Doch ist es der Forschung gelungen, Gunst und Haß so weit auszuscheiden, daß ein einigermaßen zuverlässiges Bild dieses die Welt erschütternden Vorgangs entstand. Heinrich beginnt die Verhandlungen von einem nahegelegenen Marktflecken aus und benutzt dafür prominente Unterhändler wie Adelheid, seine Schwiegermutter, Mathilde, ein Geschöpf Gregors zwar, doch mit dem Haus der Salier verwandt, und Hugo von Cluny, seinen Taufpaten. Die oberhalb einer von Gießbächen durchtosten Schlucht gelegenen primitive Felsenburg wird für eine Woche zum Mittelpunkt Europas. Nachdem alle Vermittlungsversuche fehlgeschlagen sind, kleidet sich Heinrich wie ein Büßer – rauhes Wollhemd, barfuß, ohne Kopfbedeckung – und stellt sich innerhalb des äußeren Mauerrings vor dem Burgtor auf. Er kniet in bestimmten Abständen nieder, wirft sich der Länge nach auf den schneebedeckten Boden, die Arme in Kreuzesform ausgestreckt, spricht die vorgeschriebenen Gebete.

Wie lange und wie oft er sich seiner Buße hingegeben hat, ist nicht bekannt, jedenfalls kann keine Rede davon sein, daß er drei Tage lang vom Morgengrauen bis zur Dämmerung barfuß im Schnee gestanden hat, wie es heute noch Schulbücher lehren. Auch galt es im Mittelalter nicht als Schande, sich einer Buße zu unterziehen, denn seine Sünden büßte man nicht vor dem Priester, sondern vor seinem Gott, und vor dem waren alle gleich.

Gregor beobachtet Heinrich die ganze Zeit von einem verborgenen Fenster aus, kann sich aber nicht entschließen, die Tore öffnen zu lassen. Die moralische Erpressung, die sein Gegner da draußen inszeniert, und für nichts anderes hält er es, versetzt ihn in ein Dilemma. Befreit er ihn vom Bann, verrät er die deutschen Fürsten, denen er zugesagt hat, den Gebannten nicht ohne Rücksprache mit ihnen loszusprechen. Verweigert er die Absolution, versündigt er sich gegen seine priesterliche Pflicht, barmherzig zu sein. Schon wirft man ihm aus seiner Umgebung vor, daß nicht der Ernst apostolischer Strenge aus ihm spreche, sondern »die Grausamkeit tyrannischer Willkür«. Schweren Herzens entschließt er sich, nachzugeben. Unter der Bedingung, daß Heinrich sich in seinem Streit mit den Fürsten nach wie vor dem Richterspruch des Papstes unterwerfe und ihm auf der Reise nach Augsburg Sicherheit gewähre.

Das innere Tor wird geöffnet. Heinrich, durch Hunger und Fasten geschwächt, wirft sich vor Gregor zu Boden, wird aufgehoben, die Männer, eben noch haßerfüllt, umarmen sich »unter einem Strom von Tränen«, aus der Schar der Begleiter ertönt lautes Schluchzen, sie tauschen den Friedenskuß, in der Kapelle nehmen sie gemeinsam das Abendmahl, der Papst spricht seinen Segen und erlöst Heinrich und die mit ihm exkommunizierten Bischöfe vom Bann. Eine Szene, wie sie mit ihrem Gefühlsgehalt nur im Mittelalter denkbar scheint, uns aber gleichzeitig beweist, und auch das ist wieder »mittelalterlich«, daß es sich bei aller Politik um einen Kampf der »Geister und Gewissen« handelte, der die Menschen in ihren Tiefen erschütterte.

Über die Frage, wer in Canossa gesiegt hat, wird bis auf den heutigen Tag gestritten. Hat sich hier ein König in schamloser Weise seiner Würde begeben, um, im Staube kriechend, die Vergebung des Papstes zu erbetteln? Oder war hier ein Meister der Staatsraison am Werk, der in einem wohlberechneten Akt der Selbstüberwindung das Knie beugte und mit diesem »Geniestreich« seine Handlungsfreiheit wiedergewann? Die Wahrheit liegt in der Mitte, und sie klingt nur scheinbar paradox: Heinrich hat in Canossa gesiegt und Gregor hat triumphiert. Denn der »Sieg« war nur temporär, der »Triumph« dagegen zeitlos.

Nach Canossa war die Welt nicht mehr das, was sie vorher war, ihre Uhren gingen anders. »Für die Idee des sakralen Herrscheramts war Canossa eine schwere Einbuße. Den auch für viele Zeitgenossen unerhörten Anspruch, den König bannen... zu können, hatte Heinrich grundsätzlich anerkannt... Indem er sich dem Papst als Richter unterwarf, war das wahre Gottesgnadentum aufgegeben worden. So bedeutet dieser Tag einen verhängnisvollen Schritt auf dem Weg der Auflösung des bisherigen Weltbildes vom Zusammenwirken der beiden höchsten Gewalten...«

Das Gottesurteil

Heinrich war wieder König, aber er war es nicht mehr allein. Die deutschen Fürsten, vom Papst tief enttäuscht, hatten einen Gegenkönig gewählt. Rudolf von Rheinfelden hieß er, ein Schwabe, so wacker wie unbedeutend. Seinen Thron bezahlte er mit beschämenden Zugeständnissen an beide Seiten – unter anderem mit dem Verzicht auf die Erblichkeit der Krone und die Investitur der Bischöfe –, doch war er bedeutend genug, um Deutschland in einen Abgrund zu stürzen, mit allen Grausamkeiten, wie sie für Bruderkriege typisch sind. Die apokalyptischen Reiter jagten über blühende Landstriche, brachten Hunger, Pest, Brand, Tod und machten vor den Altären nicht halt. In den Straßen der Städte türmten sich die Leichen, und auf dem Land wurde Menschenfleisch verzehrt.

Zu wirklichen Schlachten, die eine Entscheidung hätten bringen können, kam es bei dieser Art von Kriegführung nicht. Darauf hatte auch Gregor keinen Einfluß, Gregor, der sich nach langem Zaudern für Rudolf entschieden und Heinrich erneut gebannt hatte. Ein Bann, der nicht treffen konnte, weil Wiederholungen abgeschmackt sind, eine Einsicht, die auch dem Papst gekommen sein mußte, denn er fügte die düstere Prophezeiung hinzu: »Ich sage euch, daß dieser Mensch, bevor die Sonne des ersten August aufgegangen, zur Hölle gefahren sein wird, so wahr mir Gott helfe.«

Gott aber, von beiden Seiten heftig bedrängt, hörte nicht auf den Papst. An der Elster kam es 1080 zu einem blutigen Treffen, bei dem Rudolf der Sieger zu sein schien, denn seine Krieger behaupteten das Schlachtfeld, er selbst aber erlitt schwere Verwundungen: ein Schwerthieb trennte ihm die rechte Hand ab. Zu seinem Beichtvater sagte er: »Das war die Hand, mit der ich meinem Herrn Heinrich einst die Treue geschworen...« Drei Tage später war er tot, und für die wundergläubige Zeit gab es keinen Zweifel, daß hier ein Gottesurteil vorlag.

Heinrich konnte jetzt den Gang in die Höhle des Löwen wagen: nach Rom. Zwar stellten seine Widersacher einen zweiten Gegenkönig auf, der aber war noch schwächer als der erste. Das Volk gab ihm den verächtlichen Namen »König Knoblauch«. Dieser Gegen*könig* konnte Heinrich nicht gefährlich werden, der Gegen*papst* dagegen Gregor um so mehr. Denn Heinrich hatte inzwischen den Erzbischof von Ravenna als Clemens III. zum Papst wählen lassen. Wibert war eine starke, bei Freund und Feind geachtete Persönlichkeit, wohl imstande, dem unbeliebten Gregor entgegenzutreten.

Da der Kaiser auch die ungetreuen Herzöge abgesetzt und durch Männer seines Vertrauens ersetzt hatte, gab es nun Gegenkönig, Gegenpapst, Gegenherzöge, und die Klage des Augsburger Annalisten hallte durch das Land: »O Reich, o herrliches Reich, wie düster ist dein Antlitz. Alle sind wir gedoppelt. Doppelte Herzöge, doppelte Päpste, doppelte Könige...«

Ein Kampf um Rom

Was nun entbrannte, war ein Kampf um Rom, ein Drama, dessen Helden, oder sagen wir besser Opfer, König Heinrich, Papst Gregor und Robert Guiscard, der Normanne, waren.
Zweimal stand Heinrich mit seinen Truppen vor der Ewigen Stadt, zweimal wurde er abgewiesen. Die Römer verteidigten, ganz gegen ihre sonstige Gewohnheit, ihren Papst mit Klauen und Zähnen, unterstützt von der gefürchteten Hitze, die die Malaria brachte und »des Nordens Krieger dahinschmelzen ließ wie den Schnee des Landes, aus dem sie gekommen«. Erst beim drittenmal gelang es einem kleinen deutschen Stoßtrupp, an einer schlecht bewachten Stelle die Mauern mit Leitern zu ersteigen und den größeren Teil der Stadt zu erobern.
»Am Tage S. Benedicti sind wir in Rom eingezogen«, schrieb Heinrich an den Bischof von Verdun, »alles scheint mir noch, als sei es ein Traum. Mit zehn Mann hat uns Gott einen Sieg beschert, den unsere Ahnen nicht mit zehntausend hatten erringen können. Wer sich freuen will mit uns, der freue sich, wer trauern will, der trauere. Wir sind mit Gottes Gnade hier.«
Rom war gefallen, der Papst aber befand sich nicht unter den Gefangenen. Er hatte sich hinter die Mauern der Engelsburg geflüchtet und beantwortete jeden Vermittlungsversuch mit einem unbeugsamen »Niemals«. Er sei, so ließ er durch seine Parlamentäre melden, zur Versöhnung erst bereit, wenn der Deutsche öffentlich Buße leiste und sich in aller Form unterwerfe. Eine Haltung, die man halsstarrig oder heroisch nennen kann, doch angesichts einer fast hoffnungslosen Situation nötigt sie Respekt ab.
Heinrich war gekommen, um sich die Kaiserkrone zu holen. Er hätte sie sich von seinem »eigenen« Papst aufsetzen lassen können, davor aber scheute er zurück. Gregors Macht über die Seelen war noch groß genug, so daß eine solche Krönung der ganzen christlichen Welt als eine Farce erscheinen mußte.
Doch die Zeit arbeitete für den Salier. Die Zeit und das von den romfeindlichen Byzantinern reichlich gespendete Geld. Am Tiber genossen unter allen Heiligen St. Albin, das weißschimmernde Silber, und St. Rufin, das rotschimmernde Gold, nach wie vor die höchste Verehrung – wie die Zyniker behaupteten, und nicht nur die.

Mit solcher Hilfe gelang es seinen Agenten, eine Stütze nach der anderen aus der gregorianischen Front herauszubrechen, bis er endlich, schon halb an seinen Plänen verzweifelnd, die Eilbotschaft erhielt, daß die Partei des Papstes sich in Auflösung befinde. Allein dreizehn Kardinäle gingen zu Wibert über, zahlreiche große und kleine Adlige folgten ihrem Beispiel. Auch das einfache Volk war es müde geworden, seine Haut für einen Mann zu Markte zu tragen, dessen Ziele längst nicht mehr ihre eigenen waren, dessen Stern außerdem im Sinken war. Und Verlierer hat man in Rom schon immer gemieden.

Wer heute auf der oberen Plattform der Engelsburg steht und auf Rom hinabschaut, braucht nicht viel Phantasie, um sich die Szene vorzustellen, deren Zeuge Gregor nun wurde. Da zog er daher, der Büßer von Canossa, umjubelt vom Pöbel, begleitet von seinem Geschöpf, dem »Ketzerfürsten« Wibert, den er in der Peterskirche zum rechtmäßigen Papst weihen ließ, um sich eine Woche darauf, am Ostersonntag 1084, von ihm die Kaiserkrone aufsetzen zu lassen.

»Ich rufe, schreie, ich flehe euch an ohne Unterlaß, auf daß ihr begreift, wie sehr der wahre Glaube zum Gespött des Teufels geworden ist«, heißt es in einem Hilferuf Gregors, der von niemandem beachtet wurde. Die Römer, die ihn im Stich gelassen hatten, konnten nicht ahnen, wie furchtbar sie dafür bezahlen mußten.

In den letzten Tagen des Mai näherte sich Rom ein Heer von 6000 Reitern und 30 000 Mann Fußvolk, befehligt von Robert Guiscard, dem Normannenherzog, den Gregor flehentlich um Hilfe gebeten hatte und der nun endlich gekommen war. Nicht, weil er sich seines Schutzbündnisses mit dem Papst entsann, sondern weil seine ehrgeizigen Pläne, Byzanz in die Knie zu zwingen, nicht aufgegangen waren, der deutsche Kaiser außerdem der einzige war, der ihm nach der Eroberung Roms gefährlich werden konnte.

Heinrich erhielt die Nachricht vom Anmarsch Guiscards, als er bereits Vorbereitungen zu seiner Rückkehr nach Deutschland getroffen hatte. Er beschleunigte sie, denn für den Kampf mit den gefährlichen Normannen war er nicht stark genug. So zog er nach Norden, wohl wissend, daß er die Römer einem ungewissen Schicksal auslieferte.

In der Dämmerung des 28. Mai drangen des Herzogs Krieger unter dem gellenden Schlachtruf »Guis – caaard! Guis – caaard!« durch die Porta Flaminia ein, befreiten den Papst aus der Engelsburg und führten ihn im Triumphzug zum Lateran. Normannen, Langobarden, Griechen, Süditaliener, Sarazenen waren es, ein wüster Haufe von Söldnern, zusammengehalten durch barbarische Strafen und die Aussicht auf Beute, ein Haufe, den keine Macht davon abhalten konnte, die neben Byzanz reichste Stadt der Welt zu plündern.

Gregors Ende

Wer auch immer Rom im Laufe seiner Geschichte blutig heimgesucht hat – Kelten, Goten, Vandalen, Sarazenen –, verglichen mit dieser Soldateska waren sie Menschenfreunde. Gregor sah hilflos und untätig zu, als die geschändeten Frauen und die geblendeten Männer wie Vieh zu den Sklavenmärkten transportiert wurden, ihre gemordeten Kinder, ihre zu Tode gefolterten Eltern in den Trümmern der Häuser zurücklassend. Von den Zeitgenossen vermeldet niemand, daß der Papst versucht habe, den Greueln seiner Befreier Einhalt zu gebieten. Doch was bedeutete einem »Werkzeug des Schicksals«, wie die Historiker die Männer nennen, die Geschichte machen, die riesigen Opfer angesichts ihrer großen, erhabenen Ideen...
Gregor mußte Rom verlassen. Er konnte sich nicht mehr sicher fühlen unter Menschen, die ihn für die Schandtaten verantwortlich machten und ihn mit den Augen des Hasses verfolgten.
»Der Abzug dieses großen Papstes aus dem zerstörten Rom, im Schwarm von Normannen und Sarazenen, gegen deren Glaubensgenossen er einst das Kreuz gepredigt, von Scharen gefangener Römer und von Beutewagen gefolgt... gibt dem Drama seines Lebens einen Schluß, in dem die ewige Gerechtigkeit so herrlich triumphiert wie in Napoleons einsamem Tod auf St. Helena.«
Gregor verblieb noch ein Jahr. Er verbrachte es im süditalienischen Salerno, bis zu seinem Ende an einem Feldzugsplan arbeitend, der ihn wieder nach Rom bringen sollte, in die Stadt, in der Wibert nun ungestört herrschte. Die Worte, die er am Ende seines Lebens sprach, waren von schneidender Bitterkeit: »Ich habe die Gerechtigkeit geliebt und die Sünde gehaßt, darum sterbe ich nun im Elend.«
Und als es ans Sterben ging, vergab er, nach der Sitte der Zeit, allen seinen Feinden, bis auf einem, dem »sogenannten König Heinrich...«

Die intimen Bekenntnisse der Praxedis

Heinrich IV. überlebte seinen ärgsten Feind um über zwanzig Jahre und erreichte einen von niemandem mehr erwarteten Höhepunkt seiner Macht. Wieder daheim, wurde er, gestützt auf die Bürger der getreuen rheinischen Städte, rasch mit dem kläglichen Gegenkönig fertig. Er dankte es ihnen durch die Gewährung besonderer Privilegien, Grundlagen späterer Städteherrlichkeit. Er verkündete einen allgemeinen Gottesfrieden, der in dem geschundenen Land mit tiefer Dankbarkeit aufgenommen wurde, zumindest vom einfachen Mann, der unter der Geißel der ewigen Kriege am meisten hatte leiden müssen.
Wie Heinrich überhaupt bemüht war – nicht nur aus politischer Berechnung –, die Armen zu belohnen und den ewig fehdelustigen Adel zu zügeln. Es schien wieder aufwärts zu gehen mit Deutschland und seinem Kaiser, den die Schläge des Schicksals nicht zerbrochen, sondern geläutert hatten. Der Mann, der jetzt den Staat verkörperte, hatte nichts mehr gemein mit dem haltlosen Jüngling aus den Jahren vor Canossa.
Doch aus dem Hochgefühl, das Heinrich in jenen Jahren erfüllt haben mag, wurde er jäh herausgerissen. Er mußte erfahren, daß die Kirche unversöhnlich blieb gegenüber jemandem, der sie sich einmal zur Todfeindin gemacht hatte. Urban II., der neue Papst, unterschied sich von Gregor nur durch die Taktik, und die war »etwas geschmeidiger«. Er verheiratete den siebzehnjährigen Sohn des Bayernherzogs Welf mit Heinrichs erbittertster Gegnerin, der vierundvierzigjährigen Mathilde von Toskana, zwang damit den Kaiser zu einem neuen Italienzug, bewog Heinrichs Sohn Konrad zum Verrat, belohnte ihn dafür mit der Würde eines Königs von Italien und zog schließlich, Buben- und Meisterstück in einem, Heinrichs eigene Frau in sein Lager hinüber.
Praxedis, die Nachfolgerin der verstorbenen Bertha, war die Tochter des Großfürsten von Kiew, eine leidenschaftliche Russin, zwanzig Jahre jünger als Heinrich und von einer Ehe enttäuscht, in der nicht nur ihr Ehrgeiz unbefriedigt geblieben war. Als sie ihren Stiefsohn Konrad zu verführen suchte, setzte sie Heinrich zu Verona in einem Turm gefangen, aus dem sie jedoch entkommen konnte. Mit wessen Hilfe das geschah, wurde auf der großen Fastensynode in Piacenza offenbar, wo man die Kaiserin als Zeugin in einem Schauprozeß auftreten ließ.

227

Sie enthüllte vor der versammelten geistlichen und weltlichen Prominenz, vor Rachedurst fiebernd, intimste Schlafzimmergeheimnisse, schilderte die Perversitäten ihres Gemahls, die Orgien, die er inszenierte, nannte die Namen der Männer, von denen sie auf kaiserlichen Befehl öffentlich vergewaltigt worden war. Bekenntnisse, die die moderne Psychologie als verbale Befriedigung nicht erfüllter sexueller Wünsche ansehen würde. Sorgfältig protokolliert und tausendfach vervielfältigt, wurden sie von den Päpstlichen als eine Waffe benutzt, den Ruf des Monarchen zu morden.

Von seinem Sohn verraten, von seiner Frau verleumdet, von den einst so zuverlässigen Lombarden verlassen, sah sich Heinrich auf einen kleinen Winkel Venetiens zurückgedrängt, an der Rückkehr nach Deutschland durch die Sperrung aller Pässe durch Herzog Welf gehindert. Die Gegend um Verona und eine einzige Burg, das war alles, was einem Kaiser geblieben war von seinem Reich. Dort vegetierte er dahin, lebendig begraben, trug sich mit Selbstmordgedanken und bemerkte mit Erschrecken, wie die Welt ihn zu vergessen begann. Die Christenheit Europas zur Befreiung des Heiligen Landes aufzurufen, eine Aufgabe, die eines Kaisers würdig gewesen, sie wurde jetzt vom Papst übernommen.

Die teuflischste Tat der deutschen Geschichte

Der Tag kam, an dem Heinrich sich mit dem Bayernherzog einigte, die Pässe wieder frei wurden, und er nach Deutschland zurückkehren konnte. Obwohl er zum Entsetzen aller furchtbar gealtert schien, war das Feuer in ihm nicht erloschen. Er verstieß den verräterischen Konrad und ernannte dafür den jüngeren Sohn Heinrich zum König und Nachfolger. Zur Sicherheit ließ er ihn auf das Holz des Kreuzes Christi schwören, daß er Leben und Gesundheit des Vaters nie gefährden werde. Eine Ungeheuerlichkeit, doch verständlich angesichts der Erfahrungen, die die deutschen Könige und Kaiser mit ihren Söhnen gemacht hatten.

Auch hier wurde der Eid bereits nach dem ersten Hahnenschrei gebrochen. Die Gier nach Macht erwies sich wieder einmal als stärker und

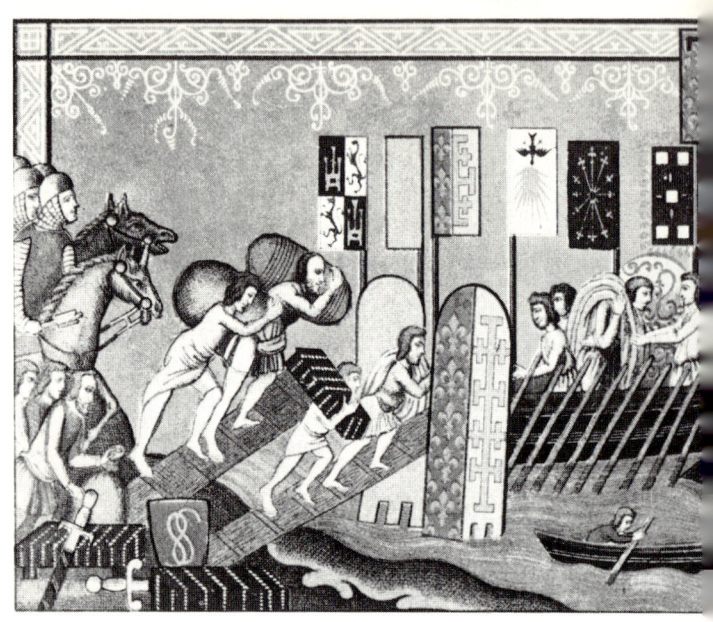

28 Kreuzritter gehen an Bord eines Schiffes, das sie zum Krieg ins Heilige Land bringen soll. Eine Miniatur, die zu den Kostbarkeiten des Pariser Louvre gehört *(oben)*.

◁ 27 Um 1160 schenkte Barbarossa seinem Taufpaten ein vergoldetes Kopfreliquiar. Es ist eines der wenigen Kaiserbildnisse, die Portraitähnlichkeit haben *(vorige Seite)*.

29 Der Krak des Chevaliers in Syrien, eine der am besten erhaltenen Kreuzritterburgen im Heiligen Land, vermittelt dem heutigen Touristen ein eindringliches Bild vom Krieg der Christen gegen die »Ungläubigen« *(unten)*.

30, 31 Das Denkmal auf dem Kyffhäuser. Friedrich Barbarossa, der volkstümlichste der deutschen Kaiser: er ist nicht tot, so glaubt man im Volk, er schläft nur und wird einst wiederkommen »mit des Reiches Herrlichkeit« *(oben)*.

»Hier versagt unsere Feder, und die Rede verstummt.« Mit diesen Worten beklagte der Kölner Chronist Friedrichs tragischen Tod in den Strudeln des Flusses Saleph *(unten)*.

die Mittel, das Gewissen zu beruhigen, waren so probat wie je. Einem Gebannten, meinten die Priester, und Heinrich war gerade wieder einmal gebannt worden, brauche niemand die Treue zu halten. Papst Urban löste ihn offiziell von seinem Eid, äußerte seine Freude, daß der Sohn endlich die Nichtswürdigkeit des Vaters erkannt habe und fragte: »Hat nicht der Heiland selbst gesagt, daß nur der sein Jünger sein könne, der bereit sei, selbst Vater und Mutter zu hassen?«
Die weltlichen Großen flüsterten ihm ein, daß dieser Mensch Heinrich – alt, gebrochen, verbraucht, mit der Kirche heillos zerstritten und von den Gläubigen gemieden – nicht mehr zum Kaiser tauge.
Heinrich v. war dreiundzwanzig Jahre alt, ein scharfsinniger junger Mann, berechnend und absolut ohne Gefühl, wenn es um die Staatsraison ging. Der ideale Politiker also?
Vielleicht hat ihn nicht nur die Macht verführt, sondern die Furcht, daß es mit dem Geschlecht der Salier zu Ende gehen müsse, ja mit dem Reich überhaupt, wenn nicht der Vater geopfert werde. Wer das zu seinen Gunsten annimmt, wer darüber hinaus der Meinung ist, Urteile wie »der erbärmlichste und gemeinste der deutschen Kaiser«, »der junge Verbrecher«, »ein abstoßender Charakter« seien fehl am Platze, weil es nicht Aufgabe der Historie ist, moralische Zensuren zu verteilen, dem wird trotzdem schaudern über die Art, *wie* der fünfte Heinrich vorging.
Von den Fürsten unterstützt, die bei ihm ihren Weizen blühen sehen, sammelt er ein Heer, tritt dem Vater mit Waffengewalt entgegen, beruft, nachdem er keinen entscheidenden Erfolg erringen kann, einen Reichstag nach Mainz ein, der über den Thronstreit entscheiden soll. Ein faires Verfahren, so scheint es, und der Kaiser geht auch darauf ein, in der Gewißheit, durch persönliches Erscheinen sein gutes Recht durchzusetzen. So aber hat der Sohn nicht gerechnet, der seiner Sache keineswegs sicher ist, auch die Faszination kennt, die der Alte auf die Menschen ausübt.
Er reitet ihm entgegen, wirft sich ihm zu Füßen, bittet unter heftigem Schluchzen um Vergebung, schwört, daß er der gehorsamste Sohn sein werde, wenn nur der Vater sich mit der Kirche versöhnen wolle. Gleichzeitig schlägt er vor, man möge doch die Truppen entlassen, weil der Erzbischof von Mainz sonst die Tore nicht öffnen würde.
Heinrich iv., der sich nichts sehnlicher wünscht, als seinen Frieden mit allen zu machen, geht darauf ein – und so kommt es zur »teuflischsten

Tat der deutschen Geschichte«. Der Kaiser sieht sich zwei Tage später, es ist kurz vor dem Weihnachtsfest, als Staatsgefangener auf der an der Nahe gelegenen Burg Böckelheim. Dort wird er wie ein Schwerverbrecher behandelt. Selbst der Priester darf nicht zu ihm, als er am Heiligen Abend das Abendmahl nehmen will.

»Während also der allerheiligste Knabe am hochheiligen Tag seiner Geburt für alle seine Erlösten geboren ward, wurde nur mir allein jener Sohn verweigert«, schrieb er später. »Um von den Schmähreden, Ungerechtigkeiten, Drohungen und den Schwertern zu schweigen, die gegen meinen Nacken gezückt waren, wenn ich nicht alle Befehle ausführte, von dem Hunger auch und von dem Durst, den ich ertrug...« Und dann ein Satz wie ein Schrei: »Ach, keiner wünsche sich einen Erben, denn der wird sein bösester Feind sein...«

Haß über das Grab hinaus

Der Gefangennahme folgt die Erpressung. Man setzt ihn, wie in den Folterkammern totalitärer Staaten unseres Jahrhunderts, unter physischen und psychischen Druck, zwingt ihn mit der Drohung lebenslanger Kerkerhaft zum Verzicht auf alle seine Besitztümer und zur Auslieferung der Reichsinsignien, die auf der Burg Hammerstein von einigen Getreuen bewacht werden. Bei dem Symbolwert, die sie für das Mittelalter hatten, bedeutet ihre Übergabe praktisch die Abdankung.

Das genügt dem Sohn nicht. Er erscheint zusammen mit dem ihm ergebenen Fürstenclan und den päpstlichen Legaten. Der Vater muß in den Staub. Auf dem Boden liegend, bekennt er seine Sünden und fleht um Absolution, die ihm verweigert wird. Dem Kaiser soll, wie in modernen Schauprozessen, die Menschenwürde genommen und er so verächtlich gemacht werden, daß kein Hund mehr ein Stück Brot von ihm nimmt. Ein deprimierendes Schauspiel, bei dem, wie der Chronist berichtet, ein Seufzen und Weinen durch die Versammlung ging – »bloß der Sohn blieb mitleidlos«. Später verbreitet er, daß der Kaiser freiwillig auf seine Rechte verzichtet habe.

Der alte Löwe aber, in tausend Kämpfen bewährt und jetzt todwund, schlug noch einmal zu. Er zerbrach seine Ketten und floh nach Köln, dann nach Lüttich, wo er Männer fand, die, empört über das an ihm begangene Unrecht, sich um ihn scharten. Heinrich v., der ihn gnadenlos verfolgte, erlitt an der Maas eine böse Schlappe, belagerte auch das kaisertreue Köln vergeblich, der Krieg des Sohnes gegen den Vater schien wieder zu entflammen – da schritt der Tod ein.

Am 7. August 1106 ging das Leben Heinrichs IV. zu Ende. Sterbend übersandte er Schwert und Ring an den jungen König, der ihn betrogen hatte wie selten ein Sohn einen Vater, dem er dennoch seinen Segen übermittelte, bis zum letzten Atemzug dessen eingedenk, wofür er sein Leben lang gekämpft hatte: für das gottgewollte Recht des Königtums, für die Ehre des Reiches, für den Ruhm seines Hauses.

Der Haß seiner Gegner verfolgte ihn über das Grab hinaus. Er hatte verfügt, im Dom zu Speyer neben seinen Ahnen bestattet zu werden, und so geschah es auch, aber der fanatische Bischof ließ das Grab wieder aufreißen und den Sarg in ungeweihter Erde verscharren. Ein Gebannter sei ein gottloser Mensch, so ließ er verlauten, und ein solcher würde die heilige Stätte des Domes besudeln. Erst fünf Jahre später konnte der Papst gezwungen werden, dem Toten ein kirchliches Begräbnis zu gewähren. Aus der Überführung in die Familiengruft machte Heinrich v., von seinem Gewissen getrieben, ein prunkvolles Fest – »für das Seelenheil unseres geliebtesten Vaters«, wie er verkündete, »für sein glückliches Angedenken...«

Das Konkordat von Worms

Die Hoffnungen, die sich um einen Thron ranken, wenn der Ruf Der-König-ist-tot-es-lebe-der-König verhallt ist, sind grün, und jedermann glaubt, daß der Neue gibt, was der Alte verweigert hat. Besonders dann, wenn er der Meinung ist, sich das Recht darauf erworben zu haben. Die päpstlichen Parteigänger hatten den Sohn gegen den Vater unterstützt und präsentierten nach füglicher Wartezeit den Wechsel, den sie auf die Zukunft gezogen: sie erwarteten ein Entgegenkommen in der Frage der Investitur, die Erfüllung der Forderungen, die Gregor erhoben, aber nicht hatte durchsetzen können.

Der fünfte Heinrich suchte Zeit zu gewinnen, die er brauchte, um an den Grenzen nach Ungarn, Böhmen und Polen die Lage zu klären und sich mit der Tochter des englischen Königs zu verloben. Sie war erst acht Jahre alt, aber eine Verbindung mit ihr bedeutete ein Bündnis mit dem mächtigen England.

Derart gefestigt, beschloß er einen Zug nach Rom, um die strittigen Fragen mit dem Papst persönlich zu klären. Ein populärer Entschluß, wie sich herausstellte, denn jeder wußte, daß bei dieser Gelegenheit »die weitausgedehnten Lande Italiens in brüderlichen Frieden und nach alten Rechten in die Gemeinschaft des Reiches wieder aufgenommen« werden sollten. Außerdem galt es, das Kaisertum durch die Kaiserkrönung wiederherzustellen. »Der sollte nicht für einen echten Mann gelten«, so lautete die allgemeine Ansicht, ausgesprochen vom fränkischen Chronisten Ekkehard, »der sich einem solch männlichen Unternehmen entzöge.« Über 30 000 Ritter entzogen sich nicht, strömten zu den Sammelplätzen, bereit, den Ruhm des Reiches und die eigenen Einnahmen zu mehren.

An diesem Romzug war nichts Neues, keine neue Idee, kein in die Zukunft weisender Gedanke, Heinrich v. führte die Politik des Vaters zur Bestürzung der Kirche fort, sich dabei noch unnachgiebiger und rücksichtsloser erweisend, wenn man sich nicht einigen konnte.

Der Papst hatte einen Vorschlag zur Lösung aller Fragen gemacht, der so neu war wie überraschend. Wenn, so folgerte er, die Bischöfe auf ihre Besitztümer verzichteten und sich der Armut verschrieben, dann bräuchte auch kein Kaiser sie mehr einzusetzen, weil ja keine Güter mehr zu vergeben waren, die Voraussetzung jeder Investitur. Eine Kirche, die all ihre Besitztümer und gewinnbringenden Rechte wieder an das Reich zurückgab, das war Heinrich nur recht. Unter diesen Umständen war er gern bereit, auf jede Investitur zu verzichten. Als aber dieses Übereinkommen verlesen wurde, erbebten die Grundfesten der Peterskirche von einem Sturm der Entrüstung. Arm sein, nein, das wollte keiner von den dort versammelten Dienern Gottes. Denn arm sein, das wußten sie, hieß machtlos sein und elend.

Heinrich ließ den Papst, der sich dem Sturm beugte, zusammen mit sechzehn Kardinälen kurzerhand verhaften und setzte ihm derart zu, daß der dann doch zustande kommende Vertrag einer Erpressung glich.

Die Saat für neuen Zwist war gelegt, und da auch die Fürsten feststellen mußten, daß der Neue ganz der Alte war, was die Verteidigung seiner angestammten Rechte betraf, begann das sattsam bekannte Karussell sich wieder zu drehen. Mit den alten Figuren und der alten Weise: Kirchenspaltung, Bürgerkrieg, Bannung des Kaisers, erneuter Zug nach Rom, Flucht des Papstes, Wahl eines Gegenpapstes, Weihe eines neuen Papstes, Sturz des Gegenpapstes, Sieg des Kaisers, Niederlage des Kaisers, Kriegsmüdigkeit, Friedenssehnsucht...

Am Ende des langen Weges stand, 1122, ein unter dem Namen »Wormser Konkordat« bekannt gewordener Vertrag. Der König verzichtete darin auf die Investitur der Bischöfe und Reichsäbte und gestattete, daß sie von der Geistlichkeit selbst gewählt wurden, behielt sich aber das Recht vor, bei der Wahl dabeizusein und bei strittigen Fällen zu entscheiden. Der Papst erkaufte diesen Verzicht mit der Zusage, daß Heinrich auch in Zukunft dem Gewählten das dem Reich gehörende Kirchengut vor der Weihe übertragen dürfe. Aus einem Recht war damit eine Gunst geworden, aber sie genügte, um die Herrschaft des Königs über die Geistlichen zu sichern und die Grundlage seiner Macht zu bewahren.

Das galt jedoch nur für Deutschland. In den Königreichen Burgund und Italien durfte Heinrich bei den Wahlen nicht dabeisein und die Belehnung mit den Gütern erst *nach* der Weihe vornehmen. Womit sein Einfluß in diesen Ländern ausgeschaltet war. Denn auch dort hatte er ja mit Hilfe der von ihm abhängigen Bischöfe regiert. Von einem Mitspracherecht bei der Wahl des Papstes war gar keine Rede mehr.

Am Ende des jahrzehntelangen Krieges zwischen den beiden großen Mächten des Abendlandes, der so viele Opfer gefordert hatte, stand ein Kompromiß. Das Papsttum hatte nur zum Teil erreicht, was es sich zum Ziel gesetzt; das Königtum konnte nur zum Teil bewahren, wofür es angetreten war. Die einfache Wahrheit, wonach sich der dritte freuen kann, wenn zwei andere sich streiten, erwies sich erneut: die eigentlichen Gewinner waren die deutschen Fürsten. Ihre Macht war gewachsen, und sie wußten sie auch in Zukunft zum Schaden des Reiches zu nutzen.

Die Grabschändung von Speyer

Heinrich V. starb drei Jahre später an Krebs. Er wurde in Speyer neben seinem Vater und Großvater bestattet als der letzte seines Geschlechtes, denn er war ohne Kinder geblieben. Über seinem Grab wölbt sich in phantastischem Schwung die gewaltige Masse eines Bauwerks, das von ganz Europa bestaunt wurde: der Kaiserdom. Mit seiner Länge von 133 Metern, seinen sechs Meter dicken Mauern, den über 70 Meter hohen Osttürmen ist er ein Meisterwerk romanischer Baukunst, wuchtig und doch schwerelos, monumental und grazil zugleich, ein Bauwerk, das mit der erstmals vorgenommenen Wölbung der Schiffe die Baumeister vor schwierige Probleme stellte, die sie mit genialem Können lösten.
Die Salier schufen sich mit dem Speyrer Dom, der von Konrad II. begonnen und von Heinrich IV. vollendet wurde, ein Jahrhunderten trotzendes Denkmal. Wer in die Kühle der gewaltigen Pfeilerbasilika tritt, beginnt zu ahnen, was mittelalterliche Kaiserherrlichkeit in Wahrheit bedeutet hat. In der Krypta, von den Kunstwissenschaftlern »die schönste Unterkirche der Welt« genannt, ruhen neben den salischen Kaisern drei Kaiserinnen und vier Könige. Ihre Ruhe wurde gestört, als die Soldaten Ludwigs XIV. 1689 über die Stadt Speyer herfielen, mit dem Befehl, sie dem Boden gleichzumachen. Sie brachen die Särge auf, stahlen die Zepter, die goldenen Ringe, das Gold, die Diamanten, und als es nichts mehr zu rauben gab, spielten sie Kegel mit den Schädeln.
Die Salier jedoch blieben von diesem Frevel verschont, wie sich bei einer im Jahr 1900 vorgenommenen Graböffnung zur Überraschung der wissenschaftlichen Welt herausstellte. Eine meterdicke Zwischendecke hatte sie geschützt. Sie trugen noch ihre aus Kupferblech getriebenen Kronen, und an dem Kopf Heinrichs IV. glaubte man den ihm im Leben zugeschriebenen »edlen Ausdruck des Gesichts« zu erkennen. Das Herrschergeschlecht der Salier, das ein Jahrhundert lang die Geschicke Deutschlands bestimmt hatte, war erloschen, und die Zeit für eine Dynastie gekommen, die das mittelalterliche Kaisertum auf seinen Höhepunkt führte: die Staufer.

3. Buch
DIE STAUFER

10. Kapitel Friedrich Barbarossa, des Reiches Herrlichkeit

Ein Hort des Rechtes und der Gerechtigkeit

Von allen Kaisern ist er der volkstümlichste gewesen, und diese Popularität hat sich über die Jahrhunderte hinweg gehalten. Aus fernen Schulzeiten steigen Verse in unser Bewußtsein. »Als Kaiser Rotbart lobesam zum heil'gen Land gezogen kam«, ja, Uhlands Verse hatten wir lernen müssen, und Rückerts Gedicht auch, in dem der alte Barbarossa, der Kaiser Friederich geschildert wird, wie er in einem unterirdischen Schloß auf einem elfenbeinernen Stuhl sitzt: vor einem Tisch aus Marmelstein.
»Sein Bart ist nicht von Flachse, er ist wie Feuersglut, ist durch den Tisch gewachsen, worauf sein Kinn ausruht... Er ist niemals gestorben, er lebt darin noch jetzt; er hat im Schloß verborgen, zum Schlaf sich hingesetzt. Er hat hinabgenommen des Reiches Herrlichkeit und wird einst wiederkommen, mit ihr zu seiner Zeit.«
Die Sage vom bergentrückten Kaiser, der im Zauberschlaf auf seine Stunde wartet, um der Menschheit den Frieden und das Glück zu bringen, ist uralt. Sie hatte sich ursprünglich um die Gestalt Friedrichs II. gerankt, des letzten großen Staufers, war aber später auf Barbarossa übertragen worden.
Wenn das einfache Volk sich nach der Wiederkehr eines Herrschers sehnte und dieser Sehnsucht in Sagen und Legenden Ausdruck gab, dann war das nicht von ungefähr. Das Volk, unmündig, unterdrückt seit eh und je, hatte eines nicht verloren: das Gefühl für die große Persönlichkeit und für die Tugenden, die diese Größe ausmachen. Eine davon war bei dem Mann, den die Italiener wegen seines rötlich-blonden Bartes »*barba rossa* – Rotbart« nannten, der Sinn für Gerechtigkeit. In einer Zeit, in der der Stärkere recht hatte und der Schwächere unrecht, konnte solche Tugend für den Untertan lebensrettend sein.

In Friedrich I. lebte die altgermanische Vorstellung, wonach das Königtum vor allem ein Hort des Rechtes sein müsse. Dieses Ideal lebte er vor. Eine Eigenschaft, die manchen seiner Zeitgenossen derart befremdete, daß sie ihn »leichtgläubiger als ein Pferd« nannten und ihm vorwarfen, andere Leute für genauso ehrlich zu halten, wie er selber war. Doch hätte die Tugend des Herzens allein nicht ausgereicht zur Unsterblichkeit. Das sinnenfrohe, schaulustige Mittelalter schätzte die Tugend der schönen Erscheinung nicht geringer ein. Auch bei Männern war Schönheit Trumpf, und die Schilderung, die der zeitgenössische Chronist Rahewin von seinem Kaiser gibt, erinnert in ihrer Lust am Detail an die Beschreibung einer schönen Frau.

»Die Gestalt seines Leibes ist von schönem Maße. Von Wuchs zwar etwas kleiner als die Größten, überragt er doch die Mittleren. Das blonde Haar ist an der Stirn gekräuselt und bedeckt die Ohren nur wenig, da der Barbier um der Würde des Reiches willen es durch fleißiges Schneiden gekürzt. Die Augen sind scharf, die Nase zierlich, die Lippen fein und nicht durch breite Mundwinkel betrogen. Fröhlich und heiter wirkt sein Gesicht, aus dem die Zähne leuchten wie frischgefallener Schnee. Die Haut an der Kehle und dem nicht dicken, doch kräftigen Hals ist milchweiß, wird bisweilen von jugendlicher Röte übergossen, die jedoch weniger der Zorn als die Scham hervorruft. Die Schultern ragen ein wenig hervor, in den gedrungenen Weichen lauert Kraft. Die Schenkel ruhen höchst ansehnlich auf kraftstrotzenden Waden und geben dem Gang Feste und Gleichmaß. Durch solche Gestalt des Leibes gewinnt er im Stehen wie im Sitzen hohe Würde und große Ansehnlichkeit.«

Jeder Zoll ein König also, und dennoch wäre er es nie geworden, wenn nicht der Zufall zu seinen Gunsten eingegriffen hätte.

Er brachte die Staufer zur Herrschaft, eine Familie, die sich durch Geblüt und Verdienst nicht mehr empfahl als etliche andere Familien auch. Im Gegenteil: Konrad III., der 1138 den staufischen Reigen eröffnete, wurde nicht zum König gewählt, weil er so stark, sondern weil er so schwach war. Er hatte die besten Aussichten, ein unbedeutender Herrscher zu werden, und nur daran waren die beiden Mächte interessiert, die ihn begünstigten: die Fürsten und die Geistlichen. Denn ihre Macht wuchs mit der Ohnmacht der Krone. Das galt besonders für die Kirche, die seit dem Wormser Konkordat einflußreicher geworden war denn je zuvor, und nichts geschah, was nicht mit ihr geschah. Auch

Stammtafel der Staufer und Welfen

(Die Namen der Könige [Kaiser] sind halbfett gesetzt)

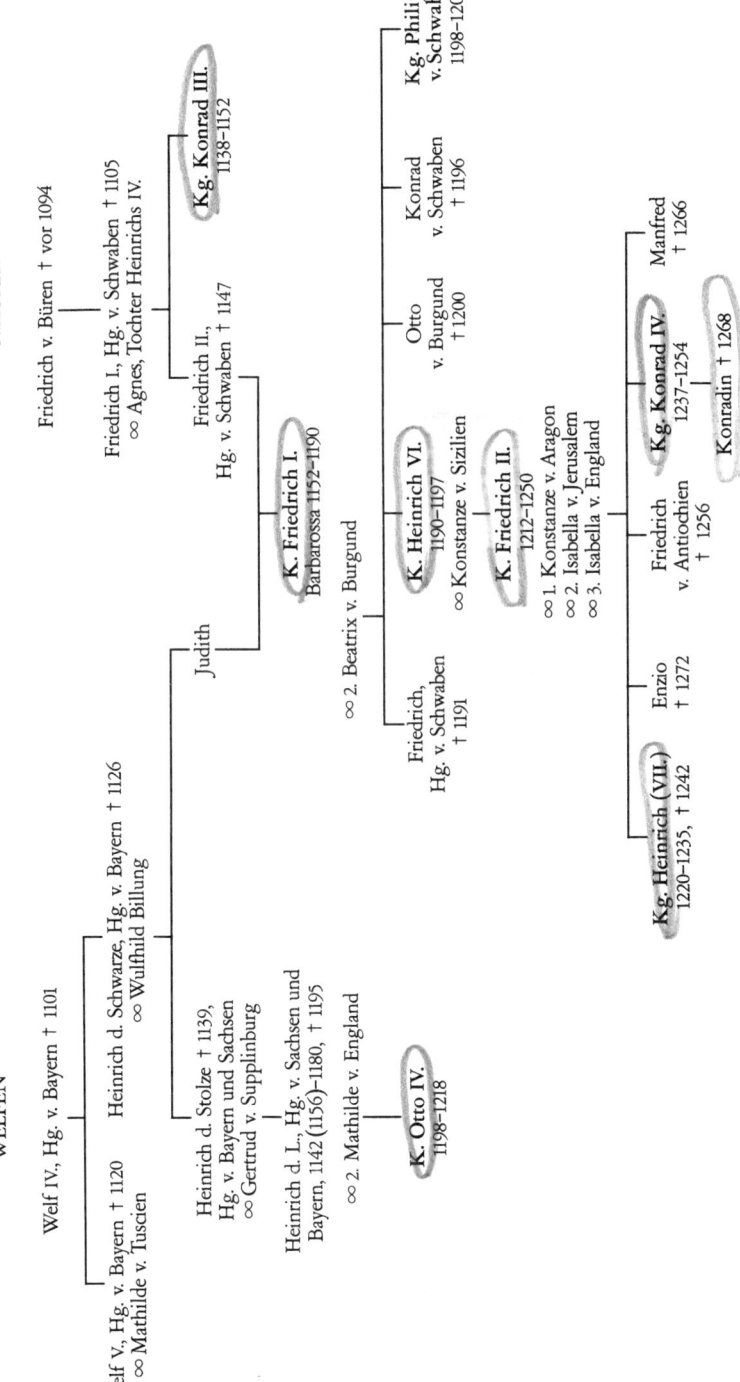

Lothar III. (1125-1137) war schon ein Kaiser von der Kurie Gnaden gewesen. Mit ihm war noch einmal nach dem Aussterben der Salier ein Sachse auf den Thron gekommen.

Konrad enttäuschte seine Gönner nicht. Er ließ sich am Gängelband seiner geistlichen Berater führen und war dem Papst in allem willfährig. Was ihm die ersehnte Kaiserkrone nicht eintrug – als einzigem deutschen Herrscher seit Otto dem Großen –, dafür aber den Spottnamen eines Pfaffenkönigs. Seine unglückselige Regierung mündete, wie zu erwarten, in eine Katastrophe. Er ließ sich zu einem Kreuzzug ins Heilige Land verleiten, bei dem 18 000 tapfere Ritter und brave Fußsoldaten einen jammervollen Tod fanden. Konrad selbst kehrte als gebrochener Mann nach Deutschland zurück, an sich, an der Kirche, an seinem Gott verzweifelnd.

In seinen letzten Tagen machte er sich doch noch um das Vaterland verdient und bewies die politische Weitsicht, die man bei ihm bis dahin vermißt hatte. Er erkannte, daß das kranke Reich nur von einem starken Mann geheilt werden könne, und das war nicht sein unmündiger Sohn, sondern sein Neffe. Ihm, Friedrich von Schwaben, übergab er die Reichsinsignien und bestimmte ihn zum Nachfolger. Die einzige große Tat seines Lebens gelang ihm, wie Hampe bemerkt, auf dem Sterbebett.

Hie Welf – Hie Waiblinger!

Doch sein Wort allein hätte nicht genügt, wenn nicht auch die Fürsten, geistliche und weltliche, in seltener Einmütigkeit für den Kandidaten Friedrich gestimmt hätten. Sie waren plötzlich für Gesetz und Ordnung, die sie selbst so oft verletzt hatten, weil eine jahrzehntelange Fehde auch ihren Wohlstand zu zerstören drohte: es war der Krieg zweier Familien um die Vorherrschaft in Deutschland, der Welfen und der Staufer. Der Schlachtruf »Hie Welf – hie Waiblinger!« zerteilte das Reich in zwei haßerfüllte Parteien und begleitete auf Jahre hinaus einen mörderischen Bruderkrieg.

Der Schwabe Friedrich brachte eine unschätzbare Voraussetzung mit für seine Wahl: er war der Sohn eines Waiblingers (wie die Staufer sich nach ihrer Burg Waiblingen nannten) und der Neffe eines Welfen. Damit schien er der ideale Vermittler und bot die Gewähr, die beiden Häuser miteinander zu versöhnen und den Landfrieden wiederherzustellen. Eine Aufgabe, so kompliziert wie die Lösung des gordischen Knotens, den Friedrich allerdings nicht wie einst Alexander zerhieb, sondern mit der Zähigkeit des geborenen Diplomaten zu entwirren suchte. Er wußte, daß Deutschland nur dann wirklich zu beherrschen war.

So stand am Anfang seiner Karriere als König nicht das törichte Alles-oder-nichts-Prinzip, sondern die kluge Politik des Erreichbaren. Das hieß, die eigenen Ziele erst einmal zurückzustellen und Opfer zu bringen, die im Augenblick schmerzlich waren, sich aber für die Zukunft auszahlen würden. Dem Welfen Heinrich, der »der Löwe« genannt wurde, übertrug er das Herzogtum Bayern, da sonst keine Ruhe war, einem anderen Welfen die noch aus den Zeiten der seligen Mathilde stammenden toskanischen Güter; fand auch die dabei zu kurz gekommenen Edlen in beiden Fällen geschickt ab.

Ein Meister in der Kunst der Menschenbehandlung, vermittelte er Fürsten und Bischöfen das sie schmeichelnde Gefühl, er stehe mit ihnen auf einer Stufe und sei lediglich *primus inter pares*, der erste unter Ranggleichen. Gleichzeitig ließ er keinen Zweifel daran, daß trotz allen Entgegenkommens mit ihm nicht zu reden war, wenn es um die Wiedergewinnung verschleuderten Kronbesitzes ging. Durch Gerichtsentscheid, juristische Gutachten, durch Rückkauf, Tausch, auch sanfte Gewalt schuf er sich einen Landbesitz, der von Lothringen bis nach Thüringen reichte.

Sie sagten Gott und meinten Geld

Ähnlich geschickt verfuhr Barbarossa gegenüber der römischen Kirche. Artig ließ er dem Papst die Thronbesteigung melden und versichern, daß ihm nichts angelegener sei als die seit dem Wormser Konkordat bewährte Eintracht zwischen Kirche und Staat, »vergaß« aber, um die Bestätigung seiner neuen Würde zu bitten, wie es seine Vorgänger Konrad und Lothar brav getan hatten. Dafür benutzte er in seinem

Brief gleich zweimal die Formulierung: »das mir von *Gott* übertragene Reich«. Von Gott und nicht von seinem Stellvertreter auf Erden! Die Formulierung erschien in Nebensätzen, so daß man glauben konnte, sie sei nebensächlich, genau dieser Eindruck aber war beabsichtigt. Er handelte stets nach den Buchstaben des Konkordats, aber selten in seinem Geist. Selbstverständlich durften die Geistlichen ihre Bischöfe und Äbte selbst wählen – aber nur solche Kandidaten, die des Königs Gunst besaßen. Als im wichtigen Erzbistum Magdeburg zwei Bewerber sich stritten, setzte er einen dritten durch, *seinen* Mann, und ließ den Kardinal, der die Angelegenheit im päpstlichen Sinne entscheiden wollte, mit großer Höflichkeit vor die Tür setzen. Ohne daß es jemand recht gewahr wurde, waren die Bischöfe wieder das, was sie vor Worms gewesen waren: die höchsten Beamten des Reiches, die Stützen des Thrones.

Und sie waren es keineswegs ungern. Der Wind blies den Päpstlichen in ganz Deutschland wieder kräftig ins Gesicht. Sie hatten die Vermehrung ihrer Macht, die Erhöhung ihres Ansehens schlecht genutzt. Die Engel des Friedens, die man den Mühseligen und Beladenen prophezeit hatte, waren nicht gekommen, dafür um so mehr Legaten aus Rom, deren erstes Wort »Geld« hieß, und das zweite und dritte auch. Mit großem Gefolge reisten sie über die Alpen nach Deutschland, hielten monatelang auf fremde Kosten Hof, mischten sich in die Angelegenheiten der Kirche und des Staates, griffen in die Rechte der Äbte ein, maßregelten Ritter und Grafen, und die Eingriffe und Maßregelungen waren nicht diktiert von einer gottgewollten Gerechtigkeit, sondern von höchst irdischen Interessen.

Wer nicht gehorchen wollte, wurde mit der Exkommunikation oder dem Bannstrahl bedroht, Drohungen, vor denen selbst die Größten zitterten, wie aus dem Brief eines der ihrigen hervorgeht. »Demütig bitte ich Euch, Heiliger Vater«, heißt es da, »gegen mich keine Strafurteile zu erlassen, denn ich werde Euch gehorsam sein, Eure Forderungen gern erfüllen und der Kirche Gottes in Zukunft bessere Dienste leisten.«

In der Katastrophe des zweiten Kreuzzuges sah man ein Strafgericht des Himmels, denn wenn Gott mit dem Papst gewesen wäre, so die Logik des einfachen Mannes, hätte er ihn siegen lassen, also mußte er sich von ihm abgewandt haben. Ein von Gott Verlassener aber taugte wenig zum Herrn über das Reich der Deutschen, und so war es kein Wunder, daß sie sich nach der alten Kaiser Herrlichkeit zu sehnen begannen, die die Erinnerung allerdings herrlicher machte, als sie es je gewesen war. Auch die Fürsten begannen einzusehen, daß von Papst und König letzterer das kleinere Übel war.

Die Lombardei, eine Goldgrube

Friedrich wurde von den Wogen dieser Zeitströmung getragen und traf allerorts auf Zuneigung und Unterstützung. Er hatte sie nötig, denn trotz des methodischen Aufbaus seiner Hausmacht war er, verglichen mit den frühen Saliern und den Ottonen, immer noch ein armer König, wenn auch nicht so arm wie Oheim Konrad, der zum Schluß nicht einmal mehr die Hofbeamten hatte bezahlen können. Die Tage, da niemand es wagen konnte, an eines Kaisers Wort zu drehen und zu deuten, waren dahin, und der Preis, den er für den Thron hatte zahlen müssen, zu hoch, als daß er unumschränkt hätte herrschen können. Er mußte mit den Welfen leben, einer Familie, die mehr Einfluß besaß als die seinige.

Doch war er nicht der Mann, um zu resignieren und sich mit dieser Situation abzufinden. Aber wie und mit welchen Mitteln waren die hohen Ziele zu verwirklichen, die er sich gesteckt hatte? Deutschland war ausverkauft, das kleinste Stück Land verteilt, die letzte Pfründe vergeben. Im Norden Europas war wenig zu holen, der Weg nach Osten versperrt, weil er selbst hier dem »Löwen« weitgehende Zugeständnisse hatte machen müssen.

So war es ganz natürlich, daß sein Blick nach Italien fiel, auf das alte lombardische Königreich, dessen Krone den deutschen Kaisern bei ihrem ersten Romzug immer wie selbstverständlich zugefallen war, das sich ihrer Herrschaft aber längst entzogen hatte. Und damit auch der Pflicht, Abgaben zu leisten. Wer eine Grenze passierte oder eine Brücke, die Straßen und die Häfen benutzte, wer Salz gewann und Münzen prägte, Fischerei-, Jagd- und Forstwirtschaft betrieb, der mußte dafür zahlen. Diese Hoheitsrechte, Regalien genannt, waren nach dem Wormser Konkordat von den Bischöfen in Anspruch genommen worden und schließlich auf die Städte übergegangen.

Friedrich war bei allem ritterlichen Hochsinn Schwabe genug, um zu erkennen, daß sich in der Lombardei eine Geldquelle auftat von märchenhafter Ergiebigkeit. Hier breitete sich eine Landschaft, an Fruchtbarkeit dem Paradiese gleich, bewohnt von Menschen, die, wie Barbarossas Biograph Otto von Freising schreibt, »aus der Vermischung von germanischen Einwanderern mit lateinischen Frauen hervorgegangen, sich durch Gesittung, Bildung und geistige Regsamkeit«, sprich Geschäftstüchtigkeit, auszeichneten und in Städten wohnten, die an Macht und Reichtum allen anderen in Mitteleuropa weit überlegen waren.

In Mailand, Verona, Piacenza, Pavia, Padua, Parma, Bologna blühte die Industrie, gedieh das Handwerk, florierte der Handel, der durch die ersten Kreuzzüge neue Märkte gewonnen hatte. Die primitive Naturalwirtschaft des Tausches von Ware gegen Ware, in Deutschland noch vorherrschend, hatten die Lombarden längst abgelöst durch den Geldverkehr. Das Geld regierte bei ihnen die Welt, sie finanzierten von der Papstkrönung bis zum Angriffskrieg alles, was Gewinn versprach, der Name »Lombarde« wurde ein Synonym für »Kaufmann«, und die Lombardsbrücke in Hamburg erinnert an Europas cleverste Geschäftsleute genauso wie der von unseren Banken gegebene Lombardkredit.

Wenn Friedrich Barbarossa seine Hoheitsrechte wieder geltend machen konnte – und daß sie ihm zustanden, ließ er sich von den berühmten Bologneser Rechtsgelehrten schriftlich geben –, wäre er mit einem Schlag Europas reichster Monarch und der mächtigste dazu, denn Reichtum bedeutete Macht. 30 bis 35 Talente, und jetzt waren seine Finanzexperten an der Reihe, würden Jahr für Jahr in seine Kassen fließen. Das waren nach heutigem Geldwert etwa 50 Millionen DM und damit das Viereinhalbfache dessen, was ihm die deutschen Städte an Abgaben einbrachten.

Friedrich mußte nicht lange auf eine Gelegenheit warten, um den ersten Schritt zu tun in Richtung auf die Millionen. Da in Lombardien, wie unter Geschäftsleuten üblich, der eine des anderen Teufel war, herrschte ein erbitterter Konkurrenzkampf, und die Kleinen suchten ständig Hilfe bei Größeren, um von den ganz Großen nicht gefressen zu werden. Eines Tages erschienen die Vertreter der Städte Como und Lodi vor ihm und beklagten die Tyrannei der Bewohner Mailands, die sie von Haus und Hof vertrieben hätten. Mit 1800 Rittern zog Barbarossa daraufhin vor die Stadt, die Macht des Reiches zu demonstrieren, eine leere Drohung, wie sich erwies: die Mailänder standen auf den Zinnen ihrer gewaltigen Mauern und amüsierten sich über das armselige Häufchen Gewappneter, ließen ihre Tore verschlossen und beantworteten die Aufforderung, sich zu unterwerfen, mit Hohn und Spott. Barbarossa hatte zum erstenmal erfahren, daß die Beherrscher der italienischen Stadtstaaten ihren Reichtum nicht zuletzt in gut ausgebauten Befestigungen und perfekt geschulten Soldaten investiert hatten und damit wohl imstande waren, auch starken Gegnern die Stirn zu bieten. Um die Moral seiner Truppen zu heben und die eigene dazu, hielt er sich an dem mit Mailand verbündeten Städtchen Tortona schadlos, das erstürmt und zerstört wurde. In Eilmärschen zog er nun nach Rom, sich die Kaiserkrone zu holen, eine Krone, die unumgänglich war für jemanden, der an die ruhmvolle Tradition der Sachsen und Salier anknüpfen wollte.

Europas Schicksal hängt an einem Steigbügel

Vor den Mauern Roms erwartete ihn eine Delegation von Senatoren, die ihm nahelegten, sich »die Herrschaft des Erdkreises« nicht von einer korrupten Priesterclique verleihen zu lassen, sondern von den Bürgern selbst, den rechtmäßigen Nachfolgern der alten Römer. Gegen eine Zahlung von 5000 Pfund in Silber, versteht sich. Seine Antwort war durchdrungen vom Stolz auf das Volk, dem er angehörte. Er sagte: »Wollt ihr wissen, wo der alte Ruhm eures Rom geblieben ist, der würdevolle Ernst des Senats, die tapfere Zucht der Ritterschaft und der unbezwingliche Schlachtenmut? Bei uns Deutschen sind sie geblieben. Auf uns gingen jene Tugenden über mit der Krone der Cäsaren: hier sind eure Konsuln, hier euer Senat, hier eure Legionen! Unserer Weisheit und unserem Schwert seid ihr euer Dasein schuldig.«
Friedrich schickte die Senatoren wieder nach Hause. Er wußte, daß er als Kaiser nur Anerkennung finden würde, wenn er die Krone aus der Hand des Papstes empfing. Auf dem Stuhl Petri saß Hadrian IV., der einzige Engländer in der langen Reihe der Stellvertreter Christi, ein schroffer Mensch, mit dem es auch sofort einen Zusammenstoß gab.

Als er auf das Feldlager der Deutschen zuritt, erwartete er, daß Friedrich ihm Zügel und Steigbügel hielt. Der König weigerte sich mit der Begründung, er sei jederzeit bereit, ein Knecht Gottes zu werden, aber niemals ein Knecht des Papstes. Die Kardinäle waren über die Weigerung entsetzt, fürchteten Böses und stoben in wilder Flucht davon, den verdutzten Papst allein auf weiter Flur zurücklassend.

Daraufhin setzten sich ein Dutzend würdiger Herren beider Seiten zusammen und beratschlagten einen Tag und eine Nacht lang darüber, *ob* der König oder ob er *nicht*, ob er früher oder ob er früher auch nicht, womit Europas Schicksal für 24 Stunden an einem Steigbügel hing. Schließlich erklärte sich Friedrich zähneknirschend bereit, den Stallmeisterdienst zu leisten, aber erst, nachdem man ihm versichert hatte, daß es sich lediglich um einen alten Brauch handele. Er zog dabei aber so kräftig an dem Bügel, daß das Oberhaupt der Christen um ein Haar aus dem Sattel gestürzt wäre.

Eine Szene, über die man lachen kann. Damals lachte man nicht, ging es doch, wieder einmal, um die leidige Frage der Vorherrschaft. Friedrich verstand in diesem Punkt keinen Spaß. Er wußte von dem riesigen Wandgemälde im Lateranpalast, das einen deutschen König zeigte, wie er in demütiger Haltung, die Hände gefaltet, vor dem Papst kniete, umrahmt von einem Spruchband mit dem Wortlaut: »Der König darf erst durch das Tor, nachdem aufs Recht der Stadt er schwor. Wird dann des Papstes Lehnsvasall, der ihm die Krone reicht des All.« Es war angefertigt worden zu Zeiten Lothars III.

Barbarossa war nicht von dieser Art. Er hat stets ungewöhnlich heftig reagiert, wenn es darum ging, Weltherrschaftsansprüche des Papsttums zurückzuweisen. Auf dem Reichstag zu Besançon kam es deshalb zum Skandal. Zwei Kardinäle hatten sich darüber beschwert, ein in seine skandinavische Heimat zurückreisender Erzbischof (ein Günstling der Kurie und Feind des Reiches) sei von den Deutschen gefangengenommen worden, im Herrschaftsgebiet eines Mannes also, dem die römische Kirche »neben einer Fülle von Würden auch das hehre Benefizium der Kaiserkrone verliehen habe«.

Das Wort *beneficium* hat einen Doppelsinn. Es heißt »Wohltat« und »Lehen«. Gegen eine Wohltat wäre nichts einzuwenden gewesen, um so mehr aber gegen ein Lehen, und als wolle er jeden Zweifel ausräumen, was gemeint sei, ließ einer der Kardinäle sich zu der Bemerkung hinreißen: »Ja, von wem hat denn der Kaiser das Reich, wenn nicht

vom Heiligen Vater?« Dieser Satz wäre sein Tod gewesen, wenn nicht Friedrich den hünenhaften Pfalzgrafen Otto von Wittelsbach daran gehindert hätte, mit dem Schwert auf den Kardinal loszugehen.
Die Antwort Barbarossas war von einer noch nicht dagewesenen Schärfe und trug gleichzeitig den Stempel eines staufischen Programms. »Wer behauptet, daß wir die Krone als ein Lehen des Papstes empfangen haben, lästert Gott und verfälscht die Wahrheit, hat doch der heilige Petrus der Welt verkündet, den Herrn im Himmel zu *fürchten* und den Herrn auf Erden, den König, zu *ehren*. Wir haben unser hohes Amt allein von Gott empfangen. Die Kirche aber will dieses Amt vernichten, und das kann nicht Gottes Wille sein. Mit einem Bild hat es angefangen, aus dem Bilde wurde eine Inschrift, jetzt soll die Inschrift zur Vorschrift werden. Das ertragen wir nicht, das dulden wir nicht! Eher wollen wir den Tod erleiden, als daß wir unsere Ehre in den Staub ziehen lassen. Was gemalt ist, soll ausgelöscht, was geschrieben, getilgt werden, auf daß nicht zwischen Reich und Kirche Denkmale der Feindschaft bestehen.«

Die ergreifende Klage des Hadrian

Am Krönungstag, dem 18. Juni 1157, waren sich Kaiser und Papst noch einig, denn sie brauchten einander: der eine wollte den Titel, der andere Schutz gegen das sich ihm versagende Rom. Die weihevolle Handlung konnte nur unter starkem militärischem Schutz vorgenommen werden. Noch am selben Tag mußte der frisch Gekrönte sich die wegen der Ablehnung ihres Angebots empörten Römer mit dem Schwert vom Leibe halten. Auf dem Heimweg nach Deutschland waren es Leute aus Verona, die ihn an einem Engpaß, der berüchtigten Veroneser Klause, einschlossen wie in einer Mausefalle. Nur durch die Auslieferung der Pferde und der Panzerhemden, so ließ ihr Anführer wissen, könnten sich die Ritter ihr Leben erkaufen. Damit hätten sie nicht nur ihre Ehre verloren, sondern auch ihr Vermögen – so teuer waren Roß und Rüstung. Beides waren sie nicht bereit herzugeben. Die zweihundert Freiwilligen, die man zu einem Himmelfahrtskommando brauchte, waren deshalb rasch zusammen.

In der Morgendämmerung krochen sie auf einem geheimen Pfad, von Einheimischen geführt, den Berg empor und fielen den überraschten Veronesern in den Rücken. Wer dem Schwert entging, wurde den Fels hinabgestürzt. Die in Gefangenschaft geratenen Anführer verurteilte man zum Tod durch den Strang. Bis auf einen. Der mußte ihr Henker sein. Die Leichen der anderen, man spricht von fünfhundert, ließ Friedrich am Wegrand zu einem Hügel auftürmen, als ein schauriges Menetekel für alle, die einem Kaiser nach dem Leben trachteten.

Sie lebten gefährlich, die Kaiser des Mittelalters. Auf den endlosen Ritten durch Feindesland durften sie nicht müde werden, in der Kälte der Nacht nicht frieren, in der Not nicht hungern noch dürsten, in der Schlacht keinen Fußbreit weichen. Sie wurden tagein, tagaus auf das äußerste gefordert. Die ewige Verpflichtung, *vorzuleben*, ließ ihnen ihr Amt oft genug zur Last werden.

Nicht viel anders erging es ihren großen Gegenspielern, den Päpsten. Von jenem Hadrian, der Friedrichs erbitterter Gegner werden sollte, stammt aus den letzten Jahren seines Lebens eine ergreifende Klage. »Oh, daß ich doch niemals mein Vaterland England verlassen hätte«, gestand er einem Landsmann. »Ist irgendwo in der Welt ein Mensch gleich elend wie der Papst? Ich habe auf dem Thron Petri so großes Leid erfahren, daß alle Bitterkeit meines vergangenen Lebens mir dagegen süß erscheint. Mag der Heilige Vater heute ein Krösus sein, morgen ist er arm und unzähligen Gläubigern verpflichtet. Wahrlich mit Recht heißt er der Knecht der Knechte, denn ihn knechtet die Habgier der römischen Knechtsseelen, und befriedigt er sie nicht, dann muß er Rom als Flüchtling verlassen.«

5000 Ritter als Hochzeitsgeschenk

Ein Jahr nach seiner Rückkehr aus Italien heiratete der Kaiser zum zweitenmal. Sieben Jahre war er mit Adela von Vohburg verheiratet gewesen, deren Mitgift ihm willkommen gewesen, die aber jetzt, nachdem er Kaiser geworden, nicht mehr so recht zu ihm passen wollte. Sie sei ihm untreu gewesen, hieß es (was niemand glaubte), sei außerdem unfruchtbar, da sie ihm keine Kinder gebären konnte (dafür aber dem

Mann, der *nach* Friedrich kam), sei außerdem mit ihm verwandt (ihre Ururgroßmutter war die Schwester von Friedrichs Urgroßvater) – drei Gründe, die den Weg frei machten zu einer neuen Verbindung. Zur Debatte stand eine Purpurgeborene aus byzantinischem Herrscherhaus, womit die Herrscherhäuser des Orients und des Okzidents wie zu Zeiten Ottos II. verwandtschaftlich verbunden gewesen wären. Er begnügte sich schließlich mit Beatrix von Burgund, einer Frau, die Venus an Schönheit, Minerva an Tugend und Juno an Macht übertraf – jubelten die Hofpoeten. Noch wichtiger aber, daß sie reicher war als alle anderen Bewerberinnen. Bei der Hochzeit in Würzburg gab sie davon eine Probe, als sie mit 5000 prächtig gerüsteten Rittern erschien, die sie ihrem Bräutigam nach der Trauung kurzerhand schenkte. Kein Wunder, daß ihr Onkel sie so lange in einem Turm verborgen gehalten hatte, um an ihr Erbe zu kommen.

Friedrich war reicher geworden, aber nicht mächtiger. Der Romzug hatte ihm die Kaiserkrone eingebracht und die des Königs von Italien dazu. Das schien viel, und doch war es wenig. Es waren Titel geblieben, die zur Geltung zu bringen die Macht gefehlt hatte. Das Gros der italienischen Städte hatte sich ihm verschlossen. An der Spitze das stolze Mailand, das weiterhin seiner spottete und durch seine Überlegenheit in der ganzen Lombardei für dauernde Unruhe sorgte. Diese Stadt mußte fallen, wollte er seine hochfliegenden Pläne verwirklichen. Auf dieses Ziel waren nun alle seine Unternehmungen ausgerichtet. Mit den Böhmen schloß er einen Vertrag, ernannte ihren Herzog zum König und ließ sich dafür mit einem Truppenkontingent für den italienischen Feldzug bezahlen. Die Ungarn verpflichtete er zu gleichen Leistungen. Dem Polenherzog Boleslaw zwang er das Versprechen ab, einige tausend Ritter zu stellen – was dieser später nicht hielt.

Das Heer, das er im Sommer 1158 über die Alpen führte, »das ruchlose Volk der Mailänder zu züchtigen«, bestand aus Deutschen, Italienern, Ungarn und aus Böhmen, mit den Knappen, Knechten und dem Troß an die 50 000 Mann. Die Mailänder verteidigten sich einige Wochen lang zäh, kamen dann aber zu der Ansicht, daß gegen eine solche Übermacht auf die Dauer nichts auszurichten war, und beschlossen, nach der Art verständiger Kaufleute, lieber mit barer Münze zu zahlen als mit Blut. Sie unterwarfen sich, lieferten 9000 Pfund besten Silbers, und ihre Konsuln empfingen vom Kaiser den Friedenskuß. Damit war auch der Widerstand der anderen Städte gebrochen.

Reichstag in Roncaglia

Ihre Ratsherren wurden nach Roncaglia zitiert, wo Friedrichs Rechtsgelehrte in Permanenz tagten, um ein für allemal festzulegen, was in Italien des Kaisers war und was nicht. Sie entstammten der berühmten juristischen Akademie Bolognas, die sich die Wiederbelebung des römischen Rechtes zur Aufgabe gemacht hatte. Da nun die deutschen Herrscher, so konstatierten sie, die Erben der römischen Cäsaren seien, so ständen ihnen auch die alten imperialen Rechte zu, wobei es keine Rolle spielte, daß diese Rechte vorübergehend »durch freche Anmaßung oder königliche Nachlässigkeit« in andere Hände übergegangen waren. Denn: Unrecht wird weder durch die Ausübung noch durch die Zeit jemals zu Recht.
Die Abgesandten der Städte schworen feierlich, auf die Regalien in Zukunft zu verzichten, räumten dem Kaiser ferner das Recht ein, Pfalzen zu bauen, Grafschaften zu vergeben, die oberste Gerichtsbarkeit auszuüben, seinen Anteil an Strafgeldern und konfiszierten Gütern zu kassieren, Kopfsteuer und Kriegssteuern zu erheben. Zur Verwirklichung dieser Beschlüsse wurden der Krone ergebene Beamte eingesetzt, sogenannte *Podestàs*, eine Bezeichnung, die vom lateinischen Wort »*potestas* – Gewalt« herkommt, und die nackte Gewalt haben diese Beamten vielerorts verkörpert.
Friedrich hat trotz allem ehrlichen Herzens geglaubt, dem Land durch den Reichstag auf den Ronkalischen Feldern eine dauerhafte Ordnung gegeben zu haben. Um so enttäuschter war er über die vielerorts aufbrechenden Widerstände. Er sah nicht, daß seine Gesetze das Ende bedeuteten für die in langen schweren Kämpfen errungene Selbstverwaltung der Städte, bei der Adlige, Bürger und Plebejer zusammenarbeiteten. Dem Begriff »städtische Freiheit« begegnete er mit Verständnislosigkeit.
»Seit wann gibt das Volk dem Fürsten Gesetze und nicht der Fürst dem Volk?« hatte er kopfschüttelnd gefragt, als die Lombarden ihm eine Verfassung unterbreiteten.
So standen sich zwei Prinzipien gegenüber, deren Vertreter beide von ihren »heiligsten Rechten« überzeugt waren, und es wäre zu simpel, wenn man den Kaiser einen Reaktionär und den Bürger einen Fortschrittler nennen würde. Waren doch die freien Städte so frei, die Frei-

heit der anderen sogleich mit Füßen zu treten, wenn sie die Macht dazu hatten.
Die Mailänder hatten, wie alle anderen auch, einen Eid geleistet, die auf den Feldern von Roncaglia erlassenen Gesetze zu beachten. Als aber Friedrichs Bevollmächtigte kamen, die kaiserliche Verwaltung einzurichten, schienen sie erst zu merken, daß sie ihrer Unabhängigkeit eigenhändig das Grab gegraben hatten. Auch wollte man ihnen plötzlich nicht mehr die Wahl der eigenen Konsuln zugestehen. Sie widersetzten sich, vertrieben die Gesandten und hetzten andere Kommunen zur Rebellion auf. Zur Rede gestellt, warum sie nicht zu ihrem feierlich abgegebenen Wort stünden, antworteten sie: »Wir haben geschworen, aber wir haben nicht versprochen, den Schwur zu halten.« Zweifellos eine italienische Lösung des Problems.

Kinder als lebende Schutzschilde

Friedrich zog vor Mailand, brach aber die Belagerung nach kurzer Zeit wieder ab, veranlaßt durch seine früheren Erfahrungen, die ihn gelehrt hatten, daß derartig stark befestigte Städte nicht zu nehmen waren ohne ein starkes Heer. Er mußte sich damit begnügen, die Reichsacht zu verhängen und die Umgebung zu verwüsten. Das unweit gelegene, mit Mailand verbündete Städtchen Crema schien ihm ein geeignetes Objekt, ein Exempel zu statuieren. Er richtete sich auf einige Wochen Belagerung ein – und brauchte sieben Monate! Die Cremasken verteidigten sich mit dem Mut, den die Verzweiflung eingibt, und der Gewißtheit, daß Kapitulation Tod und Vertreibung bedeutete.
Die Eskalation gegenseitiger Grausamkeiten erreichte ihren schaurigen Höhepunkt, als die Deutschen einen 33 Meter hohen Belagerungsturm mit der Muskelkraft von 500 Knechten auf die Mauern zurollten. Von seiner oberen Plattform sollte eine Zugbrücke auf den Mauerkranz heruntergeklappt werden, über die die Angreifer in die Stadt eindringen könnten. Das mißlang immer wieder, da die Verteidiger den Turm mit schweren Steinen und brennenden Pechfässern bombardierten. Friedrich ließ nun zwanzig seiner vornehmsten Geiseln in große Körbe setzen und an der dem Feind zugewandten Turmfront aufhängen, in

der Annahme, daß die Cremasken auf ihre eigenen Leute nicht schießen würden.

»Diese jedoch«, berichtet der Chronist, »setzten die Beschießung auf das heftigste fort, ohne Erbarmen für die in ihren Körben hängenden Mitbürger, von denen viele verbrannten oder zerfetzt wurden. Da sah man auch Kinder an den Seilen hängen, die mit kläglichen Rufen und Winken ihre auf den Mauern stehenden Väter und Mütter um Rettung anflehten. Vergeblich, denn sie hatten weder Mitleid mit der Jugend der Opfer noch mit ihrem eigenen Blut.«

Gefangene als lebende Schutzschilde vor die Front zu schicken, war nicht neu – die Römer haben es mit gefangenen Germanenfrauen getan –, aber es kam selten vor. Sie an Belagerungstürme zu hängen, war eine infernalische Idee, die von Barbarossas Zeitgenossen Dschingis Chan stammen könnte. Sie scheint nicht zu Friedrich zu passen, und man hat sie zu begründen versucht, indem man seinen maßlosen Zorn auf eine kleine Stadt anführte, die große Pläne durchkreuzte und deren Tapferkeit zum Symbol des Widerstands in ganz Italien wurde. Daran mag einiges wahr sein, einer der Gründe liegt jedoch auch in Friedrichs verletztem Rechtsgefühl. Er, der Gerechtigkeitsfanatiker, konnte es nicht verwinden, daß man Gesetze brach, die gerade eidlich bekräftigt worden waren.

Nachdem Crema gefallen war und die Überlebenden evakuiert wurden, sah man Kaiser Friedrich, den man den Rotbart nannte, wie er aus einem der zerstörten Häuser einen Kranken heraustrug, damit er nicht in den Trümmern umkomme ...

Prügel um Purpur

Crema wurde bis auf die Grundmauern zerstört, doch schreckte dieses Beispiel die anderen Städte nicht, sondern trieb sie in maßlosem Zorn zu neuem Widerstand. Die Zahl der Aufständischen mehrte sich auch, weil sie inzwischen einen tatkräftigen Verbündeten gefunden hatten: den Papst. Hadrian fühlte sich betrogen, weil der Deutsche trotz seiner Versprechen weder gegen die den Kirchenstaat ständig bedrohenden Normannen gezogen war noch die Römer zur Raison gebracht hatte.

Und er war beunruhigt über die kaiserlichen Steuereinnehmer, die plötzlich auch im Kirchenstaat auftauchten und in ganz Italien nach Gutdünken über das Gut der Kurie zu verfügen begannen. Dieser Deutsche schien das Rad der Geschichte zurückdrehen zu wollen, zurück zu den Zeiten, da seine Vorgänger mit den Päpsten umsprangen, als seien sie Reichsbischöfe. Er wurde bestärkt in seinem Mißtrauen, als er auf seine Beschwerden die Antwort bekam: »Nach dem Willen Gottes nennt man mich ›Römischer Kaiser‹, und da ich es auch *sein* möchte und keine inhaltlosen Titel mein eigen nennen, darf ich mir die Hoheit über die Stadt Rom nicht entwinden lassen.«

Von einem solchen Mann hatte ein Papst nichts zu erwarten. Er suchte Hilfe und fand sie beim König von Sizilien, der gerade noch sein Feind gewesen, und bei den Mailändern, und er war bereit, auch das alte bewährte Mittel des Bannstrahls anzuwenden.

Ein sich über achtzehn Jahre erstreckendes Schisma nahm nach Hadrians Tod seinen Anfang, denn man konnte sich wieder einmal nicht auf *einen* Papst einigen, sondern wählte deren zwei: einen »päpstlichen« namens Alexander und einen »kaiserlichen« namens Victor. Sie waren sich so feind, daß es bei der Wahl zu einer Szene kam, die man in solchen heil'gen Hallen nicht vermutet hätte: als Alexander der purpurne Mantel umgelegt werden sollte, stürzte sich Victor auf ihn, und beide zerrten sie an dem kostbaren Gewand, bis es in Fetzen lag. Schließlich behauptete Victor das Feld, wurde aber so hastig mit einem neuen Mantel umhüllt, daß er sich, das Kopfende an den Füßen, in den Falten verfing und zu Boden stürzte.

An zwei Päpsten konnte niemandem gelegen sein, dem Kaiser schon gar nicht, deshalb lud er nach Pavia ein, wo ein unparteiisches Konzil darüber befinden sollte, wer der rechtmäßige Papst sei. Alexander zweifelte nicht ohne Grund an der Unparteilichkeit: Victor war nicht nur des Kaisers Favorit, sondern zum Überdruß auch noch verwandt mit den Staufern. Also blieb Alexander fern. Mit der Begründung, daß der oberste Herr der katholischen Christenheit, und das allein sei *er*, sich dem Urteilsspruch eines irdischen Richters nicht unterwerfen dürfe.

Victor dagegen beugte sich gern dem Spruch, wurde gewählt, bestieg sein Roß, ließ sich dabei von Barbarossa, der diesmal nichts dagegen hatte, den Steigbügel halten, und verfluchte seinen Gegenspieler Alexander. Das abschließende Protokoll des Konzils trug die Unterschrift von 153 Erzbischöfen und Bischöfen aus ganz Europa, eine stattliche Zahl, die etwas von ihrem Wert verliert, wenn man weiß, daß nur 44 Bischöfe anwesend waren. Den Rest der Unterschriften hatten die Veranstalter hinzugefügt, in der kühnen Annahme, die Herren hätten bestimmt nichts dagegen. Ähnlich verfuhr man mit den Abgesandten der Könige von England, Frankreich, Dänemark, Ungarn und Böhmen, die von »Beobachtern«, was sie sein wollten, zu »Bevollmächtigten« befördert wurden, was sie nicht waren. Eilkuriere sorgten für die Verbreitung des Dokuments im gesamten Abendland, damit die weltliche und geistliche Führungsschicht erfahre, daß Victor IV. der Papst sei, der andere dagegen ein Ketzer.

Des Kaisers eiserner Kanzler

Der momentane Eindruck war groß, die nachhaltige Wirkung dagegen blieb aus. Besonders in Frankreich und England, zwei Ländern, in denen man kein Interesse daran haben konnte, die Deutschen durch einen »eigenen Papst« noch einflußreicher zu machen, als sie es ohnehin schon waren. Sie bekannten sich gemeinsam mit Sizilien, Venedig, Ungarn, Spanien, Norwegen, Irland und den Herrschern des Orients zu Alexander III. Johannes von Salisbury, ein Gelehrter von Ruf, gab der plötzlich ausbrechenden deutschfeindlichen Stimmung Ausdruck, wenn er in einem seiner vielgelesenen Briefe schrieb: »Wer hat die Deutschen zu Richtern über die Völker bestellt? Wer hat diesen wilden, gewalttätigen Menschen das Recht gegeben, nach ihrem Belieben einen Herrscher zu setzen über das Haupt aller Menschen?«
Hinter dieser Haltung stand das übliche Maß an Neid, das der weniger Erfolgreiche dem Erfolgreichen entgegenbringt, stand aber auch das nie erloschene Mißtrauen gegenüber einem Volk, das man noch immer für unberechenbar hielt, für unergründlich und rätselhaft. Und dieses Volk tat wenig, seinen Nachbarn die Furcht vor dem *furor Teutonicus* zu nehmen. In unseligem Hang, das auszusprechen, was andere in der gleichen Situation nur gedacht hätten, trieb es Neutrale ins gegnerische Lager, machten sich Freunde zu Feinden.
Daß die Dichter der Deutschen den Kaiser als »Herrn der Welt« besan-

gen, wie der Archipoeta, oder zum »Beherrscher des Erdkreises« erhoben, dem sich die Fürsten aller anderen Länder zu unterwerfen hätten, wie im Tegernseer Spiel vom Antichrist, könnte man poetischem Überschwang zuschreiben, und verständlich ist auch der Stolz darauf, einen Kaiser zu haben, während die anderen nur Könige besaßen.
Problematischer wurde es jedoch, wenn diese Herrscher öffentlich als »Kleinkönige« und »Provinzgrößen« bezeichnet wurden, die sich in die Angelegenheiten Kaiser–Papst nicht einzumischen hätten. Sprüche dieser Art wurden begierig ausgebeutet von der Propaganda gegen das Reich, und es interessierte keinen, daß sie die Wirklichkeit nicht widerspiegelten, daß Barbarossa bei aller Überzeugung von seiner kaiserlichen Mission eine Weltherrschaft nicht anstrebte. Die staufische Außenpolitik, das hat die neuere Forschung ergeben, zielte auf durch gegenseitige Achtung begründete Bündnisse mit den europäischen Staaten. Friedrich stand zu sehr mit beiden Beinen auf dem Boden der Wirklichkeit, als daß er zum Größenwahn hätte neigen können.
Nicht ganz unschuldig am – falschen – Feindbild war jener Mann, der über ein Jahrzehnt lang dem Kaiser als Kanzler diente, Rainald von Dassel. Eine Figur wie aus dem Bilderbuch der Zeit: Sohn eines niedersächsischen Edelmanns, mit der Schreibfeder so perfekt wie mit dem Schwert, von durchdringendem Verstand, Geistlicher, Weltmann und Mäzen, der Kirche ergeben, aber nicht der Kurie, und seinem Herrn so treu, daß er Kardinäle und Fürsten fraß, wie sie kamen. Der Eiserne Kanzler am Stauferhof, ein kühner Vergleich, gewiß, doch war er, ähnlich wie Bismarck, nicht nur »seines Kaisers Ruhm und Ehr'«, sondern auch »sein Entsetzen«.
Er diente ihm mit solcher Leidenschaft, daß er nicht selten die Grenzen des Möglichen überschritt und sich in ausweglos scheinende Situationen brachte. Während Friedrich zur Mäßigung und zum Ausgleich neigte, ja, die höchste Tugend des Ritters verkörperte, »*diu mâze* – die weise Selbstbeschränkung«, war Rainald hart, kompromißlos, mehr für das Brechen denn für das Biegen. Die Verfälschung der Protokolle von Pavia geht auf sein Konto, die unnötigen Brüskierungen der ausländischen Herrscher, die Propagierung der Weltherrschaftsidee und ihre Anwendung in der Diplomatie ebenfalls. Auch die Heiligsprechung Karls des Großen, eine politische Demonstration, mit der man Frankreich vor den Kopf stieß, liegt auf dieser Linie.
Als der kaiserliche Victor starb und man auch in Deutschland nach ei-

nem Ausgleich suchte mit dem gregorianischen Alexander, um endlich die Kirchenspaltung zu beenden, da ließ er so geschwind einen neuen Gegenpapst wählen, daß dem überrumpelten Kaiser nichts anderes übrigblieb, als seinen Kanzler zu decken. Auf dem Reichstag in Würzburg, 1165, gelang Rainald ein weiterer Streich. Am Hofe Heinrichs II. von England hatte er als Sonderbotschafter zwei spektakuläre Ehebündnisse gestiftet – Königstochter Mathilde mit Heinrich dem Löwen, Königstochter Eleonore mit Barbarossas einjährigem Sohn –, was gleichbedeutend schien mit einem politischen Bündnis. Durch diesen Erfolg gestärkt, konnte er nun die geistlichen und weltlichen Herren schwören lassen, niemals den bösen Alexander anzuerkennen, wollten sie nicht Amt, Würden und Eigentum verlieren.

Nun ist »niemals« eine Vokabel, die im Wörterbuch eines Politikers nicht vorkommen dürfte, und sie führte auch hier geradewegs in die Sackgasse, denn die Zeiten, da ein Kaiser einen Papst auf die Dauer durchsetzen konnte, waren endgültig vorbei, auch mit Gewalt und Gewissenszwang waren sie nicht wiederzubringen, und die Ironie der Geschichte wollte es, daß der Kaiser der erste war, der diesen Eid brach.

Friedrichs bösen Geist, so haben Rainald seine Feinde genannt, eine Bezeichnung, geboren aus verständlichem Haß. Aber das war er nicht, denn bei aller Skrupellosigkeit des Vollblutpolitikers leiteten ihn ideale Ziele. Er lebte und starb für die Wiederherstellung des Kaisertums und war uneigennützig genug, nie die eigenen Taschen zu füllen: ein weißer Rabe in einem Zeitalter der Korruption und Käuflichkeit. Wenn dennoch ein dunkler Schatten auf ihn fällt, dann war es sein bedingungsloses Eintreten für den totalen Krieg in der Lombardei.

Ihm genügte es nicht, wie allgemein üblich, die Jahresernte des Feindes zu verbrennen oder niederzutreten, er ließ Oliven-, Kastanien-, Mandel- und Obstbäume fällen, die Weinstöcke herausreißen, den Ackerboden mit Salz unfruchtbar machen. Maßnahmen, von denen man schon in der Antike annahm, daß sie den Zorn der Götter heraufbeschworen, denn sie lieferten die Betroffenen für Jahrzehnte dem Hunger aus und der Not.

Mailand – Vision der Hölle

Durch diese Verwüstungen zog sich der Kampf gegen Mailand über Jahre hin, denn sie trafen nicht nur den Gegner, sondern entzogen auch den eigenen Truppen die Ernährungsbasis. Doch diese Stadt in die Knie zu zwingen, war neben der politischen Notwendigkeit – wie anders sollte die Lombardei beherrscht werden – immer mehr zu einer Prestigeangelegenheit Barbarossas geworden. Er legte ein Gelübde ab, die Kaiserkrone nicht eher zu tragen, ehe Mailand vom Erdboden verschwunden sei.

Im Sommer 1161 bot die Umgebung der Stadt ein Bild, das an die Visionen der Hölle erinnerte: mit den in langen Reihen aufgerichteten Galgen, an denen Tag für Tag die vornehmsten Gefangenen gehängt wurden, den verwesenden Leichen und Pferdekadavern, dem Rauch, der aus dem Schutt der im Vorfeld liegenden Siedlungen stieg, mit den qualvollen Schreien der zu Tode Gefolterten. Auch auf den Mauern wuchsen die Galgen, schrien die Geschundenen, denn die Belagerten zahlten Auge um Auge, Zahn um Zahn, ließen Gefangenen Hände und Füße abhacken und zum Vergnügen des Pöbels durch die Gassen kriechen wie große Käfer.

Sie waren zu allem entschlossen, die Mailänder. Guintelmus, der große Festungsbaumeister, hatte ihre Stadt mit einem raffinierten Netz von Gräben, Verhauen und Wällen umgeben, die Mauern mit hundert Türmen bestückt, er hatte ihnen Wurfmaschinen gebaut und sichelbewehrte Streitwagen, die bei Ausfällen die Rolle unserer heutigen Panzer übernahmen. Sie fühlten sich jedem Sturm gewachsen und ließen Friedrich ausrichten, er möge ihnen seine Krone schenken, weil er sie doch nie wieder tragen werde.

Das deutsche Ritterheer war bei aller Schlagkraft gegenüber befestigten Städten hilflos. So schien der Hunger der beste Verbündete. Man umschloß Mailand wie mit einem ehernen Ring, und bald gesellten sich zum Hunger die Angst, die Verzweiflung, die Hoffnungslosigkeit. Vor den Toren erschienen ehrbare Bürgerfrauen, um sich für ein Stück Brot hinzugeben. Man steckte sie in Hurenhäuser und flocht die Soldaten, die sich mit ihnen eingelassen hatten, auf das Rad. Wer Lebensmittel schmuggelte, verlor die rechte Hand. Gefangene, die man bei Ausfällen machte, wurden verstümmelt vor die Tore gestellt. Der Terror kannte kein Maß. Einmal ließ Friedrich fünf Edlen die Augen ausstechen und sie von einem sechsten, dem »nur« Nase und Ohren abgeschnitten waren, in die Stadt zurückgeleiten, damit sie Entsetzen verbreiteten.

Trotz aller Schrecken hielten die Belagerten stand, den Herbst über und den langen Winter, dann war ihre Kraft gebrochen, im Frühjahr öffneten sich die Tore und in langer Reihe zogen sie hinaus, barfuß, das Haupt mit Asche bestreut, Stricke um den Hals, das Kreuz in der erhobenen Hand. Sie fielen vor dem Kaiser auf die Knie und flehten schluchzend um Gnade, ein Anblick, der ringsum Erschütterung auslöste. Friedrichs Gesicht aber blieb, wie die Kölner Königschronik berichtet, »hart wie Stein, wie es auch sonst immer unverändert war, weder vom Schmerz verdüstert noch vom Zorn verzerrt, noch in Freude gelöst«.

Was mit diesen Menschen geschehen solle, überließ er den Leuten aus Cremona, Pavia, Novara, Como und Lodi, den Todfeinden der Mailänder. Wenn der Mensch des Menschen Wolf ist, dann gilt das um so mehr von den eigenen Landsleuten. Italiener würden Italienern ein schrecklicheres Strafgericht bereiten, als es Deutsche je vermöchten – dachte Friedrich, und er irrte sich nicht. »Den Becher der Leiden, den die Mailänder anderen Städten kredenzt haben«, meinten die Lombarden lakonisch, »mögen sie selbst nun leeren.« Was sie darunter verstanden, war so erbarmungslos, daß sie glaubten, den Kaiser mit hohen Geldsummen von der Berechtigung ihrer Vergeltungsmaßnahmen überzeugen zu müssen.

Die Bevölkerung wurde ausgetrieben und in vier zwei Meilen entfernt voneinander liegenden Bezirken angesiedelt. In die leere Stadt zogen Spezialeinheiten und begannen ihr systematisches Vernichtungswerk. Haus für Haus wurde mit Pechfackeln angezündet, die Türme niedergerissen, die Gräben zugeschüttet, die Wälle eingeebnet, in die Mauern der Kirchen bohrten sich die schweren Rammböcke, zum Schluß fiel tosend der Glockenturm des Domes, im Sturz das Mittelschiff zertrümmernd, nur die Stadtmauer mit ihren aus der Römerzeit stammenden Fundamenten widerstand lange Zeit dem Vernichtungswerk. Am Palmsonntag kam der Kaiser und feierte in den rauchgeschwärzten Ruinen das hohe Fest, den Ölzweig, das Symbol des Friedens auf Erden, huldvoll entgegennehmend. Sein Kanzler datierte von nun an alle Urkunden mit der Formel: »Gegeben nach der Zerstörung Mailands«.

Von den erbeuteten Reliquien wählte er sich die Gebeine der Heiligen Drei Könige aus und brachte sie nach Köln, wo sie sich heute noch befinden.

Der Übermut der Beamten

Mailand war vom Erdboden verschwunden, und an der Stätte, wo es gestanden hatte, wuchsen »Nesseln und Disteln«, wie es in der Bibel heißt, »und es wird eine Behausung sein der wilden Hunde, und ein Teufel wird dem anderen begegnen, und die Natter wird daselbst nisten und die Eule im Gestein...« Was hier geschehen war, galt selbst in einer Zeit des Grauens und der Greuel als ein Akt der Barbarei. Er schreckte zwar anfangs andere ab, sich gegen des Kaisers Gebote zu vergehen, aber bald gewannen der Haß und die Erbitterung überhand. Sie waren stärker als selbst die Feindschaft der Städte untereinander und führten allerorten zu gefährlichen Schutz- und Trutzbündnissen. Die kaiserlichen Beamten trugen das ihre dazu bei, den Haß zu schüren und die Erbitterung zu vermehren. Wie es die Vertreter von Besatzungsmächten immer getan haben, mißbrauchten sie ihre Macht und begnügten sich nicht mit den vertraglich festgelegten Abgaben. Sie erpreßten das Vielfache dessen und füllten mit dem Mehrerlös die eigenen Taschen, von ihrem Souverän nicht daran gehindert, der gemäß der alten Weisheit handelte, wonach man dem Ochsen, der da drischt, nicht das Maul verbinden solle. Oder wie Friedrich der Große das einmal ausdrückte, als er einem ehemaligen Steuereinnehmer die Rente versagte: »Ich hatte Ihn an die Krippe gesetzt. Warum hat Er nicht gefressen?«
Als Barbarossa im Spätherbst 1166 wieder mit einem Heer über die Alpen kam, glaubte er, die Feindseligkeit der Lombarden förmlich mit Händen greifen zu können. Auch wurden ihm überall Petitionen gereicht, traten ihm Bittsteller in den Weg, die, das Kreuz in der Hand, Gerechtigkeit forderten, und immer neue Delegationen trafen ein, sich über den Übermut der kaiserlichen Beamten zu beschweren.
Ihre Bitten und Forderungen stießen auf taube Ohren. Friedrich war nicht bereit, die ihnen auferlegten Lasten zu erleichtern. Deswegen war

er nicht nach Italien gekommen, er hatte andere, höhere Ziele, und das eine davon hieß: *Rom*. Papst Alexander hatte aus seinem französischen Exil wieder an den Tiber zurückkehren können, nachdem ihm griechisches Gold und sizilianisches Silber die Herzen der Römer gewonnen hatten. Eine große Koalition begann sich abzuzeichnen zwischen Rom, Byzanz, Sizilien, Frankreich und dem reichen Venedig. Der in Konstantinopel residierende Kaiser Manuel hatte der Kurie das Angebot gemacht, die Kirche des Morgenlandes und die des Abendlandes wieder zu vereinen: mit dem Papst als Oberhaupt und ihm, Manuel, als Kaiser beider Hemisphären.

All diesen Plänen, so phantastisch sie auch klangen, galt es zuvorzukommen. Rom mußte fallen, der zähe Alexander endlich ausgeschaltet und durch den eigenen Papst ersetzt werden. Das Königreich Sizilien wäre dann das nächste Angriffsziel.

In zwei Heeresgruppen stießen die Deutschen nach Süden vor. Die eine zog unter Führung Barbarossas vor das an der adriatischen Küste gelegene Ancona, einen Brückenkopf der Byzantiner, und erzwang die Übergabe. Die andere, mit Rainald von Dassel und Christian von Mainz an der Spitze, marschierte durch die Toskana direkt auf Rom zu. Beide Führer waren Bischöfe, und die Römer spotteten, sie sollten ruhig kommen, man würde ihnen schon die Messe lesen. Am Pfingstmontag kam es bei Tusculum zum Zusammenstoß mit einem zahlenmäßig vielfach überlegenen römischen Heer. Die Römer, obwohl nur gewöhnt, hinter Mauern zu kämpfen, schienen zu siegen, als Rainald, aus Tusculum herausbrechend, ihnen mit dem Schlachtruf »Sankt Peter, hilf!« in den Rücken fiel, wobei seine Ritter mit dem fröhlichen Choral »Christ, der du bist erstanden« an die Blutarbeit gingen. Petrus, obwohl eigentlich mehr der Stadt Rom verpflichtet, half tatsächlich. Nur ein kläglicher Rest blieb von dem nach Zehntausenden zählenden Heer, und der italienische Chronist berichtet: »... wurde den unsrigen ein zweites Cannae bereitet, weil wir die Deutschen mehr fürchteten als alles andere auf der Welt.«

32–35 Stauferzeit – hohe Zeit der Ritter und der Dichter. Die Miniaturen aus den Liederhandschriften zeigen uns Kaiser Heinrich VI. als Minnesänger (*unten links*), Herrn Walther von der Vogelweide (*unten rechts*), schildern das Risiko, eine Frau zu erobern (*oben links*), und die Gefahr, ihr zu imponieren (*oben rechts*).

36 Richard Löwenherz, zu Füßen seines Entführers, und die Krieger, mit denen der sechste Heinrich Sizilien eroberte.

37 Der Bamberger Reiter, Sinnbild des Staufertums *(rechts).* ▷

38, 39   Die Pfalzen waren Residenz, Rittergut, Wohnstätte und Herberge in einem, geschützt von Gräben und Mauern, gekrönt von einer Kapelle und dem Palas. Da das Reich keine Hauptstadt hatte, bildeten sie die Regierungssitze, in denen die Kaiser sich zu bestimmten Zeiten aufhielten, um ihre Macht zu repräsentieren.
Das Bild *oben* zeigt die Kaiserpfalz in Goslar um das Jahr 1230, im Bild *unten* haben wir ihre heutige Gestalt.

Der Tod in Rom

Auf die Siegesnachricht hin ließ Friedrich von allen weiteren Unternehmungen gegen das sizilische Königreich ab und lenkte seine Truppen in Richtung des Tibers, darunter die erstmals eingesetzten Brabanzonen, Söldnerbanden aus Brabant, die wegen ihrer Mordlust und Mitleidlosigkeit noch gefürchteter waren als die Böhmen. Die Römer, entnervt durch die Niederlage von Tusculum, leisteten nur geringen Widerstand, und sie kapitulierten vollends, als die überall aufflammenden Brände auf den Petersdom übergriffen.

Am 1. August 1167 bewegte sich eine Prozession auf St. Peter zu, deren Pracht in deprimierendem Gegensatz stand zu den noch rauchenden Ruinen ringsum. Paschalis, zum rechtmäßigen Papst erhoben, krönte Barbarossas Frau, Beatrix, zur Kaiserin. Rom war eine kaiserliche Stadt, Alexander hatte auf einem Boot über den Tiber flüchten müssen – Friedrich erlebte seine Sternstunde, einen Triumph über die Stadt, den Erdkreis, die Christenheit...

Am anderen Morgen verfinstert sich der Himmel, sintflutartige Regenfälle von nie erlebtem Ausmaß stürzen auf Rom hernieder, überschwemmen das Lager der Deutschen, reißen die Zelte weg, und als der Regen aufgehört hat, die Sonne wieder glüht, stehen überall große sumpfartige Lachen, aus denen feine Nebelschwaden aufzusteigen scheinen. Zwei Tage später stürzt ein Ritter aus Friedrichs Umgebung urplötzlich vom Pferd, ein Mönch windet sich mit verzerrtem Gesicht, aus den Zelten taumeln Soldaten, am Abend liegen Hunderte von Toten in den Lagergassen und auf den Straßen Roms, bald sind es Tausende. Der Leichengeruch macht das Atmen zur Qual und von den Kranken geht ein pestilenzartiger Gestank aus. »Die Pest«, sagen die Ärzte und befehlen, die Kleider zu verbrennen, die Köpfe kahlzuscheren, sie öffnen den Kranken die Adern, geben ihnen Heiltränke.

Aber es war nicht die Pest, es war die Malaria.

Als Friedrich raschen Abmarsch befiehlt, um der Fieberhölle zu entkommen, ist es zu spät. Sein Weg ist von den Männern gezeichnet, die an den Straßenrändern zurückbleiben, stöhnend, schreiend, um die Sterbesakramente flehend. Es gibt keinen Unterschied mehr zwischen hoch und niedrig, reich und arm. Allein zweitausend Ritter sterben, und es sterben der Herzog Friedrich von Rothenburg, der Schönste aller Ritter, die Bischöfe von Lüttich, Prag, Verden, Regensburg, Speyer, der Bruder des Böhmenkönigs und der junge Welf VII., Grafen, Fürsten, Prälaten, die Stützen des Reiches – sie alle sterben einen ruhmlosen, jämmerlichen Tod.

Auch Rainald von Dassel geht dahin, seit nunmehr zehn Jahren Kanzler und Erzkanzler des Reiches, oft unbequem, doch unersetzlich, sein Tod aber scheint gnädig. Er bewahrt ihn davor, den Zusammenbruch seiner auf Alles-oder-Nichts gegründeten Politik erleben zu müssen. Sein Leichnam wird nach Köln übergeführt, wo er im Dom seine Ruhestätte findet. Rainald, vom Kaiser betrauert als der Mann, »der immer bedacht gewesen, Ehre und Mehrung des Reiches den eigenen Vorteilen voranzustellen«.

Den einzig passierbaren Übergang über den Apennin findet Barbarossa auf seinem Rückmarsch von aufständischen Lombarden gesperrt, die nach Partisanenart den Zug immer wieder attackieren. Friedrich muß sich mit der blanken Waffe verteidigen, und auch Beatrix greift, wie einst die Germanenfrauen, zu Schild und Lanze. Später planen in Susa, am Fuß des Mont Cenis, die Bürger ein Attentat auf ihn. Dem Ritter Hartmann von Siebeneichen gelingt es, angetan mit den Kleidern seines Herrn, sie so lange zu täuschen, bis Barbarossa die Vorbereitungen zur Flucht getroffen hat. In der Tracht eines Dieners stiehlt sich Europas mächtigster Mann bei Nacht und Nebel durch das Stadttor. (Diese Demütigung hat er der Stadt nicht verziehen. Als er sieben Jahre später wieder nach Italien kommt, ist seine erste Tat eine Tat der Rache: er läßt Susa in Brand stecken.)

Aus England erreichte den aus Rom geflohenen Papst Alexander eine Glückwunschbotschaft mit dem Bibelwort: »... der Herr sandte einen Engel, der vertilgte alle Gewaltigen des Heeres und Fürsten und Obersten im Lager des Königs zu Assur, daß er mit Schanden wieder in sein Land zog.«

Von der Ordnung und von der Freiheit

Es erwies sich aber, daß von »Schanden« keine Rede sein konnte. Der Nimbus des Kaisers schien unzerstörbar, denn der Empfang in seinem

Land ließ ihn weder um seine Macht noch um sein Prestige fürchten. Friedrich selbst erkannte sehr wohl, daß er wieder dort stand, wo er vor zehn Jahren begonnen hatte: seine Politik, Oberitalien dem Reich dienstbar und nützlich zu machen, schien gescheitert. Aber sie *schien* es nur. Eine Niederlage mußte nicht bedeuten, daß der ganze Krieg verloren war, und er ließ keinen Zweifel daran, den Krieg in nicht allzu ferner Zeit weiterzuführen. Man hat von »Halsstarrigkeit« gesprochen, von der Blindheit des Gestrigen gegenüber dem Heute: war denn nicht jedem Einsichtigen klar, daß der Funke städtischer Freiheit nicht auszutreten war, der Geist des Bürgertums nicht zu brechen?
Der amerikanische Philosoph und Kulturhistoriker Will Durant, Verfasser einer zehnbändigen Kulturgeschichte der Zivilisation, gibt darauf eine Antwort, wenn er schreibt: »Die Bewunderer des monarchischen Prinzips beklagten seine [Friedrich Barbarossas] Niederlagen als Siege des Chaos. Die Anhänger der Demokratie feierten sie als Stufen auf dem Wege zur Freiheit. Doch im Hinblick auf seine großen Pläne war sein Handeln berechtigt. In Deutschland und in Italien wucherte die Willkür, grassierte die Gesetzlosigkeit. Nur eine starke kaiserliche Autorität war imstande, den ewigen Fehden der Lehnsherren, den blutigen Vernichtungskriegen der Städte untereinander Einhalt zu gebieten. Die Ordnung war es, die den Weg bereiten mußte, ehe eine wirkliche Freiheit heranwachsen konnte.«
Sechseinhalb Jahre blieb Friedrich I. nun in Deutschland, eine Zeitspanne, in der sich wenig ereignete, doch vieles geschah. Wie ja die Momente, in denen die Geschichte Atem zu holen scheint und wenig Berichtenswertes geschieht, nicht die schlechtesten Zeiten sein müssen. Er begann, sein so lange vernachlässigtes Haus zu bestellen und seinen Landbesitz durch die Schaffung sogenannter Königslandschaften abzurunden. Dabei lächelte ihm das Glück des Erben. Der Tod Friedrichs von Rothenburg brachte ihm das Herzogtum Schwaben und das Egerland; das Aussterben schwäbischer Geschlechter weite Gebiete am Fuß wichtiger Alpenpässe; dem alten Herzog Welf kaufte er seine Rechte in der Toskana, auf Korsika und Sardinien ab und bewog ihn zum Verzicht auf die mathildischen Güter. Das lombardische Geld, das seit dem Tag von Roncaglia nach Deutschland geflossen war, legte er klug an: für den Bau leistungsfähiger Landstraßen zum Beispiel, die, durch zahlreiche Burgen gut beschützt, den internationalen Fernhandel auf deutsches Gebiet zogen.

Die Zahl der Städtegründungen wuchs rapide und damit die Handwerk und Handel begünstigenden Märkte. Ein einheitliches Münzsystem erleichterte den nach italienischem Vorbild eingerichteten Geldverkehr. Bei all diesen Maßnahmen konnte er sich auf die Ministerialen stützen, einen Stand, der sich, wie erwähnt, aus unfreien Dienstmannen und verarmten Edelleuten zusammensetzte, und den er besonders förderte.

Die Lombardische Liga, Todfeindin des Reiches

1174 war es soweit, daß sich Barbarossa stark genug fühlte, einen neuen Feldzug nach Italien zu wagen. Und Stärke war notwendiger denn je. Mailand war wiedererstanden wie der Phönix aus der Asche; eine neue festungsartige Stadt namens Alessandria, an strategisch wichtiger Stelle förmlich aus dem Boden gestampft, beherrschte die Übergänge von der Po-Ebene nach Ligurien; zweiundzwanzig Städte umfaßte inzwischen die Lombardische Liga, Todfeindin des Reiches; die Burgen des Kaisers waren geschleift, die Statthalter längst vertrieben.
Die Lombarden warteten bis an die Zähne bewaffnet auf die Deutschen, und eine Welle patriotischer Begeisterung ging durch das Land, als die ersten Erfolge vor Alessandria gemeldet wurden, deren Wälle und Gräben unbezwingbar schienen. Friedrichs Soldaten holten sich bei der sechs Monate währenden Belagerung blutige Köpfe und gaben es schließlich auf, die von ihnen anfangs als »Strohstadt« verspottete Festung (wegen der vielen provisorisch mit Stroh gedeckten Häuser) weiter zu berennen. Sie suchten die Entscheidung in einer offenen Feldschlacht. Bei dem Dorf Montebello, zwischen Voghera und Stradella, trafen die beiden Heere aufeinander. Und da ereignete sich Überraschendes: die Lombarden wählten die Vorsicht als den besseren Teil der Tapferkeit und schickten anstelle von Soldaten Unterhändler. Sie fürchteten die deutschen Ritter, die auf offenem Feld für unbesiegbar galten, und sie hatten Angst vor den eigenen Landsleuten, in deren Reihen die alte Eifersucht aufeinander bereits wieder Lücken gerissen hatte.
Der Friede zu Montebello, den die beiden Parteien schlossen, erwies

sich bald als ein fauler Friede. In dieser Situation suchte Friedrich nun mit aller Macht die Entscheidung. Dazu aber brauchte er Soldaten, frische, ausgeruhte Truppen aus der Heimat zur Verstärkung seines Heeres. Die aber konnte ihm nur einer stellen: Heinrich der Löwe.

»Der erbarmungsloseste Mensch aller Zeiten...«

Heinrich, Herzog von Sachsen und Bayern, galt als der ungekrönte König von halb Deutschland; sein Machtgebiet reichte bis nach Pommern und Mecklenburg, sein Einfluß bis tief in die Gebiete östlich der Elbe, deren Bewohner ihn fürchteten wie den Leibhaftigen und anbeteten wie einen Gott. Schwiegersohn des Königs von England, war er mächtigster Territorialfürst Europas, ein Mann von internationalem Ruf, den auf seiner Pilgerfahrt ins Heilige Land die Sarazenen nicht anzugreifen wagten, den der byzantinische Kaiser empfing und der Sultan von Ägypten mit teuren Geschenken hofierte. Skrupel kannte er nicht, seine Ziele erreichte er mit brutalsten Mitteln: er enteignete, beschlagnahmte, raubte, brach jedes Recht, und wenn er ein Gesetz anerkannte, dann war es das, das *ihm* diente; ein Machtpolitiker reinsten Wassers, die Menschen verachtend, sie ausnutzend, im Stich lassend, und in seinem Auftreten so brüsk, daß ihn der Chronist Giselbert von Mons »den hochmütigsten und erbarmungslosesten Fürsten aller Zeiten« nannte.

Über die Jahrhunderte hinweg wurde Heinrich der Löwe zur Symbolfigur jener, die die Italienpolitik der Kaiser als »artfremd« verdammten und das Heil der Deutschen Nation im Osten sahen, wenn sie ihn nicht gar, wie in den dreißiger Jahren, zum germanisch-teutschen Edelrekken hochstilisierten (ihn, der dunkelhaarig, schwarzbärtig, kurzbeinig und 1,65 Meter groß war). Was wer wann wie hätte tun müssen, darüber aus heutiger Sicht zu befinden, muß immer zu einem schiefen Urteil führen. Doch hat der Löwe zweifellos seine großen Verdienste, denkt man nur an die Urbarmachung und Besiedlung des Ostens (um suspekt gewordene Wörter wie »Germanisierung« und »Kolonisierung« zu vermeiden), auch wenn er dabei an Deutschland so wenig dachte wie Preußens erste Könige bei ihren Kriegen.

Diesem Mann stand der Kaiser in Chiavenna, nördlich des Comer Sees, gegenüber und bat ihn um Hilfe. Er glaubte, ein moralisches Recht darauf zu haben. Hatte er nicht seinen Kopf stets hingehalten, wenn es galt, die zahlreichen Rechtsbrüche Heinrichs als rechtmäßig hinzustellen? Hatte er ihm nicht in Deutschland freie Hand gelassen für den Ausbau der herzoglichen Macht, dieses Staates im Staate, ihn immer wieder beurlaubt von den Italienzügen? Er wußte andrerseits, daß der Löwe ihm den Rücken freigehalten hatte in Deutschland, wenn auch aus eigennützigen Gründen, ja, daß er ihn nach der Kaiserkrönung in Rom unter dem Einsatz seiner Person herausgehauen. Diese Dienste aber konnten die eigene immer wieder bewiesene Huld nicht aufwiegen.
Die Begegnung in Chiavenna gehört zu jenen historischen Ereignissen, die die Dichter inspiriert haben, die Geschichtsschreiber aber eher mit Mißtrauen erfüllt hat. Die Mehrzahl ihrer Zunft sind sich jedoch inzwischen einig, daß Heinrich und Friedrich sich getroffen haben und Barbarossa »ihn demütiger bat, als es sich für seine kaiserliche Würde schickte, dem gefährdeten Reich zu helfen«. Mit anderen Worten: er wirft sich vor ihm auf die Knie, muß dabei hören, wie der Truchseß des anderen ausruft: »Da liegt die Krone zu Euren Füßen, Herzog, bald wird sie Euer Haupt schmücken.«
Der Löwe ist Menschenkenner genug, um zu wissen, daß er sich angesichts dieser Selbsterniedrigung nicht mehr länger weigern kann, und so sagt er seine Hilfe zu – unter der Bedingung allerdings, Goslar dafür zu bekommen, die Stadt mit einem der reichsten Silberbergwerke Europas. Friedrich empfindet diese Forderung als Erpressung und bricht die Verhandlung ab.
Beatrix, die Kaiserin, wendet sich in diesem Moment an ihren Mann und spricht das aus, was die meisten insgeheim denken: »Gott wird dir helfen, lieber Herr, wenn du dich einst dieses Tages und dieses Hochmutes erinnern wirst.«
Der Löwe reitet mit seiner Begleitung davon, und er ahnt, daß er keinen Freund mehr hat, sondern einen mächtigen Feind. Er nimmt diese Feindschaft in Kauf, weil ihm *sein* Reich wichtiger ist als das Reich der Deutschen, das für ihn ohnehin nur das des Staufers ist. Friedrich auch noch zu unterstützen bei seinem Ziel, das Kaisertum zu stärken, dazu dünkt er sich zu erhaben. Wenn Hochmut vor dem Fall kommt, so traf das hier zu.

Seine Weigerung, dem Kaiser Truppen zu stellen, hatte eine verhängnisvolle Wirkung. Das deutsche Heer war nicht stark genug, als es bei dem unweit von Mailand gelegenen Ort Legnano zur Schlacht mit den Lombarden kam, und erlitt eine Niederlage. Der Kaiser selbst wurde dabei vom Pferd gestochen, blieb mehrere Tage verschollen, und als er endlich in Pavia eintraf, fand er Beatrix in Trauerkleidung, seinen Tod beweinend.

Legnano war die erste Schlacht, bei der Fußtruppen sich den anstürmenden Rittern überlegen zeigten. Zu einem Karree zusammengeschlossen, die langen Spieße vorgestreckt und durch Schilde gedeckt, behaupteten sie sich gegen alle Attacken, gingen schließlich selbst zum Angriff über, indem sie die Pferde abstachen und die durch ihre Rüstungen im Fußkampf behinderten Reiter erledigten. Eine Vernichtungsschlacht war Legnano nicht, wie die Italiener sie in ihrer Geschichtsschreibung feiern, denn das Gros des kaiserlichen Heeres blieb unversehrt, aber die Niederlage bezeichnete dennoch einen Wendepunkt. Ricarda Huch hat das am sinnfälligsten ausgedrückt: »Der Sieg der Lombarden bei Legnano bedeutete für Friedrich das Hindernis des Schicksals, das den ins Leben Stürmenden zum Anhalten zwingt und zur Besinnung bringt. Er war groß genug, um zu lernen, daß er, wie hoch er auch stand, andere Mächte müsse gelten lassen, daß er sich einigen müsse, wo er nicht herrschen konnte, und er handelte nach der gewonnenen Einsicht, ohne seiner Würde etwas zu vergeben.«

Auch Cäsaren können irren

Friedrich vergab nicht nur seiner Würde nichts, er gab auch keinen Fußbreit seines Rechtes preis. Die den kaiserlichen Gesandten sonst hoch überlegenen Kardinäle der Kurie kamen aus dem Staunen nicht heraus: sie trafen auf einen Mann, der sich auf dem Feld der Geheimdiplomatie so gut auszukennen schien wie auf dem Schlachtfeld und jeden Zug mit einem Gegenzug beantwortete. Zum Schluß konnte er seinen Gegnern sogar Schach bieten. Es gelang ihm, den Papst und die Lombarden zu entzweien und das zwischen ihnen entstandene Mißtrauen für die eigenen Forderungen zu nützen.

Mit den oberitalienischen Städten schloß er einen sechsjährigen Waffenstillstand ab: er ließ die Zeit für sich arbeiten. Zwar bekamen die Städte ihre Hoheitsrechte später wieder zurück, doch mußten sie dafür horrende Ablösesummen zahlen, dem Kaiser eine Kriegssteuer zubilligen, ihm den Treueid schwören und als obersten Gerichtsherrn anerkennen. Der römischen Kirche billigte er die Rückgabe des ihr einst gehörenden Besitzes zu – mit dem doppelbödigen Nachsatz »... unbeschadet der Rechte des Reiches«. Der riesige Landbesitz der Markgräfin Mathilde von Toskana, um deren Besitz sich Kurie und Reich nun schon anderthalb Jahrhunderte stritten, blieb für die nächsten 15 Jahre im Besitz des Kaisers – und damit die Herrschaft über ganz Mittelitalien.

Die Niederlage, die Friedrich auf dem Schlachtfeld erlitten hatte, war damit am grünen Tisch wiedergutgemacht, und er zeigte sich nun bereit, dem Papst vor aller Welt seine Reverenz zu erweisen. Vor der phantastischen Kulisse Venedigs trat er 1177 im Rahmen eines bis in das kleinste Detail gestalteten Schauspiels dem Mann gegenüber, den niemals anzuerkennen er einmal feierlich geschworen hatte: Alexander III.

»Den Kaiser packte Gottes Geist, als er sich Alexander näherte«, schrieb der Erzbischof von Salerno, ein Augenzeuge, »er legte seinen Purpurmantel ab und warf sich ausgestreckt dem Papst zu Füßen. Unter Tränen hob ihn dieser huldvoll auf, küßte und segnete ihn, worauf die Deutschen mit lauter Stimme ›*Te deum laudamus* – Dich, Gott, loben wir‹ sangen ... Um die Demut, die sein Herz ergriffen hatte, allen zu zeigen, übernahm er das Amt eines Marschalls, ergriff eine Rute, trieb die Laien aus dem Chor des Domes und schaffte freien Weg für den Papst.« Später hielt er auf Deutsch eine Rede, die in dem Bekenntnis mündete: »Alle Welt möge wissen, daß, wenn uns auch die Würde eines römischen Cäsaren umstrahlt, wir trotzdem ein Mensch geblieben sind, geschlagen mit der menschlichen Schwäche, Irrtümer zu begehen.«

An einem Sonntag kam man wieder zusammen in der Markuskirche, diesmal mit brennenden Kerzen in der Hand, und der Papst drohte jenen mit dem Bann, die es wagen sollten, den soeben geschlossenen Frieden zu stören. »So wie diese Kerzen jetzt gelöscht werden«, sagte er am Schluß seiner Predigt, »so sollen die Seelen der Friedensbrecher verlöschen und des Lichtes Christi beraubt werden.« Alle warfen ihre

Kerzen auf die Erde, traten sie aus, und der Kaiser rief mit ihnen laut: »So geschehe es, so geschehe es!«
Nach den festlichen Wochen von Venedig, in denen die Papstkirche ihre großen öffentlichen Triumphe feierte, hatte wieder der Alltag das Wort. Es zeigte sich, daß der Triumphator Alexander ohne den Mann, der soeben noch vor ihm gekniet hatte, hilflos und verlassen war. Die Römer waren wieder einmal gegen ihn und dachten nicht daran, ihm die Tore zu öffnen. Er aber mußte zurück in den Lateranspalast, wollte er als der einzige, der rechtmäßige Papst gelten. Es gab nur einen Mann, der ihm den Weg nach Rom bahnen konnte: den Kaiser. Friedrich war bereit, ihm diesen Wunsch zu erfüllen und beauftragte den Erzbischof Christian von Mainz, Alexander nach Rom zurückzuführen. Die achtzehn Jahre währende Spaltung der Kirche hatte damit ihr Ende gefunden.

Die Jagd auf den Löwen

Im Herbst 1178 begann in Deutschland ein Kampf, der an den Höfen Europas mit einer Mischung aus Spannung und Schadenfreude verfolgt wurde, aber auch mit Bangen, standen doch eigene Interessen vielerorts auf dem Spiel. »So ist nun mal die Natur menschlicher Dinge«, schreibt Johannes Haller in diesem Zusammenhang, »ein kurzer Augenblick aufwallender Leidenschaft kann das Schicksal ganzer Geschlechter bestimmen. Seit jenem Tage, da Friedrich vor dem Vetter den Fußfall tat und Heinrich stolz und kalt auf seinem Vorteil bestand, seit jenem Tage konnte keiner dem anderen mehr vertrauen.«
Friedrich war in Chiavenna gedemütigt worden, aber es war nicht bloßer Rachedurst, der ihn die Auseinandersetzung mit Heinrich suchen ließ, es war die Einsicht eines Staatsmannes, daß auf die Dauer kein Platz war für zwei Männer ihres Schlages, noch dazu, wenn sie keine Freunde mehr waren. Das Reich konnte nicht bestehen, wenn sich der andere kaiserlicher gab als der Kaiser und seine Ziele immer höher steckte. Den Anlaß, dagegen Front zu machen, lieferte ihm eine der üblichen Querelen zwischen dem Löwen und den Landesfürsten, die ein Gerichtsverfahren notwendig machte. Hatte er in früheren Fällen da-

bei den Herzog gedeckt, ließ er diesmal der Gerechtigkeit ihren Lauf und zitierte den Beklagten nach Worms, wo er sich wegen Friedensbruches vor einem Fürstengericht verantworten sollte.

Die Ladung blieb erfolglos, eine zweite und dritte ebenfalls, was die Ächtung zur Folge hatte. Zu einem zweiten wegen »Nichtachtung der kaiserlischen Majestät« notwendig gewordenen Prozeß erschien er ebenfalls nicht. 1180 wurde daraufhin das Urteil über Herzog Heinrich gefällt. Es machte ihn in einer einzigen Stunde zum Mann ohne Würden, ohne Besitz und ohne Ehre. Seine Herzogtümer Bayern und Sachsen wurden zerschlagen und verteilt, sein Privatvermögen beschlagnahmt, er selbst für vogelfrei erklärt.

Ein vernichtendes Urteil, doch Heinrich hatte nur ein verächtliches Lachen dafür übrig. Es stand nämlich nur auf dem Papier: die Herren hatten das Fell des Löwen verteilt, bevor er erlegt war. Sie sollten nur kommen. Allein in Sachsen verfügte er über fast siebzig Burgen und vierzig weitere stark befestigte Orte, verteidigt von gut ausgebildeten Soldaten, befehligt von tapferen Kommandeuren. Und war nicht sein Schwiegervater der König von England? Durfte er nicht auf die Hilfe Waldemars von Dänemark hoffen, des alten Bundesgenossen, und auf die des Pommernherzogs? Hatte er nicht überall glänzende internationale Beziehungen?

Das waren Tatsachen, die zu ignorieren der Kaiser gewarnt wurde, wie überhaupt manch einer ihm abriet, sich mit dem Löwen anzulegen, könnte doch am Ende der Thron gefährdet werden, zumindest wäre der Ausgang des Kampfes höchst ungewiß. Barbarossa blieb unbeirrbar, weil er glaubte, das, was er tat, tun zu müssen, und führte das Reichsheer nach Sachsen hinein. Was nun geschah, verblüffte selbst die Optimisten.

Friedrich erwies sich in jeder Beziehung als der überlegene Mann. Sein strategisches Können, die Beherrschung des diplomatischen Spiels, seine juristische Schulung führten im Verein mit dem Glanz des kaiserlichen Namens zu raschen Erfolgen. Innerhalb weniger Monate, ohne daß er eine einzige Schlacht schlagen mußte, brachte er das Reich des Löwen zum Einsturz. Die Burgen ließen ihre Zugbrücken herunter, die Städte übergaben die Schlüssel ihrer Tore, die kleinen und die großen Herren wechselten die Fronten. Schließlich ergab sich auch das mächtige Lübeck. Im Lager des Kaisers erschienen der König von Dänemark und der Herzog von Pommern, während Frankreichs König

erklärte, daß er nicht daran denke, gegen den deutschen Kaiser Krieg zu führen, auch wenn Englands Heinrich noch so sehr darauf dränge. Der Löwe mußte erfahren, daß allein auf der Furcht der Untertanen keine Herrschaft zu errichten war. Alle, die er einmal bedroht, beleidigt, beraubt hatte, zahlten es ihm jetzt heim, und die, die er für treu gehalten, hatten nur Angst vor ihm gehabt. Er hatte sich in den Menschen verschätzt und sich selbst überschätzt. Von der Macht berauscht, überheblich und maßlos, gehörte er zu jenen, die die Götter mit Blindheit schlagen, um sie zu verderben.
»Was interessiert mich das Gezeter glatzköpfiger Pfaffen, wenn es um meine Macht geht«, hatte er gesagt, als man ihn wegen des Streites mit den Bischöfen vor Gericht forderte. Und als er seine Sache verloren sah und unter kaiserlichem Begleitschutz nach Lüneburg gebracht werden sollte, lehnte er die Eskorte mit den Worten ab: »In diesem Land pflegte ich Geleit zu gewähren, ich habe nicht die Absicht, es jemals zu nehmen.«
Der Kniefall von Erfurt folgte, und die Meute der Fürsten und (Fürst-) Bischöfe, die seinen Namen ausradieren, sein Geschlecht für immer vernichten wollten, war groß, und wäre nicht der Kaiser gewesen, der trotz aller Gegnerschaft in dem Löwen den Geistesverwandten spürte, man hätte ihm nicht einmal seine Stammgüter Braunschweig und Lüneburg gelassen. Für drei Jahre aus der Heimat verbannt, zog er in die Normandie, wo sein englischer Schwiegervater Hof hielt. Er wurde dort nach Gebühr geehrt, kehrte auch wieder nach Deutschland zurück, ein Teil seiner alten Anhänger lief ihm erneut zu, aber die Tage des Ruhmes waren vorbei, und als er, 66jährig, durch einen Sturz vom Pferd halb gelähmt, in Braunschweig starb, registrierte sein Chronist, daß er mit all seinem Ehrgeiz nichts weiter erreicht habe als ein prächtiges Begräbnis im Dom...
Die Beute aus der Jagd auf den Löwen fiel den Fürsten zu. Der Kaiser verteilte sie, denn sie hatten ihm geholfen, ihn zu stellen. So erwuchs aus seinem Sieg nicht die Stärkung des Königtums, sondern die des Fürstenstandes, ja, auf die Dauer gesehen wurde hier das Zeichen gesetzt, das die Zersplitterung des Reiches, seine Territorialisierung, ankündigte. Wie sich überhaupt niemand freuen durfte über das Ende des Löwen: mit ihm endete auch der deutsche Einfluß im Norden und Osten Europas.
Leopold von Ranke schreibt in seiner Weltgeschichte über Friedrich

Barbarossa und Heinrich den Löwen lakonisch: »Auf ihrer Vereinigung beruhte die Zukunft des deutschen Reiches, der Welt. Mit vereinter Macht konnten sie die Herrschaft der Deutschen über Italien und das Papsttum herstellen, aber sie verstanden sich nicht.«

Die Kröte im Wein

Friedrich Barbarossas Macht in Deutschland war jetzt unbestritten, sein Ansehen reichte über die Grenzen Europas hinaus, im Orient erzählte man sich Wunderdinge von dem Mann mit dem rotblonden Bart. Selbst Frankreichs Troubadoure, sonst vornehmlich für den Ruhm der eigenen Herrscher zuständig, besangen ihn, so wie Herr Guiot von Provins es tat, wenn er Friedrich über Alexander und Cäsar stellte: »*Et de l'Emperéor Ferri vos puis bien dire que je vi, qu'il tint une Cort à Maïence; ice vos di-je sanz doutance, c'onques sa parreille ne fu.* – Den Kaiser Friedrich hab' ich gesehen Hof halten zu Mainz und muß gestehen, daß niemals einer diesem gleich erschienen – fest versichr' ich's euch.«

Der Hoftag zu Mainz Pfingsten 1184 zeigte dieses Kaisers Herrlichkeit in einem berauschenden, die Sinne betörenden Festspiel, wie es sonst nur das Morgenland zu feiern verstand. Auch wenn man an die 70 000 Ritter nicht recht glauben mag, die »*in allen sîden in skepen end an der strâten* – von allen Seiten auf Schiffen und auf der Straße« herbeigeströmt sein sollen, 40 000, wie eine andere Quelle berichtet, sind auch eine stolze Zahl. Daß sie alle untergebracht, verpflegt, betreut und überwacht werden konnten, zeugt vom Organisationstalent der Veranstalter. Sie bauten auf der Maaraue gegenüber der Stadt ein riesiges Zeltlager mitsamt einer Kirche und einem Palast aus Holz. Noch mehr bestaunt wurden allerdings zwei haushohe Hühnerställe, auf deren Stangen »die Hennen der ganzen Welt« zu hocken schienen.

Sie wanderten ausnahmslos in den Topf oder auf den Rost und werden gerade gereicht haben. Denn so karg man im Alltag lebte, so üppig ging es bei Festen her. Huhn, Ente und Gans taten es da nicht, man verlangte nach selteneren Vögeln, wie dem Reiher, dem Schwan, ja der Rohrdommel und dem Regenpfeifer. Unter den Singvögeln war die

Haubenlerche beliebt. Auch Kranich und Pfau kamen auf den Tisch, was Wunder nimmt, sind doch beide Tiere als zäh bekannt. Da die deutschen Flüsse noch sauber waren und die Wälder aus Nadel- *und* Laubbäumen bestanden, mangelte es nicht an Wildbret. Gemüse war eine Arme-Leute-Nahrung, bevorzugt wurden Schinken und Schnitzel vom Schwein. Rindfleisch war merkwürdigerweise verpönt. Alle Gerichte wurden stark gewürzt, vor allem mit Pfeffer, Kümmel und Safran. Was nicht nur des Wohlgeschmacks wegen geschah, sondern auch wegen des allem Fleisch anhaftenden Hautgouts, der damit überdeckt wurde. So etwas machte Durst. Wer ihn mit Wasser löschte, den hielt man für bäuerisch, Bier war schon besser, am besten aber war Wein, unter denen die aus dem Rheingau und von der Mosel am liebsten getrunken wurden. Von solcher Qualität waren nicht alle, und Friedrich Barbarossa soll den Naumburgern, die ihm ihren besten Tropfen kredenzt hatten, gesagt haben: »Lieber Mailand noch einmal erobern.« Die minderen Kreszenzen veredelte man deshalb gerne mit Honig, Nelken, Rosen oder Salbei, was einen beträchtlichen Kater zur Folge gehabt haben muß.
Vor dem Mahl wusch man sich die Hände in kleinen Becken, wobei der Ritter Ulrich von Liechtenstein einmal vor lauter Liebesglut das Waschwasser seiner Dame austrank. Dame und Herr benutzten denselben Becher und dieselbe Schüssel, *er* schnitt ihr das Fleisch vor mit dem in seinem Gürtel steckenden Messer, *sie* fischte ihm die besten Bissen aus der Brühe. Man aß mit den Händen, wenn auch mit zierlich abgespreizten drei Fingern, die Suppe wurde gelöffelt, Gabeln wurden als »venezianischer Luxus« abgelehnt. Als Teller dienten flache große Brotlaibe, die man anschließend den Hunden gab oder dem Personal. Daß es beim Mahle nicht immer sehr gesittet zuging, zeigen die auf uns gekommenen Tischregeln. Danach galt es als unfein, das Tischtuch als Taschentuch zu benutzen, mit dem Messer in den Zähnen zu stochern, mit schmutzigen Fingern in die Schüsseln zu greifen, die abgenagten Knochen zu weit wegzuwerfen, Blähungen des Leibes nicht mit einem diskreten Hüsteln zu übertönen, sich zu jucken. Letzteres war schwierig, weil selbst vornehme Leute unter Ungeziefer zu leiden hatten. Kaiser Friedrich II. entdeckte in seinem Bozener Roten einmal eine Kröte, worüber sein schwäbischer Gastgeber derart erschrocken war, daß er sie, um ihre Harmlosigkeit zu beweisen, zur Gänze aufaß.
Was die kaiserliche Küche in Mainz den illustren Gästen bot, wissen wir

nicht so genau, doch wird der Gourmand mehr auf seine Kosten gekommen sein als der Gourmet. Ein aus derselben Zeit stammender Speisezettel weist so viele Gänge auf, daß man bereits beim Lesen einen Magenlikör braucht. Da gab es: frische Bohne in Milch – Eiersuppe mit Safran – Pastete aus Eberfleisch – Stockfisch in Öl und Rosinen – gesottenen Aal in Pfeffersauce – geschmalzte Drosseln – Reis mit Mandelmilch – Ferkel vom Spieß – Eierkuchen mit Weinbeeren – Rosenölkonfekt – Cremonenser Mandorlati – jungen Schafskäse.

Dâ der keiser Frederîch gaf twein sînen sonen swert

Die Edelsten des Abendlandes trafen sich in Mainz, wobei jeder jeden auszustechen suchte mit der Zahl der Ritter, der Pracht der Rüstungen, dem Aufwand der Kleidung, der Kostbarkeit der Geschenke, und es kam zu den üblichen Rangstreitigkeiten bei Tisch und beim Gottesdienst. So zankten sich die Herzöge von Böhmen, Österreich und Sachsen, wer von ihnen das Reichsschwert der Prozession vorantragen dürfe, und der Erzbischof von Köln wollte hochroten Kopfes den Gottesdienst verlassen, weil man ihm den Platz links neben dem Kaiser nicht gönnen wollte. Auch fiel ein Wermutstropfen in den Freudenbecher, als am dritten Tag ein plötzlich aufkommender Sturm die Kirche umwarf und einige Dutzend Menschen unter den Trümmern den Tod fanden.

Im Mittelpunkt des Festes stand die Schwertleite der Barbarossasöhne Friedrich, der Herzog von Schwaben war, und Heinrich, der bereits die Königskrone trug. Der Kaiser selbst gürtete sie mit dem Schwert, legte ihnen die Sporen an und übergab ihnen Schild und Speer, womit sie in die Gemeinschaft der Ritter aufgenommen waren. Ein feierlicher Akt, der den zum Ritter Geschlagenen manches Vorrecht einräumte, aber noch mehr Pflichten auferlegte.

Das Dienen wurde stärker betont als das Herrschen, was ganz natürlich war, denn die Ritterschaft setzte sich bis um 1200 zum überwiegenden Teil aus Dienstmannen zusammen, aus Männern, die nicht frei geboren waren. Das wird jeden erstaunen, der sich den Ritter ausschließlich als einen großen Herrn vorstellt, einen Adligen in schim-

mernder Wehr. Im Mittelpunkt ihres Lebens aber stand der Dienst, der Dienst für den Herren, für die Kirche und für die Frauen.
Zu den Tugenden, deren er sich zu befleißigen hatte, gehörten die *mâze*, in allem das rechte Maß einzuhalten, die *staete*, strebsam, beharrlich und charakterfest zu sein, die *triuwe*, immer Treue zu bewahren, die *kiusche*, Keuschheit, die *milte*, Freigebigkeit, die *êre* und der *hohe muot*. In dem Leitspruch, der dem künftigen Ritter mit auf den Weg gegeben wurde, heißt es: »Sei demütig, ohne je zu heucheln, vergiß deine gute Erziehung nicht. Die Armen behandele gütig, den Mächtigen gegenüber bewahre deinen Stolz, pflege dein Äußeres, ehre und achte die Frauen, sei immer großzügig und höflich und vor allem: bleibe heiteren Sinnes.«
Eine Maxime, die zu beherzigen uns heute noch wohl anstehen würde, gegen die aber schon damals mehr verstoßen wurde, als daß sie eingehalten worden wäre; es war schwierig, Held, Edelmann und Heiliger zugleich zu sein. Sie jedoch überhaupt zum Ideal erhoben zu haben, spricht für das »finstere« Mittelalter, und wenn wir die Figuren des Naumburger und des Bamberger Doms betrachten, ahnen wir, welches Menschenbild gemeint war.
Nach der Schwertleite fand in Mainz das Turnier statt, ein Kampfspiel, das bei keinem größeren Ritterfest fehlen durfte. Das Turnier war die zur Kunst gesteigerte Darstellung ritterlicher Tugenden und der Fähigkeit, Roß und Waffen perfekt zu beherrschen, eine kriegsmäßige Übung zur Vorbereitung auf den Ernstfall.
Wie bei einem Manöver wurden dabei stumpfe Waffen verwendet. Auf den Eschenspeeren saßen statt eiserner Spitzen kleine Kronen; wer das Schwert benutzte, schlug mit der flachen Klinge; für besiegt oder für gefangen galt, wen die Lanze aus dem Sattel gehoben hatte. Er konnte sich durch ein vorher vereinbartes Lösegeld freikaufen. Da eine solide ausgeführte Rüstung und ein gut abgerichtetes Pferd den Wert von etwa zwanzig Pflugochsen ausmachten, waren diese Gelder entsprechend hoch angesetzt, und mancher Besiegte mußte wegen eines Kredits »zu dem juden varn«.
Turnier zu reiten war ein harter Sport für ganze Männer, nicht vergleichbar mit irgendeiner Sportart aus unseren Tagen. Die Rüstungen, wie wir sie heute aus den Museen kennen, die sogenannten Plattenpanzer, kamen zwar erst viel später auf, doch wog das, was der staufische Ritter am Leibe trug, schwer genug. Das Gewicht von Helm, Haube,

Die Burg, Wohnsitz und Wehrbau der Ritter. Spartanisch eingerichtet, schlecht heizbar, ungenügend beleuchtet, schwer zugänglich und ständig bedroht, glich sie kaum dem Bild, das uns die »Ritterromantik« überliefert hat.
Ihre wichtigsten Baubestandteile sind: A Palas, B Kemenate, C Bergfried im Schnitt mit Burgverlies, D Kapelle, E Zugbrücke, F Burgmauer mit Zinnen und G Wehrgang, H Pechnase, I Burghof.

dem mit vielen kleinen Eisenringen besetzten Panzerhemd, der ebenso gefertigten Hose betrug fast einen halben Zentner; Schwert, Schild und Speer brachten noch einmal fünfzehn Kilo auf die Waage, die dicke Unterwäsche, die Leibbinde, das über der Panzerung getragene Wappenkleid nicht gerechnet.

Derart bepackt und eingezwängt litt der Ritter an heißen Tagen entsetzlich: es kam zu Kreislaufzusammenbrüchen, ja, zum Tod durch Ersticken. Bei einem Turnier in Neuß, wo eine der beliebten »Reiterschlachten« veranstaltet wurde, büßten auf diese Weise sechzig Männer ihr Leben ein. Bei einem anderen Turnier starben zehn Ritter an Erschöpfung. Auch wird berichtet, daß mancher, von einer Art »Kampfeswahnsinn« gepackt, die Gegner mit scharfen Waffen angriff. Die Geistlichen weigerten sich schließlich, den »Turniergefallenen« ein christliches Begräbnis zu gewähren. Aus Gründen der Abschreckung vor diesem Frevel, sagten sie; weil die Ritter ihr Leben für die Kreuzzüge bewahren sollten, meinten jene, die die Kirche zu kennen glaubten.

Kaiser Friedrich ließ es sich nicht nehmen, in voller Rüstung am Kampfspiel teilzunehmen. Der Chronist Gislebert bemerkt dazu mit leisem Tadel: »Auch der Herr Kaiser tat mit, und wenn er auch an Größe und Schönheit nicht alle übertraf, so führte er doch seinen Schild vorzüglich.«

Enthusiastischer gebärdet sich der Dichter Heinrich von Veldeke, von dem man sagte, daß er »*inpfete daz êrste rîs in tiutischer zungen* – als erster die deutsche Sprache veredelte«. Er war ebenso wie Monsieur Guiot in Mainz dabei und schwärmte: »*... den keiser Frederîke geskiede sô menich êre, dat man iemer mêre wonder dâ vane seggen mach, went an den jongesten dach; âne logene, vor wâr. Et wert noch hondert jâr van hem geseget end geskreven.* – ... dem Kaiser Friedrich wurden so viele Ehren zuteil, daß man nicht genug Wunderbares davon erzählen kann, bis an den jüngsten Tag – ungelogen, fürwahr. Es wird noch hundert Jahre von ihm erzählt und geschrieben werden.«

Feste wie in Mainz waren – seltene – Höhepunkte im Leben eines Ritters, der sonst eher ein bescheidenes Leben führte, hin und her gerissen zwischen der Pflicht, seinen Bauern ein guter Herr zu sein und *seinem* Herrn ein guter Gefolgsmann. Auch war sein Stammsitz, die Burg, eine karge Behausung. Dürftig eingerichtet, schlecht heizbar, unzureichend beleuchtet, ohne hygienischen Komfort, schwer zugänglich und

ständig bedroht, glich sie in keiner Weise dem, was unsere Romantiker aus ihr gemacht haben.
Während sich Ottonen und Salier durch den Bau gewaltiger Dome zu verewigen suchten, errichteten die Staufer in erster Linie Wohn- und Wehrbauten. Pfalzen wie Kaiserswerth, Eger, Wimpfen, Hagenau und vor allem Gelnhausen, die Perle staufischer Palastarchitektur, zeugen davon ebenso wie die zahlreichen Burgen. In ihrem Stil mischt sich die Strenge des Zwecks, sich zu wehren und zu verteidigen, mit der Heiterkeit des Zweck*losen*, zu feiern und zu repräsentieren. Es genügte nicht mehr, daß die kaiserliche Burg wehrhaft war, sie mußte auch schön sein. Ihr Wohngebäude, der Palas, war reich verziert durch die Kunst der Steinmetzen und Maler, hier trug der Sänger seine Lieder vor, wurde der Reigen getanzt, traf man sich zu Gespräch und Gastmahl.
Den architektonischen Rahmen bildete noch immer der romanische Stil, der jetzt zur höchsten Vollendung gedieh und zur Monumentalität die Pracht fügte, auch im Kirchenbau die herbe Kühle des Innenraums durch dekorative Elemente auflösend. Das Prinzip der Wölbung hatte sich überall durchgesetzt, und einzelne Motive der von Westen her kommenden neuen Kunstrichtung, der Gotik, wurden aufgenommen, doch bleibt der romanische Grundcharakter weiterhin bestimmend.

Als Kaiser Rotbart lobesam...

Im Mai des Jahres 1189 zogen Zehntausende deutscher Ritter das Donautal hinab, die auf ihren Gewändern alle ein großes Kreuz trugen. Sie hatten sich auf den endlos langen Weg ins Heilige Land gemacht, um Jerusalem wieder aus der Hand der Araber, der »Ungläubigen«, wie man sie nannte, zu befreien. Die Nachricht vom Fall der Stadt, in der Gott wohnte, hatte das christliche Abendland erschüttert und den Geist der Kreuzzüge neu entfacht.
An der Spitze des Zuges ritt Kaiser Friedrich Barbarossa, fast siebzig Jahre alt, ein Greis, doch nicht so greisenhaft, als daß er sich vor der Qual und Mühsal einer solchen Fahrt gefürchtet hätte. Das Heilige Grab für die Christenheit zu bewahren, wem anderes als dem Kaiser

wäre diese Aufgabe zugekommen? »Der gewaltige Mann«, schrieb ein englischer Chronist, »dessen Reich vom mittelländischen Meer bis zum nördlichen Ozean reichte, wies alle Lockungen der schmeichlerischen Welt zurück und ließ sich demütig zum Kampf für Christus umgürten. Er, der Söhne hatte, die ihrer jugendlichen Kraft nach für einen solchen Krieg geeigneter erschienen, hatte das Banner der Christenheit ergriffen, als könne nur er allein es tragen.«

Nun war der Alte bei aller christlichen Demut Realist genug, um zu wissen, daß eine solche Fahrt sich auch politisch auszahlen könnte: dem Reich wäre der Vorrang in Europa nicht mehr zu nehmen, wenn er dieses letzte große Abenteuer seines Lebens siegreich bestand. Die Vorbereitungen, die er in organisatorischer und diplomatischer Hinsicht – durch Abschluß von Durchzugsverträgen – getroffen hatte, zeugten von Sorgfalt und Erfahrung. Jener unselige Kreuzzug unter seinem Oheim Konrad III., an dem er teilgenommen, hatte ihn gelehrt, daß nur mit einer gut ausgebildeten und gut versorgten Truppe Lorbeeren zu gewinnen waren. Wer sich und sein Pferd nicht zwei Jahre lang aus eigener Tasche ernähren konnte, dem half keine noch so große Kreuzzugsbegeisterung – er mußte daheimbleiben. Die berüchtigten, nur aufs Marodieren bedachten Schlachtenbummler vertrieb er erbarmungslos. Seine Strafen waren drakonisch: wer gegen den eigenen Kameraden die Waffe zog, verlor die rechte Hand; wer plünderte, wurde geköpft; wer »Unzucht trieb«, wurde mit seiner Dirne nackt durchs Lager gepeitscht.

Trotz der Vorbereitungen dauerte es bis zum Frühjahr 1190, ehe Friedrich seinen Fuß nach der Überquerung der Dardanellen auf asiatischen Boden setzen konnte. Woran der in Konstantinopel residierende griechische Kaiser, der *Basileus Autokrator Romaion*, die meiste Schuld trug. Seine Angst vor den Kreuzfahrern war so groß wie seine Eifersucht auf Friedrich, den er in seinen diversen Botschaften weder mit dem Namen noch mit dem Kaisertitel anredete – der einzige Kaiser, den er kannte, war er selbst.

Der nun folgende Marsch durch das Innere Kleinasiens zeigt drastisch, welche Strapazen und Gefahren ein Kreuzfahrerheer erdulden mußte, das den Landweg gewählt hatte. Wasserlose Wüsten und morastige Salzseen, breite Ströme und unwegsame Gebirge waren zu bezwingen (allein die Umgehung eines vom Feind besetzten Engpasses kostete 1000 Pferde und Saumtiere!). Ständige Gefechtsbereitschaft erschwerte den Marsch, verging doch kaum ein Tag ohne die nach Art der Reitervölker überfallartig angreifenden Scharen der Seldschuken. Bei der Abwehr solcher Attacken kam es immer wieder zu verbissenen Einzelkämpfen, bei denen die christlichen Ritter sich ihrer Haut bravourös wehrten. So wie der wackere Schwabe, der, nach dem Bericht des zeitgenössischen byzantinischen Historikers Niketas, mit seinem Schwert derart zuschlug, daß »der wunderbare Hieb seinen Gegner in zwei Hälften teilte, auch noch den Sattel spaltete und tief in des Pferdes Rücken eindrang«. Oder wie das Uhland ausdrückte: »Zur Rechten sieht man wie zur Linken, einen halben Türken heruntersinken.« Von einem anderen wird berichtet, daß er allein den Kampf gegen zehn Seldschuken aufnahm, neun davon erschlug und dem zehnten gnädig das Leben schenkte. Die Wirklichkeit war nicht so heldenschwanger, und immer wieder kam es vor, daß sich Ritter, verzweifelt, zu Tode erschöpft, mit in Kreuzesform ausgestreckten Armen zu Boden warfen, um den Märtyrertod zu erwarten.

Das unritterliche Ende eines ritterlichen Helden

Und diese von Hunger und Durst zermürbten Soldaten, die sich zum Schluß vom Kot und vom Urin der eigenen Pferde ernährten, die an Ruhr erkrankten, vom Wundfieber befallen wurden, waren noch imstande, Schlachten zu gewinnen: wie die von Ikonium, als sie die Truppen des Türkensultans Kilidsch Arslan in die Flucht schlugen. Die Kreuzfahrer versicherten, sie hätten den heiligen Georg auf schneeweißem Roß gesehen und siebentausend himmlische Reiter seien ihnen zu Hilfe gekommen. Und hier liegt der Grund ihrer ungewöhnlichen Tapferkeit: sie glaubten, daß ihre Sache eine gerechte Sache, daß Gott mit ihnen war, und dieser Glaube bewirkte Wunder.
Am 10. Juni 1190 steigt das deutsche Heer, nach Überwindung des kilikischen Gebirges, hinab in die fruchtbare Ebene Seleukias, des heutigen Silifke. Alle Not und alle Qual ist vergessen, das befreundete Armenien liegt zum Greifen nah, der Kaiser reitet mit seiner Leibgarde voraus, überschreitet den Fluß Saleph, der heute Göksu heißt, macht dort Rast und nimmt ein ausgiebiges Mahl zu sich. Der Tag ist bren-

nend heiß, er legt seine Kleidung ab und springt ins Wasser – kurze Zeit später wird sein Körper ans Ufer geschwemmt, das Herz schlägt nicht mehr...

Friedrich Barbarossa, der ritterliche Held, hat ein höchst unritterliches Ende gefunden: er ist beim Baden ertrunken.

»Hier versagt unsere Feder«, klagt der Kölner Chronist, und aus seinen Zeilen klingt die Empörung über einen Gott, der solches zuläßt, »und die Rede verstummt, unfähig, die Furcht und die Not der Ritter zu schildern, die nun ratlos waren, ohne Trost, ohne Haupt. Der Herr hat nach seinem Gefallen gehandelt, wohl gerecht nach seines Ratschlusses unabänderlichem Willen, aber nicht barmherzig...« Und Sultan Saladin, der Beherrscher Jerusalems, sonst fair und ritterlich, dankte Allah, daß er seinen gefährlichsten Gegner in die Hölle geschickt habe.

Die Soldaten legten den Leichnam Friedrichs in ein Faß mit Essig, um ihn vor der Verwesung zu schützen. Die feuchte Sommerhitze aber war stärker: in Antiochia, der christlichen Stadt, mußte die Leiche in kochendem Wasser gesotten werden, damit das Fleisch sich von den Knochen lösen ließ und bestattet werden konnte. Die Gebeine führte man weiter mit sich, in der Hoffnung, sie in Jerusalem beisetzen zu können. Jerusalem aber wurde nicht erreicht, das deutsche Kreuzfahrerheer, von einer Seuche dezimiert, löste sich auf. Es gab Ritter, die Roß und Rüstung verkauften, andere, die, an ihrem Gott verzweifelnd, zum Islam übertraten; von denen, die mit dem Schiff in die Heimat zurückkehren wollten, kamen die meisten in einem Sturm um.

Wo die irdischen Reste Friedrich Barbarossas die Wiederauferstehung am Tage des Jüngsten Gerichts erwarten, weiß niemand mehr. Die Suche nach ihnen, die man Ende des 19. Jahrhunderts veranstaltete, zu Beginn einer neuen »Kaiserherrlichkeit«, blieb ergebnislos. An der mutmaßlichen Stelle seines Todes setzte der deutsche Botschafter in Ankara 1971 einen Gedenkstein. Er befindet sich, wie das Auswärtige Amt meldete, »an der linken Seite der Straße Nr. 35 von Konya nach Silifke. Der genaue Ort ist durch Parkschilder mit dem Zusatz ›Friedrich Barbarossa‹ gekennzeichnet.«

11. *Kapitel* Heinrich VI. oder der Cäsarenwahn

».. . bin ich gewillt, ein Bösewicht zu werden«

Vom Vater hatte er weder die Statur noch die Frohnatur, und dessen Tugenden waren bei ihm zu Untugenden entartet. Gerechtigkeitssinn wurde zur Pedanterie, Humor zum Zynismus, Leidenschaft zur Maßlosigkeit, politisches Kalkül zu absoluter Gewissenlosigkeit – das Selbstbewußtsein eines Kaisers zum Wahn der Cäsaren. Konnte Barbarossa grausam sein, so war er sadistisch, und für dessen ritterlich-romantische Art hatte er nur ein geringschätziges Lächeln übrig. Er war unhöflich, verdrossen, kalt, unzugänglich, er wurde von niemandem geliebt, doch von allen gefürchtet. War der Vater ein Mann gewesen, der Menschen bezaubern konnte, er, der Sohn, hatte nur Verachtung für sie übrig: ein von den Dämonen der Macht Getriebener, für den das Schlechte gut war, wenn es ihm nützte.
Auch sein Äußeres widersprach in allem der Vorstellung, die man sich von einem Kaiser machte. Er war schmächtig, klein, von bleicher, ungesunder Gesichtsfarbe, oft krank, in den Waffen ungeübt, ein mäßiger Reiter. Doch in der schwächlichen Gestalt brannte der Ehrgeiz, ließ ihn rastlos tätig sein, im Träumen und im Wachen unablässig sich mühen, mächtiger und größer zu werden, als alle seine Vorfahren es gewesen waren. Das alles umgab ihn mit einer Aura des Un-Menschlichen, wobei die ätzende Schärfe seines Verstands, seine Kenntnisse in der Philosophie und dem römischen Recht, die Beherrschung des Lateins diesen Eindruck eher verstärkten.
Seine Skrupellosigkeit erinnert an den Salier Heinrich V., der über Leichen gegangen war, doch hatte der sechste Heinrich, von dem hier die Rede ist, mehr Format, wenn auch im Negativen. Einem Shakespeare wäre er ideales Vorbild gewesen für die Faszination des Bösen, und so erinnert er auch in einzelnen Zügen an einen anderen königlichen Dä-

mon, an Richard III. von England, den der Dichter sagen läßt: »Ich, um das schöne Ebenmaß verkürzt, von der Natur um Bildsamkeit betrogen, entstellt, verzeichnet, vor der Zeit gesandt in diese Welt des Atmens, halb kaum fertig gemacht... Und darum, weil ich nicht als ein Verliebter kann kürzen diese fein beredten Tage, bin ich gewillt, ein Bösewicht zu werden...«

Kaiser Heinrich, der in Palermo einen Knaben verstümmeln läßt, weil er ihn als Konkurrenten um die sizilische Königskrone fürchtet, der die eigene Frau zwingt, Zeugin zu sein bei Hinrichtungen von unvorstellbarer Bestialität, der eine ihm treu ergebene Stadt aus kalter Berechnung der Vernichtung preisgibt, der einen anderen Herrscher zur Geisel nimmt und hohe Lösegelder erpreßt, dieser Mann schreibt in seiner Jugend Liebesgedichte von zarter Schönheit und innigem Gefühl.

Es sind keine Versdrechseleien, keine Poeme, die man lobt, weil der Dichter ein hoher Herr ist, es sind Minnelieder von hohem Rang, zeitlos in ihrer dichterischen Qualität. Heinrich steht mit ihnen an der Spitze jener Gruppe deutscher Dichter, die den Minnesang aus Frankreich übernahmen, ihn im Geist ihres Volkes umformten und über das ursprüngliche Vorbild hinaushoben. Wie überhaupt die Stauferzeit, besonders um die Wende vom 11. zum 12. Jahrhundert, eine große Zeit der deutschen Dichtung war: mit dem alles überstrahlenden Dreigestirn Hartmann von Aue, Wolfram von Eschenbach und Gottfried von Straßburg. Hartmann, der in seinem Versroman »Erec« die ritterlich-höfische Lebensform feierte; Wolfram mit seinem Ritterjüngling »Parzival«, dessen Lauterkeit und Reinheit sich in der Welt bewähren muß; Gottfried, der mit seinem »Tristan« das Hohelied der bis zum Tode getreuen Liebenden schrieb.

Die Sprache dieser mittelalterlichen Poeten war nicht mehr das Lateinische, sondern das Mittelhochdeutsche, das soviel anders klingt als das uns vertraute Deutsch und doch, wenn man es hört, verborgene Saiten in uns zum Klingen bringt. Wer das Nibelungenlied, das in jener Zeit seine endgültige künstlerische Prägung erfuhr, einmal im Original gelesen hat, wird Ähnliches erlebt haben. Mittelhochdeutsch war eine Dichtersprache und wurde *so* vom Volk nicht gesprochen, stellt aber eine Art erster gemeinsamer Schriftsprache dar.

Dem normalen Sterblichen ist der Minnesänger als ein Mann bekannt, der seiner Herrin vor dem Kemenatenfenster ein Ständchen bringt. Und da er nie zum eigentlichen Ziel kommt, begnügt er sich mit einem

Tüchlein der Angebeteten oder, wenn es hoch kommt, mit ihrem Hemd, das er als typischer Fetischist unter die Rüstung schiebt. Das ist Karikatur, gewiß, doch im Kern richtig. Diese Liebeslieder bestanden in der Tat aus dem hoffnungslosen Werben um die idealisierte Frau, und der einzige Lohn darin, den Ritter sittlich zu läutern und seine Tugenden zu entfalten. Doch werden Dichtung und Wahrheit sich hier so wenig entsprochen haben wie bei den anderen ritterlichen Idealen.
In einem der wenigen erhaltenen Lieder Heinrichs – sie wurden wirklich gesungen, der Minnesänger mußte also Dichter *und* Komponist sein – wirft er die Frage auf, ob ihm die Krone mehr gelte oder die Geliebte.
»Länder und Reiche sind mir untertan, wenn ich bei ihr, der Lieblichen, bin«, heißt es in dem Lied »Minne und Krone«, »doch muß ich scheiden von ihr sodann, ist meine Macht und mein Reichtum dahin.« Wer da von ihm glaubt, daß er keinen frohen Tag mehr erleben könne, wenn die Krone nicht auf seinem Haupt sei, der versündigt sich schwer, viel wichtiger ist ihm die Liebe seiner *süezen*. »*Verlüre ich si, waz hette ich danne? dâ töhte ich ze fröuden noch wîbe noch manne* ... Verlöre ich sie, was hätte ich dann? Nicht taugte ich zur Freude mehr für Frau noch Mann.« Und er steigert sich zu dem Bekenntnis: »*ê ich mich ir verzige, ich verzige mich ê der krône.* – Eh ich auf sie verzichte, verzicht' ich lieber auf die Krone.«
Der Gedanke, daß man für die geliebte Frau gern ein ganzes Königreich hingäbe, taucht im Minnesang immer wieder auf. Doch wird er hier von einem Dichter benutzt, dem er nicht bloße Formel, Stilfigur sein kann, denn er *ist* König und er *hat* eine Krone zu vergeben. Das macht den Reiz dieses Liedes aus, seine unheimliche Echtheit, die die Literaturhistoriker von »bekenntnishaft« sprechen läßt, mit anderen Worten: die Dame muß es gegeben haben. Doch sollte Heinrich als verliebter Jüngling je mit dem Gedanken gespielt haben, wegen einer Frau Thron Thron sein zu lassen, einmal an der Macht, hat es niemanden gegeben, der sie konsequenter verteidigt hätte. Das Doppelbödige seiner Natur, die ungeheuren Spannungen, die sein Inneres zerrissen, zeigten sich bald.

Eine Stadt wird geopfert

Ende 1189, der Vater befand sich auf dem Weg ins Heilige Land, war in Deutschland die Nachricht eingetroffen, daß Siziliens normannischer König Wilhelm II. gestorben sei. Plötzlich und unerwartet. Und ohne Kinder. Seine Nachfolgerin, die letzte ihres Geschlechts und Erbin des reichsten Landes Europas, war Konstanze. Und Konstanze war seit der berühmten Mailänder Märchenhochzeit, bei der eine ganze Karawane zum Transport ihres Brautschatzes benötigt wurde, die Frau Heinrichs VI.

Das Unwahrscheinliche ward zum Ereignis, und schwindelerregende Aussichten taten sich auf für den karrierebesessenen jungen Mann: die Vereinigung des Reiches mit dem bis an die Grenzen des Kirchenstaates reichenden Königreich Sizilien zu einer Großmacht, deren Einflußsphäre von den Küsten Afrikas bis nach Skandinavien reichen würde. Er war entschlossen, aus dem Glück, das ihm in den Schoß gefallen, etwas zu machen...

Der Kleinkrieg gegen Heinrich den Löwen, der unter Bruch seines Eides die Abwesenheit Barbarossas zur Rückkehr nach Deutschland genutzt hatte, wurde unter Inkaufnahme ungünstiger Bedingungen auf der Stelle beendet. Die für die Aufstellung eines Heeres nötigen Gelder – die Sizilianer wollten sich nur mit Gewalt vom Erbrecht des Deutschen überzeugen lassen – beschaffte er sich durch Verschleuderung und Verpfändung wertvoller Reichsgüter. Doch der Marsch in Richtung Süden konnte, verzögert durch den Tod Barbarossas, erst Anfang 1191 begonnen werden. Als Zwischenstation war Rom vorgesehen, wo sich Heinrich die längst versprochene Kaiserkrone holen wollte. Die Kurie aber hatte ihre Entschlüsse geändert, sah sie sich doch durch einen deutschen Kaiser, der gleichzeitig König von Sizilien war, in eine tödliche Zange genommen.

Heinrich zeigte nun zum erstenmal, wie er in Zukunft Politik zu treiben beabsichtigte. Vor den Toren Roms lag Tusculum, ein kleiner Ort, aber bedeutungsvoll, da er die Zugänge zur Ewigen Stadt beherrschte. Seine Bewohner waren dem Reich seit jeher treu ergeben und beherbergten in ihren Mauern eine kaiserliche Besatzung, die sie gegen den traditionellen Haß des eifersüchtigen Rom schützen sollte. Wenn die Römer, so nun der Vorschlag Heinrichs, den Papst zwingen würden,

ihn zum Kaiser zu krönen, wäre er bereit, ihnen Tusculum zu opfern.
Und so geschah es: das Feiertagsläuten, das am Ostermontag 1191 die
Krönung begleitete, wurde zum Sterbegeläut Tausender von tapferen
Tusculanern und die Ruinen der Stadt zu ihrem Grabdenkmal.
Hier hatte ein Kaiser wenig kaiserlich gehandelt, und in ganz Deutschland sah man es für eine Strafe des Himmels an, daß der Feldzug, der
ihn bis Palermo führen sollte, in den fieberverseuchten Niederungen
vor Neapel jammervoll endete. Der Kaiser kehrte als todkranker Mann
zurück und traf auf eine zu allem entschlossene Gruppe von Fürsten,
die, im Bunde mit den Böhmen und den Flamen, unterstützt vom
Papst, den Engländern und Sizilianern, ihm die Krone nehmen
wollten.
Heinrichs Lage schien hoffnungslos, und es war nur eine Zeitfrage, bis
er ein König ohne Land war. Doch das Schicksal, oder der Zufall, war
ihm günstig gesonnen.

Lösegeld für einen König

Auf einem Marktplatz in Wien machte sich im Dezember 1192 ein
Knecht verdächtig, der alles, was er kaufte, mit schwerem Gold bezahlte. Peinlich befragt, wer sein Herr sei, nannte er einen reichen Kaufmann, der bald selbst in der Stadt erscheinen würde. Man entließ ihn,
folgte ihm und umstellte das schäbige Haus, in dem er verschwunden
war. Der vornehme Herr, der es bewohnte, trug die Tracht eines
Kreuzfahrers und wollte nur dem Herzog Leopold von Österreich
persönlich Auskunft darüber geben, wer er sei. Kurz darauf wußte der
Herzog es und auch wieviel diese Auskunft wert war: genau 50 000
Mark reines Silber. Um diese Summe nämlich bot er den Mann dem
deutschen Kaiser an und wurde ihn auch sofort los.
Der »vornehme Herr« war niemand anderes als der König von England, Richard Löwenherz. Auf der Rückkehr von einem Kreuzzug im
adriatischen Aquileia gestrandet, mußte er seinen weiteren Weg auf
Schleichpfaden fortsetzen, denn der österreichische Leopold und der
französische Philipp August waren hinter ihm her wie der Teufel hinter
der Seele. Richard trägt zu Unrecht den romantischen Schimmer eines

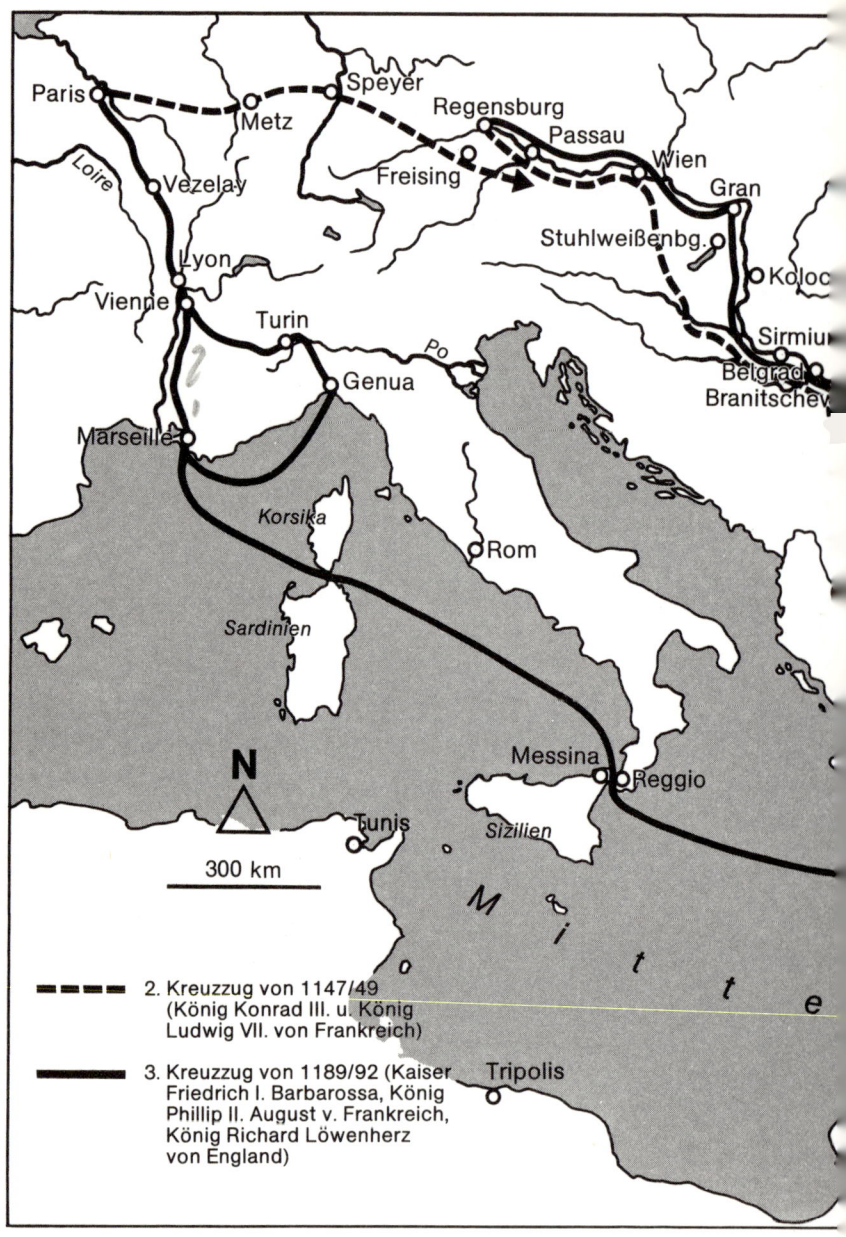

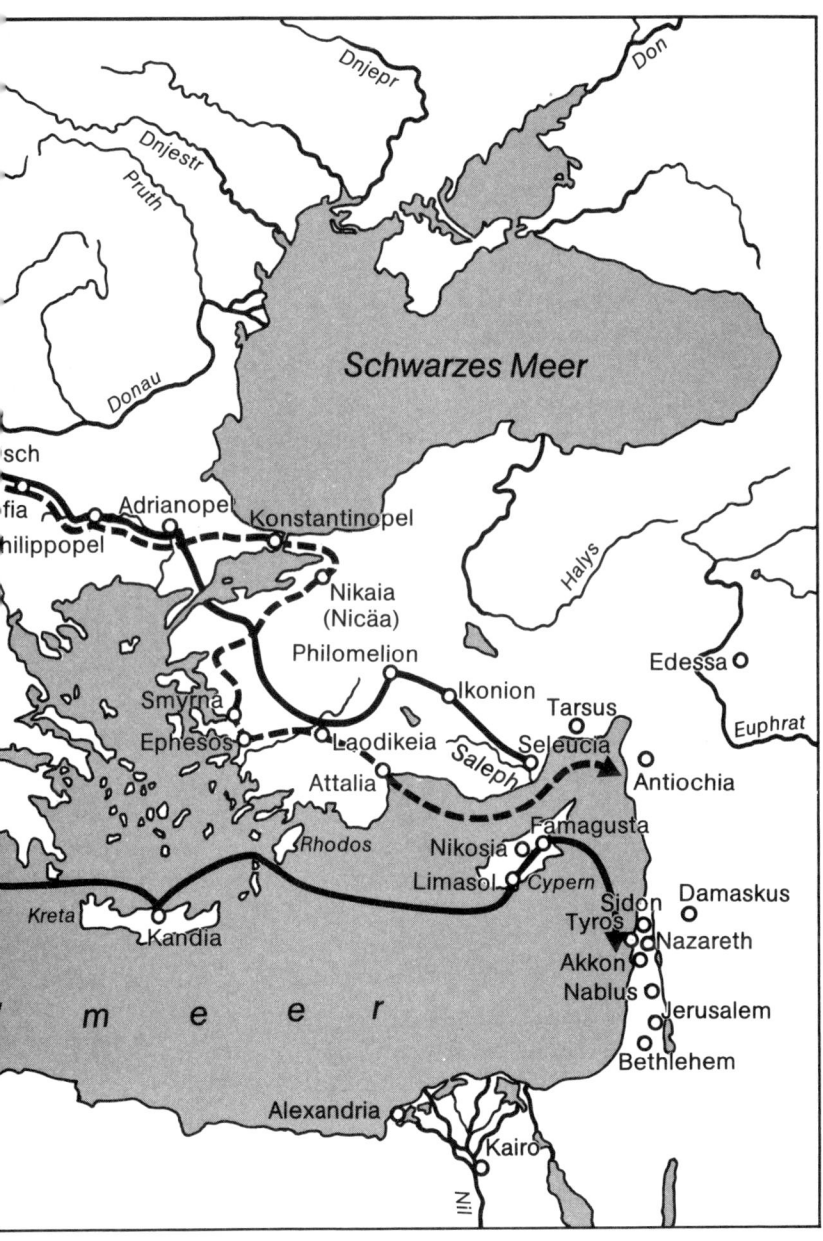

ritterlichen Helden, er war ein eher mieser Charakter und hatte bei der Belagerung von Akkon die anderen Fürsten ständig provoziert. Von Giftanschlägen auf Frankreichs Majestät war die Rede und davon, daß er Österreichs Fahne in eine Kloake hatte werfen lassen. Auch mit den deutschen Rittern war er, den man einen Deutschenfresser nannte, immer wieder aneinandergeraten.

Heinrich brachte seinen Gefangenen, der »köstlicher war als Gold und Edelgestein«, auf die in der Pfalz gelegene Reichsburg Trifels und ließ die Engländer wissen, ganz im Stil eines modernen Kidnappers, wieviel Lösegeld er fordere und wieviel mehr es werde, wenn sie die Zahlung hinauszögerten. Die Verhandlungen zogen sich lange hin. Die geforderte Summe, 100 000 Mark Silber, entsprach nach heutigem Geld 10 bis 12 Millionen Mark und war schwer aufzutreiben. Den Engländern nämlich war ihr König weder lieb noch teuer, ihre einzige Erinnerung an ihn, der so selten daheim war, bestand darin, daß er sie immer geschoren hatte wie Schafe, und sie hätten es lieber gesehen, ihn nicht wiederzusehen. Seine Barone machten ihm den vernünftigen Vorschlag, er möge doch einfach zehn seiner besten Besitzungen verkaufen. Für so viel Vernunft aber hatte Löwenherz nichts übrig, und es kam doch auf eine allgemeine Landessteuer hinaus, an der die einfachen Leute sich mit einem Viertel ihres Jahreseinkommens beteiligen durften. Selbst der Tod war nicht mehr umsonst: jeder Sarg und jedes Grab wurden mit einer Abgabe belastet.

Doch es reichte noch immer nicht, Heinrich erhöhte das Lösegeld zur Strafe auf 150 000 Mark, und Richard bekam Gelegenheit, in seinem Turmzimmer zu dichten: »Schon lieg' ich – Schmach! –, weil sie nicht Geld gesandt, zwei Winter hier in Haft. Und werd' ich ob des Goldes nicht befreit, ist mir's um mich, mehr um mein Volk noch leid, dem niemand es verzeiht, wenn ich hier bleib' gefangen...« Als sich Heinrich endlich entschloß, nach einer Teilzahlung und gegen Stellung von Geiseln, den Engländer freizulassen, ergaben sich neue Schwierigkeiten. Richards Bruder Johann war mit der Freilassung so wenig einverstanden wie Philipp von Frankreich: der eine wollte den Thron, der andere wollte seinen Todfeind loswerden; beide baten sie inständig, den Gefangenen noch etwas länger gefangenzuhalten, wofür sie »pro Monat Haft« 1000 Mark zu zahlen bereit waren.

Heinrich beutete die Offerte prompt aus. Er stellte seinen Häftling vor die Wahl, entweder an Frankreich ausgeliefert zu werden oder das eng-

lische Königreich von ihm, Heinrich, gegen einen Jahreszins von 5000 Pfund Sterling zu Lehen zu nehmen. Eine Zumutung, die Richard zähneknirschend hinnehmen mußte. Er wollte endlich seine Freiheit und war sogar bereit, zwischen dem Kaiser und Heinrich dem Löwen, dem Oberhaupt der Fürstenverschwörung, ausgleichend zu vermitteln.
Als Richard Löwenherz im Frühjahr 1194 von Antwerpen aus zu Schiff nach England fuhr, schien Heinrich viel erreicht zu haben: der feindliche Bund der Fürsten war zersprengt, der geplante sizilische Feldzug durch die Lösegelder finanziell gesichert. Und das alles ohne Blutvergießen, lediglich durch ein Erpressungsmanöver! Der Verlust an Ansehen jedoch war schwer: die Maßlosigkeit, mit der Heinrich seinen Glücksfall ausbeutete, seine Unersättlichkeit, die nicht nach Recht und Ehre fragte, seine Gewissenlosigkeit, Hand anzulegen an einen aus dem Heiligen Land heimkehrenden Ritter Christi, erregten Abscheu und nährten den Haß auf alles Deutsche.
Pamphlete kursierten, in denen es hieß: »O ungeschlachtes Land, o rohes Volk! Von jeher hast du Männer aufgezogen mit großen Körpern aber kleinen Tugenden, mit spitzem Wuchs aber stumpfer Rechtlichkeit. Welch ein verruchtes, dem Christentum ganz entfremdetes Land...« Und die Troubadoure sangen an den Höfen ihre Lieder vom bösen Kaiser Heinrich und seinen entarteten Untertanen. Selten hatten die Deutschen eine schlechtere Presse.

Sizilien oder der Neid der Götter

Heinrich kümmerte es nicht. Noch im selben Jahr brach er zu seinem zweiten Marsch nach dem Süden auf. Tankred von Lecce, der sich Siziliens Thron bemächtigt hatte, war plötzlich gestorben, und diese Chance hieß es rasch nützen. In einem wahren Blitzkrieg unterwarf er ganz Unteritalien, setzte, von den Flotten der Seestädte Pisa und Genua gedeckt, auf die Insel über, nahm Palermo und ließ sich am Weihnachtstag zum König krönen. Am Tage darauf gebar ihm die in Italien zurückgebliebene Gemahlin einen Sohn, den Thronfolger, der einmal als Friedrich II. beide Reiche unter seinem Zepter vereinen sollte. Neun Jahre hatte der Vater auf dieses Ereignis warten müssen, und man erzählte sich, daß die Mutter, schon vierzigjährig, in aller Öffentlichkeit auf dem Marktplatz niederkam, um eventuellen Gerüchten einer Kindsunterschiebung vorzubeugen.

Heinrich mußte sich in jenen Weihnachtstagen, wenn er von seinem Märchenschloß auf die funkelnde Bucht von Palermo herabsah, wie jener Polykrates fühlen, der den Neid der Götter fürchtete, weil das Schicksal ihn allzusehr verwöhnt hatte. Was für ein Land war dieses Sizilien: fruchtbarer als die Lombardei, reich wie Byzanz, bewohnt von Menschen mit hohem Lebensstandard, verwaltet von einer hervorragend organisierten Beamtenschaft und so günstig gelegen, daß man von seinen Häfen die weltweiten Wege der Handelsflotten unter Kontrolle hatte.

Das Land Sizilien zu sichern, von dem Friedrich, Heinrichs Sohn, einmal sagte, daß der Gott der Juden, wäre es ihm bekannt gewesen, flugs sein Gelobtes Land verlassen hätte, war nun vordringliches Ziel. Er verfolgte es mit der Erbarmungslosigkeit des Tyrannen. Nach bewährtem Rezept mußte ein angeblich geplanter Anschlag dazu herhalten, anstelle der einheimischen Potentaten die eigenen Paladine, in erster Linie Schwaben und Franken, einzusetzen. Für die nötigen »freien Stellen« sorgte das Beil des Scharfrichters. Die Familie des verstorbenen Tankred deportierte er zusammen mit ihren Anhängern nach Deutschland, wo der siebenjährige Wilhelm, den ein Arzt kastriert und geblendet hatte, auf der Burg Hohenems dem Tod entgegendämmerte. Als Heinrich erfuhr, daß Tankred mit einer Krone bestattet worden sei, ließ er das Grab aufbrechen und sie ihm vom Kopf reißen. Der Kronschatz wurde beschlagnahmt und auf die Burg Trifels gebracht. Zum Transport der Goldbarren, des Silbers, der Juwelen, des Elfenbeins, der Perlen, der Seidenstoffe, all jener Kostbarkeiten, die die Normannen während ihrer Herrschaft geraubt und gehortet hatten, waren einhundertsechzig Packpferde nötig. Nie wurde der Reichtum Siziliens eindringlicher demonstriert.

Heinrich hatte nicht die Absicht, irgend jemanden daran teilhaben zu lassen, selbst die Pisaner und Genuesen nicht, ohne deren gefürchtete Kriegsgaleeren das Unternehmen nicht möglich gewesen wäre. Als sie kamen, den versprochenen Anteil aus der Beute einzufordern, die Übereignung der Häfen nämlich, brach er sein Versprechen und machte ihnen den zynischen Vorschlag, sie sollten sich ein anderes Land erobern, Aragonien vielleicht oder Kastilien.

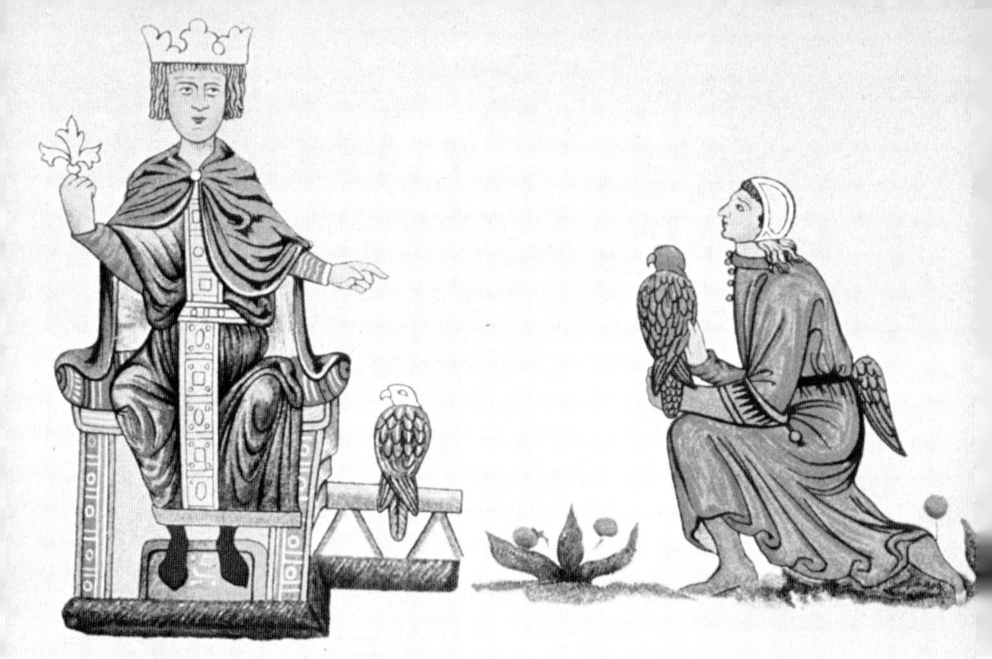

41, 42 »Von der Kunst, mit Vögeln zu jagen.« Mit dem berühmten Falkenbuch schuf Friedrich II. ein die Jahrhunderte überdauerndes ornithologisches Standardwerk. *(oben und unten).*

◁ 40 Friedrich II., Wunder und Wandler der Welt, das Genie unter den Kaisern des Mittelalters *(vorige Seite).*

Cum itaq videbit falconarius
q falco flagellat alis et timet
q inde sequi debeat dislocatio
si falco sup perticam aut super
sedile flagellabit soluat ipsum et
tollat falconem sup manum. nam
audie et iam incipiat mansue
fieri. deinde ud portetur ad do
mum claram. cuius fenestre et
ianue sint aperte. et in qua
sint multi hoies loquentes et
canes et cetera multa inter que

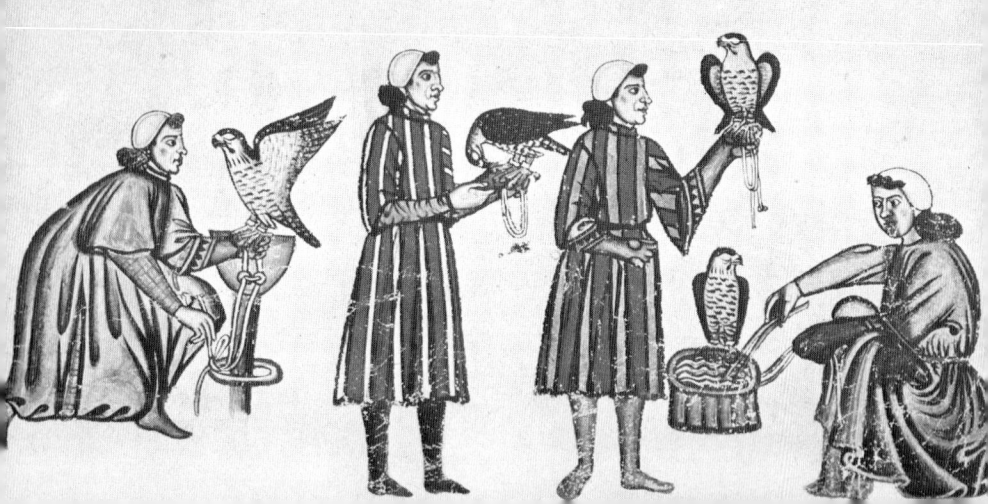

Die Krone muß erblich werden

Daß Heinrich sich über die Geburt seines Sohnes so über die Maßen freute, war keineswegs nur Vaterstolz. Mit ihm, Friedrich, war gewährleistet, daß Sizilien wieder einen staufischen König bekam. Das Königreich Sizilien war eine Erbmonarchie, die Krone ging jeweils auf den Sohn über. In Deutschland dagegen zog man es vor, den Nachfolger zu *wählen*. Das konnte zwar auch der Sohn sein, mußte es aber nicht. Es gab für die die Wahl vornehmenden Fürsten keine Verpflichtung dazu.
Konnte die Krone *vererbt* werden, wie in Frankreich und England seit langem üblich, dann wäre eine Fortdauer der staufischen Dynastie künftig gewährleistet. Für Heinrich ein verlockender Gedanke, den er den Fürsten als ein Geschäft auf Gegenseitigkeit schmackhaft zu machen versuchte: würden sie auf ihr Wahlrecht verzichten, wäre er bereit, ihnen ihre Rechte und Besitztümer, die sie ja nur als Lehen besaßen, auch für ihre Nachkommen zu garantieren. Und zwar in männlicher *und* weiblicher Linie. Den Bischöfen, die wegen des Zölibats keine Erben besaßen, stellte er den Verzicht auf das Spolienrecht in Aussicht (die dem Kaiser zustehende Einziehung des beweglichen Nachlasses). Ein Plan, groß angelegt, kühn, zukunftweisend, der die Handschrift des echten Politikers trug. Ihn zu verwirklichen, hätte bedeutet: kein Parteienhader mehr bei der Wahl, keine Verschleuderung von Reichsgut, wenn der König noch ein Kind ist, größere Beständigkeit der Reichspolitik und die Ausschaltung jeder Einmischung von seiten der Kurie. Das Gros der Fürsten stimmte dem Erbreichsplan dann auch zu, verführt durch die Aussicht auf immerwährenden gesicherten Besitz. Eine kleine einflußreiche Opposition aber, unter Führung des Erzbischofs von Köln, wollte sich das Recht, Könige zu machen, nicht nehmen lassen und brachte ihn zu Fall. Eine Chance der deutschen Geschichte war vertan.
Heinrich war nicht bereit, ein einmal als richtig erkanntes Konzept kampflos aufzugeben, und wandte sich nun nach Rom. Der Papst war zwar ungeliebt, aber unumgänglich: er verkörperte nach wie vor jene Institution, ohne deren Segen auf die Dauer keine Politik möglich war. Gelang es, ihn zu gewinnen, konnte die deutsche Fürstenopposition schwerlich bei ihrem Nein bleiben. Auch hier ging Heinrich bei seinem

Angebot so weit wie keiner seiner Vorgänger: er offerierte für alle Ewigkeit die Einkünfte aus den ertragreichsten Kirchengütern des Reiches gegen den Verzicht auf jede weltliche Herrschaft.

Cölestin III., der auf dem Stuhl Petri saß, war schon hoch in den Achtzigern, aber nicht senil genug, um den Pferdefuß zu übersehen. Der Besitz der Pfründe hätte die Kurie aus ihren permanenten finanziellen Sorgen befreit, die ein Papst an den anderen weitergab, doch schien der Verzicht auf weltliche Herrschaft ein zu hoher Preis: er hätte das Ende der päpstlichen Staatsgewalt bedeutet. Auch wenn viele Geistliche meinten, daß die Aufgabe allen irdischen Ehrgeizes und die Rückbesinnung auf die eigentlichen Ziele doch nur in Christi Sinne waren, ja, die Kirche ohnehin viel zu sehr der Frau Welt huldige – für Papst und Kardinäle gab es in dieser Hinsicht schon lange kein Zurück mehr. Und sie lehnten des Kaisers Angebot ab.

Der Wahn von der Weltherrschaft

Vielleicht hat der sechste Heinrich daran gedacht, seine Pläne mit Gewalt durchzusetzen, so wie der fünfte es versucht hatte, als er Papst und Kardinäle kurzerhand verhaftete, aber damit wäre auch diesmal nichts zu gewinnen gewesen. Geschmeidig änderte er seine Taktik, ließ den Erbreichsplan fallen und widmete sich einem anderen Projekt: dem Kreuzzug. Wer das Heilige Land befreite, dem war hohes Ansehen und der Lohn Gottes gewiß – ganz abgesehen davon, daß er eine glänzende Ausgangsbasis besaß zur Eroberung des sagenhaft reichen Byzanz.

Nach der Eroberung von Palermo hatte Heinrich in einem der nach Hunderten zählenden Zimmer des königlichen Palastes ein vierzehnjähriges Mädchen entdeckt, das sich voller Angst zu verstecken suchte. Sie hieß Irene und gehörte, das wurde rasch offenbar, zum kostbarsten Teil der sizilischen Beute. Die »Rose ohne Dorn, das Täubchen ohne Galle«, wie Walther von der Vogelweide sie später besang, war die Tochter des byzantinischen Kaisers Isaak II. Angelos, die hier, nach dem Tod ihres Verlobten Roger, vor Heimweh nach dem goldenen Byzanz dahinsiechte. Die Purpurgeborene wurde, nachdem sie zum

römisch-katholischen Glauben übergetreten war und den Namen Maria erhalten hatte, mit Heinrichs jüngerem Bruder Philipp verheiratet. Hier waren, so kalkulierte der Kaiser, mit Sicherheit irgendwann Erbansprüche anzumelden. Und er irrte sich nicht: als Vater Isaak bald darauf gestürzt wurde, schien es heilige Verpflichtung jedes Deutschen, die Rechte Philipps und seiner Gemahlin Maria-Irene auf den byzantinischen Thron zu wahren.
Phantastische Pläne begannen sich in Heinrichs Gehirn zu bilden und wurden zu wahnartigen Vorstellungen staufischer Weltherrschaft: das seit dem Jahre 395 in Ostrom und Westrom geteilte Imperium Romanum wieder zu vereinen mit einem – deutschen! – Cäsar an der Spitze, dieser Gedanke brannte in ihm und zerschmolz die Vernunft, die er sonst bei politischen Unternehmungen zu beachten pflegte. Die Zeit war dazu angetan, seinen Wahn zu nähren.
Englands König hatte sein Reich von ihm zu Lehen genommen, Byzanz zahlte hohe Tribute in Form von Gold und Galeeren, das Herrschergeschlecht der Almohaden in Nordafrika und Spanien erkannte ihn als Oberherren an, die Könige von Armenien und Zypern ersuchten untertänigst um Aufnahme in den Reichsverband; zu seinem Reich gehörten – neben dem deutschen Kerngebiet – Böhmen, Mähren, Lothringen, das Elsaß, Burgund, die Dauphiné, Sizilien, ganz Italien mit Ausnahme des Kirchenstaats; Pommern und Schlesien waren lehnsabhängig von ihm.
Der Aufstieg des Staufers zu blendender Höhe schien unaufhaltsam.
Christian Dietrich Grabbe, der geniale, frühvollendete Dichter, hat ihn 1830 in den Mittelpunkt eines historischen Dramas gestellt. Die Fakten lieferte ihm Friedrich von Raumer mit seiner Geschichte der Hohenstaufen. Die Schlußszene des letzten Akts zeigt uns den Cäsar in seinem Wahn, faszinierend und abstoßend zugleich, so wie er im Leben war.
Kaiser Heinrich (für sich): »Drei Jahre, und alles ist vollendet – ihr deutschen Fürsten möget trotzen nach Belieben, ich zwing' euch doch, die Kaiserkrone erblich zu machen – dann das Heilige Land erobert – dann... geschmückt mit eines Kreuzzugs heil'gem Ruhm, den Papst, die Lombardei zertrümmert... Auch Afrika muß mein einst werden – ziehn muß ich durch die Sahara, und will an Nigers Fluten mich erfrischen – kein Land, an welchem dort das Meer sich bricht, das ich mir endlich nicht erränge...«

Drei Pfund Gold für jeden Ritter

Drei Jahre waren ihm nicht mehr vergönnt. Anfang 1197 traf er, von Deutschland kommend, wo der noch nicht zwei Jahre alte Sohn Friedrich zwar nicht zum Erbkönig, aber doch zum König gekrönt worden war, in Messina ein. Von überall her kamen bereits die Kreuzfahrer, denen die Häfen Unteritaliens und Siziliens zu Sammelplätzen bestimmt waren, darunter jene 1500 Ritter, die Heinrich persönlich aufgeboten hatte, um den wegen der Eroberung Siziliens immer noch grollenden Papst milde zu stimmen – was ihn pro Ritter drei Pfund Gold kostete. Sich selbst an ihre Spitze zu setzen, wie es sein Vater getan hatte, davor hütete er sich, wohl wissend, daß eine Diktatur der ständigen Präsenz des Diktators bedarf.
»Man sah ihn immer in Sorgen, angespannt und jedem Genuß feind, bleich und gedankenvoll«, schreibt der byzantinische Chronist Niketas. »Wie er die Weltherrschaft errichten und sich zum Herrn aller Reiche ringsum machen könnte, beschäftigte ihn stets. Im Geiste dachte er an Antonius und Alexander, trachtete verlangend nach ihrem Reich und sprach wie sie: das muß mein sein und das und das und das...«
Die Namen der kaiserlichen Ministerialen vom Typ eines Heinrich von Kalden und Markward von Annweiler hatten einen schrecklichen Klang, und noch schrecklicher war der eines Diepold von Vohburg, Berthold von Künßberg, Konrad von Lützelinhard – alles Männer, die blinde Ergebenheit für Treue hielten und zu jeder Tat bereit waren. Es war nicht durchweg die Elite der Nation, die nach Apulien, Kalabrien, Sizilien ging, Abenteurer, Beutemacher waren dabei, zwielichtige Gestalten, die aus der Heimat hatten weichen müssen wegen irgendwelcher Vergehen; wie die beiden Mörder des Bischofs von Lüttich, eine Tat, hinter der man Heinrich als den Anstifter vermutete.

Ein Blutgericht in Palermo

Überall regt sich jetzt der Widerstand gegen die verhaßten Barbaren, deren Einfall die Italiener mit der Wut des Nordsturms verglichen, der

die Berge erbeben läßt und den Staub der Ebene aufwirbelt. Im Mai 1197 ist der Kaiser auf der Falkenjagd unweit des Ätna, als sich ein Reiter nähert. Er enthüllt ihm Ungeheuerliches: binnen vierundzwanzig Stunden werde sich das Meer röten vom Blut der gemeuchelten Deutschen, der Burgherr von Castrogiovanni sei bereits zum Gegenkönig gewählt, selbst Konstanze, die eigene Frau, unterstütze die Aufständischen, die ihre Landsleute seien; und der Papst habe seinen Segen erteilt. Der Kaiser bricht die Jagd ab, flüchtet hinter die schützenden Mauern Messinas, verstärkt das kleine Heer der Ministerialen mit Söldnern und gerade eingetroffenen Kreuzfahrern. In nächtlichen Eilmärschen führt er sein Heer auf Catania zu, wo die Rebellen sich gesammelt haben, er überrascht sie, vernichtet sie, verwüstet ihr Land und nimmt ihre Burgen.
Auf einem Reichstag in Palermo, im Juli, rechnet Heinrich VI. mit den Aufständischen ab. Seine Strafen sind von so ausgesuchter Grausamkeit, wie man sie sonst nur aus dem Repertoire asiatischer Despoten kennt. Die Rädelsführer läßt er mit einer Säge in Stücke schneiden, auf Pfähle spießen, lebendig begraben, mit Pech bestreichen und anzünden. Der Graf Richard von Aversa wird von einem Roß durch die Straßen geschleift, anschließend mit dem Kopf nach unten aufgehängt, und da er nach zwei Tagen immer noch nicht sterben will, bindet ihm der Hofnarr, um den Kaiser zu belustigen, einen schweren Stein an die Zunge.
Für den Burgherrn von Castrogiovanni hat Heinrich sind etwas Besonderes einfallen lassen. »Er wollte die Krone, er soll sie haben«, sagte er. Der Henker fertigt eine Eisenkrone an, macht sie glühend und treibt sie dem Opfer mit Nägeln in den Schädel. Auf einer eigens errichteten Tribüne sitzt gemäß kaiserlichem Befehl Konstanze und büßt die Sünden ihrer Komplizenschaft, indem sie Zeugin der Hinrichtungen wird.
Als Heinrich VI. wenige Monate später, noch nicht 33 Jahre alt, starb, da berichtete ein in der Kammer tätiger Hofbeamter, daß nicht die *pestilencia*, die Malaria, Ursache seines Todes gewesen sei, sondern ein langsam wirkendes Gift, das ähnliche Symptome hervorrief; die Kaiserin selbst habe es ihm verabreicht, um sich und ihr Volk zu rächen...

Zertreten ist die böse Schlange

Der Kaiser war das Reich, und das Reich war der Kaiser, diese Erkenntnis wurde beim Tode des sechsten Heinrich wieder einmal bestätigt. Doch war das Unglück diesmal noch größer als beim Tode Ottos II. und Heinrichs III., denn hier war etwas mit Tyrannei geschaffen, mit Tyrannei zusammengehalten worden, und es mußte mit dem Tyrannen ins Grab sinken. Heinrich selbst hat das vor seinem Tod erkannt. Sein Testament scheint eine einzige Kapitulation: er, der sich beharrlich geweigert hatte, Sizilien vom Papst zu Lehen zu nehmen wie die Normannen vor ihm, verpflichtet jetzt seine Witwe dazu; ja, er empfiehlt, das Mathildische Land in Mittelitalien, für das seine Vorgänger soviel Blut vergossen haben, an die Kirche zurückzugeben, auch die besetzten Teile des Patrimonium Petri zu räumen. Doch die Kapitulation war nur scheinbar. Bis zum letzten Atemzug Bewahrer seiner Dynastie, hoffte er mit seinen Zugeständnissen, dem Sohn die Kronen Deutschlands und Siziliens zu erhalten.
Vergeblich. Der Haß, den er gesät hatte, war stärker. Und Konstanze, die im Grunde ihres Herzens immer Normannin geblieben war, schlug sich vollends auf die Seite der Gegner. Das Testament konnte noch nicht einmal veröffentlicht werden, geschweige denn erfüllt. »Die Geißel Italiens, die böse Schlange ist zertreten!« – dieser Ruf pflanzte sich fort durch ganz Italien und löste die Lawine aus, die die Herrschaft der Deutschen hinwegriß. Die Ritter, deren Waffen sie hätten aufrechterhalten können, waren unterwegs ins Heilige Land, Sizilien schutzlos preisgegeben.
Auch im Reich spürte man den eisigen Hauch kommenden Unheils. Am Ufer der Mosel sei auf kohlschwarzem Roß die Riesengestalt des alten Recken Dietrich von Bern aufgetaucht, raunte man im Volk, ein Menetekel für den bevorstehenden Untergang des Kaisertums. Abergläubische Furcht erfüllte alle Menschen, und die Zukunft erwies, daß ihre Furcht berechtigt war.
Otto von St. Blasien, der Mönch, der die Chronik Ottos von Freising fortsetzte, rief klagend: »Seinen Hingang mögen die Deutschen in Ewigkeit beklagen, denn er hat sie erhoben durch die Schätze der anderen Länder, hat ihren Namen mit dem Schwert in das Gedächtnis der Völker eingegraben, hat bewiesen, wie überlegen sie allen anderen

sind. Durch ihn wäre das Reich wieder in altem Glanz erblüht, wenn Gott ihn nicht abberufen hätte.«
Angesichts von soviel Patriotismus und im Rückblick auf das Leben Heinrichs kann man der Meinung sein, daß Gott recht gehandelt habe, als er ihn abberief...

12. Kapitel Friedrich II. – Imperator, Gott und Antichrist

Ein Knabe namens Federico

Sie nannten ihn Federico, die Gassenjungen von Palermo, lachten ihn aus wegen seiner rotblonden Locken, und wenn er ihnen sagte, daß er ein König sei, lachten sie noch mehr und stoben auseinander, weil er sich in rasendem Jähzorn auf sie stürzte. Wie ein streunender Hund strich er dann über die Plätze der Stadt mit ihren Kirchen, Moscheen und Synagogen, verweilte auf den Märkten mit dem babylonischen Sprachengewirr der Juden, Normannen, Griechen, Sarazenen, Italiener, Deutschen, fand sich erst zu später Stunde in den düstern Gemächern des alten Königsschlosses Castellamare ein, wo sein Lehrer voller Angst auf ihn wartete. Er konnte ihm nur gute Lehren geben, aber nicht das tägliche Brot, denn die fremden Männer – apulische Barone, arabische Emire, päpstliche Legaten, deutsche Ritter, normannische Edle –, die immer so freundlich zu ihm waren, hatten alles gestohlen, was ihm rechtens gehörte. Es bleibt ungewiß, was aus ihm geworden wäre, hätten ihn nicht alteingesessene sizilische Familien in Kost genommen, acht Tage die eine, vier Wochen die andere, wie es jeder aufbringen konnte.
Herumgestoßen, ausgenutzt, von niemandem wirklich geliebt, ohne Eltern, so wuchs er auf, und je älter er wurde, um so gefährlicher wurde sein Leben, denn wer *ihn* besaß, besaß die Krone Siziliens.
Als er sieben Jahre alt geworden war, kam der Truchseß Markward von Annweiler, einer der Haudegen Heinrichs VI., wieder, den man wie alle Deutschen aus Sizilien ausgewiesen hatte, und eroberte die Stadt. Friedrich rettete sich in das Labyrinth des Königspalastes, wohin ihm niemand zu folgen vermochte, wurde aber von einem Kastellan verraten und von seinen Häschern gestellt. Angesichts seiner Feinde, von denen er annehmen mußte, daß sie ihm ans Leben wollten, zeigte sich

zum erstenmal, was in diesem Siebenjährigen steckte. Er weinte nicht, klagte nicht, er sprang einen Verfolger an, verbiß sich in seinem Arm, und als es nichts nützte, trat er zurück an die Wand, zog den purpurnen Mantel aus und riß ihn in ohnmächtigem Zorn in Fetzen.

»Ganz der künftige Herrscher, der selbst in Todesnot den Adel königlicher Gesinnung nicht zu verleugnen imstande ist«, heißt es in einem Bericht an Papst Innocenz III., der der Vormund des Knaben war. Wie Friedrich überhaupt darunter litt, so lange für ein Kind und nicht für einen König gehalten zu werden. Wenn später manches rätselhaft erschien in seinem Charakter, so lag das nicht nur an seiner Herkunft – die Mutter war Normannin, der Vater Sohn aus einer deutsch-burgundischen Ehe –, sondern auch an jener Zeit, da er nicht sagen durfte, was er dachte, und nicht sein konnte, wie er war. Doch wurde hier gleichzeitig der Wille geformt, sich gegen Widerstände durchzusetzen und der Welt zu beweisen, daß er zu Großem geboren war.

Der König Habenichts

Mit vierzehn Jahren war er dem Gesetz nach mündig und damit rechtmäßiger König Siziliens. Für den Papst ein Grund, ihn so rasch wie möglich mit einer Frau zu verheiraten, die der Kurie genehm war und damit ihren Einfluß wahrte. Das durfte auf keinen Fall eine Fürstentochter aus deutschem Haus sein, denn nichts fürchtete Rom mehr als die Vereinigung des Reiches mit Sizilien, wie sie unter Heinrich VI. zum Alptraum geworden war. Die Schwester des Königs von Aragon in Nordspanien, Konstanze, war zwar elf Jahre älter und Witwe, schien aber trotzdem die richtige, weil Aragonien vom Papst lehnsabhängig war.

Friedrich akzeptierte sie auch, denn sie brachte als Mitgift 500 schwerbewaffnete Ritter in die Ehe, und er brauchte jeden Mann, um sich auf seiner Insel behaupten zu können. Er konnte nicht wissen, daß die prächtigen Spanier schon nach wenigen Wochen von einer Seuche hinweggerafft werden würden. Seine Herrschaft war auch in Zukunft auf unsicherem Grund gebaut, weder von der Waffe geschützt noch vom Gold gestützt, ein König Habenichts, ohne Kronschatz, ohne

Krongut. Obwohl er den Papst zum Vormund hatte, schien seine Zukunft wenig rosig; auch in Süditalien, dem festländischen Teil seines Reiches, begann der Boden zu schwanken.
Hier war urplötzlich mit Heeresmacht Otto IV. aufgetaucht, Heinrichs des Löwen Sohn, der nach zehnjährigem Bürgerkrieg der alleinige Herrscher in Deutschland geworden war: nicht, weil er gesiegt hätte, sondern weil sein Konkurrent Philipp von Schwaben, ein Staufer, ermordet worden war. Otto war von der Kirche auf den Thron gehoben worden, hatte aber, kaum daß er die Kaiserkrone auf dem Haupt gespürt, von seinen Verzichterklärungen, Italien und Sizilien betreffend, nichts mehr wissen wollen und war zu einem Eroberungskrieg über die Alpen gegangen. Eine in den Augen des Papstes schnöde Tat, die er mit den Worten kommentierte: »Es reut mich, diesen Menschen gemacht zu haben.«
Dieser Mensch aber stand nun bereits tief in Kalabrien, bereit zum Sprung über die Meerenge von Messina und zur Invasion der Insel. Daß dort drüben ein Landsmann von ihm regierte, kümmerte ihn um so weniger, da es sich dabei um einen Staufer handelte, was für einen Welfen gleichbedeutend mit einem Todfeind war. Friedrichs Lage schien verzweifelt: vor ihm die von der pisanischen Flotte unterstützte Invasionsarmee, in seinem Rücken die zum Losschlagen bereiten Bergsarazenen. Man riet ihm, nach Tunis zu fliehen, und die schnellste Galeere lag unterhalb des Schlosses vor Anker, bereit, sofort in See zu stechen – nur ein Wunder konnte ihn noch retten. Und das Wunder geschah! Seine Spione meldeten ihm, daß Otto IV. mit allen Zeichen der Hast und scheinbar ohne Grund den Rückzug nach Norden angetreten hatte.
Dabei hatte alles seinen Grund: der Bannstrahl, von Innocenz auf die undankbare Kreatur geschleudert, hatte Wirkung gezeigt, die Front der welfenfreundlichen Fürsten begann abzubröckeln. Otto war ohnehin nie sehr beliebt gewesen, ihm fehlte es an *milte,* an der nötigen Freigebigkeit, nehmen hielt er für seliger denn geben; er zog sogar, der alten Weisheit gemäß, wonach Geld nicht stinke, aus den Hurenhäusern seinen Profit, er galt überall als schroff und unzugänglich. Man plädierte allgemein für einen Wechsel auf dem Thron, schließlich war bei dieser Gelegenheit schon immer etwas abgefallen.
Während Otto sich trotz des nahenden Winters auf den Heimweg machte, die Krone zu retten, landete in Palermo Anselm von Jungin-

gen, ein schwäbischer Edler, und machte dem siebzehnjährigen Friedrich im Namen der Fürsten ein Angebot, nach Deutschland zu kommen, »die Krone dieses Reiches gegen den Feind deines Hauses zu behaupten«.

Abschied von Sizilien

Der Jüngling, eben noch Flüchtling, jetzt Anwärter auf den Kaiserthron, mußte darin das Walten göttlicher Vorsehung erblicken, was er auch später häufig betonte. Die sizilischen Edlen aus seiner Umgebung trauten der Vorsehung weniger als ihrem eigenen nüchternen Verstand und rieten von dem »unsicheren Wagstück« ab. Die deutschen Fürsten seien, so argumentierten sie, notorisch unzuverlässig, und genausowenig Verlaß sei auf einen Papst, dessen Freundschaft nie länger dauere als bis zum Gelingen seiner eigenen Pläne. Und was die Reise betreffe, so sei es keineswegs sicher, ob Friedrich angesichts der vielen Feinde sein Ziel überhaupt lebend erreiche.
»Hier sollst Du bleiben, hier sollst Du herrschen«, riefen sie ihm zu, »und sollst nicht unser herrliches Königreich, den erfreulichsten Wirkungskreis auf Erden, in anmaßendem Ehrgeiz verachten.«
Friedrich wischte alle Ratschläge mit den stolzen Worten hinweg: »Alles auf Erden verliert seine Bedeutung gegen die Hoheit, den Glanz, die Herrlichkeit des Kaisertums. Wer im Bewußtsein dessen feig verweigert, was das Schicksal von ihm verlangt, und ängstlich klügelnden Berechnungen mehr vertraut als seinem Recht, den wird die Mitwelt verspotten und die Nachwelt verachten. Wir dürfen keine Gefahren scheuen, wenn Unsere und Unserer Vorfahren Ehre auf dem Spiel steht, wenn Völker wie Fürsten Uns zur Übernahme des größten Berufes auffordern.«
Im März 1212 verließ er Sizilien auf einem gemieteten Schiff, »arm und abgerissen wie ein Bettler«, und eine der ungewöhnlichsten Karrieren des an Ungewöhnlichem reichen Mittelalters begann.
In Rom lernte er seinen ehemaligen Vormund Innocenz III. kennen, den konsequenten Vertreter päpstlicher Universalherrschaft, einen Mann, der das geistliche *und* das weltliche Schwert für die Kirche bean-

spruchte und von seinem Mittleramt zwischen Gott und den Menschen so durchdrungen war, daß er heimlich den im Vatikan aufbewahrten ungenähten Rock Christi anprobierte, um zu sehen, ob er ihm paßte. Er begrüßte den Jüngling leutselig und hatte »vergessen«, daß er sich geschworen, niemals einem von der Vipernbrut der Staufer die Wege zur Herrschaft zu ebnen. Er gab ihm den Segen Gottes und eine größere Summe Geld mit auf die gefahrvolle Reise.

Überall lauerten die mit Kaiser Otto Verbündeten und versuchten, ihn abzufangen. Friedrich, der sich angesichts der erhabenen Ruinen Roms bereits als neuer Cäsar gefühlt hatte, mußte sich wie ein Dieb in der Nacht durch Italien stehlen und wäre am Lambro beinah den welfisch gesinnten Mailändern in die Hände gefallen, wenn er nicht, sich im Kampfgetümmel auf ein satteloses Pferd schwingend, den Fluß tollkühn durchschwommen hätte. »Seine Unterhosen, die hat das Knäblein im Lambro gewaschen«, sangen die um ihre Beute betrogenen Mailänder, aber das war dem Knaben egal. Er erreichte das rettende Konstanz, genau drei Stunden vor den Truppen seines Gegners, für den die Tische im Rathaus bereits festlich gedeckt waren. Es waren einhundertundachtzig Minuten, die über ein Schicksal entschieden. Ohne die von festen Mauern und Toren geschützte Stadt am Bodensee, seinen ersten Stützpunkt, hätte er sich gegen Otto nicht halten können.

Der Sieg des Märchenprinzen

Was nun folgte, war ein einziger Siegeszug des »Kindes von Apulien«, wie man ihn bald zärtlich nannte. Die unheimliche Faszination, die die Staufer von jeher ausstrahlten, erwies sich bei Friedrich aufs neue. Ein schöner Jüngling, strahlend, heiter, mit wahren Feueraugen, verklärt vom Ruf seiner Väter und von der Aura seiner südländischen Herkunft, ein Märchenprinz, so ritt er durch das Land, und wo sein Charisma nicht wirkte, half das Silber, das Frankreichs König spendete, half der ihm noch verbliebene väterliche Kronbesitz, den er großzügig verteilte, denn die Menschen, so sagte er sich, würden einen Verschwender mehr lieben als einen Geizhals wie Otto.

Auch Herr Walther von der Vogelweide stellte diese Überlegung an,

Walther, Deutschlands großer Dichter, der wie alle mittelalterlichen Poeten auf einen Mäzen angewiesen war, wollte er überleben: »Ich hatt' Herrn Ottos Wort, er wollte reich mich machen. Wie trüglich war sein Wort! Es ist zum Lachen. Soll das, was er versprach, mir Friedrichs Hand verleihen? Ich kann von ihm nicht fordern eine Bohne. Es sei denn, daß ihn meine Lieder machten froh.«
Das war deutlich gesagt, und Friedrich verstand den Dichter gut genug, wenn es auch noch eine Zeitlang dauerte, bis er ihm ein kleines Landgut übereignete, als Dank für die von Walther geleistete propagandistische Hilfe. Da jubelte der von der Vogelweide: »Ich hab' mein Lehen, Gott noch mal, ich hab' mein Lehen. Jetzt brauch' ich nicht mehr furchtsam in den Frost zu sehen und reichen Knickern um den Bart zu gehen. Der gute König, milde König, hat geruht, mich auszustatten. ... Mein Los war dies: ich war zu lange blank. Daß ich vor Mißgunst manchmal aus dem Rachen stank. Heut kann ich wieder atmen, Friederich sei Dank.«
In kurzer Zeit waren alle Länder zwischen Böhmen und Burgund in Friedrichs Hand. Otto hatte sich nach Sachsen zurückgezogen. Ihn aus seinen Stammlanden zu vertreiben, wäre kaum möglich gewesen, denn als Soldat war er von wildem Mut, als Truppenführer ohne Tadel, und er verfügte über ein schlagkräftiges Heer. Einen Vorstoß ins Sächsische mußte Friedrich mit einem raschen Rückzug bezahlen. Das Reich auf ewig geteilt in ein Stauferland und ein Welfenland, regiert von zwei Kaisern, diese Gefahr zog am Horizont herauf. Doch das Schicksal Deutschlands wurde längst nicht mehr in Deutschland entschieden. Es war zum Nebenschauplatz der internationalen Auseinandersetzungen geworden, eine Folge der Zwietracht, die unsere Geschichte von Anbeginn zu einer Tragödie mit vielen Akten gemacht hat. Da Frankreich die Staufer unterstützte und England die Welfen, mußte der Ausgang der zwischen den beiden Mächten geführten Kriege darüber entscheiden, ob Friedrich oder Otto die Oberhand behielt.
In der Schlacht bei Bouvines in Flandern, 1214, siegte der französische König über Englands ›Festlanddegen‹, die Welfen, und schickte *Friedrich* den Reichsadler, den er *Otto* entrissen hatte und dessen Schwingen zerbrochen waren. Ein diabolisches Geschenk, das nicht nur das Ende des Welfen signalisierte, sondern auch die Tatsache, daß es mit der Macht der Deutschen zu Ende ging. »Seit jenem Tag«, vermerkt der Chronist des Klosters Lauterberg lakonisch, »sank unser Ansehen bei den Welschen ...«

Otto IV. lebte noch vier Jahre auf seinen Hausgütern, immer darauf bedacht, als Kaiser zu gelten, aber nicht fähig, dem Anspruch Geltung zu verschaffen. Ein Vergessener, der das Los der Welfen teilte, die zum Herrscher geboren waren, aber stets zum Dienen bestimmt, und immer dann scheiterten, wenn sie nach den Sternen griffen. Heinrich der Löwe, Ottos Vater, ist dafür *das* Beispiel. Dreißigjährig starb auf der Harzburg Deutschlands einziger Welfenkaiser, und in seinem Testament stand zu lesen, daß die Reichsinsignien, ohne die ein König trotz Salbung und Krönung kein rechter König war, an Friedrich II. auszuliefern seien. Die letzte Geste eines fairen Verlierers...

Am 25. Juli 1215 wurde Friedrich in Aachen, in der Stadt Karls des Großen, die »nach Rom allen Städten und Landen voranleuchtet«, zum König gekrönt. Wie Otto III., der dem Verblichenen leibhaftig gegenübergetreten war, wie Barbarossa, der ihn hatte heiligsprechen lassen, gedachte auch er des Ahnherrn, indem er die Gebeine in einen prächtigen Silberschrein umbettete und eigenhändig die ersten Nägel in den Deckel schlug.

Nach der Krönung trat er plötzlich vor die Menge, erklärte, daß er einen Kreuzzug unternehmen wolle, und forderte die Anwesenden auf, gleich ihm das Kreuz zu nehmen – ein einsamer Entschluß, von dem niemand gewußt zu haben schien, auch die Kurie in Rom nicht. Nun waren die Päpste immer glücklich gewesen, wenn die Fürsten Europas sich in das Heilige Land aufmachten: eine bessere Werbung für das katholische Christentum gab es nicht. Innocenz III. aber war weniger glücklich. Er spürte, was der Staufer hier demonstrieren wollte: daß er, Friedrich II. von Gottes Gnaden, nicht gewillt war, zum willenlosen Werkzeug der Kurie zu werden, sondern das weltliche Schwert im Sinne der Christenheit führen wollte.

Heimatlos im Land der Väter

Die Rechnung, die ihm Innocenz für den Sieg in Deutschland präsentiert hatte, war ohnehin hoch genug gewesen. In der Egerer Goldbulle hatte er 1213 auf die umstrittenen Gebiete Mittelitaliens verzichtet, auf Spolien und Regalien, auf jede Einmischung in die Bischofs- und

Abtswahlen. Da er auch den weltlichen Fürsten Zugeständnis auf Zugeständnis machte, konnte man bald nicht mehr von einem deutschen König reden, sondern von »dem jederzeit absetzbaren Präsidenten einer Fürstenrepublik, deren weltliche Mitglieder erblich waren, während die geistlichen vom Papst abhingen«.
Friedrich schienen diese Konzessionen, die nichts anderes waren als eine Konkurserklärung der deutschen Kaiserpolitik, nicht allzuschwer gefallen sein. Er fühlte sich fremd in einem Land, das nicht seine Heimat war, dessen Sprache er anfangs nur schlecht sprach, das seiner Zersplitterung wegen ohnehin nicht mehr regierbar war. Es kam ihm in erster Linie darauf an, sich die Rückendeckung zu erkaufen, die er für seine italienischen Unternehmungen brauchte. Gewiß, auch dort mußte er Zugeständnisse machen. Doch wenn er dem Papst feierlich gelobte, sogleich nach der Kaiserkrönung auf Sizilien zugunsten seines Sohnes zu verzichten, damit beide Reiche für immer getrennt blieben, so tat er es mit dem Hintergedanken, daß gegen jedes Gelöbnis ein Kraut gewachsen war – man mußte nur den richtigen Zeitpunkt abwarten, es anzuwenden.
Und der war gekommen, als Innocenz vierzehn Tage nach der Straßburger Verzichterklärung den Weg allen Fleisches ging. Friedrich, der von manchen seiner Freunde und seiner Feinde lediglich als der »strahlende Prinz aus dem Süden« betrachtet wurde, bewies jetzt, daß er mehr als »sonnig« sein konnte. Er holte seinen fünf Jahre alten Sohn Heinrich von Sizilien nach Deutschland, machte ihn zum Herzog von Schwaben und setzte es später durch, daß die Fürsten ihn, wenn auch unter erneuter Preisgabe wichtiger Kronrechte, in Frankfurt zum deutschen König wählten. Da Heinrich bereits die Krone Siziliens trug, war über den Sohn das erreicht worden, was die Kurie hatte verhindern wollen: die Vereinigung Siziliens mit dem Reich.
Innocenz' Nachfolger, einem netten älteren Herrn namens Honorius, schrieb er, ohne zu erröten: »... da wegen Unserer bevorstehenden Abreise größter Unfriede im Reiche entstanden wäre, wählten die anwesenden Fürsten in Unserer Abwesenheit und ohne Unser Wissen ganz unvermutet diesen [Heinrich] zum König.«
Im Herbst 1220 verließ er Deutschland mit seinen engen, bereits an die spätere Kleinstaaterei erinnernden Verhältnissen, mit seinen Fürsten, deren Gunst man gegen einen Brückenzoll oder ein Brauereirecht einhandeln konnte, mit seinem für einen Südländer so unfreundlichen

Klima. Wenn er sich später an das Land zwischen Rhein und Elbe erinnerte, dann fiel ihm nur das Elsaß ein, die lichtumflutete, von Fruchtbarkeit gesegnete Landschaft, die er mit den seligen Gefilden Siziliens verglich. Nach Sizilien zog es ihn nun mit aller Macht. Es sollte fünfzehn Jahre dauern, bis er wieder in das Land seiner Väter kam.

Divide et impera

Als Friedrich II. in seinem südländischen Reich eintraf, trug er die Kaiserkrone, die er vom Papst in Rom empfangen. Er hatte ihm den Fuß geküßt und den Steigbügel gehalten, Zeremonien, aus denen er keine Prestigefragen machte wie sein seliger Großvater Barbarossa. Über derartige Protokolle war er stets erhaben. Auch hatte er versprochen, all jene erbarmungslos zu verfolgen, die vom wahren Christentum abwichen, die sogenannten Ketzer. Zwar waren ihm auch diese Leute gleichgültig, doch beruhte, bei aller Skepsis gegenüber kirchlichen Lehren, sein Staat auf dem Christentum, und jeder Ketzer war deshalb gleichbedeutend mit einem Rebellen.
Die Würde, die er zu erringen ausgezogen war vor über acht Jahren, besaß er nun, doch das Opfer, das er für seine lange Abwesenheit bringen mußte, bestand in der gänzlichen Zerrüttung Siziliens. Was in Deutschland die Fürsten, waren hier die Barone und Prälaten: sie redeten einem schrankenlosen Egoismus das Wort und setzten ihn in die Tat um, indem sie sich alle Rechte und Güter der Krone aneigneten. Friedrich war als Kaiser noch ärmer, noch machtloser, als er es bereits als König gewesen. Wie er die Macht gewann, bleibt ein atemberaubendes Schauspiel: er siegte weniger durch die Gewalt der Waffen als durch die Mittel der Staatskunst und die Kraft des geschriebenen Rechts.
Die Barone bezwang er durch das bewährte Prinzip des *divide et impera*. Er entzweite sie, unterstützte die Kleinen gegen die Großen, zwang sie Zug um Zug, die in den vergangenen dreißig Jahren ergangenen Verleihungen zur Überprüfung einzureichen, und kassierte all jene, auf deren Rechtmäßigkeit auch nur der Schatten eines Verdachts fiel. Wobei er in Zweifelsfällen bedenkenlos zu seinen Gunsten entschied. Die in demselben Zeitraum errichteten Burgen und Kastelle, oft wahre

Räubernester, mußten sie übergeben oder zerstören. Wer protestierte, dem wurde beschieden, daß auch das Befestigungsrecht ein königliches Recht sei; wer sich widersetzte, wurde so lange belagert, bis er aufgab. Auch die Gerichtsbarkeit nahm er den Baronen und übertrug sie wegen der größeren Rechtssicherheit seinen Beamten.
Die Juden, die er als Experten in seiner Monopolverwaltung brauchte, schützte er vor Verfolgung, den Mohammedanern gewährte er Religionsfreiheit, den Genuesen und Pisanern dagegen, die fast den gesamten Seehandel an sich gerissen hatten und als die gewieftesten Kaufleute des Mittelmeers die Preise schamlos diktierten, wurden aus den Häfen vertrieben, die Gründung einer eigenen Flotte in Angriff genommen. Daß die Genuesen ihm seinerzeit geholfen hatten, nach Deutschland zu kommen, ließ ihn kalt. Dankbar zu sein, wenn es um Politik ging, fand er töricht, und mit derselben Konsequenz, wonach der Revolutionär sich der Helfer der ersten Stunde entledigen müsse, weil sie mit ihren Forderungen später gefährlich werden könnten, verfuhr er mit den erwähnten »kleinen Baronen«.
Das alles waren diktatorische Maßnahmen oder, wie Friedrich es nannte, die Kurierung von »Schwären und Übel mit Messer und Brenneisen«, doch sie kamen einem Land zugute, das im Chaos der Willkür und Ausbeutung zu versinken drohte. Die Masse des Volkes jedenfalls gewann Friedrich damit für sich. Und auch die nächste Aufgabe, die Unterwerfung der Sarazenen, war populär.

Sarazenische Leibwächter

Ihre Stämme lebten im wildzerklüfteten Inneren der Insel. Halbwild, kriegerisch, niemandem untertan und ständig zur Rebellion bereit, bildeten sie einen ständigen Unruheherd, und wer Sizilien beherrschen wollte, mußte *sie* beherrschen. Friedrich II. gelang, was seinen Vorgängern nie geglückt war: in einem zähen, verlustreichen Kleinkrieg trieb er die sich fanatisch wehrenden Männer aus ihren Felsennestern heraus. Wie groß die Erbitterung auf beiden Seiten war und wie maßlos der Staufer in seinem Zorn sein konnte, zeigt sein Zusammenstoß mit dem kapitulationsbereiten Emir Ibn-Abbad.

»Der Kaiser aber war, wohl weil sich Ibn-Abbad an seinen Boten vergriffen hatte, ... so aufgebracht, daß er, als der Emir das kaiserliche Zelt betrat und sich zu Boden warf, ihm so mit dem Fuß gegen den Leib stieß, daß er ihm mit seinem scharfen Sporn die ganze Seite aufriß.« Die den Tod verachtenden Sarazenen würden sich trotz ihrer Niederlage bald wieder erheben, soviel stand fest, und jeder erwartete, daß er sie umbringen werde bis auf den letzten Mann. Das aber tat er nicht. Er ließ sie, insgesamt 16 000 Menschen, auf das Festland deportieren und in Lucera, nahe der Stadt Foggia, ansiedeln. Ihr Haß auf den Mann, der sie geschlagen und ihrer Heimat beraubt hatte, war grenzenlos und entlud sich in dem als Militärkolonie angelegten neuen Wohnsitz in zahlreichen Rebellionen. Daß dieselben Männer, die ihn, wären sie seiner habhaft geworden, zu Tode gefoltert hätten, später zu seinen fanatischen Anhängern wurden, bereit, sich für ihn in Stücke hacken zu lassen, zeugt von der Faszination, die Friedrich auf alle Menschen ausstrahlte.

Hier war es die Kenntnis der orientalischen Mentalität, die das Wunder bewirkte. Er ließ den Sarazenen ihr Oberhaupt, den Kâid, ihre Scheichs und Fakihs, achtete streng darauf, daß sie ihrem Gott dienen durften in eigens erbauten Moscheen und Koranschulen. So entstand nicht weit von den Grenzen des Kirchenstaates entfernt eine mohammedanische Enklave, deren in den blauen Himmel Italiens ragende Minarette den Papst an ein Trugbild der Hölle glauben ließen. Verschreckt entsandte er Missionare, um die Ungläubigen zum rechten Glauben zu bekehren, die aber waren der Meinung, daß ihr Glaube schon recht sei. Denn wie sonst, so argumentierten sie, wäre es ihnen gelungen, aus wüstem Land ein Paradies zu machen, in dem der beste Weizen gedieh, der härteste Stahl geschmiedet, die feinsten Stoffe gewebt, die feurigsten Pferde gezüchtet wurden.

Aus diesen Bauern, die den Pflug so gut zu führen verstanden wie Pfeil und Bogen, formte sich Friedrich seine Elitesoldaten, aus ihnen setzte sich die Leibgarde zusammen, rekrutierte sich ein erstes stehendes Heer, etwa 12 000 hervorragend bewaffnete Reiter und Bogenschützen, die einzigen Krieger, die gegen jede Kirchenstrafe gefeit waren, denn Bann und Exkommunikation konnten nur Christen treffen. In der Schlacht von Cortenuova, 1237, waren sie entscheidend beteiligt, die Mailänder zu schlagen, als späte Rache für Barbarossas Debakel bei Legnano.

Wie planvoll Friedrich II. beim Aufbau seines Musterstaates vorging, zeigt auch die Gründung der Universität Neapel. Er hatte den Bischöfen und Baronen das Richteramt genommen, verfügte aber nicht über genügend Fachkräfte, die er an ihre Stelle setzen konnte. Als Pflanzstätte, an der sie in Zukunft herangezogen werden sollten, empfahl er nun die »liebliche Stadt Neapel, wo die Häuser hübsch und recht geräumig, die Einwohner freundlich und gutartig sind, wo auch alles, was die Menschen zum Leben brauchen, über Land und Meer leicht herangeschafft wird.«

Das klingt wie aus einem modernen Werbeprospekt, und genauso war der Gründungsaufruf auch gemeint. Er versprach dem künftigen Richter Reichtümer, lobte die ausgezeichneten Professoren, erwähnte die Möglichkeit, Stipendien zu beziehen, Geld zu borgen, Bücher auszuleihen, vergaß nicht den preiswerten Wein und den Fisch, köderte die Eltern, indem er ihnen die Nachteile ausländischer Universitäten vor Augen führte, Lehrstätten, die nur durch lange Reisen auf von Räubern bedrohten Landstraßen zu erreichen seien, pries die vielen anderen Fächer, die man außer der Juristerei belegen könne. Wer bereits einen Studenten in der Fremde hatte, sollte ihn auf der Stelle zurückholen. Denn: »... keiner unserer Scholaren wage es, auf eine Schule außerhalb des Königsreichs zu ziehen.« Zum Beispiel nach Bologna, wo sie nur mit dem verderblichen Geist der lombardischen Stadtrepubliken infiziert würden.

Wer heute in Neapel seinen Doktor macht, dessen Diplom trägt, wie seit Jahrhunderten, das Siegel des deutschen Kaisers.

Die astrologische Hochzeitsnacht

Als Friedrich II. seinen dreißigsten Geburtstag feierte, hätte er mit Befriedigung auf das blicken können, was er geschaffen. Wenige Jahre hatten genügt, um das von ihm in desolatem Zustand übernommene sizilische Reich wieder wohlhabend zu machen. Er war jedoch alles andere als zufrieden und sein Lebensalter war ihm eher Mahnung, daß er noch nichts für die Unsterblichkeit getan habe. Noch immer schob sich der Kirchenstaat wie ein Riegel zwischen sein Reich im Süden und

Reichsitalien, sperrten die oberitalienischen Stadtstaaten, an denen sich sein Großvater schon die Zähne ausgebissen hatte, den Weg nach Deutschland. Sein Imperium war geteilt, eine Tatsache, die ihm drastisch vor Augen geführt wurde, als er einen Hoftag nach Cremona einberief, und die Lombarden kurzerhand den aus Deutschland anreisenden Teilnehmern die Brennerstraße verlegten.

In der Lombardei die kaiserlichen Rechte wiederherzustellen und den vom Papst gehaltenen Sperriegel aufzubrechen, war sein Ziel, doch dazu war er nicht stark genug, noch nicht – da war es eine Frau, die ihm die Chance bot, zumindest sein Prestige zu erhöhen. Sie hieß Isabella von Brienne, war arm wie eine Kirchenmaus und doch reich wie Krösus, denn sie besaß statt Gold eine begehrte Krone, die Krone des Königreichs Jerusalem (das die Kreuzfahrer 1099 gegründet hatten). Wie bei Friedrichs erster Frau, Konstanze von Aragon, die 1222 gestorben war, fungierte wieder der Papst als Ehevermittler. Er kalkulierte, daß ein künftiger König von Jerusalem auch bereit sein würde, diese Stadt für die Christen zurückzuerobern. Versprochen hatte Friedrich den Kreuzzug seit langem, war aber nie um Ausreden verlegen gewesen, sich davor zu drücken. Sizilien war ihm wichtiger gewesen als das Heilige Land, und nur um des lieben Glaubens willen die Ungläubigen zu bekriegen, dazu fehlte ihm der Glaube.

Im November 1225 heiratete er in Brindisi Isabella, ein halbes Kind noch, und so behandelte er sie auch, als er sie in der Nacht nach der Trauung ruhig schlummern ließ. Er hielt sich dafür an einer Brautjungfer schadlos, der heißblütigen Kusine der Isabella, eine Beleidigung, die sein Schwiegervater Johann zu erdulden hatte wie noch weit größeren Kummer. Er mußte außerdem die 50 000 Mark Silber herausgeben, die er von Frankreichs König zum Wohle Jerusalems bekommen hatte, und auf die Rechte als Regent der Königin verzichten – denn der neue Schwiegersohn wollte den Titel »König von Jerusalem« von nun an allein führen.

Friedrich war dreimal verheiratet, aber keine seiner Frauen hat jemals Einfluß auf ihn gehabt, geschweige denn, daß sie wie die Gemahlinnen der Sachsenkaiser »Teilhaberinnen des Reiches« gewesen wären, dazu befugt, zu intervenieren und Urkunden mit dem Titel *Imperatrix Augusta* zu zeichnen. Eine Adelheid, eine Kunigunde waren an seiner Seite undenkbar. Wie die Männer des Südens glaubte er, daß man über eine Frau nichts Besseres sagen könne, als daß nichts über sie zu sagen

sei. Die Gattin war ihm eine zu Begattende, eine Gebärerin. Hatte sie ihre Schuldigkeit getan und einen Erben zur Welt gebracht, konnte sie gehen. Nicht gerade in ein Kloster, sondern in einen luxuriös eingerichteten Palast, aber auch der war ein Käfig, an dessen goldenen Türen Eunuchen wachten. Das Kaiserpaar, wie wir es von den Sachsen und Saliern her kennen, gab es nicht mehr.
Seinen Bedarf an Zärtlichkeit, Charme und Sex holte er sich bei seinen Nebenfrauen, von denen uns nur wenige dem Namen nach bekannt sind, wie Adelheid, ein deutsches Edelfräulein, oder die piemontesische Grafentochter Bianca Lancia. Außerdem besaß er eine ganze Anzahl Gespielinnen, meist sarazenischer Herkunft, die man Haremsdamen nennen kann, obwohl es umstritten ist, ob er sich offiziell einen Harem hielt. Kirchlichen Kreisen dienten seine orientalisch gefärbten Anschauungen über die Frauen und die Ehe zur Propaganda gegen die Sittenlosigkeit des »heidnischen Königs der Pestilenz«. Er tat nichts, um den Vorwürfen den Boden zu entziehen, schob sie einfach auf den Neid derer, die in sexueller Hinsicht gern so leben würden wie er, ohne es zu dürfen. Die sarazenischen Tänzerinnen, die er im Orient geschenkt bekam, nahm er gern, führte sie auf seinen Reisen in verhüllten Sänften mit sich und feierte mit ihnen auf den Schlössern Apuliens jene Feste, von denen man sich Skandalöses erzählte.
»... um Friedrich II. gab es keinen Boden, in dem eine Frau wurzeln konnte«, schreibt Ernst Kantorowicz, dem wir die beste Biographie über den Staufer verdanken. »Alle seine Gemahlinnen starben nach wenigen Jahren der Ehe und selbst seine Geliebten, soweit wir sie kennen, teilten dies Los: keine hat ihn überlebt. In der dünnen Luft dieser glanzerfüllten, spannungsgeladenen Höhe konnte eben kein Wesen als er, auf die Dauer auch keiner der Freunde, am wenigsten aber eine Frau, mehr atmen.«
Man liest es fröstelnd, wie er mit seiner dritten Ehefrau, Isabella von England, die Hochzeitsnacht verbrachte. Nach jenem überwältigenden Fest, 1235 zu Worms am Rhein, legte er sich nachts zu ihr auf das mit Rosenwasser besprengte Bett und wartete, bis der Morgen zu dämmern begann. Seine Astrologen hatten ihm die günstigste Stunde für den ersten Beischlaf errechnet: die Zeit vor Sonnenaufgang. Er richtete sich genau danach und sagte anschließend zu Englands Königstochter: »Nimm dich wohl in acht, du hast soeben einen Sohn empfangen.« Die Sterndeuter schienen das Himmelsgestirn je-

doch mißverstanden zu haben, denn Isabella wurde nicht schwanger, und als sie nach zwei Jahren endlich niederkam, schenkte sie ihrem Kaiser eine Tochter.

Kreuzfahrt eines Verdammten

Zurück zur ersten Isabella. Sie motivierte Friedrich tatsächlich, den Kreuzzug in Angriff zu nehmen, denn jetzt deckten sich die Interessen der Kirche mit seinen eigenen. Doch als er 1228, dreizehn Jahre nach seinem Gelöbnis, in der Kreuzfahrerstadt Akkon landete, die man den Kirchhof der Christen nannte wegen des um sie vergossenen Blutes, da verweigerten ihm die kirchlichen Würdenträger den Kuß: vor ihnen stand kein Kaiser, vor ihnen stand ein vom Papst Verfluchter, einer, den der Bannstrahl getroffen hatte, und einem solchen mußte man die Ehre schuldig bleiben. Daß man ihm auch nicht gehorchen durfte, selbst dann nicht, wenn er als Kreuzfahrer im Heiligen Land weilte, erfuhren sie wenig später von zwei eigens nach Palästina beorderten päpstlichen Sonderbotschaftern.
Was war geschehen?
Nach dem Tod des gutmütigen, stets kompromißbereiten Honorius war ein Mann auf den Stuhl Petri gekommen, der sich den Namen Gregor IX. gegeben hatte, in der erklärten Absicht, auf den Spuren des siebenten Gregor zu wandeln, den wir als den erbitterten Gegner Heinrichs IV. kennengelernt haben, als den kaiserfeindlichsten Papst überhaupt. Auch Gregors IX. Ziel war die Weltherrschaft, und um sie zu erringen, mußte der Kaiser vernichtet werden. Einen nichtigen Anlaß – den ein Jahr zuvor wegen einer verheerenden Seuche aufgeschobenen Kreuzzug – nahm er zum Anlaß einer Kriegserklärung. Obwohl Friedrich selbst schwer erkrankt war und sein Schiff wieder hatte verlassen müssen, bezeichnete Gregor den erneuten Aufschub als bewußt inszenierte Täuschung und belegte Friedrich mit dem Bann.
Doch damit allein begnügte er sich nicht. In seinem geradezu alttestamentarischen Haß auf den Mann, der für ihn der leibhaftige Antichrist war, zettelte er eine weltweite Verschwörung an. Er schloß Verträge mit den kaiserfeindlichen Lombarden und bewog sie, die nach den Hä-

fen des Südens ziehenden Kreuzfahrer festzuhalten; er entband jeden Untertan von seinem Treueid gegenüber dem Kaiser; er intrigierte in Deutschland, um Friedrichs Absetzung zu erreichen; er verwendete die in den Kirchen gesammelten Kreuzzugsgelder für die Anwerbung von Söldnern.

Zum erstenmal in der Geschichte begleitete den Führer eines Kreuzzuges nicht der Segen des Oberhaupts der katholischen Christenheit, sondern sein Fluch. Kein Monarch hätte es unter diesen Umständen gewagt, sein Land zu verlassen, Friedrich tat es, wohl wissend, daß er dabei alles verlieren, aber auch alles gewinnen konnte. »Schon haben wir uns von Brundisium nach Syrien gewandt«, notierte er gelassen, nachdem das Schiff die Anker gelichtet hatte, »und reisen mit Eile und glückhaftem Wind unter dem Schutz unseres Herrn in Christo...«
Es sah jedoch bald so aus, als habe Christus ihm seinen Schutz entzogen: nicht nur der Klerus tat alles, um ihm den Aufenthalt in Palästina zu verleiden, auch die Orden der Templer und Johanniter wandten sich gegen ihn, und der Patriarch der Christen, Gerold, beschwor den Sultan in geheimer Botschaft, diesen Deutschen zu meiden wie die schwarze Pest. Ein »Rechtgläubiger« also versuchte einen »Ungläubigen« vor einem anderen »Rechtgläubigen« zu warnen. Doch was wie Wahnsinn erschien, hatte Methode: der Kaiser durfte sein Ziel, Jerusalem den Christen wieder zugänglich zu machen, nicht erreichen. Wenn es ihm nämlich gelang, könnten die Menschen in Europa auf die Idee kommen, daß hier der Herrgott persönlich sein Urteil gefällt habe – zugunsten des gebannten Kaisers, zuungunsten des Papstes, der den Bann ausgesprochen hatte.

Friedrich blieb trotz aller Intrigen unbeirrt, denn er besaß einen Trumpf, von dem die meisten nichts wußten. Bevor er die Reise angetreten, hatte er mit dem ägyptischen Sultan Al-Kāmil geheime Verhandlungen führen lassen, die damit endeten, daß der Sultan ihm Jerusalem feierlich abtrat. Zwar gehörte ihm die Stadt nicht, sondern seinem in Damaskus sitzenden feindlichen Bruder, aber wenn der große Franke übers Meer käme, könnte man ja gemeinsam gegen ihn zu Felde ziehen und es ihm abnehmen. Als Friedrich übers Meer gekommen war, schickte ihm der Sultan einen Elefanten, zehn Reitkamele und ein paar Dutzend Pferde edlen Gebluts, eine Zusage betreffs Jerusalem schickte er ihm nicht. So verfuhr er auch weiterhin: immer, wenn Friedrich drängte, bekam er etwas geschenkt.

Die politische Situation hatte sich nämlich inzwischen geändert. Der böse Bruder war gestorben und sein Nachfolger so schwach, daß ihm Al-Kāmil den größeren Teil seines Reiches, einschließlich Jerusalems, hatte abnehmen können, ohne dafür fremde Hilfe zu brauchen. Friedrich war zu einem lästigen Gläubiger geworden, der längst verfallene Wechsel präsentierte. Das alles hätte der Sultan ihm auch selbst sagen können, aber dazu war er zu höflich, zu sehr Orientale – und Friedrich ihm zu ähnlich, ein Mann, von dem er wußte, daß er Arabisch sprach und der Kultur des Orients mehr zugetan war als der des Okzidents.

Al-Kāmil spürte den Geistesverwandten in dem »König der Emire«, wie die Mohammedaner den Kaiser mit Bewunderung und Respekt nannten. Der Sultan schrieb Gedichte, hatte Jura studiert und Grammatik, galt als Wirtschafts- und Finanzexperte, reformierte die Verwaltung seines Landes, war ein Beschützer der Künstler und der Wissenschaftler, und man berichtete, daß bisweilen fünfzig Gelehrte auf Diwanen um seinen Thron lagerten, die ewigen Fragen der Menschheit diskutierend. Wie Friedrich auch.

Wo liegt die Hölle?

Auch waren beide Männer der Philosophie ergeben, einer Wissenschaft, die sich mit dem Glauben schlecht verträgt, weil sie ihn zerfasert, aufweicht, und jede Art von Heilslehre in Frage stellt. Wenn man von Friedrich gesagt hat, daß er, wäre er nicht Kaiser gewesen, als Ketzer auf dem Scheiterhaufen geendet hätte, so gilt das in ähnlicher Weise für Al-Kāmil. Der Staufer war nicht glaubenslos, seine bohrenden Fragen an die Gelehrten sind keineswegs nur vom Zynismus diktiert, sondern zeigen eher, wie schwer er es sich machte.

Daß Maria ein Kind empfangen hatte, ohne ihre Jungfräulichkeit zu verlieren, schien ihm mit den Naturgesetzen so wenig vereinbar wie der Glaube, daß der Mensch nach dem Tode fortlebe. Ja, »selbst seine Seele verweht wie ein Hauch und wird verzehrt wie ein Apfel, den man vom Baume pflückt.« Wenn es auch eine Anekdote ist, daß er einen Verbrecher in ein Faß einschließen und ersticken ließ, um zu beweisen,

daß aus dem Spundloch nichts, aber auch gar nichts entweiche, was an eine Seele erinnere. Genausowenig hat er Mohammed, Moses und Christus als die drei größten Betrüger bezeichnet, das war päpstliche Greuelpropaganda, aber ein guter Christ war er nicht, konnte er nicht sein, wegen seiner Skepsis und wegen seiner religiösen Toleranz. Michael Scotus, dem Philosophen und Astrologen, stellte er Fragen, die Bischöfe erblassen und Kardinäle an den Leibhaftigen denken ließen. Er wollte wissen, »wie viele Himmel es gibt, und wer ihre Lenker sind. In welchem Himmel Gott seinem Wesen nach weilt, das heißt in seiner göttlichen Majestät, und wie er auf dem Himmelsthron sitzt, wie er umringt ist von Engeln und von Heiligen, und was die Engel und Heiligen tun im Angesicht Gottes?« Und »wo denn die Hölle sei und das Fegefeuer und das himmlische Paradies: unter der Erde, in der Erde oder über der Erde?«
Soviel Skepsis zeitigte nicht nur Nachdenklichkeit unter den Christen, sondern hatte noch Positiveres zur Folge. Das jeder Vernunft hohnsprechende »Gottesurteil« tilgte Friedrich aus seinen Gesetzen: wie könne ein vernunftbegabter Mensch annehmen, daß ein glühendes Eisen den Schuldigen brenne und den Unschuldigen nicht brenne, daß das Element des kalten Wassers sich weigere, den Verbrecher untersinken zu lassen??? Selbst angesichts des Heiligen Landes konnte Friedrich nicht glauben, daß Christus vom Grabe auferstanden und zum Himmel gefahren sei, so wenig wie Al-Kāmil von dem nächtlichen Besuch überzeugt schien, den sein Prophet Mohammed vom Felsendom aus Allah abgestattet hatte. Für beide Herrscher war Jerusalem eine ehrwürdige Stadt, doch nicht ehrwürdig genug, um Hunderttausende von Moslems und Christen für ihren Besitz zu opfern, wie es bei den Eroberungen und Wiedereroberungen geschehen war.
Der Sultan zögerte trotzdem, die Stadt zurückzugeben, denn die arabische Welt dachte anders als er, und einen Konflikt mit ihr wollte er vermeiden. Für Friedrich aber war jede weitere Verzögerung gefährlich, die Zeit arbeitete gegen ihn. Sein Heer war zwar durch die Deutschordensritter schlagkräftig, doch zahlenmäßig zu gering, als daß er größere Operationen hätte wagen können. Schon wurden die Lebensmittel knapp, da die Nachschubschiffe, vom Sturm verschlagen, ausblieben. Und aus der Heimat erfuhr er, daß die Söldner der Kurie in sein Reich eingefallen waren. Seine Getreuen, wie der Deutschordensmeister Hermann von Salza, erlebten zum erstenmal einen

Kaiser, der in Tränen ausbrach und in tiefer Verzweiflung sein Haupt verhüllte.

Er gab jedoch nicht auf, sondern setzte alle Mittel der Diplomatie ein, um Al-Kāmil zum Einlenken zu bringen. Drohungen wechselten mit Versprechungen, militärische Scheinmanöver mit Botschaften des guten Willens, Anklagen mit Geschenken. In diesem diplomatischen Schachspiel zweier Meister kam es darauf an, die Nerven zu behalten, und wenn Friedrich seinen Gegner schließlich matt setzen konnte, so deshalb, weil ihm die Denkweise der Araber von Jugend auf vertraut war. »Ich bin Dein Freund«, hatte er in einem seiner letzten Briefe den Sultan beschworen. »Du weißt wohl, wie hoch ich über allen Fürsten des Abendlandes stehe... Die Könige und der Papst wissen von meiner Fahrt. Wenn ich zurückkehre, ohne etwas erreicht zu haben, werde ich alles Ansehen in ihren Augen verlieren... Also übergib mir, bitte, Jerusalem, auf daß ich das Haupt unter den Königen des Westens nicht senken muß.«

Das himmlische Jerusalem

Am 17. März 1229 zieht Friedrich, ohne einen Tropfen Blut vergossen zu haben, in die Stadt Jerusalem ein. Er ist glücklich über einen Vertrag, der ihm neben Jerusalem auch Bethlehem, Nazareth und einen Korridor zu den Küstenstädten zusichert und den Christen einen zehnjährigen Frieden garantiert. »Frohlocken und jubeln mögen alle im Herrn, und rühmen mögen ihn die, die reinen Herzens sind...« hat er verkündet, »da in diesen wenigen Tagen, durch ein Wunder mehr denn durch Tapferkeit, jenes Werk vollbracht ist, das die Gewaltigen der Erde weder durch die Menge der Völker noch durch die Schrecken zu vollbringen vermochten.« In diesem, an die gesamte Christenheit gerichteten Manifest weist er Gott alle Verdienste zu, ohne sein eigenes Licht unter den Scheffel zu stellen, eine gekonnte Mischung aus Bescheidenheit und Eigenlob, zur weltweiten Propaganda bestimmt.

Die Straßen Jerusalems liegen verödet in der glühenden Sonne. Die Mohammedaner, denen laut Vertrag von *ihrer* Stadt nur der Felsendom und die Aksa-Moschee verbleiben, sind aus Protest vor die Tore gezo-

gen; die »Griechen« (griechisch-orthodoxen Christen) verlassen ihre Häuser nicht, weil sie nicht wissen, was ihnen von den »Lateinern« (den Katholiken) in Zukunft blüht; den Pilgern, die unendliche Mühsal erduldet haben auf ihrer langen Reise, um am Grab Christi zu beten, ist vom Patriarchen Gerold der Zutritt verboten worden: eine heilige Stadt, in der von nun an der Muselmane seinen Gebetsteppich neben den in Andacht verharrenden Christen ausbreiten darf, ist für Gerold, den Vertreter des Papstes, eine teuflische Stadt, ja des Teufels ist, wer mit Ungläubigen überhaupt paktiert. Nur die deutschen Pilger lassen sich auch von der Drohung der Exkommunikation nicht schrecken und eilen von der Küste her dem himmlischen Jerusalem entgegen. Der Kaiser betritt die Kirche des Heiligen Grabes, gefolgt von seiner Begleitung, der Altarraum ist leer, keine Messe wird gelesen, kein Chor singt, er geht auf den Passionsaltar zu, wo die Krone des Königs von Jerusalem liegt, die er als sein Erbe betrachtet, und da niemand gekommen ist, sie ihm aufzusetzen, der Patriarch nicht und die Erzbischöfe von Nazareth und Cäsarea auch nicht, krönt er sich selbst. Ein Akt grenzenloser Selbstherrlichkeit und grenzenlosen Hochmuts, bis zu den Tagen Napoleons ohne Beispiel, der der Welt zeigen soll, daß er, Friedrich, keinen Priester braucht als Mittler zu Gott. Dem Gottkönig David fühlt er sich ähnlich in diesem Moment, aber die Rede, die er dann hält – er, der sonst nur reden *ließ*, während er in unnahbarem Schweigen auf seinem Thron saß –, ist voller Demut und Diplomatie. So hoch ihn Gott auch erhoben habe, so sehr sei er bereit, sich vor dem Höchsten zu beugen, »und auch vor dem, der dessen Stelle auf Erden vertrete«, dem Papst, der ihn nur gebannt habe, weil er »nicht anders den Vorwürfen gewisser Leute entgehen konnte«; von dem er nicht glauben könne, daß er die Schmach billige, die ihm, Friedrich, im Heiligen Land angetan worden sei. »Wir wollen alles tun«, sagte er, »um Unseren Frieden mit der Kirche zu machen, soweit es zur Ehre Christi und des Reiches diene, denn an der Zwietracht könnten nur die Feinde des Kreuzes und die falschen Christen ihre Freude haben.«
Der fahrende Sänger Freidank, der am Kreuzzug teilnahm als eine Art Frontberichter, schrieb: »*Got unde der keiser hânt erlôst ein grap, deist aller kristen trôst. Sît er daz beste hât getân, sô sol man in ûz banne lân; desn wellent Rômer lîhte niht. Swaz âne ir urloup guotes geschiht, dem wellents keiner staete jehen...* – Gott und Kaiser haben befreit ein Grab und allen Christen Trost gebracht. Da er das Beste hat getan,

sollt' man ihn lösen aus dem Bann; vielleicht, daß es die Pfaffen nicht wollen: denn ohne ihre Erlaubnis Gutes schaffen, das hätte nicht Bestand...«

Verging sich fleischlich mit 50 Sarazeninnen

Doch an die Aufhebung des Bannes dachte in Rom niemand. Der Patriarch von Jerusalem ließ ihn sogar erneuern. In seinen Berichten an den Papst stellte er den Vertrag mit den Sarazenen, der, wie alle Kompromisse, gewiß seine Schwächen hatte, als einen Schandvertrag hin. Den Christen im Heiligen Land bringe er, so behauptete er wider besseres Wissen, lediglich Nachteile, weshalb er auch von allen abgelehnt werde – nur von den törichten Deutschen nicht.
»So hob allein dieses Volk an zu singen und entzündete die Kerzen, während alle anderen für Torheit hielten, was da geschah, und viele erkannten, daß es sich um einen offenkundigen Betrug handelte.« Da der Vorwurf sexueller Zügellosigkeit im Abendland stets auf fruchtbaren Boden fiel, wird auch dieses Gebiet nicht ausgelassen. »... müssen wir ferner Eurer Heiligkeit, wenn auch mit brennender Scham, berichten, daß der Sultan dem Kaiser, von dem er gehört, er lebe wie ein Sarazene, Sängerinnen, Tänzerinnen und Gaukler schickte, verrufene Personen also, deren Namen Christen nicht einmal im Munde führen sollten, und der Fürst dieser Welt sich mit ihnen bei abendlichen Gelagen sowie des Nachts vergnügte...«
Von diesem Brief bis zu dem Gerücht, Friedrich habe die Tochter des Sultans *und* fünfzig Sarazeninnen geheiratet (»... mit denen allen er sich fleischlich verging«), war nur noch ein kleiner Schritt. Wenn es gern geglaubt wurde, so war Friedrich daran nicht unschuldig. Seine Vorliebe für arabische Lebensart hat er nie verhehlt und auch zu seinem illegitimen Sohn, Friedrich von Antiochien, als dessen Mutter man eine orientalische Prinzessin vermutete, hat er sich bekannt.
Selbst vor Verrat schreckten Friedrichs Gegner nicht mehr zurück. Als aus seiner Umgebung durchsickerte, er werde mit nur geringer Begleitung die Stätte besuchen, wo Christus von Johannes getauft worden war, ließen die französischen Tempelritter dem Sultan eine Nachricht

zukommen: wenn er den Vertrag, über den bekanntlich auch seine Glaubensbrüder unglücklich seien, noch zunichte machen wolle, so sei jetzt die Gelegenheit gekommen, denn am Jordan könne er den Kaiser, ganz nach Belieben, gefangennehmen oder niederstoßen.

»Da nun der Sultan den Brief mit dem ihm wohlbekannten Siegel erhalten und gelesen hatte«, schrieb der Mönch Matthäus von Paris, ein Zeitgenosse, »erfüllte ihn Ekel über die Hinterlist, den Neid und den Verrat der Christen und vor allem derer, die äußerlich das Ordenskleid mit dem Zeichen des Kreuzes trugen. Er berief zwei seiner vertrautesten und geheimsten Räte und zeigte ihnen den Brief... mit den Worten: ›Seht hier die Treue der Christen!‹ Nachdem sie den Brief gelesen und sich lange und sorgfältig beraten hatten, sagten sie: ›Herr, der Friede ist mit beiderseitigem Wohlgefallen geschlossen, es wäre ein Frevel, ihn zu verletzen. Aber schick den Brief zur Beschämung aller Christen an den Kaiser...«

Friedrich war verbittert, enttäuscht, zutiefst verletzt, denn statt Dank hatte er nur Undank geerntet. In diesem Licht muß man die zynischen Bemerkungen sehen, die er über das Christentum machte, als er die islamischen Weihestätten Jerusalems besichtigte. Einen christlichen Priester, der ihm in die Aksa-Moschee gefolgt war – was nach dem eben geschlossenen Vertrag verboten war –, schlug er mit der Faust nieder und schrie ihn an: »Wenn noch einmal ein Franke ohne meine Erlaubnis hier eintritt, werde ich ihm die Augen ausreißen lassen.« Er fragte, warum die Fenster des Felsendoms mit so engen Gittern versehen seien, und erhielt die überraschende Antwort: »Wegen der vielen Sperlinge.« Nach kurzem Nachdenken meinte er: »Spatzen... nun ja. Jetzt aber werden die Schweine eindringen.« »Schweine« war der Ausdruck, den die Mohammedaner für die Christen benutzten, denn für sie waren sie unrein.

Angesichts der Inschrift, die nach der Wiedereroberung Jerusalems durch die Araber am Felsendom angebracht worden war und die da lautete: »Saladin hat dieses Haus gereinigt von den Polytheisten« (für die Mohammedaner war die Verehrung von Gott, Christus und dem Heiligen Geist nichts anderes als Vielgötterei), fragte er mit einem ironischen Lächeln: »Wer mögen sie wohl sein, die Polytheisten?« Die Muezzins, die seinetwegen den Gebetsruf unterließen mit dem auf Jesus zielenden Text – »Gott hat *keinen* Sohn gehabt...« –, wies er an, ihr Amt so auszuüben, wie sie es gewohnt seien.

Nun war der Kaiser, was die Toleranz gegenüber dem Islam betraf, kein Einzelfall. Viele Kreuzritter hatten erkannt, daß ihnen in den Muselmanen keine Ungeheuer gegenüberstanden, deren tägliche Nahrung aus Christenfleisch bestand, sondern Angehörige einer hohen Kultur und einer allumfassenden Religion. Ganz abgesehen von den Errungenschaften ihrer Zivilisation, die sie den Europäern weit überlegen machten: sie wohnten schöner, aßen feiner, kleideten sich kostbarer, reisten bequemer, bildeten sich gründlicher, gaben sich gesitteter.
Im Mai 1229 brach Friedrich II. von Palästina auf, bei den Arabern Freunde hinterlassend, bei den im Land lebenden Europäern dagegen Feinde. Als er in Akkon den Schnellsegler bestieg, bewarf ihn der vom Klerus aufgehetzte Mob mit den stinkenden Abfällen der Schlachthäuser...

Die Rache

In Apulien herrschte währenddessen Untergangsstimmung. Der Kaiser war tot, umgekommen im Kampf gegen die Ungläubigen, das schien kein Gerücht mehr, das war eine Tatsache, hatten nicht die von Rom entsandten Kardinäle einen heiligen Eid darauf geleistet? Einem Toten war man keine Treue mehr schuldig, und eine Stadt nach der anderen, sechzig insgesamt, ergaben sich den päpstlichen Söldnern oder verjagten Friedrichs Beamte auf eigene Faust, während in den Abruzzen und bei Capua die kaiserlichen Truppen ums Überleben kämpften. Fragte jemand, warum man gegen einen Kreuzfahrer zu Felde ziehe, dessen Gut nach altem Brauch unter dem Schutz des Herrn stehe, warum Bischöfe die Truppen anführten, da doch Christus selbst Petrus verboten habe, das Schwert zu gebrauchen, dem wurde geantwortet, daß gegen einen Feind des Glaubens und Verächter der Sittlichkeit jedes Mittel recht sei.
Im Morgengrauen des 10. Juni sichteten die Wächter von Brindisi ein Schiff, an dessen Masten das kaiserliche Banner wehte. Wie ein Sturmwind verbreitete sich die Nachricht: »Der Kaiser lebt!!!« Die Honoratioren, die zum Hafen geeilt waren, konnten sich von der Wahrheit überzeugen. Sie erlebten einen Herrscher, dessen Miene steinern war,

dessen Augen wie Feuer brannten, der von maßloser Rachsucht erfüllt war. Seinen Feinden und den treulos gewordenen Freunden gefror das Blut in den Adern, als sie von dem Schreiben hörten, das er an die Sarazenen von Apulien, seine Leibgarde, gerichtet hatte. Er gab ihnen den bis ins Detail gehenden Befehl, wie mit der am Tyrrhenischen Meer gelegenen Stadt Gaeta zu verfahren sei, die als eine der ersten zum Feind übergegangen war. Es ist ein Dokument, das nicht nur Friedrichs Vergeltungsaktionen widerspiegelt, sondern auch die Art, wie damals Krieg geführt wurde, und wenn man die zeitgenössischen Chronisten liest, dann steht man fassungslos vor dem Gleichmut, mit dem solche Bestialitäten hingenommen wurden.

»Sobald ihr angekommen seid«, heißt es da, »sollt ihr Weinberge und Obstgärten von Grund auf zerstören. Darauf sollt ihr Tag und Nacht unablässig an den Wurfmaschinen, Steinschleudern und Katapulten sein. Nach Einnahme der Stadt aber werdet ihr den Angehörigen der höheren Stände und des Adels, wenn ihr sie gefangen habt, die Augen ausbrennen, sie der Nasen berauben und nackt aus der Stadt peitschen. Auch den Frauen schneidet die Nasen ab, lasset sie dann aber unbehelligt ziehen, damit sie ihre Schande verkünden. Die Jünglinge, die ihr vorfindet, werden kastriert, aber in der Stadt belassen. Außer Kirchen und Pfarrhäusern sollt ihr die Mauern, die Türme, die Häuser vernichten, auf daß die Kunde von diesem Strafgericht sich über den Erdball verbreite und jeder Verräter bis ins Mark erbebe.«

Nicht nur die Verräter erbebten, auch die päpstlichen Schlüsselsoldaten (so genannt, weil sie im Zeichen des Schlüssels Petri kämpften) waren durch die Nachricht von der Ankunft des Kaisers demoralisiert. Sie, denen man genauso wie den Lombarden erzählt hatte, daß es ihn nicht mehr gebe, fühlten sich verraten. Sie suchten ihr Heil in kopfloser Flucht. Friedrich, der im Gegensatz zu seinen Vorgängern nie über ein großes Heer verfügt hat, siegte allein durch den Glanz seines Namens. Ein Phänomen, das ihm die Bewunderung seiner Zeit eintrug. Der griechische Kaiser sandte eine Delegation, die Gold und Glückwünsche überbrachte. Die Mohammedaner kamen mit kostbaren Geschenken, und einer von ihnen schrieb: »Seit Alexander gab es keinen Fürsten wie diesen, nicht allein in Anbetracht seiner Macht, sondern wegen der Kühnheit, mit der er gegen den Papst, der der Kalif der Christen ist, aufzutreten wagte, ihn bekämpfte und verjagte.«

Nun, den Papst hat er nicht verjagt, obwohl ihn niemand daran gehindert hätte, in den Kirchenstaat einzumarschieren. Er schickte statt dessen einen Unterhändler, den bei Freund und Feind geachteten Hochmeister der Deutschordensritter, Hermann von Salza, um einen Freundschaftsvertrag vorzubereiten. Nicht der Besiegte also bat um Frieden, sondern der Sieger, eine verkehrte Welt, die noch verkehrter schien, als sich der Geschlagene mit allen Mitteln gegen den ihm angebotenen Frieden wehrte.

Ein zweites Canossa bahnt sich an: ein Kaiser, der vom Bann gelöst werden will, um seine Handlungsfreiheit wiederzugewinnen, und bereit ist, sich dafür zu demütigen, ein Papst, der eben gerade das verhindern muß. Innocenz weiß, daß dieser Kaiser auf sein Fernziel nicht verzichten wird: die Vereinigung des sizilischen Reiches mit Mittelitalien, der Lombardei und Deutschland zu einem Machtblock, vielleicht sogar mit Rom als Metropole – was das Ende der von seinen großen Vorgängern erstrittenen Unabhängigkeit von allen weltlichen Mächten bedeuten würde.

Er ist nicht halsstarrig, er ist lediglich auf seinen Vorteil bedacht, wenn er in langem zähem Feilschen den Preis für die Aufhebung des Bannes immer höher treibt: Verzicht des Kaisers auf alle Ansprüche im Kirchenstaat, keine Einmischung in die Bischofswahlen, Steuerfreiheit und gerichtliche Immunität des sizilischen Klerus, Begnadigung aller, die sich gegen ihn erhoben haben. Daß Friedrich darauf einging, zeugte von der ideellen Überlegenheit der Kirche, von der magischen Kraft, die der Bannstrahl noch immer besaß. Der Papst löste ihn davon, nachdem alle Bedingungen erfüllt waren, man tauschte Friedensküsse, tafelte gemeinsam, und aus dem »Antichristen« wurde wieder »der geliebte Sohn der Kirche«.

Doch der Friede, der in San Germano 1230 beschworen wurde, war nur ein Waffenstillstand. Die Gegner nutzten ihn, sich für den Entscheidungskampf zu rüsten...

Wir, Friedrich, der Glückliche, der Sieger, der die Gesetze gibt

»Wir sind bestrebt die uns durch Gott geschenkte Gesundheit der Luft durch Unsere Vorsorge, soweit Uns dies möglich, rein zu erhalten. Wir

43, 44 Wimpfen an der Mündung der Jagst in den Neckar, Kaiserpfalz der Hohenstaufen, wo Friedrich II. seinen Sohn gefangennahm *(oben)*.
Castel del Monte, Jagdschloß des Kaisers in der paradiesischen Landschaft Apuliens, Bauwerk ohne Vorbild, Schauplatz geheimnisvoller Feste *(unten)*.

Die Hinrichtung Konradins, des letzten Hohenstaufen, auf der heutigen Piazza del Mercato zu Neapel. »Ach Mutter, welch einen Schmerz muß ich dir bereiten...«

verfügen deshalb, daß es niemandem gestattet ist, in Gewässer, die weniger als eine Meile von einer Ansiedlung entfernt liegen, Flachs oder Hanf zu wässern, weil dadurch die Beschaffenheit der Luft ungünstig verändert wird.«
So beginnt das erste Umweltschutzgesetz des Abendlandes, das in seinen weiteren Paragraphen die Lagerung von Kadavern und Abfällen in der Nähe von Behausungen verbietet, Totengräber verpflichtet, die Leichen »mindestens eine halbe Rute tief« (1,88 m) zu bestatten, das Fischen mit giftigen Ködern gegen Androhung eines Jahres Zwangsarbeit untersagt – »werden doch dadurch auch die Fische mit Giftstoffen durchsetzt sowie die Gewässer, aus denen Mensch und Tier trinken.«
Das Gesetz gehört zu einer Rechtssammlung, die unter dem Namen »Konstitutionen von Melfi« berühmt wurde, aber auch berüchtigt. Sie war so fortschrittlich wie reaktionär, untersagte beispielsweise den Grundherrn die Gerichtsbarkeit, wahrte aber ihre Rechte über die Leibeigenen, tolerierte die Religionen und überantwortete die Ketzer dem Feuertod, schützte den Kaufmann und verstaatlichte den Handel mit lebenswichtigen Gütern wie Salz, Eisen, Hanf, Weizen, sie förderte die Wissenschaften und unterdrückte die Freiheit des Geistes und barg noch manch anderen Widerspruch, bildete aber einen zukunftsweisenden Versuch, dem Gesetz durch das geschriebene Wort Dauer zu verleihen. Wer heute das am Fuß des Monte Vulture gelegene apulische Städtchen Melfi besucht, dem zeigen die Einwohner mit Stolz den dreikuppeligen Saal, in dem der große Federico 1231 die von ihm geschaffenen Konstitutionen verlesen ließ.
Imperator Friedrich II., stets erhabener römischer Kaiser, König von Italien, Sizilien, Jerusalem und dem Arelat (Burgund), der Glückliche, der Sieger und Triumphator, wie er sich selbst titulierte, stand auf dem Höhepunkt seiner Macht; seine Geburtsstätte Jesi wurde mit Bethlehem verglichen; wer sich ihm näherte, kniete nieder und küßte ihm die Füße wie einem orientalischen Despoten. Er war 35 Jahre alt, in der Mitte des Lebens, neigte etwas zur Korpulenz, die rotblonden Haare waren gelichtet, die Schärfe seiner Augen hatte nachgelassen, doch bildete er noch immer eine imponierende Erscheinung. Körperlich durchtrainiert, lebte er spartanisch mit nur einer Mahlzeit am Tag, konnte den Tag und die Nacht hindurch arbeiten, war auch wie sein Vorbild Cäsar nach 24stündigen Gewaltritten noch zu schwierigen Verhandlungen fähig; von blitzendem Intellekt, geistreich bis zum Zy-

nismus, charmant, nahm er jeden für sich ein, die Besucher aus fremden Ländern mit seinen Sprachkenntnissen verblüffend, denn er beherrschte Latein, Griechisch, Hebräisch, Arabisch, Französisch, Provenzalisch und das von den Italienern gesprochene Volgare, ihre Volkssprache. Daß er Deutsch nicht gekonnt habe, erscheint unwahrscheinlich angesichts solcher Sprachbegabung und der Tatsache, daß er vom achtzehnten bis zum sechsundzwanzigsten Lebensjahr in Deutschland war.

Dieser Mann sehnte sich nicht, nachdem er den Kreuzzug erfolgreich beendet hatte und mit dem Papst seinen Frieden geschlossen, nach kriegerischem Ruhm, sein fanatischer Ordnungswille drängte ihn in die Rolle des Gesetzgebers. Oder wie *er* das in edlem Pathos der Cäsaren ausdrückte: »Wenn nämlich durch die Wandlung der Dinge und der Zeiten die alten Gesetze der Menschen nicht mehr ausreichen, so ist es der Würde Unserer kaiserlichen Majestät anheim gegeben, für neue Krankheiten neue Arzneien zu finden, auf daß die Tugendhaften belohnt, die Lasterhaften dagegen unter dem steten Hammerschlag der Strafen zermürbt werden.«

Mit den »Konstitutionen« vollendete er sein großes gesetzgeberisches Werk und schuf etwas im Abendland Neues: den von einer unbestechlichen, ihm bedingungslos gehorsamen Beamtenkaste verwalteten totalen Staat, in dem kein Spatz vom Dach fiel, ohne daß der Kaiser davon Kenntnis erhielt. »In Deinem Reich«, schrieb Gregor einmal voller Ironie an Friedrich, »wagt niemand die Hand oder den Fuß zu bewegen, wenn du es nicht erlaubt hast.« Doch waren seine Gesetze, vergleicht man sie mit dem, was sonst üblich war, nicht inhuman, sondern aus der Überzeugung geboren, daß die Menschen einen strengen, unnachsichtigen Herrscher brauchten, wollten sie nicht dem Chaos anheimfallen.

Von Liebestränken und Heiratsgesuchen

Die Ausführungsbestimmungen gehen bis in das Detail. Anwärtern auf das Studium der Medizin zum Beispiel wurde zur Auflage gemacht, vorher Philosophie zu belegen, »da sie sonst die Medizinwissenschaft

nicht verstünden«. Eine Maßnahme, die die Heranbildung von Fachidioten verhindern sollte. Ärzte waren verpflichtet, einen Kranken mindestens zweimal am Tag zu besuchen und einmal des Nachts gegen ein genau festgesetztes Honorar. Die Preise der schon damals teuren Apotheken waren gebunden und die Apotheker angewiesen, ihre Arzneien »nach der Regel und ohne Betrügereien herzustellen«.
Selbst mit »Liebestränken« beschäftigte sich der Gesetzgeber (ein Zeichen, wie sehr sie in Mode gewesen sein müssen), indem er ihre Herstellung bestrafte, denn »kein Mensch kann verliebt gemacht werden, wenn er nicht den Keim der Verliebtheit in sich trägt.«
Ehebrecher, Kuppler, Entführer hatten drakonische Strafen wie Entmannung, Auspeitschung, Verstümmelung zu gewärtigen, »zur Sühne der frevelhaften Lust, die die heiligsten Verhältnisse stört«. Grafen, Barone, Ritter durften, ähnlich wie noch die Offiziere in Preußen, ohne allerhöchste Genehmigung nicht heiraten, und jeder Untertan sollte sich vor der ehelichen Verbindung mit Fremden hüten, »da durch die Mischung verschiedener Volksstämme die Reinheit des Reiches verderbt« werde.
Die Bauern, die den Reichtum Siziliens geschaffen hatten, erfreuten sich staatlicher Zuschüsse. Landwirtschaftsexperten, unter denen die Zisterziensermönche hervorragten, lehrten sie die Kunst der Bewässerung, des Anbaus von Zuckerrohr und Baumwolle, der Veredelung von Obst.
Eine große Rolle spielten die Steuerverordnungen, denn auch diese Regierung fand wie alle Regierungen ständig neue Gelegenheiten zum Geldausgeben, und ihr Einfallsreichtum, die Untertanen zur Kasse zu bitten, würde unsere Finanzbeamten neidisch machen. Ausfuhrzölle, Einfuhrzölle, Magazinierungsabgaben, indirekte Steuern auf den Kauf von Baumwolle, Leder, Seide, Kattun, auf den Verzehr von Fleisch, Früchten, Fischen; Grundsteuern (die nach heutigem Geld etwa 40 Millionen DM pro Jahr brachten; bei einer Bevölkerung von knapp zweieinhalb Millionen eine horrende Summe); hinzu kamen die Verpflichtungen, den Kaiser und sein Gefolge unentgeltlich aufzunehmen, sowie zum Bau der Kastelle, Brücken und Straßen tatkräftig beizutragen.
Wer nicht zahlte, wurde ermahnt, dann bestraft, dann gefoltert, dann auf die Galeere geschickt, und da diese Maßnahmen ohne Rücksicht auf den Stand erfolgten, konnte man wenigstens in diesem Fall von ei-

ner Gleichheit vor dem Gesetz sprechen. »O Herr, ich flehe Dich an«, schreibt ein hoher Staatsbeamter, der Justitiar der Stadt Gaeta, »laßt doch eine Zeit verstreichen zwischen der einen Steuer und der anderen, laßt die Tränen erst einmal trocknen, verfahret milder, auf daß die Herzen der Menschen, die durch den Druck der Eintreibungen betrübt sind, sich Dir wieder treu zuwenden mögen.«

Experimente mit Menschen

»Die Babys wurden in einem Turm eingeschlossen und den Ammen befohlen, ihnen die Brust zu geben, sie zu baden, aber in keiner Weise mit ihnen schön zu tun und vor allem mit ihnen nicht zu sprechen. Er wollte nämlich erforschen, ob sie die hebräische Sprache sprächen, als die älteste, oder die griechische, lateinische oder arabische oder aber die Sprache ihrer Mütter, die sie geboren hatten. Aber er mühte sich vergebens, da die Kinder alle dahinsiechten und starben. Sie vermochten nicht zu leben, ohne das Händepatschen und das fröhliche Gesichterschneiden und die Koseworte derer, die sie pflegten.«
Salimbene, der Franziskanermönch aus Parma, berichtet in seiner Chronik über diesen Menschenversuch, und mit »er« ist der zweite Friedrich gemeint. Es ist eine schaurige Geschichte, und der Pater schwor, daß sie wahr sei, denn er habe den Kaiser persönlich gekannt und überdies seine Informanten am Hofe. Doch da er in seiner Chronik in der Art eines Klatschkolumnisten ständig Wahres mit Halbwahrem und Unwahrem mischte, hat man Zweifel angemeldet.
Ein andermal servierte Friedrich zwei zum Tode Verurteilten eine reichliche Henkersmahlzeit, ließ den einen danach schlafen, den anderen dagegen einige Meilen in raschem Lauf zurücklegen. Den Delinquenten wurde dann der Magen geöffnet, damit die Ärzte feststellen konnten, wer von ihnen besser verdaut habe. Auch hier sträuben sich einem die Haare, da man nicht weiß, ob man die Bedauernswerten *vor* oder *nach* der Hinrichtung aufgeschnitten hat.
Auch wenn die Geschichten nur gut erfunden sind, man traute dem Kaiser solche Experimente zu, weil seine Wißbegier stets größer war als seine Achtung vor einem Menschenleben. Er wollte immer das

Warum des Warum wissen: warum das Meerwasser »bitter« sei, das Wasser der Flüsse und Seen dagegen »lieblich«; woher das Feuer des Vesuvs und des Strombolis komme; weshalb ein in das Wasser getauchtes Ruder nach der Oberfläche zu gekrümmt aussehe; wieso ein an grauem Star Erkrankter schwarze Fäden sieht, obwohl auf der Pupille keine schwarzen Fäden seien? Seinem faustischen Drang zu erkennen, was die Welt im Innersten zusammenhält, verdankte er seinen Beinamen *stupor mundi*, das Staunen der Welt, wobei dem Staunen der Schauder beigemischt war.

Es gab kaum ein Gebiet, für das er sich nicht interessiert hätte. Er förderte die Dichter, regte sie an, das Lateinische zu lassen und endlich in der Sprache des einfachen Volkes zu schreiben, im sizilisch-apulischen Dialekt. Was ihm von Walther von der Vogelweide Lob eintrug und später von Dante das Prädikat »Vater der italienischen Dichtung«. Wie sein Vater, Heinrich VI., verfaßte er selbst Gedichte, von denen eines der »Blume Syriens« galt, und das war niemand anderes als die schöne Anais, die er in der Hochzeitsnacht der eigenen Frau vorgezogen hatte. »*Oi llasso, nom pensai, si forte mî, paresse lo dipartire di madonna mia*«, beginnt es. »Weh, ich gedachte nicht, daß gar so schweres Leide das Scheiden wäre von der Fraue mein. Ich wähnt, ich müßte sterben, seitdem ich sie meide und ich der Süßen nicht mehr darf Geselle sein.« Dieses Lied mag auf einem seiner Schlösser entstanden sein, in denen er die Besten seiner Zeit um sich versammelte: Literaten, Musiker, Philosophen, Naturwissenschaftler, aber auch Tierbändiger, Kunstreiter, Falkner, Jäger. Die Landschaft Apuliens bildete die paradiesische Kulisse, auf Sizilien selbst war er nur noch selten. Castel del Monte heißt eines dieser Schlösser, von dem wir heute wissen, daß Friedrich es nach eigenen Plänen errichten ließ. Den Touristen, der von der Hafenstadt Barletta heraufgefahren ist, versetzt es zunächst in Ratlosigkeit, denn Begriffe wie »mathematische Schönheit« und »edle Schlichtheit« nützen ihm wenig angesichts eines Baus von schwerer, düsterer Monumentalität. Die Phantasie muß ihm helfen, den rosenfarbenen Marmor zu sehen, mit dem die Wände bekleidet waren, die mit schneeweißem Brecciagestein bedeckten Pfeilerbündel, die bunten Mosaiken der Fußböden, das aus einem einzigen Block weißen Marmors gehauene Schwimmbecken mit dem bunten Markisendach, die bronzenen Türen, die mit fließend warmem und kaltem Wasser ausgestatteten Badezimmer in den Türmen, die in den Wandnischen stehenden griechi-

schen und römischen Statuen, die Teppiche, Seidentapeten, Vorhänge, Kissen, Lesepulte, Ruhebänke, Öllampen der Inneneinrichtung.
Castel del Monte hat den Kunsthistorikern Rätsel aufgegeben, weil der Bau mit seinen spätantiken, byzantinischen und orientalischen Elementen unter Einschmelzung gotischer Formen in keine Kategorie einzuordnen ist, geschweige denn der Grundriß, der die mystische Zahl 8 in der Form des Oktogons zehnmal wiederholt. Von einem der kaiserlichen Gemächer führte eine Wendeltreppe hinauf in einen Raum, in dem die Lieblingstiere Friedrichs ihr Quartier hatten – die Jagdfalken.

Das Falkenbuch

»*De arte venandi cum avibus*« lautet der Titel des Buches, das er über sie schrieb, »Von der Kunst, mit Vögeln zu jagen«. Wie Castel del Monte, das die Renaissance vorwegzunehmen scheint, auch hier ein Werk, das neue Maßstäbe setzt. Anstelle der Naturbeschreibung tritt die Empirie, die keine Erkenntnis ohne Erfahrung duldet. Welche Arbeit und welche Geduld nötig waren, welch wissenschaftliches Verantwortungsbewußtsein, zeigt die Einleitung, in der Friedrich schreibt: »Wir verschoben, obgleich Wir Uns seit langer Zeit vorgenommen hatten, Gegenwärtiges zu verfassen, Unseren Vorsatz, es schriftlich niederzulegen, fast dreißig Jahre lang, da wir nicht glaubten, früher allem zu genügen.« Aristoteles, den Fürsten der Philosophen, der auch in der Zoologie als Koryphäe galt, benutzt er nur zum Teil, weil er »in vielen Fällen von der Wahrheit abgewichen ... denn selten oder niemals zog er zur Beize. Wir aber liebten und übten sie von Jugend auf.«
Er ließ Experten der Falknerei aus dem Orient anreisen und befragte sie über ihre Erfahrungen. Seine Beauftragten schickten ihm aus allen Ländern Falken, aber auch andere seltene Vogelarten, denn man wußte, daß er ein solches Geschenk jeder anderen Kostbarkeit vorzog. Einmal ließ er einen zum Strang Verurteilten in eine lotrechte Felswand klettern, in der er ein Nest des seltenen weißen Falken vermutete. Er teilte die Vögel ein in ihre verschiedenen Arten, versuchte, das Ge-

heimnis des Vogelzugs zu ergründen, registrierte die Konsistenz der
Schwungfedern im Verhältnis zur Zahl der Flügelschläge, beschäftigte
sich mit ihrem Wettersinn, ihren Nistgewohnheiten, ihrer Nahrung,
sammelte Zehntausende von Einzelbeobachtungen und schuf, zusammen mit den von ihm entworfenen Illustrationen, ein über die Jahrhunderte hinaus gültiges ornithologisches Fachwerk.
Und als der Großkhan der Mongolen, so erzählte man sich, ihm im
Falle der Unterwerfung einen guten Posten an seinem Hof versprach,
antwortete er mit der ihm eigenen Ironie: »Mit dem Amt des Falkners
wäre ich einverstanden.«

Strafexpedition nach Deutschland

Im Frühjahr 1235 bewegte sich ein Zug über die Alpen nach Deutschland, wie er bis dahin noch von niemandem gesehen worden war. Sarazenische Reiter auf Berberpferden ritten an der Spitze, gefolgt von
Kamelen, die mit Tüchern verhängte Sänften trugen, riesige Sudanneger führten an silbernen Ketten Leoparden, Luchse und Löwen, auf
der gepolsterten Kruppe anderer Pferde saßen Geparden, während der
riesige Elefant, von dem man erzählte, daß er in Capua einen Esel zehn
Meter weit durch die Luft geschleudert habe, gravitätisch einherschritt,
einen Turm auf dem Rücken, aus dem maurische Bogenschützen hervorlugten. In der Mitte des Zuges, so weit von der Spitze entfernt, daß
die von den Reitern aufgewirbelte Staubwolke ihn nicht mehr erreichen konnte, ritt der Kaiser auf dem »Drachen«, einem schwarzen
Araberhengst von feurigem Temperament.
Friedrich war unterwegs, seinen Sohn zu strafen, der als König Heinrich VII. in Deutschland sein Statthalter war und sich nun gegen ihn empört hatte. Warum die Strafexpedition einen derart phantastischen
Aufputz trug, warum statt schwerbewaffneter Soldaten schwarze
Männer und wilde Tiere mitgeführt wurden, hatte seinen guten Grund.
Der Kaiser wußte von seinem ersten Auftritt als der »Märchenprinz
aus Apulien«, wie anfällig die Deutschen gegenüber dem mystischen
Zauber ferner Welten waren, so daß sie glauben würden, ein Kaiser, der
über ein solches Gefolge gebot, müsse sagenhaft mächtig sein und un-

ermeßlich reich. Man spürt das ungläubige Staunen, das wohlige Erschrecken aus den Zeilen, die der Chronist notierte: »... er aber fuhr daher in seinem Glorienschein, in Pracht und in Herrlichkeit, und es folgten ihm die Wagen, schwankend unter der Last des Goldes, des Silbers, der Edelsteine, des Purpurs, und dunkle Äthiopier, die sich auf geheimnisvolle Künste verstanden, bewachten die Schätze und gehorchten dem Wimpernschlag seiner Augen...«

In dem Brief Friedrichs an den ungehorsamen Sohn zeigte sich das Vater-Sohn-Problem, das im deutschen Kaisertum bereits zur Tradition geworden war (man denke nur an Otto I. und Liudolf, an Heinrich IV. und Heinrich V.). »Wir täuschten Uns nämlich in Unserem Sohne, der im Laufe der Zeit die Ehrfurcht vor Unseren Befehlen ablegte... wie er sich auch nicht scheute, unter Zurücksetzung der Furcht vor Gott und der Ehrfurcht vor seinem Vater schauderhafte Dinge gegen die Ehre Unseres Namens ins Werk zu setzen...«

Was nun war hier »schauderhaft«? Heinrich, früh gereift wie alle Staufer, hatte sich nach dem Mündigwerden von jenen gelöst, die nicht nur seine Vormünder waren, sondern auch seine Spitzel, und sich dem niederen Adel zugewandt, und wenn die Bürger der Städte Hilfe brauchten gegen einen tyrannischen Bischof, dann gewährte er sie ihnen. Im Bürgertum und bei den Ministerialen glaubte er die Menschen zu finden, mit deren Hilfe sich eine selbständige Politik treiben ließ: *gegen* die Fürsten, *für* das Reich. Eine Politik, die ihm unsere Sympathie sichert, die aber mit Können und Kraft geführt werden mußte, und daran mangelte es dem König: er war hochbegabt, aber von unstetem, schwächlichem Charakter. So war der Konflikt mit dem Vater bald unvermeidlich.

Auch Friedrich hat die deutschen Fürsten nicht geliebt, aber er brauchte sie. Brauchte sie jetzt mehr denn je. Wie wollte er die lombardische Liga mit dem seit Barbarossas Tagen verhaßtem Mailand an der Spitze in die Knie zwingen, wenn da jemand war, der in Deutschland Unruhe stiftete, ihm eine zweite Front schuf? Er hatte nicht die Absicht, sich seine Pläne, die auf die Schaffung eines weltweiten Imperiums hinausliefen, stören zu lassen, auch nicht von seinem eigenen Sohn.

Schon einige Jahre zuvor hatte er ihn nach Italien befohlen und behandelt wie einen Aussätzigen, durfte er doch nicht in derselben Stadt, geschweige denn unter demselben Dach, mit ihm wohnen. Heinrich hatte schwören müssen, die Kreise der Fürsten nicht mehr zu stören, ihre Hoheitsrechte wie Münze, Zoll, Gericht, Geleit, Burgen- und Städtebau, die früher der Krone gehörten, nicht anzutasten und die Stadtbewohner daran zu hindern, sich in Zünften, Bruderschaften, Innungen zu organisieren, denn die zu Reichtum gekommenen Städte waren den Landesherren ein Dorn im Auge. Die Aufteilung des Reiches in einzelne Fürstentümer war damit unheilvoll besiegelt. Man zwang ihn ferner – Höhepunkt der Demütigung – zu einem Brief an den Papst, in dem er darum bat, auf der Stelle gebannt zu werden, wenn er den dem »göttlichen Augustus«, seinem Vater, gegebenen Versprechen zuwiderhandele.

Die Tränen des Tyrannen

Heinrich hatte vor aller Welt sein Gesicht verloren, und es war verständlich, wenn er nun erst recht aufbegehrte, wenn er offenen Aufruhr gegen einen Kaiser predigte, dem das Reich der Deutschen gleichgültig war. Er schloß sogar mit den Lombarden ein Bündnis, und das nun war in des Kaisers Augen kein »knabenhafter Trotz« mehr, das war Hochverrat: wie konnte ein Staufer mit den Todfeinden des Hauses Hohenstaufen gemeinsame Sache machen?
Friedrichs Kalkulation über die Wirkung von exotischem Zauber und barer Münze ging auf: je weiter er nach Norden vorrückte, um so größer wurde die Zahl jener, die Heinrich im Stich ließen. Verstört, verfemt, verhöhnt, bleibt dem Sohn nichts anderes, als den Vater um Gnade zu bitten. In Worms wirft er sich ihm in Gegenwart der Großen zu Füßen, er weint verzweifelt, bittet um Gnade, Friedrich aber schaut verächtlich durch ihn hindurch, fordert ihn nicht auf, sich zu erheben, es wird still im Saal, die Szene ist beschämend, da bricht ein beherzter Mann das Schweigen und erinnert seinen Kaiser daran, daß auch dem verlorenen Sohn der Bibel verziehen wurde.
Im Mainzer Landfrieden von 1235, das erste in deutscher Sprache verkündete Reichsgesetz, mit dem Friedrich auch in Deutschland zum Gesetzgeber wurde, hat er das Besondere seines Falles ins Allgemeine erhoben. »Welcher Sohn seinen Vater von seinen Burgen verstößt«, so

steht dort geschrieben,»oder von anderem Gute oder es brennt oder raubt oder wider den Vater zu seinen Feinden schwört, so daß er auf des Vaters Verderbnis geht... der Sohn soll Eigen und Leben und fahrende Habe verlieren und alles Erbgut von Vater und Mutter auf ewige Zeiten...«

Friedrich vergab seinem Sohn, aber die Freiheit gab er ihm nicht. Von Kerker zu Kerker geschleppt, kam er schließlich in die Burg Rocca San Felice bei Melfi, wo er anscheinend wie ein Schwerverbrecher behandelt wurde; denn der Kaiser sah sich zu der Order veranlaßt »Unserem Sohne, von dem wir erfahren, daß er nicht so gekleidet ist wie erforderlich, neue Gewänder anzufertigen.« Als der Gefangene nach siebenjähriger Haft auf eine andere Burg gebracht wurde, da riß er sein Pferd urplötzlich am Zügel herum und stürzte sich mit ihm in die Tiefe einer Schlucht. Der Kaiser, der es für notwendig erachtet hatte, Heinrich der Staatsraison zu opfern, ist wie betäubt von der furchtbaren Nachricht. »Das Leid des liebenden Vaters«, schreibt er, »hat die Stimme des strengen Richters verstummen lassen. Tief müssen wir das Geschick unseres erstgeborenen Sohnes betrauern, und aus Unserem Innersten bricht eine Flut von Tränen, die der Zorn über die Kränkung und die Starre der Gerechtigkeit bisher zurückgehalten hatten. Vielleicht wird es harte Väter erstaunen, daß der von seinen Feinden unbesiegte Cäsar von häuslichem Schmerz hat besiegt werden können. Aber eines jeden Fürsten Gemüt, sei es noch so ehern, ist dem Gebot der Natur unterworfen: sie, die ihre Macht über jeden ausübt, kennt weder Könige noch Kaiser. Wir gestehen, daß Wir, der Wir durch des Königs Verrat nicht gebeugt werden konnten, durch des Sohnes Tod erschüttert sind.«

Das Attentat

In jenem Jahr war der Kampf zwischen dem Kaiser und dem Papst, der nun schon seit über dreihundert Jahren währte, in sein letztes Stadium getreten. Seine Spuren waren blutig genug, doch die Grausamkeit und der Fanatismus, mit dem die Auseinandersetzung jetzt geführt wurde, übertraf alles Dagewesene. Brennen, Morden, Verstümmeln, Foltern

wurde zur grausigen Gewohnheit, und beide Seiten übertrafen sich in der Erfindung neuer Schrecken – im Namen Christi.
Noch heute spürt man etwas von dem wahnwitzigen Haß, wenn man eines der päpstlichen Manifeste liest, in dem Friedrich ein »aus dem Stachel seines Schwanzes Gift spritzender Skorpion« genannt wird, eine »Bestie, die ihren Rachen nur zu Lästerungen des göttlichen Namens aufreißt«, ein »rasender Jäger der Unzucht vor dem Herrn, der nur Worte der Lüge liebt, nur Ruchlose zu Dienern hat«, ein »Fürst der Tyrannei, Umstürzer des kirchlichen Glaubens, Meister der Grausamkeit und Verwirrer des Erdenrunds... Die Nacken der Könige und Fürsten haben sich den Knien der Priester zu beugen und christliche Kaiser haben sich dem römischen Pontifex zu unterstellen.«
Friedrich hatte immer wieder versucht, mit der Kirche seinen Frieden zu machen. Zwar wollte er das Imperium mit dem Cäsar an der Spitze, aber er wollte es nicht ohne den Mann, der das geistliche Schwert führte, den Papst.
»... die ewige Vorsehung«, schrieb er in seiner Entgegnung, »hat für die Erde *zwei* Herren vorgesehen, den Priester und den Kaiser, den einen zum Schutz, den anderen zur Wehr, damit der Mensch, der aus zwei Elementen, dem Leib und der Seele, besteht, auch durch zwei Zügel gezähmt werde und somit Friede auf Erden herrsche.« Und er fährt fort, indem er Innocenz IV., der dem fast hundert Jahre alt gewordenen Gregor IX. gefolgt war, direkt angreift: »Aber der da sitzt auf dem Stuhl, von seinen Genossen gesalbt mit dem Öl der Bosheit, er maßt sich an, wider diese Ordnung zu freveln. Den Glanz Unserer Majestät sucht er zu verdunkeln, er, der seit seiner Erhebung nicht der Barmherzigkeit das Wort geredet hat, sondern der Zwistigkeit, nicht der Tröstung, sondern der Verwüstung. Er selbst ist der große Drache, der die Erde verschlingen will, der Antichrist, der für Geld Gedungene, der Fürst der Finsternis. Und weil er nicht aufhört, Uns zu schaden und zu verfolgen, sind Wir zur Vergeltung gezwungen...«
Hammer wollte er jetzt sein und nicht mehr Amboß, und mit Hammerschlägen wütete er gegen die Papstkirche und die mit ihr verbündeten Lombarden. Er schlug sie vernichtend bei Cortenuova; er fing hundert kirchliche Würdenträger ab, die zu einem Konzil nach Rom unterwegs waren, und sperrte sie in die Kerker seiner apulischen Kastelle; den Einwohnern Viterbos, die sich zum »Kreuzzug« gegen ihn hatten bewegen lassen, brannte er das Kreuz in die Stirn.

Der Papst blieb die Antwort nicht schuldig: er verbot den kaisertreuen Priestern in Deutschland die Abhaltung von Gottesdiensten, von Trauungen, Taufen und Bestattungen; er warb für 25 000 Mark Silber einen Gegenkönig an, den Landgrafen Heinrich Raspe aus Thüringen; er füllte seine Kriegskasse auf, indem er den Gläubigen ihre Sünden abkaufte. Und er unternahm etwas, was in der mittelalterlichen Papstgeschichte ein Novum war: einen Mordanschlag auf den Kaiser.
Friedrich deckte die Verschwörung auf und rächte sich mit jener Erbarmungslosigkeit, die immer dann aus ihm hervorbrach, wenn er sich hintergangen wußte: unter den Verschwörern waren Männer, die er für seine Freunde gehalten hatte. Er verurteilte sie wegen »versuchten Vatermordes«, und darauf stand nach altem römischem Recht eine ganz besondere Strafe: das Einnähen in mit Giftschlangen gefüllte Ledersäcke. Ihre Helfershelfer wurden in entsetzlich verstümmeltem Zustand von Stadt zu Stadt geführt, damit jeder sehen konnte, wie man mit Verrätern umging. Ihre Frauen und Kinder verschwanden in den Verliesen Palermos, wo sie das Licht der Sonne nicht wieder erblickten.
Von dem zweiten Attentat hat Innocenz zumindest gewußt und es gebilligt. Auch hier kam die Warnung im letzten Moment. Der Attentäter war ein Mann, den der Kaiser gerade aus einem Kriegsgefangenenlager in Parma freigekauft hatte und der zur engsten Umgebung des Throns gehörte: sein Leibarzt. Als er seinem Herrn einen Becher mit einem Stärkungsgetränk reicht, blickt ihn Friedrich lange an und sagt: »Lasset uns den Trank teilen. Trinke mir zu.« Der Arzt wird bleich, täuscht ein Stolpern vor und verschüttet den Inhalt des Bechers. Doch ein Bodensatz ist geblieben, und diese letzten Tropfen flößt man einem zum Tode Verurteilten ein: er stirbt qualvoll unter Krämpfen. Der Kaiser sagt tonlos: »Auf wen kann ich noch vertrauen, wo kann ich noch sicher sein...«, und er befiehlt, den Arzt bis zur Hinrichtung bei Tag und Nacht zu foltern.

»... da das Ende Unseres Lebens gekommen«

Der Stern des Kaisers beginnt zu sinken. Er, der der Hammer sein wollte, ist nun doch Amboß, auf den die Schläge des Schicksals herniedersausen. Er ist längst wieder gebannt, ja, für abgesetzt erklärt worden von einem Papst, der jetzt im fernen Lyon residiert, von wo aus er, nach den Worten der Chronisten, wie eine Spinne am Rande des Netzes lauert und seine Fäden spinnt. Die starken Mauern der lombardischen Städte haben den meisten Angriffen widerstanden. Friedrichs Lieblingssohn Enzio, einen Jüngling schön wie Apoll, aus der Verbindung mit dem deutschen Edelfräulein stammend, haben die Bolognesen gefangen und weigern sich, ihn wieder freizulassen, auch nicht gegen den Ring von Silber, den der Staufer als Lösegeld um die Stadt legen will. Die Parmesen erobern bei einem Ausfall die vor ihren Toren errichtete kaiserliche Lagerstadt, erschlagen Tausende, erbeuten den Staatsschatz, das Falkenbuch, die Siegel, das Zepter und die Krone. Peter von Vinea, sein Kanzler, ein Mann, von dem man sagte, daß er den Schlüssel zum Herzen des Kaisers gehabt habe, wird als Verbrecher entlarvt, der die Krone um riesige Summen betrogen hat. In den Kerker von San Miniato eingeliefert, fragt er, den die Wächter zum Krüppel geschlagen und geblendet haben, ob etwas zwischen ihm und der Mauer sei, und als die Frage verneint wird, wirft er sich gegen die Wand und zerschmettert den Schädel.

Die Luft um den Kaiser wird eisig, er vereinsamt, traut niemandem, verdächtigt jeden, und der leiseste Verdacht genügt, um den Folterknecht zu rufen. Die Diener hören ihn seufzen, klagend zitiert er das Wort Hiobs: »Alle meine Getreuen haben Greuel an mir, und die ich liebte, haben sich wider mich gekehrt.« Er ist gebeugt, aber er ist nicht gebrochen, und im Jahr 1250 zeigt sich ihm die Welt wieder in rosigem Licht. Seine Truppen erobern Ravenna, siegen über die Parmesen und die päpstlichen Soldaten, gewinnen die Romagna; auch aus Deutschland, wo König Konrad IV., der Sohn aus der Ehe mit der syrischen Isabella, den Gegenkönig bekämpft, kommen gute Nachrichten. Der Papst fühlt sich in Lyon nicht mehr sicher und sucht bereits nach einem anderen Asyl.

Friedrich beschäftigt sich mit den Vorbereitungen zu einem neuen Feldzug, der ihm endgültig den Sieg bringen soll, da wirft ihn die Ruhr nieder, »die die mittelalterlichen Herrscher demütigende Nemesis«, er kann das Bett nicht mehr verlassen und ruft den Schreiber, um sein Testament zu diktieren. »... da das Ende Unseres Lebens gekommen scheint, wollen Wir, am Leibe krank, doch wach im Geist, für das Heil Unserer Seele sorgen und über Unsere Länder verfügen, auf daß Wir,

auch wenn Wir allem Irdischen entrückt sind, doch zu leben scheinen.«
Der Kirche sei, so bestimmt er, zurückzugeben, was ihr gehöre, wenn sie ihrerseits die Rechte der Krone achte. Er erläßt eine allgemeine Amnestie und stiftet 100 000 Goldunzen, damit das Heilige Land wiedererobert werde.

Der große Spötter, der an die Unsterblichkeit der Seele nicht zu glauben vermochte, sorgt nun für deren Heil, indem er die Kutte der Zisterziensermönche zum Sterbegewand erbittet und sich die Sakramente erteilen läßt. Sarazenische Krieger überführen den Leichnam nach Palermo, wo er im Dom, in einem von Löwen getragenen Sarkophag aus rotem Porphyr, die letzte Ruhe findet.

Das Volk glaubte nicht daran, daß er gestorben war, dazu hatten seine Gegner seinen Tod zu oft verkündet. Viele meinten, daß er in den Ätna eingeritten sei, um in der wabernden Lohe auf seine Stunde zu warten. Einst werde er wiederkehren als ein Messias der Armen und Bedrückten, die verderbte Kirche zu richten, die Bösen zu vertilgen, die ewige Gerechtigkeit zu bringen. Sein Nachruhm war groß bei den einfachen Leuten, so groß, daß noch viele Jahre nach seinem Tod jene Betrüger riesigen Zulauf hatten, die sich als »wiedergekehrter Kaiser Friedrich« ausgaben.

Rottet aus Namen und Leib...

Mit dem Tod des letzten Staufferkaisers war der Traum eines universalen Kaisertums ausgeträumt. Es war in der Tat nur noch ein Traum gewesen, denn die Zeiten hatten sich gewandelt, die Völker Europas waren längst auf dem Weg, sich in eigenen Nationalstaaten selbst zu verwirklichen. Friedrich II., der letzte Heros des die Jahrhunderte erfüllenden Titanenkampfes, ein mit allen seinen Tugenden und Fehlern genialer Mensch, war im Grunde eine tragische Gestalt. Er mußte scheitern, weil er nichts anderes verkörperte »als das letzte herrliche und schreckliche Aufglühen der Idee vom Imperium in der abendländischen Welt«.

Mit ihrem Erlöschen aber geriet auch das andere große Gestirn, dem unerbittlichen Gesetz des mittelalterlichen Kosmos folgend, aus seiner

Bahn: das Papsttum. Es hatte seine Substanz verbraucht, war schuldig geworden durch den Verrat an seiner eigentlichen Mission. Und: wenn der Leib nicht ohne Seele sein konnte, so war auch die Seele ohne Leib nicht denkbar, das geistliche Schwert nicht ohne das weltliche Schwert. Nie hat das Papsttum wieder jenen Gipfel erreicht, den es zusammen mit dem Kaisertum innegehabt hatte. Was für Gregor in Canossa gegolten hatte, galt jetzt für Innocenz und seine Nachfolger: sie hatten triumphiert, aber sie siegten nicht. Und die Ironie wollte es, daß die Macht, an die sie sich jetzt wandten, um die Staufer endgültig zu vernichten, die eigene Ohnmacht herbeiführte: schon wenige Jahrzehnte später befand sich das Papsttum unter dem Joch des französischen Königs.
»Rottet aus Namen und Leib, Samen und Sproß dieses Babyloniers!« hatte der Papst nach dem Tod Friedrichs verkündet, und er wählte sich Karl von Anjou, den Bruder des französischen Königs, die Rache zu vollziehen. Karl, mit der sizilischen Königskrone im voraus belohnt, war ein treuer Diener der Kirche, ein Mann ohne Gefühl und Gemüt, ein kalter Techniker der Macht, für seine Aufgabe also glänzend geeignet. Zuerst rechnete er mit Manfred ab, dem Sohn Friedrichs und der Piemonteserin Bianca Lancia. Vom Vater testamentarisch zum Statthalter des sizilischen Reichs bestimmt, hatte er sich zu dessen König gemacht, und da es zwei Könige nicht geben durfte, kam es bei Benevent zur Schlacht. Manfred fiel an der Spitze seiner Reiter, wurde ehrenhaft bestattet, seine Gebeine aber später vom Erzbischof von Cosenza ausgegraben und in den Fluß geworfen. Über seine drei Söhne, Kinder noch, verfügte Karl von Anjou mit den Worten: »Sie mögen leben, als wären sie nie zur Welt gekommen.« Man schaffte sie auf das von ihrem Großvater erbaute Castel del Monte und kettete sie wie Tiere in den Turmzimmern an. Einer von ihnen konnte nach dreißig Jahren währender Haft entfliehen, die beiden anderen verkamen, halb erblindet, vom Wahnsinn umschattet.
Manfreds Halbbruder Konrad IV., der Sohn Isabellas von Brienne, der nach des Vaters Willen sein Nachfolger werden sollte, starb, sechsundzwanzig Jahre alt, an der Malaria. Im Dom von Messina beigesetzt, zerstörte ein plötzlich ausbrechendes Feuer den Sarkophag und den Leichnam.
Friedrich von Antiochien, Sproß aus der Liaison mit der unbekannten orientalischen Prinzessin, fiel beim Kampf um die Stadt Foggia. Hein-

rich Carlotto, der Sohn der englischen Isabella, mit der Friedrich in Worms die Ehe einging, starb mit fünfzehn Jahren. Enzio, der Gefangene von Bologna, dem die ritterlichen Bolognesen in seinem Palast jede Freiheit gestatteten, nur die *Freiheit* nicht, versuchte nach zwanzigjähriger Haft zu entfliehen. Ein Küfer schmuggelte ihn in einem großen Weinfaß aus dem Palast, doch Enzios lange blonde Haare, die aus dem Spundloch herausquollen, verrieten ihn.

So blieb Konradin, der Sohn Konrads IV., die letzte Hoffnung der Staufer und der kaisertreuen Partei Italiens, der Ghibellinen. In ihm schienen noch einmal all jene Eigenschaften aufzublühen, die diese einzigartige Dynastie auszeichnete: Schönheit und Heiterkeit, Gelassenheit und Großzügigkeit, die Bildung des Geistes und des Herzens. Mit fünfzehn Jahren zog er nach Italien, auf daß, wie er stolz verkündete, »das herrliche Geschlecht, dem Wir angehören, in Unserer Person nicht entarte«, und das hieß: das Erbe seines großen Ahnen Friedrichs II. anzutreten. Der Italienzug des »schönsten Knaben, den man nur finden kann«, endete in einer Katastrophe.

Bei Tagliacozzo von einer Übermacht geschlagen, gerät er in die Hände des Mannes aus Anjou, der ihn nicht als königlichen Kriegsgefangenen betrachtet, sondern als Hochverräter und Majestätsverbrecher. Konradin wird in einem Scheinprozeß zum Tode verurteilt, ein Urteil, das »einen Schauder des Mitleids und der Empörung im ganzen Erdenrund« auslöst. Die Hinrichtung in Neapel, auf der heutigen Piazza del Mercato mit dem Hintergrund des Vesuvs und der Insel Capri, gerät zu einem großen öffentlichen Schauspiel. Konradin sagt, indem er dreimal das Kreuz schlägt, zu seinem Henker: »Ich verzeihe dir, daß du mich tötest.« Er kniet nieder und betet. Dann schreitet er gelassen zum Richtblock. Seine letzten Worte gelten seiner Mutter, Elisabeth von Bayern: »Ach, Mutter, welch einen Schmerz muß ich dir bereiten...«

Zeittafel

919–936 Heinrich I., deutscher König.
912 Geburt Ottos I.
929 Otto heiratet Editha, Tochter des englischen Königs.
936 Otto I. in Aachen zum deutschen König gekrönt.
951 1. Italienzug. Durch die Heirat mit Adelheid, der Witwe König Lothars von Italien, erwirbt Otto die lombardische Krone.
955 Schlacht auf dem Lechfeld. Erstes gesamtdeutsches Aufgebot.
962 Kaiserkrönung Ottos in Rom durch Papst Johannes XII.
967 wird Ottos Sohn, Otto II., mit seinem Vater deutscher König, nun auch zum Kaiser gekrönt.
968 Magdeburg wird Ausgangspunkt der Ostmission.
972 Theophano, Prinzessin aus Byzanz, wird mit Otto II. vermählt.
973 Tod Ottos I. in der Pfalz Memleben, im Magdeburger Dom beigesetzt.
974 Otto II. schlägt Verschwörung des Bayernherzogs Heinrich des »Zänkers« nieder.
Feldzüge gegen Böhmen, Polen, Dänen, Wikinger.
978 Feldzug gegen Frankreich.
980 Otto zieht nach Italien.
982 Niederlage des kaiserlichen Heeres durch die Araber bei Cotrone.
983 Krankheit und Tod Ottos II. in Rom. Beigesetzt in der Peterskirche.
Otto III. zum deutschen König gekrönt, seine Mutter Theophano Regentin für den unmündigen König.
996 Kaiserkrönung Ottos III. in Rom.
997 Märtyrertod Bischof Adalberts von Prag bei den Prußen.

1000 Errichtung des Erzbistums Gnesen.
1002 Tod Ottos nach wechselvollen Kämpfen mit dem Papst und dem aufständischen römischen Adel. Zu Aachen beigesetzt.
Heinrich II., Vetter Ottos III., Herzog von Bayern, deutscher König.
1007 Stiftung des Bistums Bamberg.
1014 Kaiserkrönung Heinrichs II. in Rom.
1024 Tod Heinrichs. Sein Nachfolger wird Konrad II. aus dem Hause der Salier.
Feldzüge in Italien und gegen die Polen. Rückgewinnung der Lausitz.
1027 Kaiserkrönung in Rom. Niederwerfung des Aufstandes seines Stiefsohnes Ernst von Schwaben.
1034 Erwerbung Burgunds.
1039 Tod und Beisetzung Konrads II. in dem von ihm erbauten Dom zu Speyer.
Heinrich III., Sohn Konrads, bereits 1028 zum deutschen König gekrönt.
1046 Italienzug. Kaiserkrönung durch den von ihm eingesetzten Papst Clemens II.
Heinrichs Machtbereich: Deutschland, Italien, Burgund. Anerkennung seiner Oberhoheit durch die Polen, Böhmen und Ungarn.
1056 Tod Heinrichs III., sein Sohn Heinrich IV. sein Nachfolger.
1062 Entführung Heinrichs durch Erzbischof Anno von Köln. Gregor VII. beansprucht die Vorrangstellung des Papstes: Investiturstreit.
1077 Gang nach Canossa.
1105 Heinrichs Sohn, Heinrich V., nimmt den Vater gefangen und zwingt ihn zur Abdankung. Flucht Heinrichs IV. nach Köln und Lüttich.
1106 Tod Heinrichs IV.
1111 Heinrich V. zieht nach Rom und läßt sich von Papst Paschalis II. zum Kaiser krönen.
1122 Das Wormser Konkordat.
1125 Tod Heinrichs V.

1125–1137 Kaiser Lothar III. Konrad III. aus dem Hause der Staufer Gegenkönig.
1138 Konrad III. deutscher König. Er ist der erste König seit Otto I., der nicht zum Kaiser gekrönt wird.
1147–1149 Zweiter Kreuzzug unter Konrad III.
1152 Tod Konrads III. Sein Neffe Friedrich I., »Barbarossa«, deutscher König. Rückgabe des Herzogtums Bayern an den Welfenherzog Heinrich den Löwen.
1155 Kaiserkrönung Friedrichs I. in Rom.
1158 Zweiter Italienzug. Reichstag von Roncaglia. Verzicht der Städte auf die Regalien.
1162 Eroberung und Zerstörung Mailands.
1165 Reichstag zu Würzburg. Heinrich der Löwe heiratet Mathilde, die Tochter des englischen Königs Heinrich II.
1166 Dritter Italienzug. Sieg bei Tusculum.
1167 Tod Rainalds von Dassel, des Kanzlers Friedrichs I.
1174 Erneuter Italienfeldzug.
1176 Niederlage Friedrichs bei Legnano.
1180–1181 Reichsacht gegen Heinrich den Löwen. Verlust seiner Herzogtümer.
1184 Hoftag zu Mainz. Schwertleite der Söhne Barbarossas.
1186 Vermählung seines Sohnes Heinrich VI. mit Konstanze, der Erbin Siziliens.
1189 Dritter Kreuzzug.
1190 Tod Friedrichs im Flusse Saleph.
1191 Kaiserkrönung Heinrichs VI.
1192 Gefangennahme des englischen Königs Richard Löwenherz bei seiner Rückkehr aus dem Heiligen Land durch Herzog Leopold von Österreich.
1194 Freilassung Richards gegen hohes Lösegeld und Lehensverpflichtung gegenüber dem Kaiser. Zug Heinrichs VI. nach Sizilien. Eroberung Palermos und Krönung zum König von Sizilien. Geburt Friedrichs II.
1197 Aufbruch zum Kreuzzug. Aufstand in Sizilien. Blutiges Strafgericht Heinrichs in Palermo. Sein plötzlicher Tod.

1198 Krönung des vierjährigen Friedrich II. zum König von Sizilien.
Mit 14 Jahren Heirat mit der 25jährigen Konstanze von Aragon.
1212 Friedrich in Deutschland. Gegenkönig Ottos IV.
1214 Entscheidende Niederlage Ottos in der Schlacht von Bouvines gegen die Franzosen.
1215 Königskrönung Friedrichs II. in Aachen.
1220 Kaiserkrönung Friedrichs II. in Rom. In den folgenden Jahren Errichtung eines zentral verwalteten Staates. Gründung der Universität Neapel.
1225 Hochzeit mit Isabella von Brienne.
1229 Kreuzzug Friedrichs II. (fünfter Kreuzzug). Krönung zum König von Jerusalem.
1230 Frieden von San Germano. Das Falkenbuch (»De arte venandi cum avibus«) Friedrichs II.
1235 Strafexpedition gegen seinen Sohn Heinrich VII., der abgesetzt wird.
1237 Sieg über die Lombarden bei Cortenuova.
1245 Friedrich wird auf dem Konzil zu Lyon als Kaiser für abgesetzt erklärt.
1250 Tod Friedrichs.
1254 Sein Sohn Konrad IV. stirbt in Italien.
1266 Manfred, Sohn Friedrichs II., König von Italien, fällt bei Benevent im Kampf gegen Karl von Anjou.
1268 Konradin, Sohn Konrads IV., wird bei Tagliacozzo von Karl von Anjou geschlagen und in Neapel hingerichtet.

Zitierte Literatur

1. Kapitel
G. Steinhausen, Geschichte der deutschen Kultur. Leipzig 1936
Roger de Wend, in: Monumenta Germaniae historica (MGH), Scriptores (SS), Band 28
Das Leben der Königin Mathilde, in: MGH, Scriptores (SS), Band 10
Köpke-Dümmler, Kaiser Otto der Große. Leipzig 1876
R. Holtzmann, Geschichte der sächsischen Kaiserzeit. München 1941
A. Borst, Lebensformen im Mittelalter. Berlin 1973

2. Kapitel
Odilo von Cluny, Das Leben der Kaiserin Adelheid, in: MGH, Scriptores (SS), Band 4
E. von Salomon, Der rote Preuße. München 1973
Th. von Bogyay, Lechfeld. München 1955
Ekkehard IV., Casus Sancti Galli, in: MGH, Scriptores (SS), Band 2

3. Kapitel
J. Fleckenstein, Otto der Große, in: Frankf. Allg. Zeitung Nr. 302, 1973
W. v. Giesebrecht, Geschichte der deutschen Kaiserzeit, 6 Bände, hrsg. v. W. Schild, Meersburg 1929/30
Liutprand von Cremona, Die Gesandtschaft an Kaiser Nikephoras Phokas in Konstantinopel, in: Quellen zur Geschichte der deutschen Kaiserzeit. Darmstadt 1971
Thietmar von Merseburg, ebd.
H. Mitteis, Die deutsche Königswahl. Baden bei Wien 1938
P. E. Schramm, Herrschaftszeichen und Staatssymbolik. Stuttgart 1955
G. Tellenbach, Otto der Große, in: Die großen Deutschen, Band 1. Berlin 1956

4. Kapitel
Richer von Reims, in: Geschichtsschreiber der deutschen Vorzeit, Band 7. Berlin 1857
L. von Ranke, Weltgeschichte, 9 Bände. 5. Aufl. Leipzig 1896 ff.
C. M. Kaufmann, Das Kaisergrab in den vatikanischen Grotten. München 1902
F. Gregorovius, Geschichte der Stadt Rom im Mittelalter, 8 Bände. 2. Aufl. Stuttgart 1870

5. Kapitel
F. Gregorovius, a. a. O.
W. von Giesebrecht, a. a. O.
M. de Ferdinandy, Der heilige Kaiser Otto III. und seine Ahnen. Tübingen 1969
L. Barzini, The Italians. New York 1964
P. E. Schramm, Kaiser, Rom und Renovatio. Darmstadt 1957
Bischof Adalberts Leben, in: Geschichtsschreiber der deutschen Vorzeit. Berlin 1857
F. Heer, Tausend Jahre Abendland. Basel o. J.
Vita Sancti Bernwardi, in: MGH, Scriptores (SS), Band 4
Brun von Querfurt, Vita quinque fratrum, in: MGH, Scriptores (SS), Band 2

6. Kapitel
L. von Ranke, a. a. O.

7. Kapitel
R. Huch, Deutsche Geschichte, 3 Bände. Berlin 1934/49
G. Tellenbach, Kaiser Konrad II., in: Deutscher Westen – Deutsches Reich. 1938
F. Gregorovius, a. a. O.
Petrus Damiani, De coelibatu sacerdotum, zitiert in: J. Bühler, Die sächsischen und salischen Kaiser. Leipzig 1924

8. Kapitel

Die Niederaltaicher Annalen, in: Geschichtsschreiber der deutschen Vorzeit, 3. Aufl. Berlin 1941
Die Annalen Lamperts von Hersfeld, in: Geschichtsschreiber der deutschen Vorzeit, 5. Aufl. Berlin 1939
M. Freund, Deutsche Geschichte. München 1973
J. Haller, Das altdeutsche Kaisertum. Stuttgart 1934
F. Schneider, Mittelalter bis zur Mitte des 13. Jahrhunderts. Darmstadt 1973
Registrum Gregorii, in: MGH, Epistolae. Berlin 1920
F. Gregorovius, a. a. O.

9. Kapitel

B. Gebhardt, Handbuch der deutschen Geschichte, 4 Bände. 9. Aufl. Stuttgart 1970
M. Freund, Deutsche Geschichte. München 1973
J. Haller, a. a. O.
J. Bühler, Die sächsischen und salischen Kaiser. Leipzig 1924
Die Briefe Kaiser Heinrichs IV., hrsg. v. K. Langosch. Münster, Köln 1954
Jahrbücher des deutschen Reiches unter Heinrich IV. und Heinrich V., hrsg. v. G. Meyer von Knonau, 7 Bände. Leipzig 1890–1909

10. Kapitel

Richard von London, in: MGH, Scriptores (SS), Band 27
Ottonis et Rahewini gesta Friderici I. Imperatoris, in: MGH, Scriptores (in usum scholarum), Band 46
W. von Giesebrecht, a. a. O.
F. Gregorovius, a. a. O.
H. Delbrück, Geschichte der Kriegskunst, Band 3. 2. Aufl. Nachdr. Berlin 1964
W. Durant, The Age of Faith. New York 1950
Ottonis de Sancto Blasio Chronica, in: MGH, Scriptores (in usum scholarum), Band 47
R. Huch, a. a. O.

Romoaldi archiepiscopi Salernitani Annales, in: MGH, Scriptores (SS), Band 19
J. Haller, a. a. O.
L. von Ranke, a. a. O.
F. W. Wentzlaff-Eggebrecht, Der Hoftag Jesu Christi 1188 in Mainz. Wiesbaden 1962
H. von Veldeke, Eneide, hrsg. v. O. Behaghel. Heilbronn 1882
Itinerarium regis Ricardi, hrsg. von W. Stubbs. London 1864

11. Kapitel
G. Jungbluth, Die Lieder Kaiser Heinrichs VI., in: Beiträge zur Geschichte der deutschen Sprache und Literatur, 85, 1963
Th. Toeche, Kaiser Heinrich VI., in: Jahrbücher der deutschen Geschichte. Leipzig 1867
Ottonis de Sancto Blasio Chronica, a. a. O.

12. Kapitel
Huillard-Bréholles, Historia diplomatica Friderici II., 7 Bände. Paris 1852–61
F. von Raumer, Geschichte der Hohenstaufen und ihrer Zeit, 6 Bände. 4. Aufl. Leipzig 1871/73
P. Rühmkorf, Walther von der Vogelweide, Klopstock und ich. Hamburg 1975
J. Haller, a. a. O.
Kaiser Friedrich II. in Briefen und Berichten seiner Zeit, hrsg. v. K. J. Heinisch. Darmstadt 1968
E. Kantorowicz, Kaiser Friedrich II., Berlin 1928
K. Hampe, Kaiser Friedrich II. als Fragensteller, in: Kultur- und Universalgeschichte. Leipzig 1927
R. Grousset, Histoire des croisades et du royaume français de Jérusalem. Paris 1936
E. Winkelmann, Kaiser Friedrich II., in: Jahrbücher der deutschen Geschichte. Leipzig 1897
Die Hohenstaufen nach zeitgenössischen Quellen, hrsg. v. J. Bühler. Leipzig 1925

K. Pfister, Kaiser Friedrich II. München 1943
Salimbene von Parma, Chronik, bearbeitet v. A. Doren. Leipzig 1914
H. Naumann, Die Hohenstaufen als Lyriker und ihre Dichterkreise, in: Dichtung und Volkstum, 36, 1935
H. Schöppfer, Des Hohenstaufen-Kaisers Friedrich II. Bücher von der Natur der Vögel und der Falknerei. Berlin 1896
C. A. Willemsen, Das Falkenbuch Kaiser Friedrichs II., in: Kosmos, 47, 1951
H. Nette, Friedrich II. von Hohenstaufen. Hamburg 1975
W. Durant, The Age of Faith. New York 1950
J. Burckhardt, Die Kultur der Renaissance in Italien. 18. Aufl. hrsg. v. W. Goetz. Leipzig 1928

Bildnachweis

Die Ziffern verweisen auf Bildnummern

Archiv Gerstenberg, Frankfurt/Main 26, 41
Archiv für Kunst und Geschichte, Berlin 8, 19, 35, 36, 40
Bayerische Staatsbibliothek, München 45
Bildarchiv Foto Marburg, Marburg (Lahn) 2, 4, 11, 14, 15, 29, 37, 39
Bildarchiv Preußischer Kulturbesitz (Staatsbibliothek) Berlin 18, 21, 22, 25, 28, 38
Deutsche Fotothek, Dresden 5, 30
Documentation photographique de la Réunion des musées nationaux Paris 9
Fix, Willi, Speyer 20
Hahne, Heinrich, Dr., Wuppertal-Barmen 23
Historia-Photo, Bad Sachsa 31
Kunstarchiv Arntz, Haag 6, 7
Kunsthistorisches Museum, Wien 3, 16
Pabst, Wilhelm, Uhingen 27
San Pietro in Vaticano, Città del Vaticano 13
Schneiders, Toni, Lindau 10, 12, 34
Skala, Florenz 1, 24, 42
Süddeutscher Verlag, Bilderdienst, München 17, 44
Uni-Bibliothek, Heidelberg 32, 33
Windstosser, Ludwig, Stuttgart 43

Register

Aachen 28 ff., 31 ff., 39, 66, 84, 96, 117, 134, 143 ff., 147, 316
Abderrahman, Kalif 213
Abodriten 64, 115
Abulkassim, Emir 109 ff.
Adalbero, B. v. Würzburg 217
Adalbert, Eb. v. Bremen 190 f., 197
Adalbert, B. v. Prag 129 ff., 142 ff.
Adel 95, 127, 146, 344
Adela v. Vohburg, Gemahlin Friedrichs I. 252
Adelheid, Gemahlin Ottos I. 48 ff., 52, 72 f., 107 f., 120 ff.
Adelheid, Markgfn. v. Savoyen 218, 220
Adelheid, Markgfn. v. Turin 191
Adiva 25
Ägypten 273
Aethelstan, Angelsachsenkg. 24 f.
Agnes v. Poitou, Gemahlin Heinrichs III. 186, 188, 201, 214
Aisne 100
Akkon 298, 324, 332
Aksa-Moschee 328, 331
Albanerberge 128
Alessandria 272
Alexander II., Papst 201, 206 f.
Alexander III., Papst 257 ff., 264, 270, 275 ff.
Al-Kāmil, Sultan v. Ägypten 325 ff.
Almohaden 305
Altaicher Annalist 188
Anais 341
Ancona 72, 264
Andernach 43
Ankara 290

Anna, byzantin. Prinzessin 90 f.
Anno, Eb. v. Köln 189 ff., 206
Anselm v. Jungingen 312
Antiochia 290
Apennin 219
Apulien 90, 163, 205, 332, 341
Aquileia 295
Araber s. Sarazenen
Aragon 300, 311
Aristoteles 87, 342
Armenien 289, 305
Arnulf, Hg. von Bayern 36
Arslan, Türkensultan 289
Astrolabium 131
Athos, Kloster 57
Augsburg 57 ff., 216, 218, 221
Augsburger Annalist 223
Augustus, röm. Kaiser 71 ff.
Ausfuhrzölle 339
Azo 66, 76

Bamberg 149, 154 ff., 163, 183, 283
Bari 90, 100, 147
Basel 171
Basileios II., byzantin. K. 147
Bauern 160, 339
Baukunst 87
Bayern 28, 31, 39, 41, 58, 61, 77, 158, 188
Beatrix v. Burgund, Gemahlin Friedrichs I. 253, 269 f., 274 f.
Beatrix v. Toskana 204
Benedikt VI., Papst 82
Benedikt VII., Papst 107
Benedikt VIII., Papst 157
Benedikt IX., Papst 172, 181
Benevent 72, 90, 135, 163, 351 (Schlacht)
Berengar, Advokat 155 f.
Berengar, Markgf. 48 f., 51, 72, 76 ff.

Bernhard, Hg. v. Sachsen 114
Bertha v. Savoyen 191
Bertha v. Turin, Gemahlin Heinrichs IV. 218, 227
Berthold, Gf. 59 f.
Berthold v. Künßberg 306
Besançon (Reichstag) 250
Bethlehem 328
Bianca Lancia 323, 351
Bingen 286 f.
Birthilo, Gf. 135 f.
Bismarck, Otto v. 220, 259
Bodmer, Joh. Jakob 220
Böckelheim, Burg 234
Böhmen 37 f., 58, 61, 82, 95, 181, 236, 253, 269 f., 295, 305, 315
Boëthius 131
Boleslav v. Böhmen 37, 82
Boleslaw I. Chrobry, Hg. u. Kg. von Polen 133, 143, 161, 163, 171
Boleslaw, Hg. v. Polen 253
Bologna 248, 321 (Universität)
Bouvines, Schlacht 315
Brabanzonen (Söldner) 269
Brandenburg 115
Braunschweig 279
Brindisi 322, 325, 332
Britannien 127 s. England
Brixen 183
Brun, Eb. v. Köln 77, 82, 134
Brun, Eb. v. Querfurt 111, 147
Brundisium s. Brindisi
Bruno, Mönch 191
Bürgertum 197, 344
Bulgaren 82
Burgen 198
Burgund 49, 77, 108, 143, 155, 171, 180, 237, 305, 315
Byzanz, Byzantin. Reich 48, 56, 70, 76, 80, 82, 88 ff., 109 ff., 147, 163, 184, 224 f., 264, 273, 288 f., 304 f.

363

Cäsar, Gaius Julius 337
Calbe, Nonnenkloster 115
Cambrai 134
Cambridge 88
Canossa 51, 218 ff., 227, 334, 351
Capua 90, 163, 205
Castellamare, Schloß 310
Castel del Monte 341 f., 351
Castrogiovanni, Burg 307
Catania 307
Champagne 171
Chiavenna 98, 274, 277
Christian, Eb. v. Mainz 264, 277
Cicero, Marcus Tullius 126
Clemens II., Papst 181, 183
Clemens III., Papst 223, 225 f.
Clemens August, Kurfürst (Köln) 65
Cluny, Kloster 50, 129, 180, 204
Cölestin III., Papst 304
Comer See 128
Como 48, 248, 262
Cordoba 213
Cortenuova, Schlacht 320, 347
Corvey, Kloster 32, 152
Cosenza, Eb. v. 351
Crema 255 f.
Cremona 262, 322 (Hoftag)
Crescentius, Johannes 126 f., 132, 136, 141 f.

Dänemark 143
Damaskus 325
Damasus, Papst 183
Danewerk 96
Dante Alighieri 341
Dauphiné 305
Deutschordensritter 327
Deville a. d. Maas 131
Dienstadel s. Ministerialen
Diepold v. Vohburg 306
Dietrich v. Bern 308
Donau 171
Dortmund 97, 99
Dschingis Chan 256
Düsseldorf 189
Duisburg 189

Eberhard, Hg. v. Franken 36, 38 f., 41 ff.
Eberhard v. Erfurt 164

Eckbert, Gf. v. Braunschweig 189
Editha, Gemahlin Ottos I. 24 ff., 50, 82
Eger, Pfalz 287
Egerland 271
Ekbert, Gf. 120
Ekkehard, Chronist 236
Ekkehard v. Meißen 158
Ekkehard v. St. Gallen 56, 85
Elbe 70, 114 f, 170
Elbslawen 37
Eleonore, Tochter Heinrichs II. v. England 260
Elisabeth v. Bayern 352
Elsaß 305, 318
Emilia 72
Engelsburg 141, 163, 201, 224 f.
England 143, 151, 171, 206, 236, 270, 295, 298, 303, 305, 315
Enzio, Sohn Friedr. II. 349
Ephialtes 60
Eresburg 39 f.
Erfurt 279
Ernst, Hg. v. Schwaben 52, 169
Eßsitten 281

Falkenbuch 342 f., 349
Falknerei 342 f.
Fano 72
Fatimiden 82
Fehdewesen 160
Flamen 295
Foggia 320, 351
Franken (Stamm) 28, 39, 51, 58, 61, 70, 77, 89, 168, 300
Frankfurt a. M. 44 ff., 97, 155
Frankreich 143, 206, 264, 278, 303, 314 f., 322
Freidank, Sänger 329
Freistatt 40
Friedrich I. Barbarossa, dt. Kg. u. K. 128, 241–290, 294, 316, 318, 320, 344
Friedrich II., dt. Kg. u. K. 92, 216, 299 f., 303, 306, 310 bis 352
Friedrich II. d. Gr., Kg. v. Preußen 263
Friedrich v. Rothenburg, Hg. v. Schwaben 170 f., 282
Friedrich v. Antiochien 330, 351

Friedrich, Eb. v. Mainz 52
Fürstentümer 345
Fulda, Kloster 151 f.

Gallien 127
Garda, Bergschloß 49
Geldverkehr 248, 272
Gelnhausen, Pfalz 287
Gelpfrat, Markgf. 95
Gent 181
Genua 70, 299, 319
Gerbert von Aurillac 85, 129 f., 141, 144 s. Silvester II.
Gernrode 87
Gero, Eb. v. Köln 91
Gero, Markgf. 64, 114
Gerold, Patriarch v. Jerusalem 325, 329 f.
Ghibellinen 353
Gnesen 133, 142 ff., 161
Giselbert, Hg. v. Lothringen 36, 41, 44
Giselbert v. Mons 273
Gislebert, Chronist 286
Glocken 29 f.
Goldene Bulle (Eger) 316
Gorze, Kloster 111
Goslar, Pfalz 97, 186, 189, 211, 274
Goten 126, 141, 226
Gotik 287
Gottesfrieden 227
Gottesurteil 20, 222, 327
Gottfried, Eb. v. Mailand 206
Gottfried, Hg. v. Lothringen 204, 215
Gottfried v. Straßburg 292
Grabbe, Christian Dietr. 305
Gregor I., Papst 118
Gregor V., Papst 118, 132, 136, 144
Gregor VI., Papst 181, 199
Gregor VII., Papst 205, 207 ff., 217 ff., 223 ff., 226 ff., 235, 351
Gregor IX., Papst 324, 338, 347
Griechen 205 s. Byzanz
Guintelmus, Baumeister 261
Guiot v. Provins 280
Gunhild, Dänenprinzessin 171

Hadrian, röm. K. 141
Hadrian IV., Papst 249, 251 f., 256 f.

Hagenau, Pfalz 287
Haithabu 96
Halberstadt, Bistum 190
Hamburg 115
Hammerstein, Burg 234
Handel 272
Handwerk 272
Harald Blauzahn, Kg. v. Dänemark 82, 95
Hartmann von Aue 292
Hartmann v. Siebeneichen 270
Harzburg 198, 316
Havelberg 115
Havelgebiet 161
Heilige Lanze 43, 61, 158
Heiligenkult 20, 134 f.
Heiliger Rock 43
Heiliges Grab 287
Heine, Heinrich 219
Heinrich I., dt. Kg. 21 ff., 27, 37, 82, 96, 158
Heinrich II., dt. Kg. u. K. 149–164, 167, 170 ff., 177
Heinrich III., dt. Kg. u. K. 171, 179–187, 199, 308
Heinrich IV., dt. Kg. u. K. 20, 93, 186–235, 238, 324, 344
Heinrich V., dt. Kg. u. K. 228–240, 344
Heinrich VI., dt. Kg. u. K. 282, 291–311, 341
Heinrich VII., dt. Kg. 343 f.
Heinrich II., Kg. v. England 260, 273, 278 f.
Heinrich III., Kg. v. England 25
Heinrich IV., Kg. v. England 37
Heinrich, Hg. v. Lothringen u. Bayern 23 f., 26, 29, 39, 41 ff., 44 ff., 52 ff., 79
Heinrich der Löwe, Hg. v. Bayern u. Sachsen 245, 247, 260, 273 ff., 277 ff., 294, 299, 312, 316
Heinrich d. Zänker, Hg. v. Bayern 95, 120, 155
Heinrich, Hg. v. Schwaben 317
Heinrich Raspe, Landgf. v. Thüringen 348
Heinrich Carlotto 352
Heinrich v. Kalden 306
Heinrich von Veldeke 286
Hermann, Hg. v. Schwaben 36, 158, 169
Hermann Billung, Markgf. 38

Hermann v. Salza 327
Hermann, B. v. Metz 217
Hersfeld, Kloster 152, 154
Heveller 115
Hildebrand, Mönch 186, 199 ff., 205, 207 s. Gregor VII.
Hildesheim 87, 135
Hildibald v. Chur 98
Hildibert, Eb. v. Mainz 35
Hirsau, Kloster 204
Höxter 32
Hoheitsrechte 247 f., 344 s. Regalien
Hohenems, Burg 300
Honorius, Papst 201, 324
Horka Bulcsu, Ungarnführer 53, 60, 62
Hugo v. Cluny 221
Humbert, Kardinal 202

Ibn-Abbad, Emir 319
Ingelheim, Pfalz 44
Ikonium 289
Innocenz III., Papst 311 ff., 317
Innocenz IV. 334, 347 ff., 351
Investitur 203, 217, 235 ff.
Irene, byzantin. Königstochter 304
Isaak II. Angelos, K. v. Byzanz 304
Isabella v. Brienne, Gemahlin Friedrichs II. 322, 324, 351
Isabella v. England, Gemahlin Friedrichs II. 323, 341, 353
Istrien 93
Italien, Königreich s. Otto I. und folgende Kaiser

Jaroslaw, Großfürst v. Kiew 162
Jerusalem 290 322 (Königreich), 325, 327
Johann, Bruder v. Richard Löwenherz 298
Johannes XII., Papst 66 ff., 72 ff., 76 ff.
Johannes XIII., Papst 78 f.
Johannes XIX., Papst 172
Johannes, Kardinaldiakon 66, 76
Johannes v. Salisbury 258
Johannes Tzimiskes, K. v. Byzanz 91

Johanniter 325
Juden 319

Kaiserchronik 58
Kaiserkrone 77, 80 s. Reichsinsignien
Kaiserswerth, Pfalz 189 f., 287
Kaisertum 70 f.
Kalabrien 90, 205, 312
Kalifen (Spanien) 78
Kalonymus ben Maschullam 112
Kap Colonne 114, 116
Karl d. Gr., K. 20, 32, 50, 70, 74 f., 99, 118, 144 f., 147, 182, 259
Karl V., dt. K. 65
Karl v. Anjou 351 f.
Karolinger 48
Kastilien 151, 300
Kaufungen, Kloster 168
Kelten 226
Kirchenbau 287
Kirchenreform 180 f., 183 f., 187, 203
Kirchenspaltung s. Schisma
Kirchenstaat 72, 75 f., 184, 294, 305, 320 f., 334
Kirchenvermögen 150 ff.
Kleinasien 288
Klöster 81, 151 ff.
Klostergüter 69
Knut, Kg. v. Dänemark 171
Köln 120 ff., 158, 198 f., 234, 270, 282, 303
Kölner Chronist 290
Kölner Königschronik 262
Königgrätz, Schlacht 60
Königsboten 79
Königslandschaften 271
Konrad II., dt. Kg. u. K. 20, 167–179, 238
Konrad III., dt. Kg. 242, 244 f., 288
Konrad IV., dt. Kg. 349, 351 f.
Konrad, Sohn Heinr. IV., 199, 227 f.
Konrad d. Rote, Hg. 52, 54, 61, 63, 79, 167
Konrad v. Lützelinhard 306
Konrad v. Würzburg 31
Konradin 80, 353
Konstantin, röm. Kaiser 70
Konstantinische Schenkung 144

365

Konstantinopel 89, 91 ff., 172, 264, 288
Konstanz 314
Konstanze, Gemahlin Heinrichs IV. 294, 307 f.
Konstanze v. Aragon, Gemahlin Friedr. II. 311, 322
Korsika 271
Kreuzzüge 244, 246, 248, 286 ff., 304, 316, 322, 324
Kunigunde, Gemahlin Heinrichs II. 149, 155, 164, 168, 322
Kurzbold, Konrad 43 f.
Kynewald v. Worcester 25

Laieninvestitur 210
Lampert v. Hersfeld 190
Lancaster, engl. Dynastie 37
Landfrieden 160
Landfriedensbruch 38
Langobarden 51, 77
Laon 96
Lateran 78 ff., 201 (Synode)
Laurentius, Heiliger 60
Lauterberg, Kloster 315
Lech 60
Lechfeld, Schlacht 54–64, 73
Legnano, Schlacht 275, 320
Lehnswesen 69, 159 f., 168, 206, 271
Leibeigenschaft 151, 160
Leo IX., Papst 178, 184 f., 187, 199
Leonidas 60
Leopold, Hg. v. Österreich 295
Liemar, Eb. v. Bremen 206
Ligurien 272
Limburg 171
Liudolf, Sohn Ottos I. 26, 47, 52 ff., 71, 79, 81, 344
Liutgard, Tochter Ottos I., 26, 52, 81
Liutprand v. Cremona 77, 91, 110
Ljutizen 115, 161
Lodi 262
Lombardei, Lombarden 204, 219, 228, 247 ff., 260 ff., 270, 275, 322, 324, 345, 347
Lombardische Liga 272 ff., 344
Lomello, Graf von 145
Lorsch am Rhein, Kloster 151 f.

Lothar III., dt. Kg. u. K. 244 f., 250
Lothar, Kg. v. Frankreich 96, 98 ff.
Lothar, Kg. v. Italien 108
Lothringen, Lothringer 28, 41, 77, 96, 171, 245, 305
Lucca 112
Lucera 320
Ludwig XIV., Kg. v. Frankreich 238
Lübeck 278
Lüneburg 279
Lüttich 235; B. v. 270, 306
Luther, Martin 87
Luxemburg, Gf. v. 158
Lyon 349

Machiavelli, Niccolò 200
Mähren 305
Magdeburg 26, 39, 45, 50 ff., 58, 66, 82, 97, 115, 131 f., 134, 155, 190 (Eb. v.), 246
Magyaren 37 s. Ungarn
Mailand 172, 204, 248 f., 253, 255 ff., 261 ff., 272 ff., 344
Mainz 156, 169, 198, 233 (Reichstag), 280 ff. (Hoftag 1184), 345 (Landfrieden)
Malaria 128, 147, 163, 183, 224, 269, 307, 351
Manfred, Sohn Friedrichs II. 351
Manuel, K. v. Byzanz 264
Mantua 202, 218
Marathon, Schlacht 60
Mark Aurel, röm. Kaiser 79
Markward v. Annweiler 306, 310
Mathilde, Gemahlin Heinrichs I. 27, 82
Mathilde, Markgfn. v. Toskana 209, 213, 227, 245, 271, 276, 308
Mathilde, Tochter Heinrichs II. v. England 260
Matthäus v. Paris 331
Mauren 206
mâze 189, 283
Mecklenburg 64, 161, 273
Meiningen 121
Melfi 205 (Synode) 337 (Konstitutionen), 346
Memleben 82
Merowinger 159
Merseburg 60, 82, 115, 171

Messina 116, 307, 312, 351
Michael Scotus 327
Mieszko, Hg. v. Polen 82
Minden 171, 190
Ministerialen 169, 272, 306, 344
Minnesang 292 f.
Mirabilien 125
Mission 115
Mittelhochdeutsch 292 f.
Mongolen 343
Mont Cenis 270
Montebello 272
Münzsystem 272

Napoleon I. Bonaparte 226
Naturalwirtschaft 248
Naumburg 281, 283
Nazareth 328
Neapel 80, 295, 321 (Universität), 353
Neuß 286
Nibelungenlied 292
Nicolaus II., Papst 201
Niederaltaich, Kloster 152
Nikephoros II. Phokas, K. v. Byzanz 96
Niketas, Historiker 289, 306
Nilus, Eremit 129, 136 f.
Nimwegen 171
Nivelles, Abtei 93
Nordhausen 27
Nordsee 93
Normannen 184, 205 ff., 225 f., 256, 300, 308
Norwegen 171
Notker Labeo 87
Novara 262
Novalese, Kloster 145

Oder 70, 181
Odilo, Abt. v. Cluny 50, 108, 157
Odoaker, german. Heerkg. 92
Ohtrich v. Magdeburg 86
Oppenheim, Pfalz 167, 169, 216
Ostia 200
Ostpolitik 114 f.
Otto I. d. Gr., dt. Kg. u. K. 19–83, 84 f., 89 f., 100, 109, 114, 122, 134, 144, 151, 155, 167, 171, 213, 244, 344
Otto II., dt. Kg. u. K. 71, 84–117, 169, 187, 253, 308

Otto III., dt. Kg. u. K. 20, 118–147, 158, 161, 163, 316
Otto IV., dt. Kg. u. K. 312, 314 ff.
Otto v. Freising 248, 308
Otto v. Northeim 188, 197, 199
Otto v. St. Blasien 308
Otto v. Wittelsbach, Pfalzgf. 251
Ottonische Renaissance 85 ff.
Oxford 88

Padua 248
Palermo 295, 299 f., 304, 306 ff. (Reichstag), 312, 348
Pantaleon, Heiliger 91
Panzerreiter 62
Paris 99 f.
Parma 170, 240, 248, 319, 348 f.
Paschalis, Papst 269
Paterno b. Rieti 147
Pavia 50 ff., 72, 108, 122, 128, 135, 170, 178, 248, 257 (Konzil), 262, 275
Pesaro 72
Pescara, Grafschaft 93
Pest 269
Peter von Vinea 349
Peterspfennig 200
Petrus Damiani 192
Pfalzen 21, 30, 97 ff., 287
Pfalzgraf 97 f.
Philagathos 135 ff. s. Johannes XVI., Papst
Philipp, Hg. v. Schwaben 305, 312
Philipp August, Kg. v. Frankreich 295, 298
Piacenza 248
Pierleoni, Bankiersfamilie 200
Pippin, Frankenkg. 75
Pisa 70, 299, 312
Polen 95, 143 f., 161 ff., 171, 181, 236
Pommern 273, 278, 305
Prag 181, 270
Praxedis, Gemahlin Heinrichs IV. 227 f.
Preßburg 171
Priesterehe 179 f.
Primogenitur 23
Provence 109
Prüm, Kloster 152

Prußen 130
Pseudo-Isidor (Dekretalien) 210

Quedlinburg 22, 24, 41, 44 f., 82, 97

Rahewin, Chronist 242
Rainald v. Dassel 259 ff., 270
Ravenna 72, 86, 124, 147, 170, 349
Rechtspflege 161
Recknitz 64
Redarier 114 f.
Regalien 247 f., 254 s. Hoheitsrechte
Regensburg 66, 157, 270
Reggio Emilia 220
Regino v. Prüm 55
Reichenau 73, 87 f., 135, 152
Reichsabteien 152 f.
Reichsadler 315
Reichsinsignien 35, 42, 99, 168, 234, 244, 316
Reichskirche 69
Reichskrone 66, 73 ff., 87
Reichsschwert 282
Reims 130
Reliquienhandel 200
Reliquienkult 20, 43, 134 f.
Remiremont, Kloster 57
Rethra 161
Rhein 93
Rhône 181
Richard Löwenherz, Kg. v. England 295, 298 f., 305
Richard III., Kg. v. England 292
Richard, Gf. v. Aversa 205, 307
Richer v. Reims 98
Riemenschneider, Tilman 149 f.
Rimini 72
Ritter, Rittertum 168, 282 f.
Robert Guiscard 205, 224 f.
Rocca San Felice, Burg 346
Roger v. Sizilien 304
Romagna 349
Romanik 287
Romanos II., K. v. Byzanz 91
Romuald 129
Roncaglia (Reichstag) 254 f., 271
Rossano, Schlacht 110 ff.

Roswitha v. Gandersheim 45 ff., 55, 86
Rückert, Friedrich 220
Rudolf, Kg. v. Burgund 171
Rudolf v. Rheinfelden 188, 222 f.
Russen 82

Saalfeld 52
Sabina 72
Sabinerberge 128
Sachsen 21, 32, 39, 61, 63, 77, 114, 122, 158, 162, 168, 171, 197, 199, 209, 244, 249
Sachsengeschichte 53, 86 s. Widukind v. Corvey
Saladin, Sultan 290, 331
Saleph (Fluß) 289 f.
Salerno 90, 163, 226, 276
Salier s. Konrad II., Heinrich III., Heinrich IV., Heinrich V.
Salimbene, Mönch 340
Sallust 86
Salomon, Ernst v. 51
Samaria 177
San Germano, Friede v. 334
Sanitätswesen 62
Sankt Blasien, Kloster 204
Sankt Gallen, Kloster 85, 88, 151
Sankt Maximin b. Trier, Kloster 151, 154
San Marino 52
San Miniato 349
Sarazenen 48, 56 f., 82, 109 ff., 226, 273, 319 f.
Sardinien 271
Sarmaten 62
Savoyen, Grafen von 191
Schisma 181, 257 f., 260, 277
Schlesien 305
Schleswig 96, 171
Schottland 171
Schwaben 28, 31, 58, 61, 83, 158, 171, 197, 300
Schwertleite 282
Seldschuken 289
Seleukia 289
Selz, Kloster 123
Senigallia 72
Siegfried, Eb. v. Mainz 188, 206
Siegfried v. Merseburg 29
Silberbergwerke 197, 274

367

Silvester II., Papst 144, 147, 181
Simon der Magier 177
Simonie 177, 179 ff., 184, 200, 202
Sizilien 116 f., 205, 257, 264, 294 ff., 299 ff., 303 ff., 310, 312 ff., 317, 322, 338 ff.
Sklavenhandel, Sklaverei 22, 26
Slawen 37, 114 ff., 122, 131, 158, 161 ff., 170 f.
Slawenaufstände 61, 63, 115
Slavnikinger 129
Solothurn 171
Sovana 208
Spanien 78, 127, 206
Speyer 217, 235, 238, 270
Spoleto, Herzogtum 72
Spolienrecht 303
Stablo b. Malmedy, Kloster 152
Stadt 197
Steigbügel 62
Steuerverordnungen 339
Stradella 272
Straßburg 171
Südtirol 172
Suitger v. Bamberg s. Clemens II.
Susa 270
Syrien 325

Tagliacozzo (Schlacht) 352
Tankred v. Lecce 299 f.
Templer, Tempelherren 325, 331
Terentius, Publius 45, 87 f.
Thankmar, Stiefbruder Ottos I. 27, 29, 39 ff., 52
Thasselgard, Gf. 170
Theophano, Gemahlin Ottos II., 84, 91 ff., 97, 108, 110, 120 ff., 136, 187
Thiedrich, Markgf. 114
Thietmar v. Merseburg 113, 122, 156, 162
Thüringen 159, 171, 245, 348
Tischsitten 281
Tivoli 146
Tobiasnächte 93

Tortona 249
Toskana 72
Toul 184
Trajan, röm. Kaiser 118
Tribur 216
Trier 35
Trierer Marktkreuz 65
Trifels, Reichsburg 298, 300
Tunis 312
Turnier 283 f.
Tusculum 264, 294

Udo, B. v. Trier 217
Uhland, Ludwig 167
Ulm 60
Ulrich, B. v. Augsburg 58 f.
Ulrich v. Liechtenstein 281
Umweltschutzgesetz 337
Ungarn 21, 38, 41, 53–64, 73, 76, 82, 144, 155, 171, 181, 206, 236
Unstrut, Schlacht 199
Urban II., Papst 227, 233
Utrecht 120, 190

Vandalen 226
Venedig 70, 135, 276 f.
Venetien 228
Verden 270
Verdun 224
Vergil 86 f.
Verona 248
Veroneser Klause 251
Victor II., Papst 200
Victor IV., Papst 257 ff.
Viterbo 347
Voghera 272
Vorpommern 161

Waiblingen, Burg 244 f.
Waldemar, Kg. v. Dänemark 278
Walther v. d. Vogelweide 304, 314, 341
Welf, Hg. v. Bayern 227 f.
Welf VII., Hg. der Toskana 270 f.
Welfen 244 ff.
Wenden 26, 38 f., 71, 170

Werden b. Essen 169
Wertach 60
Westslawen 181
Wibert, Eb. v. Ravenna s. Clemens III.
Widukind v. Corvey 32 f., 36, 40, 53, 83, 86, 115
Wien 73 ff. (Hofburg), 295
Wikinger 56 f., 95 f., 109, 184
Wildenbruch, Ernst v. 220
Wilhelm d. Eroberer, Kg. v. England 206
Wilhelm II., Kg. v. Sizilien 294
Wilhelm, Sohn Wilhelms II. 300
Wilhelm, Eb. v. Mainz 23, 77, 81
Wilhelm, B. v. Utrecht 215
Willa, Gemahlin Berengars 48, 78
Willigis, Eb. v. Mainz 121
Wimpfen, Pfalz 287
Winfried, Eb. v. Köln 35
Wolfram v. Eschenbach 292
Worms 97, 191, 198, 212, 216 (Konkordat), 235 ff., 242, 245 ff., 278, 323, 345
Wrangel, preuß. Feldmarschall 96
Würzburg 155 f., 260 (Reichstag 1165)

Xanten 42
Xerxes, Perserkg. 60

York, engl. Dynastie 37

Zisterzienser 339
Zoë, byzantin. Prinzessin 147
Zölibat 177, 184, 203
Zoluntas, Heinrich 112
Zölle 198
Zuarasici, slaw. Gott 162
Zwingburgen 197
Zypern 305

Das Reich der Ottonen und Salier